깨끗게 하신 것을
속되다 하지 말라

깨끗게 하신 것을 속되다 하지 말라
- 사도행전 강해 4

발행일	초판 발행 2006년 12월 15일
	초판 3쇄 2021년 3월 30일
지은이	김홍전
펴낸이	김명순
펴낸곳	성약출판사

서울특별시 용산구 한강대로 104길 14 (우 04334)

전화 02-754-8319 팩스 02-775-4063

www.sybook.org

Do Not Call Anything Impure That God Has Made Clean
- Expositions on Acts, Vol. IV

by Rev. D.D. Hong Chun Kim

ⓒ Rev. Hong Chun Kim's Heirs 2006, Printed in Korea

ISBN 978-89-7040-071-6 04230
  978-89-7040-914-6(전9권)

성약출판사는 역사적인 개혁 신앙과 그 신학을 오늘날 이어받고 전파하며 전수하는 일에 작은 도움이라도 되기 위하여 서적을 출판하고 있습니다.

깨끗게 하신 것을
속되다 하지 말라

신학박사 김홍전 지음

성약

일러두기

1. 이 책에서 성경 말씀을 인용할 때에는 주로 "개역 한글판 성경전서"(1961년 대한성서공회 발행)를 사용하였습니다. 그러나 설명의 편의를 위해서 구역(舊譯)을 인용하기도 하고, 낱말이나 구절을 다시 번역하거나 설명을 더하는 일을 제한하지 않았습니다.

2. 이 개역 한글판에 따르면 성삼위의 한 위(位)의 성호(聖號)인 '성신'(聖神)은 구약전서에만 보존되고 신약전서에서는 '성령'(聖靈)으로 바뀌었습니다. 이 책에서는 구역(舊譯)에 사용되었고 개역(改譯)의 구약전서에 보존되어 있으며 한국 교회에서 60년대까지 널리 사용되던 성호인 '성신'을 사용하였습니다. 이 성호가 신·구약의 성구나 설명문에 나올 때에 '성령'으로 고쳐 읽으시는 것은 독자의 자유입니다.

발행인의 서문

저자는 계시로서 사도행전이 가진 의미와 사도행전을 살펴 나갈 때 어떤 관점으로 보는 것이 옳은지를 강설 가운데에서 다음과 같이 가르쳐 줍니다.

"하나님께서 인생을 내시고 사명을 주셔서 하나님의 뜻대로 도달하기를 바라시는 어떤 거룩한 목표와 경계(境界)를 만들어 주시고 그것을 다 마련해 주셨지만, 사람은 하나님께서 도달하기를 원하시던 데로 간 것이 아니라 그 반대의 길로 제 마음대로 타락해 나갔습니다. 그 후에 인류가 퍼진 다음에 하나님께서 인생을 지으신 본의를 이루시기 위해 사람들을 건져 내시는 크신 경영 혹은 경륜을 나타내 보이셨는데……마침내 이 모든 날 마지막에 하나님께서는……마지막 날들이라는 한 역사(歷史) 시기를 정하시고, 그 역사 시기의 시초에 하나님의 위대한 구원의 심오한 경륜과 깊고 중요한 것들을 사람이 더 이상 알 수 없을 만큼 잘 드러내도록 계시하셨습니다.……즉 예수님이 십자가에 달려 돌아가시고 부활하시고 승천하셨다는 이 전고(前古)에 없고 다시없을 위대한 사실이 발생했고, 그와 동시에 필연적으로 그가 십자가에 돌아가시고 부활하시고 승천하신 사실의 큰 목적이 구체적으로 나타나는데, 그 사실의 큰 목적이 나타나는 구체적인 현현(顯現)이 신약의 교회라는 형식입니다. 그와 동시에 신령한 중보자시요 왕이신 예수 그리스도의 통치를 받는 은혜의 왕국, 레그눔 그라티아에(regnum gratiae)의 시대가 시작되었습니다.……이것의 최초의 역사, 한 세대의 역사가 사도행전의 이야기입니다. 사도행전을 볼 때 그러한 관점으로 보는 것이 옳습니다. 즉 하나님의 거룩하신 구원의 경륜의 큰 사실이 충만한 형식과 심오한 형식을 취하여 나타나는 최초의 30년 어간의 한 세대의 역사적 사실이 사도행전의 이야기입니다. 이것이 사도행전이 가지고 있는 큰 의미인데, 그런 것을 보이실 때에 거기에 있는 인간들의 생활을 구체적으로 보여 주시면서 이 인간들의 사회의 움직임이라는 형식을 취해서 보여 주셨습니다. 다른 말로 하면, 보이지 않는 신령한 보편의 교회의 실체가 어떤 보이는 형식으로 나타나고자 할 때 취하는 것은 하나의 종교 단체 혹은 사회 형태인 것입니다. 여기 사도행전에도 그러한 사람들의 모임으로 된 사회의 형태가 구체적인 현상으로 드러나 있습니다"(제1권의 제1강 중에서).

저자는 이런 관점으로 성약교회의 출범 초기부터 시차를 두고 사도행전 전체의 내용을 연속적으로 강설하였습니다. 1964년 1월 5일부터 1966년 9월 28일까지 118회에 걸쳐 1장부터 16장까지 강설하였고, 1974년 2월 27일부터 10월 30일까지는 30회에 걸쳐 1장부터 13장까지 다시 가르쳤습니다. 또한 1980년 8월 31일부터 1981년 3월 15일까지는 17장부터 28장까지 28회에 걸쳐 주일 오전에 강설하였습니다. 그 밖에도 부분적으로 몇 차례에 걸쳐 사도행전을 설교하였습니다. 이들 가운데 녹음하여 보존된 123회에 달하는 강설들을 성경 본문의 차례에 따라 편집하여 차례로 출간하려고 합니다.

이제 그 넷째 권을 내놓게 되었습니다. 은혜의 왕국의 왕이신 예수님께서 여전히 다스리고 계심을 믿는 그의 백성들인 독자 제위께서 이 책을 통하여 그리스도께서 은혜의 왕국을 땅 위에 세우시고 경영하신 최초의 시대의 역사를 올바로 깨달아 알기 원하며, 그리하여 우리 시대에도 한결같이 그 나라의 성격을 확연히 드러낼 수 있기를 구주 예수님께 빌어 마지않습니다.

2006년 11월 24일

목 차

일러두기 · 4
서문 · 5

제1강 사울이 예수 믿는 사람을 핍박한 이유
　헬라 파 유대인이자 히브리주의자였던 사울 · 15
　나면서부터 로마 사람이었던 사울 · 17
　사도행전 26장의 기록 · 21
　사울이 핍박한 이유 · 23
　사울의 교양미와 인간미와 풍부한 사상 · 27
　사울이 간직했던 조상의 전통과 사관 · 30
　기도 (1974. 7. 10. 수요일) · 37

제2강 예수는 하나님의 아들이시다
　사울의 대전환 · 45
　유대인의 메시야 사상으로부터의 전회(轉回) · 48
　바울이 깨달은 삼위일체 하나님 · 56
　예수님이 하나님의 아들이시라는 사실이 내포하는 참된 의미 · 61
　자유주의 신학자들의 궤변과 은혜의 왕국에 대한 바른 이해 · 64
　기도 (1974. 7. 17. 수요일) · 69

제3강 계시와 교회
　사울의 회심 이후의 시간에 대한 성경의 기록들 · 73

사울의 회심과 관련하여 생각할 중요한 문제들 · 79
계시의 그릇으로 쓰임 받은 사도 바울 · 81
예수 그리스도와 그리스도의 몸인 교회 · 89
하나님을 의지하고 맡기신 일을 해 나감 · 96
기도 (1974. 7. 24. 수요일) · 99

제4강 사도 시대의 교회
교회의 위기는 육체적 박해만이 아님 · 104
일면적인 싸움에 매몰되어서는 안 됨 · 109
제자들이 사울을 가이사랴까지 데리고 감 · 114
사도행전 9:31 · 119
기도 (1965. 12. 26. 주일 공부) · 121

제5강 베드로가 애니아와 다비다를 일으킴 (1)
사도행전 9:31 · 125
베드로가 룻다로 내려가 애니아를 일으킴 · 128
기적의 의미와 효과 및 복음과의 관계 · 132
종류가 다른 더 큰 기적들 · 136
유대 사회에서 기적이 가지는 의미 · 139
다비다의 이름과 행실 · 142
기도 (1974. 7. 31. 수요일) · 144

제6강 기적이 사람을 주께로 돌아오게 하는가
베드로가 룻다로 내려감 · 149
예수 그리스도라는 명칭 · 151

룻다와 욥바와 샤론 · 156

한국 교회의 과거 · 158

기적은 계시를 실증하는 부수적인 수단일 뿐임 · 163

기도 (1966. 1. 2. 주일 공부) · 166

제7강 베드로가 애니아와 다비다를 일으킴 (2)

애니아는 신자였는가 · 171

베드로가 다비다를 살림 · 178

하나님께서 교회 안에 주신 다양한 은사들 · 181

다비다를 다시 살려 주신 이유 · 184

기도 (1966. 1. 9. 주일 공부) · 187

제8강 다비다를 다시 살린 경위

기적의 참된 의미는 어디에 있는가 · 191

베드로를 불러온 이유 · 201

베드로가 다비다를 다시 살린 경위 · 204

베드로가 피장(皮匠)의 집에 유함 · 209

기도 (1974. 8. 7. 수요일) · 210

제9강 고넬료 이야기 (1): 고넬료의 회심의 의의

베드로가 피장(皮匠)의 집에 간 일의 의미 · 216

가이사랴의 백부장 고넬료의 회심의 의의 · 218

고넬료의 사람됨 · 224

기독교 역사의 새로운 장의 효시가 된 고넬료 · 228

기도 (1966. 1. 16. 주일 공부) · 232

제10강   고넬료 이야기 (2): 더 큰 빛을 추구한 고넬료와 베드로
      더 큰 빛을 사모한 고넬료 · 237
      더 큰 빛을 추구한 베드로 · 242
      베드로가 고넬료의 집에서 복음의 사실을 증거함 · 247
        기도 (1966. 1. 30. 주일 공부) · 254

제11강   고넬료 이야기 (3): 베드로의 설교 내용
      베드로가 고넬료의 집에 들어감 · 257
      베드로가 예수의 증인으로서 증거한 내용 · 260
      성신의 나타나심과 방언 · 264
      기독교 안에서 인종적, 종교적 우월감이 없어짐 · 269
        기도 (1966. 2. 6. 주일 공부) · 276

제12강   고넬료 이야기 (4): 교회의 역사적 사명
      주께서 베드로를 교육하신 일의 의의 · 281
      공동의 문제에 대해 공동의 답안을 요구하심 · 283
      성신께서 베드로와 고넬료를 인도하시고 깨우치심 · 289
      계시 발전의 역사에서는 자기 시대에 상응하는 지식이 있어야 함 · 293
        기도 (1974. 9. 4. 수요일) · 300

제13강   할례당의 힐난(詰難)과 베드로의 답변
      할례자들의 힐난 · 305
      할례당이 문제를 제기한 근거 · 308
      베드로의 답변과 깨달음 · 314
      종족의 우상과 교회의 개혁 · 318
        기도 (1974. 9. 11. 수요일) · 322

제14강 무명의 신자들이 이방인에게도 복음을 전함

처음에는 유대인에게만 전도함 · 325

무명의 신자들이 안디옥에서 이방인에게도 전도함 · 329

기적적인 경험보다 논리적인 확신이 더 중요함 · 332

유대교의 분파가 아닌 신약의 교회 · 336

조용히 말씀의 도리를 깨달아 가는 신자들이 중요함 · 340

기도 (1974. 9. 18. 수요일) · 343

제15강 주께서 평신도들을 흩으셔서 하나님 나라의 새 역사를 여심

유대 중심주의를 탈피한 새로운 운동이 시작됨 · 347

흩어진 평신도들이 안디옥에 이르러 복음을 전함 · 349

하나님께서 핍박을 통해 신자들을 흩으심 · 354

평신도였던 권위자(勸慰子) 바나바 · 357

바나바와 바울이 안디옥에서 가르침 · 361

기도 (1966. 2. 23. 수요일) · 364

제16강 베드로를 옥중에서 건져 내심

바나바와 사울이 안디옥에서 예루살렘을 방문함 · 369

헤롯이 사도 야고보를 죽이고 베드로를 옥에 가둠 · 371

기적에 대해 잘못 생각하면 안 됨 · 376

늘 기적으로 우리를 악에서 건져 주시는 것은 아님 · 380

고통이 있는 세상에 우리를 두시는 이유 · 384

기도 (1974. 10. 2. 수요일) · 393

성구 색인 · 395

제1강

사울이 예수 믿는 사람을 핍박한 이유

사도행전 9:1-31

사울이 주의 제자들을 대하여 여전히 위협과 살기가 등등하여 대제사장에게 가서 다메섹 여러 회당에 갈 공문을 청하니 이는 만일 그 도를 좇는 사람을 만나면 무론(無論) 남녀 하고 결박하여 예루살렘으로 잡아 오려 함이라 사울이 행하여 다메섹에 가까이 가더니 홀연히 하늘로서 빛이 저를 둘러 비추는지라 땅에 엎드러져 들으매 소리 있어 가라사대 사울아 사울아 네가 어찌하여 나를 핍박하느냐 하시거늘 대답하되 주여 뉘시오니이까 가라사대 나는 네가 핍박하는 예수라 네가 일어나 성으로 들어가라 행할 것을 네게 이를 자가 있느니라 하시니 같이 가던 사람들은 소리만 듣고 아무도 보지 못하여 말을 못하고 섰더라 사울이 땅에서 일어나 눈은 떴으나 아무것도 보지 못하고 사람의 손에 끌려 다메섹으로 들어가서 사흘 동안을 보지 못하고 식음을 전폐하니라 그때에 다메섹에 아나니아라 하는 제자가 있더니 주께서 환상 중에 불러 가라사대 아나니아야 하시거늘 대답하되 주여 내가 여기 있나이다 하니 주께서 가라사대 일어나 직가(直街)라 하는 거리로 가서 유다 집에서 다소 사람 사울이라 하는 자를 찾으라 저가 기도하는 중이다 저가 아나니아라 하는 사람이 들어와서 자기에게 안수하여 다시 보게 하는 것을 보았느니라 하시거늘 아나니아가 대답하되 주여 이 사람에 대하여 내가 여러 사람에게 듣사온즉 그가 예루살렘에서 주의 성도에게 적지 않은 해를 끼쳤다 하더니 여기서도 주의 이름을 부르는 모든 자를 결박할 권세를 대제사장들에게 받았나이다 하거늘 주께서 가라사대 가라 이 사람은 내 이름을 이방인과 임금들과 이스라엘 자손들 앞에 전하기 위하여 택한 나의 그릇이라 그가 내 이름을 위하여 해를 얼마나 받아야 할 것을 내가 그에게 보이리라 하시니 아나니아가 떠나 그 집에 들어가서 그에게 안수하여 가로되 형제 사울아 주 곧 네가 오는 길에서 나타나시던 예수께서 나를 보내어 너로 다시 보게 하시고 성신으로 충만하게 하신다 하니 즉시 사울의 눈에서 비늘 같은 것이 벗어져 다시 보게 된지라 일어나 세례를 받고 음식을 먹으매 강건하여지니라 사울이 다메섹에 있는 제자들과 함께 며칠 있을새 즉시로 각 회당에서 예수의 하나님의 아들이심을 전파하니 듣는 사람이 다 놀라 말하되 이 사람이 예루살렘에서 이 이름 부르는 사람을 잔해(殘害)하던 자가 아니냐 여기 온 것도 저희를 결박하여 대제사장들에게 끌어가고자 함이 아니냐 하더라 사울은 힘을 더 얻어 예수를 그리스도라 증명하여 다메섹에 사는 유대인들을 굴복시키니라 여러 날이 지나매 유대인들이 사울 죽이기를 공모하더니 그 계교가 사울에게 알려지니라 저희가 그를 죽이려고 밤낮으로 성문까지 지키거늘 그의 제자들이 밤에 광주리에 사울을 담아 성에서 달아 내리니라 (26절 이하 생략)

제1강

사울이 예수 믿는 사람을 핍박한 이유

사도행전 9:1-31

오늘의 이 이야기는 여러분도 다 잘 아시는 이야기입니다. 요컨대 맹렬한 열정을 가지고 유대교에 충성을 다하던 사람인 사울이 이제 갑자기 변하는 장면입니다. 사울의 큰 회개에 대해서는 몇 가지 중요히 생각할 것이 있습니다.

헬라 파 유대인이자 히브리주의자였던 사울

원래 이 사울이라는 사람은 길리기아 다소에서 났다고 자기 스스로 말했습니다. 길리기아 다소에서 났다면 헬라 파적인 유대인입니다. 만일 유대인을 꼭 헬레니스트(Hellenist)와 히브레이스트(Hebraist) 양쪽으로 나눈다면, 사울은 사상적으로는 위대한 히브리주의자라고 할지라도 그때의 헬라 문화와 헬라어를 받아들이고 그것으로 생활하고 그것이 자기 몸에 밴 헬라 파적인 유대인입니다. 그런고로 헬라 파적 유대인으로서의 사울은 자칫하면 개화주의자, 말하자면 비히브리주의자인 것같이 생각되기가 쉽지만, 그러나 사울은 히브리주의에 아주 열렬하고 충성스러운 사람으로 자라난 사람입니다. 사울은 소아시아 길리기아 지방의 다소에서 났는데, 다소는 길리기아의 수도로서 성(城)이 있는 큰 도시입니다. 그곳은 그때 당시의 훌륭한 학문의 부(富)가 있는 자리로서 아마 거기에서 공부한 것 같습니다만, 그럴지라도 그는 또한 자기가 히브리 사람이라는 것을 늘 이야기했습니다. "내가……히브리인 중의 히브리인이요……열심으로는 교회를 핍박하고"(빌 3:5-6)라는 말을 했습니다. 사도행전 23:6을 보면 "바울이……공회에서 외쳐 가로되 여러분 형제들아, 나는 바리새인이요 또 바리새인의 아들이라. 죽은 자의 소망, 곧 부활을 인하여 내가 심문을 받노라" 하고 자신이 바리새인이고 바리새인의 아들이라는 것을 이야기했습니다.

그뿐더러 사울이 사도 바울로 변개(變改)되고 회개한 이야기가 사도행전에 세 번 나오는데, 사도행전 22장을 보면 사울이 자기를 반대하고 핍박하는 많은 유대 사람들 앞에 서서 자신이 변개된 경과를 이야기합니다. 이것은 천부장(千夫長)의 영문(營門)에서 된 일로서 군대의 천부장이 바울을 붙들어 세워 놓고 그를 핍박하는 유대 사람들에게 자기변명을 할 수 있는 기회를 준 것입니다. 그래서 변명을 하는데 "바울을 데리고 영문으로 들어가려 할 그때에 바울이 천부장더러 이르되 내가 당신에게 말할 수 있느뇨? 가로되 네가 헬라 말을 아느냐? 그러면 네가 이전에 난을 일으켜 사천의 자객을 거느리고 광야로 가던 애굽인이 아니냐? 바울이 가로되 나는 유대인이라. 소읍이 아닌", 즉 작은 읍 사람이 아닌 "길리기아 다소 성의 시민이니 청컨대 백성에게 말하기를 허락하라 하니 천부장이 허락하거늘 바울이 층대 위에 서서 백성에게 손짓하여 크게 종용(從容)히 한 후에 히브리 방언으로 말하여 가로되"(행 21:37-40), 즉 아람 말을 썼습니다. 당시 히브리 사람들이 쓰던 방언을 썼다는 말입니다.

"부형들아, 내가 지금 너희 앞에서 변명하는 말을 들으라 하더라. 저희가 그 히브리 방언으로 말함을 듣고 더욱 종용한지라. 이어 가로되 나는 유대인으로 길리기아 다소에서 났고 이 성에서 자라 가말리엘의 문하에서 우리 조상들의 율법의 엄한 교훈을 받았고 오늘 너희 모든 사람처럼 하나님께 대하여 열심하는 자라"(행 22:1-3). 바울이 자기를 핍박하는 사람들에게 '당신네처럼 나도 하나님께 대해서 열심이 있는 사람이라' 하는 말을 했습니다. 이 말은 사도 바울 선생도 자기를 핍박하면서 그 야단을 내는 유대 사람들의 핍박 자체는 어찌되었든지 핍박의 동기나 그 밑에 있는 큰 열정은 다시 생각하면 하나님께 대한 열정이라는 것을 시인한 말입니다. 왜냐하면 바울 자신도 전에는 하나님께 대한 그러한 열정을 가지고 그리스도인들을 핍박했기 때문에 그것을 아는 것입니다. 그와 같이 하나님께 대해 굉장히 열렬한 정신이 있었다는 것과 또 가말리엘 같은 위대한 스승의 문하에서 공부했다는 것과 전통적인 유대주의가 귀하게 간직하고 내려온 그 역사적이고 독특한 히브리 주의를 자기도 강렬하게 지지하고 제고(提高)하고 지금까지 나아왔던 사람이라는 것을 여기에서 이야기하는 것입니다.

나면서부터 로마 사람이었던 사울

그렇게 이야기하면서 바울 선생은 자신이 법률적으로 가지고 있는 또 하나의 자격에 대해서는 말하지 않고 꼭 필요한 때에만 그것을 썼습니다. 그것은 잘 아시는 대로 로마 시민권입니다. 그냥 속주(屬州) 혹은 속방(屬邦)의 한 백성으로 지내는 것이 아니고 식민지 백성에 불과한 것이 아니고 로마의 시민인데 그냥 시민이 아니고 당당하게 나면서부터 시민이었다고 했습니다. '나는 귀화 시민이 아니다' 하고 말했습니다. 나중에 보면 로마 시민인 것이 드러나는데, 22장의 그다음 부분을 계속해서 읽겠습니다. 4절부터 보면 "내가 이 도를 핍박하여 사람을 죽이기까지 하고 남녀를 결박하여 옥에 넘겼노니 이에 대제사장과 모든 장로들이 내 증인이라", '당신네들이 그 도를 핍박한다고 하면 나는 당신네보다 훨씬 더

한 사람입니다' 하는 말입니다. "또 내가 저희에게서 다메섹 형제들에게 가는 공문을 받아 가지고 거기 있는 자들도 결박하여 예루살렘으로 끌어다가 형벌받게 하려고 가더니 가는데 다메섹에 가까이 왔을 때에 오정쯤 되어 홀연히 하늘로서 큰 빛이 나를 둘러 비추매 내가 땅에 엎드러져 들으니 소리 있어 가로되 사울아, 사울아, 네가 왜 나를 핍박하느냐 하시거늘 내가 대답하되 주여, 뉘시니이까 하니 가라사대 나는 네가 핍박하는 나사렛 예수라 하시더라. 나와 함께 있는 사람들이 빛은 보면서도 나더러 말하시는 이의 소리는 듣지 못하더라"(22:4-9).

이에 대해 우리가 오늘 본 9:7에서는 "같이 가던 사람들은 소리만 듣고 아무도 보지 못하여 말을 못하고 섰더라" 하고 이야기했습니다. 이것이 누가의 기록인데, 사도 바울이 천부장의 영문의 층계에 서서 유대 사람들에게 이야기할 때에는 좀 더 분명하고 구체적으로 자세한 내용을 이야기한 것입니다. 22:9에서는 "나와 함께 있는 사람들이 빛은 보면서도 나더러 말하시는 이의 소리는 듣지 못하더라" 하고 말했고, 9:7에서는 "같이 가는 사람들은 소리만 듣고 아무도 보지 못하여 말을 못하고 섰더라" 해서 소리를 들었다고 했습니다. 이 말대로 보면 같이 가던 사람들은 무슨 소리는 들었으나 '나더러 말하시는 이의 소리', 즉 사도 바울에게 말씀하시는 이의 소리는 못 들었다는 것입니다. 다시 말하면 하늘에서 무슨 큰 소리가 나서 어떤 소리가 그 사람들의 귀를 울리기는 했겠지만, 그것이 예수께서 사도 바울에게 말씀하시는 소리는 아니었다는 이야기입니다. 그러니까 그것을 꼭 같은 소리라고 해서 '성경은 틀렸다' 할 것이 아닙니다. 한쪽에서는 소리를 들었다고 했으니까 무슨 소리가 났을 것입니다. 그러나 아무도 못 보았다고 했습니다. 그런데 또 22:9을 보면 '빛은 보았다'고 했습니다. 환한 빛이 비치니까 보긴 보았는데 거기에서 말씀하시는 그분은 못 보았다는 것입니다. 아무도 못 보았다는 말이 그런 뜻입니다. "소리만 듣고 아무도 보지 못하여"(9:7)라고 해서 아무 사람도 못 보았다고 했습니다.

"나더러 말하시는 이의 소리는 듣지 못하더라. 내가 가로되 주여, 무엇을 하리이까? 주께서 가라사대 일어나 다메섹으로 들어가라. 정한 바 너의 모든 행할 것을 거기서 누가 이르리라 하시거늘 나는 그 빛의 광채를 인하여 볼 수 없게 되었으므로 나와 함께 있는 사람들의 손에 끌려 다메섹에 들어갔노라. 율법에 의하면 경건한 사람으로 거기 사는 모든 유대인들에게 칭찬을 듣는 아나니아라 하는 이가 내게 와 곁에 서서 말하되 형제 사울아, 다시 보라 하거늘 즉시 그를 쳐다보았노라." 이제 눈에서 비늘 같은 것이 떨어져서 보았다고 했습니다. "그가 또 가로되 우리 조상들의 하나님이 너를 택하여 너로 하여금 자기 뜻을 알게 하시며 저 의인을 보게 하시고 그 입에서 나오는 음성을 듣게 하셨으니 네가 그를 위하여 모든 사람 앞에서 너의 보고 들은 것에 증인이 되리라. 이제는 왜 주저하느뇨? 일어나 주의 이름을 불러 세례를 받고 너의 죄를 씻으라 하더라. 후에 내가 예루살렘으로 돌아와서 성전에서 기도할 때에 비몽사몽간에 보매 주께서 내게 말씀하시되 속히 예루살렘에서 나가라. 저희는 네가 내게 대하여 증거하는 말을 듣지 아니하리라 하시거늘 내가 말하기를 주여, 내가 주 믿는 사람들을 가두고 또 각 회당에서 때리고 또 주의 증인 스데반의 피를 흘릴 적에 내가 곁에 서서 찬성하고 그 죽이는 사람들의 옷을 지킨 줄 저희도 아나이다." 그러니까 예수님이 "나더러 또 이르시되 떠나가라. 내가 너를 멀리 이방인에게로 보내리라 하셨느니라"(22:9하-21).

그다음에 보면 사도 바울이 로마 사람인 것이 나타납니다. "이 말 하는 것까지 저희가 듣다가 소리 질러 가로되 이런 놈은 세상에서 없이하자. 살려 둘 자가 아니라 하여 떠들며 옷을 벗어 던지고 티끌을 공중에 날리니 천부장이 바울을 영문 안으로 데려가라 명하고 저희가 무슨 일로 그를 대하여 떠드나 알고자 하여 채찍질하며 신문(訊問)하라 한대 가죽 줄로 바울을 매니 바울이 곁에 서 있는 백부장(百夫長)더러 이르되 너희가 로마 사람 된 자를 죄도 정하지 않고 채찍질할 수 있느냐 하니"(22:22-25), 이것이 로마 시민의 특권입니다. 법정에서 죄 정함이 없이 덮어놓고 형벌하지 못하는 것입니다. 속주 사람은 황제의 명령이나 황제의 대행자인 총독이 명령하면 그냥 죽일 수가 있었지만 로마 시민은 절대로 그렇게 하지 못하는 것입니다. 그렇게 했다가는 원로원의 탄핵을 받거나 소추(訴追)를 받게 됩니다. 즉 황제가 그렇게 하거나 상위자들이 그렇게 할 때는 탄핵을 받지만, 하위자들이 그런 짓을 하면 소추를 받아서 그냥 파면도 되는 것입니다. 빌라도도 나중에 굉장하게 불운하게 된 것을 아시지요? 법이 엄연히 있는데 법을 무시하고 행한 것 때문에 아주 인기가 나빠지고 평이 나빠졌습니다. 이처럼 바울은 자신이 로마 사람이라는 것을 이야기했습니다.

"백부장이 듣고 가서 천부장에게 전하여 가로되 어찌하려 하느뇨? 이는 로마 사람이라 하니 천부장이 와서 바울에게 말하되 네가 로마 사람이냐? 내게 말하라. 가로되 그러하다. 천부장이 대답하되 나는 돈을 많이 들여 이 시민권을 얻었노라", 즉 '나는 다액 납세에 의한 시민권자다' 하고 그때의 규정이 있으니까 그런 이야기를 했습니다. "바울이 가로되 나는 나면서부터 로마 사람이라." 바울은 자기 아버지가 로마 사람입니다. 그래서 나면서부터 로마 사람으로 났다는 것입니다. "하니 신문하려던 사람이 곧 그에게서 물러가고 천부장도 그가 로마 사람인 줄 알고 또는 그 결박한 것을 인하여 두려워하니라"(22:26-29). '아이고, 참, 괴롭게 되었는데' 하고 얼른 생각했습니다. '함부로 묶어 놨으니 어떻게 해야 하느냐' 하고 두려워한 것입니다.

사도행전 26장의 기록

이 이야기가 다시 사도행전에 26장에 또 한번 나오는 것을 여러분도 아실 것입니다. 이것은 아그립바 왕 앞에서 바울 선생이 이야기하면서 자기를 변해(辨解)할 때 한 말입니다. 사도행전 26:1부터 보아도 좋지만 4절부터 읽겠습니다. "내가 처음부터 내 민족 중에와 예루살렘에서 젊었을 때 생활한 상태를 유대인이 다 아는 바라", '내가 어떻게 살았는가를 유대인들이 다 압니다' 하는 것입니다. "일찍부터 나를 알았으니 저희가 증거하려 하면 내가 우리 종교의 가장 엄한 파를 좇아서 바리새인의 생활을 하였다고 할 것이라"(26:4-5). 앞에서 말씀드린 대로 23:6을 보면 "나는 바리새인이요 또 바리새인의 아들이라"고 했습니다. '내가 가장 엄격한 바리새인의 생활을 했다고 할 것이라' 하고 말했습니다. 그런고로 바리새인 중에서도 오쏘독스(Orthodox), 즉 정통파에 속하는 사람이라는 말입니다. 말하자면 그것을 조금 느슨하게 자유주의로 현대화해서 해 보겠다고 한다든지 예수 믿으면서도 좀 현대주의적인 것을 넣어 가지고 믿겠다는 요즘의 그런 태도가 아니고 아주 엄격하게 믿었다는 것입니다. "이제도 여기 서서 심문받는 것은 하나님이 우리 조상에게 약속하신 것을 바라는 까닭이니 이 약속은 우리 열두 지파가 밤낮으로 간절히 하나님을 받들어 섬김으로 얻기를 바라는 바인데 아그립바 왕이여, 이 소망을 인하여 내가 유대인들에게 송사를 받는 것이니이다"(26:6-7).

그다음에는 "당신들은 하나님이 죽은 사람 다시 살리심을 어찌하여 못 믿을 것으로 여기나이까? 나도 나사렛 예수의 이름을 대적하여 범사를 행하여야 될 줄 스스로 생각하고 예루살렘에서 이런 일을 행하여 대제사장들에게서 권세를 얻어 가지고 많은 성도를 옥에 가두며 또 죽일 때에 내가 가편(可便) 투표를 하였고 또 모든 회당에서 여러 번 형벌하여 강제로 모독하는 말을 하게 하고", 지독하게 핍박을 했습니다. '너희가 믿는 나사렛 예수를 모독해라. 모욕해라' 해서 강제로 모독하는 말을 하게 하고 "저희를 대하여 심히 격분하여 외국 성까지도 가서 핍박하였고 그 일로 대제사장들의 권세와 위임을 받고 다메섹으로 갔나이다"(26:8-12). 그러니까 대제사장의 권세와 위임을 받아 가지고 대제사장 명의로 다메섹에 가서 예수당을 체포하려고 나섰던 것입니다.

"왕이여, 때가 정오나 되어 길에서 보니 하늘로서 해보다 더 밝은 빛이 나와 내 동행들을 둘러 비추는지라." 여기를 보면 빛이 비쳤습니다. 그 빛을 보았다는 말입니다. "우리가 다 땅에 엎드러지매", 어떤 큰 무서운 소리를 듣고서는 다 같이 땅에 엎드러졌습니다. "내가 소리를 들으니 히브리 방언으로 이르되 사울아, 사울아, 네가 어찌하여 나를 핍박하느냐? 가시 채를 뒷발질하기가 네게 고생이니라." 채란 채찍을 말하는데 그 끝에 가시가 박혀 있습니다. 그것으로 후려치는 것이 가시 채입니다. 그것으로 사람을 때리면 등허리에 쇠나 뾰쪽한 못(spike) 같은 것이 콱 박혀서 그것을 빼면 살점도 묻어 나오고 피가 주르르 흘러나오는 그런 무서운 전갈과 같은 채찍입니다. 말이 안 갈 때 뒤에서 그것으로 후려치면 아프니까 막 뛰어가는 것입니다. 그런데 채찍으로 팍 때리면 말이 반동을 일으켜서 뒷발질을 탁 하여 뒤를 때리려고 해 봐도 가시 채로 맞기만 하지 한번도 가시 채를 쥔 사람에게 자기의 발이 갈 수 없는 것 아닙니까? 그런 예를 들어서 '마치 네가 하는 짓이 가시 채로 후려갈기는 사람을 뒷발질하는 말과 같다. 그 가시 채를 뒷발질하는 것이 대단히 어려운 일이다. 고생이 되는 일이다' 하고 말씀하신 것입니다. "가시 채를 뒷발질하기가 네게 고생이니라. 내가 대답하되 주여, 뉘시니이까? 주께서 가라사대 나는 네가 핍박하는 예수라"(26:13-15).

여기서부터는 그때 예수님께서 불러내신 소명의 내용을 이야기합니다. 그때를 위시(爲始)해서 혹은 계기로 해서 그를 어떻게 불러내셨는가를 다른 어떤 기록보다도 여기 이 부분에서 좀 더 자세히 구체적으로 보이는 것입니다. "일어나 네 발로 서라. 내가 네게 나타난 것은 곧 네가 나를 본 일과 장차 내가 네게 나타날 일에 너로 사환과 증인을 삼으려 함이니", 하나는 '심부름꾼' 혹은 '종'으로, 또 하나는 '증거자'로 삼으려 한다는 말씀입니다. 종은 종인데, 즉 심부름꾼인데 무슨 일을 할 것이냐 하면 예수 그리스도께서 당신을 바울에게 나타내신 일과 장차 때를 따라서 나타내실 혹은 계시하실 일들을 증거할 증인 노릇을 할 사환이라는 말입니다. "이스라엘과 이방인들에게서 내가 너를 구원하여 저희에게 보내어 그 눈을 뜨게 하여 어두움에서 빛으로, 사단의 권세에서 하나님께로 돌아가게 하고", 여기에 우리로 하여금 참 구체적이고 훨씬 명백하게 생각하게 할 수 있는 말들을 모두 썼습니다. "죄 사함과 나를 믿어 거룩케 된 무리 가운데서 기업을 얻게 하리라 하더이다." '예수님은 그렇게 말씀하시더이다' 하는 말입니다. "아그립바 왕이여, 그러므로 하늘에서 보이신 것을 내가 거스르지 아니하고 먼저 다메섹에와 또 예루살렘에 있는 사람과 유대 온 땅과 이방인에게까지 회개하고 하나님께로 돌아가서 회개에 합당한 일을 행하라고 선전하므로", 즉 전도하므로 "유대인들이 성전에서 나를 잡아 죽이고자 하였으나 하나님의 도우심을 받아 내가 오늘까지 서서 높고 낮은 사람 앞에서 증거하는 것은 선지자들과 모세가 반드시 되리라고 말한 것밖에 없으니 곧 그리스도가", 즉 메시야가 "고난을 받으실 것과 죽은 자 가운데서 먼저 다시 살아나사 이스라엘과 이방인들에게 빛을 선전하시리라 함이니이다 하니라"(26:16-23). 이것이 그 이야기입니다.

사울이 핍박한 이유

우리가 오늘 밤에 특별히 생각할 문제는 첫째로, 사울이 왜 핍박했는가 하는 문제이고, 둘째는 사울이 어떻게 회개했는가 하는 문제입니다. 사울의 회개의 상태에서 '회개의 전형이 무엇이겠는가' 하는 것을 하나 찾을 것이고, '바울의 회개의 특성적인 면은 무엇인가', '회개한 결과 무엇이 거기에 나타났는가' 하는 문제를 살펴보겠습니다.

이 9장에서 보면 아나니아가 와서 세례를 받으라고 하니까 바울 선생이 "일어나 세례를 받고 음식을 먹으매 강건하여지니라. 사울이 다메섹에 있는 제자들과 함께 며칠 있을새 즉시로 각 회당에서 예수의 하나님의 아들이심을 전파하니", 예수는 하나님의 아들이라고 전파했습니다. 그가 지금까지 핍박하던 것과는 전혀 다른 행동만을 취한 것이 아니라 전혀 다른 사상을 가지기 시작했습니다. "듣는 사람이 다 놀라 말하되", 왜 놀랐느냐 하면 "이 사람이 예루살렘에서 이 이름", 이 이름이란 곧 예수의 이름입니다. "이 이름 부르는 사람을 잔해(殘害)하던 자가 아니냐. 여기 온 것도 저희를 결박하여", 즉 예수 믿는 사람들을 결박해서 "대제사장들에게 끌어가고자 함이 아니냐 하더라." '그러한 사람인데 갑자기 이번에는 예수는 하나님의 아들이라고 한다' 하는 말입니다. "사울은 힘을 더 얻어 예수를 그리스도라", 즉 메시야라고 "증명하여 다메섹에 사는 유대인들을 굴복시키니라"(9:18하-22). 그러니까 그다음에 일어난 일은 유대인들이 그를 죽이려 한 것입니다. '저런 배반자가 어디에 있느냐. 저놈 죽이자' 하는 것입니다. 그래서 바울을 다메섹에서 떠나보내는 이야기입니다. 여기에서는 제자들이 밤에 사울을 광주리에 담아 성에서 달아 내렸다고 했습니다.

그다음에는 예루살렘에 가서 제자들을 사귀려고 했지만 예루살렘에 있는 예수 믿는 사람들도 '참으로 저 사람이 신자가 되었는가' 하고 의심하고 믿지 않으니까 그때에 마음이 너그럽고 또 이런 일을 주의 깊게 살핀 다음에 행하는 바나바가 그를 데리고 사도들에게 가서 사도 바울이, 즉 그때의 사울이 다메섹으로 가던 노상에서 어떻게 주 예수를 보았는가 하는 것과 또 주 예수께서 그에게 말씀하신 일과 또 다메섹에서 그가 예수의 이름으로 담대히 말하던 것을 다 이야기하니까 그때야 비로소 서로 교제를 해서 "사울이" 거기에 있는 "제자들과 함께 있어 예루살렘에" 왔다 갔다 하고 제자들 사이에 서로 교제하며 "출입하며 또 주 예수의 이름으로 담대히 말하고" 예루살렘에서 가는 곳마다 그렇게 했습니다. 특별히 헬레니스트인 유대인들과 함께 말하며 변론하니까 이번에는 헬레니스트 유대인들이, 즉 다 자기와 같은 문화권에 속한 사람들이 '저런 죽일 놈 보았나' 하고서는 죽이려고 작정했습니다. 그렇게 그 사람들이 죽이려고 힘쓰니까 거기의 예수 믿는 형제들이 알고서는 사울을 저 가이사랴로 데리고 내려갔습니다. 옛날에 유대를 다스리던 총독부 혹은 군영이 있던 데가 가이사랴입니다. 그곳은 바닷가인데 예루살렘 서북부에 있는 샤론의 들 북방에 있습니다. 가이사랴로 데리고 내려가서 거기서 아마 배를 타고 바로 소아시아로 올라가서 다소로 보낸 듯합니다. "다소로 보내니라. 그리하여 온 유대와 갈릴리와 사마리아의 교회가 평안하여 든든히 서 가고 주를 경외함과 성신의 위로로 진행하여 수가 더 많아지니라"(9:28-31).

문제는 사울이 왜 핍박을 했는가 하는 문제입니다. 사울이 왜 핍박을 했겠습니까? 사울이 핍박한 데에는 첫째로 일반적이고 좀 더 보편적인 이유가 있습니다. 그러나 그것 때문에 그렇게 굉장하게 열렬히 핍박을 했겠는가 하는 것입니다. 왜 다른 사람은 그렇게 열렬하게 핍박하지 않는데 하필 왈(何必曰) 사울은 막 일어나서 야단인가 하는 것입니다. 지금까지 보면 여기에서 핍박을 하는 사람들은 주로 사두개당들입니다. 베드로나 요한이나 그 외 사도들과 예수를 믿는 신도들이 예루살렘에 다 같이 모여서 유무(有無)를 상통(相通)하고 또 기도하기를 힘썼습니다. 그러니까 아주 특수한 생활을 한 것입니다. 서로 함께하는 생활입니다. 가지고 있는 전장(田莊)이나 무엇이든지 다 제 것이라고 하지 않고 가지고 와서 내놓고 살고 있으니까 퍽 독특하고 훌륭한 하나의 사회를 형성하고 살아갔던 것입니다. 그러니까 사람들이 모두 칭송했습니다. 그것을 보고서 특별히 사두개인들이 시기가 가득해진 것입니다. 또한 민중의 인기가 그쪽으로 쏠리니까 저희들이 과거에 죽인 그 나사렛 예수의 이름이 다시 역사적인 의미로서 되살아나는 것을 볼 때 그것을 말살하지 않을 수 없다는 생각을 하고, 지금 당장에 이 사람들이 하나의 사회 세력을 형성해서 차츰차츰 반사두개적인 역사적 현실을 지어 나갈 우려가 있다는 것을 생각했습니다. 항상 정치에 밝고 현세와 시세(時勢)와 또 자기네의 명예와 권세를 유지한다는 것에 아주 민감한 사람들인 까닭에 그들이 일어나서 핍박한 것입니다.

그러나 사울의 핍박은 단순히 그런 것이 아닙니다. 그는 바리새인적인 히브리의 전통적인 사상이 지금까지 흘러내려 온 당대의 현실에서 관찰을 했습니다. 즉 지금까지 히브리 사상이 쭉 흘러나와서 어떤 한 현실이 지금 여기에 지어지고 있는 것입니다. 당대의 현실에서 관찰할 때 나사렛 예수의 사실은 그냥 용인할 수가 없는 것이라고 느꼈습니다. 그러나 사울은 그때까지 아무런 말도 하지 않고 있던 사람이었습니다. 그러다가 이제 갑자기 핍박하기 시작한 것입니다. 사울이 핍박하기 시작한 계기라고 할는지 핍박하기 시작할 때의 큰 사실은 잘 아시는 대로 스데반의 죽음입니다. 스데반의 죽음이 사울의 핍박의 한 출발점이었던 것입니다. 그러면 스데반은 왜 죽었습니까? 스데반을 죽일 때 거기에 있던 모든 증인들이 옷을 벗어서 사울 앞에 놓았습니다. '옷을 지키시오. 내가 분명히 옷을 벗었소. 내가 저놈을 죽이려고 분명히 옷을 벗었소.' '암, 옳지요. 당연히 옷을 벗고 저놈을 돌로 때려죽여야 할 거요.' 가편(可便) 투표를 했다고 그랬습니다. 투표를 한 것을 보면 공회원이었던가 봅니다. 그런고로 공회에서 제자들을 심문할 때도 거기에 있었고 그다음에는 스데반이 공회에서 연설했으니까 그 연설을 자세히 들었고 다른 사람들이 막 분해서, 말하자면 극단파들이 맹렬하게 일어나서 돌로 때려죽일 때에 사울도 거의 공감을 했던 것입니다.

사울의 교양미와 인간미와 풍부한 사상

그 경로를 보면 직접 하수(下手)를 하는 상태, 즉 돌을 들어 때려죽이는 사람과 같이 막 격렬하고 전투적이고 아주 실천적으로 한 것이 아니고, 말하자면 교양이 있는 사람이고 아주 지적인 사람인 까닭에 막 그냥 성이 나서 물불을 헤아리지 않는 분노에 사로잡힌 상태가 아니고, 오히려 냉정하게 투시해 가면서 시비를 딱 생각해 나간 사람이었습니다. 이후에 바울의 역사를 보면 물론 중생하고 큰 은혜를 받은 대성자(大聖者)의 인격인 까닭에 거기에 소위 자제와 극기와 절제라는 성신의 현저한 열매가 그의 전인격 위에서 늘 드러나는 것을 우리가 잘 보는 바입니다. 그러한 위대한 인격이 거기에 빛나고 있는 것이 사실이고 또한 그에게서 우리가 볼 수 있는 위대한 것은 교양미입니다. 깊은 교양을 가진 사람이 가지는 맛 혹은 인간미가 거기에 있습니다. 깊은 교양을 가진 사람으로서 대단히 논리적이고 지적이면서도 일방 퍽 정서적인 데가 있습니다. 편지 쓴 것을 보면, 그 편지를 받는 고린도 교인이나 데살로니가 교인들이나 로마 교인들에게 그가 쏟은 정열과 사랑을 보면 그것이 또한 위대한 것으로 나타나고 있습니다. 단순히 이론만 자꾸 하고 냉정하게 말만 해 대는 사람이 아닙니다. "누가 약하면 내가 약하지 아니하며 누가 실족하게 되면 내가 애타하지 않더냐"(고후 11:29) 하고 말했습니다.

성신의 충만한 역사로 당장에 그렇게 변하는 것이 아닙니다. 성신의 충만한 역사는 출발만 시키는 것입니다. 그것을 자꾸자꾸 쌓아 올려야 그런 아름다운 교양미가 흘러나오는 것입니다. 그리고 또 거기에는 풍요한 사상이 빛나고 있습니다. 지식뿐 아니라 독특하고 종합적인 사상이, 즉 사관(史觀)이라든가 세계관이라든가 인생관이나 인간관, 이런 것들이 아주 크고 아름답게 빛나고 있는 것입니다. 인간으로서 가장 위대한 인물의 하나가 바울입니다. 구약에서 가장 독특한 인물을 친다면 모세 같은 인물인데, 신약에서는 바울 같은 인물이 그렇게 아주 독특한 인물입니다. 그런 사람의 그러한 교양이나 지식은 하루에 쌓아 올려지는 것도 아니고, 예수 믿어서 하룻밤 사이에 갑자기 그냥 그렇게 되는 것이 아닙니다. 평범하고 아무것도 없던 사람에게 갑자기 모든 것이 생기는 것이 아닙니다. 이런 것은 하나님의 섭리로, 그가 아직 예수를 알기 이전에 처음부터 차례차례 길러져 왔던 것입니다.

바울은 길리기아 다소에서 헬레니즘의 크고 찬란한 문화를 흡수할 수 있는 모든 능력과 방법과 도구를 다 몸에 지니고 있었습니다. 그런고로 어학이 섬부(贍富)했습니다. 그는 헬라 말이나 아람 방언이나 또 성경 용어인 히브리 말이나 로마의 라틴 말 등을 자유롭게 구사한 것 같습니다. 그래서 그것을 자유롭게 쓰고 있습니다. 바울은 자기가 말하는 방언이 여럿인 것을 이야기했습니다. 방언이라고 할 때 괜히 무슨 방언을 받았다고 하면서 자기도 모르는 소리를 씨부렁거린 것이 아니라 말을 이지적으로 잘한 것입니다. 편지야 물론 헬라 말로 척척척 다 써서 보내고, 연설할 때는 히브리 사람들의 방언, 즉 그 사람들이 다 잘 알고 늘 하고 있는 바 그때 당시의 시리아어의 일종인 동방의 아람 방언을 써서 쭉 이야기를 하고, 그리고 성경을 인용할 때는 성경 히브리어를 그대로 인용해서 이야기했던 인물입니다.

그런 교양이 주님을 위해서 찬란하게 사용되었지만, 그것이 예수를 믿고 비로소 조금씩 조금씩 쌓아 올려서 그렇게 된 것은 아닙니다. 이미 그는 다소에서 헬레니즘의 문화적인 전통 가운데에서 흡수할 수 있는 교육과 지식을 흡수하고, 다시 예루살렘으로 보냄을 받아서 위대한 가말리엘에게 배웠습니다. 당대에 유대교의 최고의 스승이라고 할 때, 가장 이름 있고 가장 존경받는 대스승이라고 할 때 이 가말리엘을 꼽습니다. 유교에서 공자(孔子)나 자사(子思)를 보면 한 가계(家系) 안에서 굉장한 스승들이 난 것을 볼 수 있습니다. 맹자는 공자와 혈연관계는 없는 사람이지만 그 가계에서 스승에게 배운 사람입니다. 이렇게 유교를 보더라도 가계적으로 서로 연결되어서 교육을 하고 받고 했는데, 가말리엘은 아마 모세 이후에 최대의 선생이라고 일컬음을 받는 대힐렐(大Hillel), 즉 바벨로니아의 힐렐이라는 대스승의 손자입니다. 힐렐은 바벨론에서 나서 가난한 가운데 열심히 도를 닦고 공부를 한 다음에 예루살렘에 와서 다른 사람을 가르치고 스승으로 지냈습니다. 그는 예수님이 아마 열 살 때쯤까지 살아 있던 사람입니다. 그의 손자로서 이 가말리엘이 아주 훌륭한 교법사(敎法師)였고 스승이었습니다. 가말리엘의 문하에서 공부한 바울이 자기 선생이 가말리엘이라 할 때에 사람들은 '아, 그렇구나. 과연 그렇구나' 하고 다 그런 이야기를 할 것 아닙니까? '그래, 아무개의 제자가 아무개다. 아무개의 스승은 아무개다' 하고 이야기할 것입니다. 이렇게 스승과 제자가 다 같이 명현(明賢)이 되는 수가 있습니다. 훌륭한 스승에게 배워서 명현이 되는 사람들도 많이 있는 것입니다. 우리나라 유교 역사에서도 소위 문묘 배향(文廟配享)했다는 그 명현들도 이름들을 따져 보면 스승-제자 관계가 죽 나옵니다.

그러므로 이러한 훌륭한 배경과 교육을 받은 사울이라는 청년은 유대교의 진수나 사상을 잘 알고 있었던 것입니다. 그렇게 알고 있을 뿐만 아니라 자기 자신이 엄격하게 자기의 생활을 율(律)해서 진실로 다른 사람 앞에 모범이 될 만할 사람이었습니다. 그 사람의 도덕적인 행동이나 쌓아 올린 전체 내용으로 보면 자기 자신도 담대히 말할 수 있을 만큼 율법의

의로 보아서 책망할 것이 없고 흠이 없는 사람이었습니다. 그런데다 그는 그냥 냉정하게 객관적으로 지식만 수련하는 하나의 학자에 불과한 인물이 아니고 열렬한 열정을 가지고 있는 창조자요, 말하자면 창업을 할 수 있는 인물이었습니다. 그런고로 그가 "열심으로는 교회를 핍박하고"(빌 3:6)라고 말했을 때 교회를 핍박한다는 것은 핍박할 만할 이지적인 이유가 분명히 있고 이념이 분명히 있어서 그 이념하에서 핍박을 한 것입니다. 그 이념이 그를 지배할 때 그는 단연코 실천을 해 나간 사람입니다. 이런 것이 참된 의미의 열심이라는 것입니다. 덮어놓고 왔다 갔다만 하는 것이 열심이 아니고, 한 이념이 있고 목표가 있으면 그것을 위해서 쉼 없이 부단히 전진하고 나아가는 이런 것이 진짜로 훌륭한 열정인 것입니다. 열정이라는 것은 불이 타오르는 것같이 끝없이 계속되어 자고 일어나면 또 하고 자고 일어나면 또 하고 또 하고 해서 계속적으로 밀고 나가는 것이지, 한때 후르르 가랑잎같이 탔다가 나중에는 스르르 스러져서 잿더미같이 되어 버리는 그런 것이 아닙니다. 그러니까 그는 이념적인 행동으로서 교회를 핍박한 것입니다. 좌우간 이러한 사울이었습니다.

사울이 간직했던 조상의 전통과 사관

그런데 그러한 사울이 가지고 있는 세계관이나 사관이 지금 중요한 문제입니다. 인간관이나 인생관도 분명히 중요합니다. 그러나 그것이 역사적으로 어떻다 하는 것이 또한 중요한 것입니다. 그는 '조상의 유전(遺傳)'이라는 말도 자꾸 썼습니다. 조상의 유전이란 조상의 법을 말하는데 그것은 하나의 역사를 의미하는 것입니다. '조상 때부터 내려오던 이것을 내가 잘 받았다. 조상 때부터 내려오던 것을 받아서 그것을 나는 진실하게 지키고 그것을 가장 정당화하는 데에 주력했다' 하는 이야기입니다. 조상 때부터 받아 온 것은 무엇입니까? 그것은 이 사울 당시에 벌써 있었던 유대주의라는 것입니다. 힐렐과 샤마이 같은 위대한 스승들이 계승해서 그것을 받아 내려왔습니다. 그 사상적인 내용이 무엇인가 하는 것을 연구하는 것을 가리켜 오늘날에는 소위 헤브라이즘(Hebraism) 혹은 히브리주의 연구라고 합니다. 그런데 당시에 헤브라이즘이나 헤브라이즘의 철학적인 진수(眞髓)의 내용이라고 할 때는 좀 더 구체적으로 어떤 명확한 것에 국한해서 하는 말이고, 오늘날은 학문의 이름으로 헤브라이즘이라고 하고 그런 연구를 하는 사람을 히브레이스트(Hebraist)라고 합니다. 단순한 유대주의만이 아니고 유대의 전통적인 역사와 사상을 연구하는데 이전 시대를 연구합니다. 옛날 구약 때부터 예수님 당시와 그 이후 몇 세기까지 흘러온 탈무드 시대를 연구하는 것이 헤브라이즘입니다.

그는 그러한 것을 가지고 있었던 것입니다. 그것은 무엇보다도 야훼 하나님을 유일의 기점 혹은 중심으로 하고서 사상이 전개됩니다. 그 사관은 창조하신 야훼의 크신 경륜과 섭리에 의해서 역사가 끝없이 전진되어 나가지만 전연 끝이 없는 것이 아니고 마침내 대종국(大終局)에 이른다는 사관입니다. 이것은 헬레니즘이 가지고 있던 사관과는 아주 다른 것입니다. 그 당시에 구체적으로 역사라는 사실을 잘 기록하고 어떤 사상적인 것을 역사 기록 가운데 표현한 사람이 있습니다. 단순히 연대기를 쓰고 이야기를 죽 주워 모은 것이 아니고 과연 참된 의미에서 역사(history)라는 사실을 죽 흘러내려 쓴 사람이 있다면 바로 헤로도토스(Herodotos, B.C. 484?-425?)인데, 헤로도토스 같은 사람이나 혹은 헬라 사람들이 가지고 있는 사기(史記)의 기록 법 가운데 우리가 볼 수 있는 것은 어떤 리드미컬(rhythmical)한 것의 반복입니다. 맥박과 같이 어떤 역사적인 리듬이 반복하는 것입니다. 어떤 똑같은 사실이 두 번 다시 일어난다는 이야기는 아닙니다. '역사는 그 자체가 반복된다'(History repeats itself.) 하는 말은 역사가 반복된다는 말이지 그 속에 있는 연대기

(annals)가 반복된다는 말은 아닙니다. 어떤 왕이 다시 일어나 그 사람이 같은 일을 또 하고 몇 백 년 있다가 또 일어나는 식으로 소위 윤회한다는 말이 아닙니다.

그런데 히브리 사람은 그런 역사의 반복이라는 것을 주장한 일이 없습니다. '역사는 그 사실이 반복되지도 않고 또 역사적인 맥박도 근사하거나 같은 요소를 가진 어떤 사상적인 내용이 반복되는 것이 아니다' 하는 것입니다. '역사는 분명히 가고 가고 가고 만다. 저 어떤 목적을 향해서 가는 것이지 맹목적으로 그냥 윤회하는 것이 아니다' 하는 것입니다. 이러한 사관 가운데 있었던 것입니다. 그리고 이런 위대한 사관이라는 것은 그 이후에 계시의 발전의 역사 가운데에서 현저하게 볼 수 있는 사실이고, 또 신약의 교회에서 그대로 전승해서 이어받아서 신약의 교회의 전체 움직임 자체가 그러한 원칙(principle)을 증명해 주는 것이 되었습니다.

그러나 이 당시는 사울 같은 위대한 사상가라도 지금 자기가 핍박하고 있는 이 미미한 것 같으면서도 맹랑한 세력이 장차 그러한 위대한 사실을 역사 위에 형성해 나가리라는 것을 알았다고 보기가 어렵습니다. 알았다면 '역사적인 가치로 보더라도 이것을 덮어놓고 핍박할 것이 아니라 보존해야 한다. 차라리 가만 놔두고 그것이 나아가는 힘을 주의 깊게 관찰하고 종합해서 분석해야 한다' 하는 태도를 취했을 듯합니다. 마치 오늘날 토인비(Arnold J. Toynbee, 1889-1975)가 세계의 큰 종교들이 중요한 요소인 까닭에 항상 그것을 관찰하고 그것의 진전을 보며, 자기가 철학적으로 어떤 일정한 목표를 상정한 까닭에 '그 진전은 그리로 가지 않는가' 하고 그리로 갈 만한 요소에 대한 힌트를 주기도 하는 것과 같습니다. 토인비의 사상은 가령 모하메드나 그의 모슬렘이든지 힌두교라든지 기독교라든지 하는 이런 거대한 수를 가지고 있는 종교가 동일한 목표점을 향해서 가서, 불교에서 말하는 대로 소위 '만법(萬法)이 귀일(歸一)이라' 하는 어떤 현상을 지어내게 되는 데에 따라서 세계는 새로운 역사적인 국면과 새 문화적인 현실로 들어갈 것이라는 것입니다.

지금 어려운 이야기가 자꾸 나오는데 왜냐하면 이 사도 바울 선생이 교회를 핍박했다는 것이 단순하게 '아, 그가 교회를 핍박했습니다' 하는 정도로 생각할 일이 아니기 때문입니다. 이런 깊은 사상적이고 역사론적인 이유가 거기에 늘 개재하고 있는 것입니다. 바울 선생과 같은 굉장한 인텔리겐치아(intelligentsia) 혹은 그런 굉장한 인물이 자기 생명을 내걸고 앉아서 투쟁할 대상으로 삼고 싸우고 막 박해하고 할 때에 평범한 감정에서 시작한 것이라고 생각할 수 있겠습니까? 평범한 감정이나 몇 사람이 쉽게 몇 마디로 할 수 있는 그런 내용을 가지고 한 것이 아닙니다. 우리가 바울 선생의 그 깊은 사상이 그때 어떠했던가를 다 짚어내기 어려울지라도 그래도 근사(近似)하고 근리(近理)하게 중요한 핵심은 잡아야 하는 것입니다. 그러나 이런 연구는 잘 되어 있지 않습니다. 왜 안 되어 있느냐 하면 전통적인 헤브라이즘의 역사를 연구하지 않은 까닭에 그렇습니다.

그런데 바울은 전통적인 헤브라이즘의 위대한 아들의 하나입니다. 그가 기독교를 소지함으로써 그가 받은 교육의 배경인 헬레니즘을 또한 같이 동시에 포회(包懷)해서 헤브라이즘과 헬레니즘이 가지고 있는 이상을 기독교 안에서 분명히 다 본 것입니다. 그가 눈을 떴을 때는 거기에서 '아, 이것이야말로 기독교이다. 이것이야말로 나사렛 예수의 가르치신 도리이다' 하는 것을 본 것입니다. 한번 눈을 감았다가 눈에서 비늘 같은 것이 떨어지고 눈을 떴을 때는 바울 선생의 심안(心眼)도 같이 떠져서 지금까지 자기가 보지 못했던 새 사실을 보았습니다. 그것은 무엇이냐 하면 '예수 그분이야말로 모든 역사의 정점이다' 하는 것을 발견한 것입니다. 그런고로 바울의 위대한 사관이라는 것을 우리가 더 주의해야 합니다. 그 위대한 사관은 그의 위대한 신관(神觀)과 기독관(基督觀)에 근거를 두고 있는 것입니다. 그러니까 그것은 단순히 한 사람의 철학에 불과한 것이 아니고 삼위일체의 품위(品位)를 통해 하나님과 그리스도의 거룩한 계시가 그에게서부터 나온 것입니다. 그랬을 때 그것이 신학이 된 것입니다. 계시인 까닭에 그것을 조직적으로 구체적으로 사상을 체계 있게 정돈해서 말한 것을 가리켜 '바울 신학'이라는 말이 생긴 것입니다. 단순한 철학이 아닙니다. 철학 같으면 '소크라테스 철학', 그렇지 않으면 '플라톤의 철학', 또 개인 개인의 누구의 철학이라고 다 하겠고 심지어 '양자(陽子) 묵적(墨翟)의 철학'까지라도 다 말하겠지만, 바울 신학이라고 할 때는 그런 것이 아닙니다.

그러한 것을 우리가 깊이 올바로 생각한다는 것이 이 사도행전 9장에 처음으로 나타난 기록, 즉 바울의 회개와 변개의 사실에는 심히 중요합니다. 왜냐하면 바울이 회개한 이후에 그의 생활에 근본이 되어 왔던 바 자기가 받아 온 위대한 전통을 덮어놓고 파괴만 하려고 한 것이 아니기 때문입니다. 그 전통이 가지고 있던 의미의 그릇된 것을 시정해 나가고 전통의 미비한 것들을 보충해 나가서 이 바울 선생에게서 비로소 고대부터 흘러나온 하나님의 계시의 역사와 그때 그리스도의 교회가 풍요하게 가지고 있던 새로운 계시의 사실이 혼연일체가 되어서 하나의 계시로 선 것입니다. 만일 그런 것을 연구하지 못하면, '구약은 히브리라는 한 민족의 민족적인 작품은 되지만, 인류 보편의 큰 사실로 존중될 까닭은 없다'는 요즘 모더니즘(modernism)의 신학이나 그런 교파가 생각하는 것같이 다 돌아가는 것입니다. 그래서 성경을 파괴하기 시작하는 것입니다. 그렇게 생각할 때에는 성경의 본문(text)을 원어로 여러 가지로 연구해서 '이것은 틀렸다. 이것은 잘못되었다'해서 칼로 찍어내고 도끼로 찍어내고 그다음에는 이리저리 찢어발기는 일이 생기는 것입니다. 본인이야 연구를 안 했으니까 그렇게 하지 못하겠지만 그런 것을 하는 것을 보고 좋다고 하는 것입니다. 그렇게 해서 오늘날 세계의 수많은 교회가 자빠진 것입니다. 그리고 그것이 훌륭한 진실인 것같이 떠들고 있는 것입니다. 왜냐하면 참된 것을 보지 못했으니까 그렇습니다.

오늘은 이만큼만 이야기하겠습니다. 왜냐하면 이것이 어려운 이야기이기 때문입니다. 어려운 이야기를 시작하는 것이 잘못일는지 모르지만, 다소라도 그런 것을 좀 아실 필요가 있습니다. 밤낮 평범하고 평이한 몇 마디만 알고 그냥 넘어가는 것은 좋은 것이 아닙니다. 그리고 우리 교회는 '역사를 통하여 흐르는 주류의 신앙과 신학'을 전승하고 전수하겠다고 딱 밝혔습니다. 우리의 교회의 지침을 보면 '이 위대한 역사적인 개혁교회의 신앙과 정신을 전승하고 그것을 전수해 줄 자로서 스스로의 임무를 깨닫는다' 하는 선언을 한 것이 있지요? 그럼 무엇을 전승하겠다는 것입니까? 100년 전 것인가 200년 전 것인가 하는 이야기입니다. 대개 언제 때 것부터 우리가 전승해야 하겠습니까? 우리가 전승할 것에는 사도 바울 선생이 전승해서 물려준 것도 들어 있습니다. 그런고로 이런 것들을 여기에서 우리가 주의해서 보아야 할 것입니다.

그런데 어떤 점에서 잘못 보거나 어떤 점에서 조금 그 내용이 부족하든지 결핍되어 있으면 그것이 가장 강렬한 적 노릇을 했던 것입니다. 사울이 기독교를 박해하는 정도의 거대하고 무서운 적이 되어 버린 것입니다. 그가 가지고 있는 모든 것이 다 악해서 그렇게 되었습니까? 하나도 악한 것은 없습니다. 자기의 핍박도 '이것은 열심이었다. 하나님께 대한 열심이었다'고 했습니다(빌 3:6 참조). 그리고 자기를 핍박하는 유대 사람에 대해서도 '당신네도 지금 내가 가졌던 것 같은 열심을 가지고 있어서 나를 이렇게 핍박하는 것이다. 몰라서 그렇다. 그 한 가지 점에서 눈을 못 뜨니까 그런 것이다' 하고 말했습니다.

이와 같이 어떤 면이 결핍되어 있으면 굉장한 적이 되어 나가는 것입니다. 그러나 그럴 때의 적은 사상적으로 대립되어 있다는 것이지 개인적인 증오나 악의가 아닙니다. 이러한 사상적인 큰 대립이 있는 동시에 말단적이고 너절한 전위 분자(前衛分子)는 그것을 빙자해서 개인 싸움을 하는 것이고 개인적인 증오를 쏟는 것입니다. 여러분, 교회가 서로 갈라지면서 싸울 때 보면 다 아름다운 이름을 가지고 있지만 싸우는 현장에서는 주먹 다짐을 하고 막 때리고 치고 야단 내고 소란을 피우고 그 이상 더 소란을 피울 수가 없을 만큼 야단을 하는데, 그들이 참으로 무슨 전통적인 큰 사상의 대립 때문에 그렇게 하는 것입니까? 사상의 대립이라는 것은 빙자하는 것일 뿐이고 속으로는 증오가 있어서 그때 그 야비한 인간성이 나타나 그런 식으로 싸우는 것이고 야비한 인간성으로 남을 미워하고 더러운 표를 내는 것입니다. 그러나 사도 바울 선생은 참으로 그런 야비한 인간성을 가지고 남을 미워하거나 어떤 개인이 미워서 그를 죽이고 잡아 가두려고 한 것이 아닙니다. 그에게는 그 사람이 누구인가, 그의 이름이 무엇인가가 주요한 것이 아니었습니다. 그때는 '네가 나사렛 예수를 믿고 그를 신봉하느냐, 안 하느냐' 하는 그것까지만 따진 것입니다.

　이것이 무엇이냐 하면 일종의 공분(公憤)인 것입니다. 바울 선생은 일종의 공분을 가지고서 분하고 격노해서 일어나 핍박을 한 것입니다. 그것은 강렬한 이념에 근거를 둔 분노였습니다. 그리고 그 이념은 조상이 전수해 준 것으로서 중심으로 야훼 하나님을 간곡하게 사랑하고 사모하고 봉사하고 나아가는 그 일과 관계된 것이지 하나님을 떠나서 악당들이 악을 행하듯이 핍박을 한 것이 아니었습니다. 그리고 그것은 거짓되거나 잘못된 신관을 가지고 마치 무당들이 야단 내고 거짓된 신을 가지고 그것이 옳다고 하고 자기의 주장이 옳다고 하면서 덮어놓고 떠드는 그런 것이 아니었습니다.

　그들이 자신들의 생활 가운데에서 이미 가지고 있는 계시인 구약에서 오늘날 사람들이 얻는 정도만큼도 도저히 얻지 못하고 아주 고질화된 그릇된 정신만 가졌다고 그렇게 얼른 속단해야 합니까? 그렇게 멍텅구리들만 모인 것으로 생각합니까? 그것이 아니고 비상하게 재주 있는 사람들이 많이 모여서 생각하고 비상하게 심오한 사상을 가진 사람들이 모여서 공부한 것입니다. 사울도 그런 사람의 하나입니다. 사울을 멍청하고 아무 것도 모르고 마음이 어두운 사람으로 생각할 수 있습니까? 그런 비상한 천재를 우리가 별로 못 보는 것입니다. 모든 방면에서 그는 천재적인 능력을 발휘한 사람입니다. 그런 사람이 공부한 끝에 기독교를 핍박하게 된 것입니다. 그 공부를 포기하고 기독교인이 된 것입니까? 포기한 것이 아닙니다. 그의 신관이 바뀌었거나 그 구약의 계시를 주신 하나님이 별다른 하나님으로 바뀌었습니까? 야훼는 어디로 가고 다른 하나님으로 바뀌었습니까? 그런 것이 아닙니다.

여기서 우리가 생각할 수 있는 것은 사람이 하나님의 계시에 대해서 항상 성신님을 의지하고 건실하게 공부해 나가지 않으면 오만하고 악하게 되기가 쉽다는 것입니다. 이렇게 훌륭하게 공부한 사람도 어떤 사실이 모자라서 어떤 사실에 대한 개안(開眼) 혹은 깨달음이 없을 때에는 맹렬한 적으로 일어날 수 있었던 것입니다. 하물며 깊이 알지도 못하고 자기 류(自己類)로 그냥 사람이 가르친 유전을 고질과 같이 쥐고 있는 사람들은 심히 타락하기가 쉬운 것입니다. 이 두 가지는 서로 비교가 안 되는 것입니다. 그런데 여기에서 바울을 핍박하려고 덤빈 유대인들의 많은 부분은 사상적으로 심오해서만 핍박한 것이 아니고 미워서 한 것이고 시기가 가득해서 한 것입니다.

기도

거룩하신 주님, 진실로 하나님 나라의 깊고 오묘한 것을 저희로 하여금 잘 알게 하여 주시고, 또 저희들에게 성신님으로 빛을 비추어 주셔서 여러 가지로 저희들이 알지 못하고 깨닫지 못하는 것들을 깨우쳐 주심으로 깊고 오묘한 도리 가운데 더욱 들어가서 하나님께서 저희에게 내려 주신 이 귀한 재산과 유산들을 잘 사용해서 하나님 나라의 큰 빛과 열매를 땅 위에 비추고 드러내게 하시옵소서.

바울 선생이 일찍이 열심을 내서 나사렛 예수의 이름으로 믿는 사람들을 적극적으로 핍박하고 훗날에 그 일을 회고할 때에도 자기의 핍박은 열심에 의한 것이었고 이념에 의한 것이었다는 사실을 이야기했나이다. 히브리 사람 중의 히브리인이요 조상의 엄격한 유전을 틀림없이 잘 지켜서 율법의 의로는 책망할 것이 없는 사람이었다고 술회할 만큼 그는 모든 생활과 실천과 행동에서나 사상과 파악에서 심오했고 당시에 얻을 수 있는 모든 아름다운 것들과 고귀한 것들을 얻었던 인물이었나이다. 그러한 것들에 대해서 스데반의 설명 가운데 나타난 나사렛 예수의 이름과 사상은 아주 엄격하게 정반대의 대척적인 위치에서 메스로 긋고 그것을 척결해 내고 있사옵니다.

저희가 주님께서 계시하신 바를 전체로 올바로 받는가, 거기에 의해서 저희들이 가지고 있는 그릇된 것들을 시정하고 바르게 잡는가, 그렇지 않으면 오히려 저희들이 가지고 있는 그릇된 사상에 그만 압도당하는가, 둘 중의 하나에 빠지기가 참으로 쉬운 것을 아나이다. 그러나 주님께서 주신 것을 올바로 받는다는 것은 큰 은혜요 성신님의 역사요 제 마음대로 되지 않는 것을 아나이다. 이런 큰 사실 앞에서 주의 거룩하신 나라의 모든 것은 세상 것을 용인하는 것이 아니라 그것을 척결해 내고 그것을 전체적으로 재정비시키며 정돈시켜 놓는 것을 아나이다. 그런고로 저희들의 지식이나 저희들의 사고에 항상 헬레니즘적인 것, 불완전한 것, 불순한 것, 이 세상적인 것들이 항상 스며들기 쉽사온데, 주의 거룩한 계시와 주님의 거룩한 빛에 의해서 그것을 시정하고 승화하고 또 전에 알지 못하던 거룩하고 참으로 중요한 요소들을 거기에 참되게 비치해 놓지 아니하면 안 될 것을 아나이다. 이런 것들을 주의해서 생각하게 저희들의 마음을 열어 주시옵소서. 저희로 하여금 어렵고 심오한 여러 가지 내용들을 주께서 원하시는 대로 믿음의 분수대로 깨달아 알게 하시옵소서.

주 예수 이름으로 기도하옵나이다. 아멘.

1974년 7월 10일 수요일

제2강

예수는 하나님의 아들이시다

사도행전 9:1-31

사울이 주의 제자들을 대하여 여전히 위협과 살기가 등등하여 대제사장에게 가서 다메섹 여러 회당에 갈 공문을 청하니 이는 만일 그 도를 좇는 사람을 만나면 무론(無論) 남녀 하고 결박하여 예루살렘으로 잡아 오려 함이라 사울이 행하여 다메섹에 가까이 가더니 홀연히 하늘로서 빛이 저를 둘러 비추는지라 땅에 엎드러져 들으매 소리 있어 가라사대 사울아 사울아 네가 어찌하여 나를 핍박하느냐 하시거늘 대답하되 주여 뉘시오니까 가라사대 나는 네가 핍박하는 예수라 네가 일어나 성으로 들어가라 행할 것을 네게 이를 자가 있느니라 하시니 같이 가던 사람들은 소리만 듣고 아무도 보지 못하여 말을 못하고 섰더라 사울이 땅에서 일어나 눈은 떴으나 아무것도 보지 못하고 사람의 손에 끌려 다메섹으로 들어가서 사흘 동안을 보지 못하고 식음을 전폐하니라 그때에 다메섹에 아나니아라 하는 제자가 있더니 주께서 환상 중에 불러 가라사대 아나니아야 하시거늘 대답하되 주여 내가 여기 있나이다 하니 주께서 가라사대 일어나 직가(直街)라 하는 거리로 가서 유다 집에서 다소 사람 사울이라 하는 자를 찾으라 저가 기도하는 중이다 저가 아나니아라 하는 사람이 들어와서 자기에게 안수하여 다시 보게 하는 것을 보았느니라 하시거늘 아나니아가 대답하되 주여 이 사람에 대하여 내가 여러 사람에게 듣사온즉 그가 예루살렘에서 주의 성도에게 적지 않은 해를 끼쳤다 하더니 여기서도 주의 이름을 부르는 모든 자를 결박할 권세를 대제사장들에게 받았나이다 하거늘 주께서 가라사대 가라 이 사람은 내 이름을 이방인과 임금들과 이스라엘 자손들 앞에 전하기 위하여 택한 나의 그릇이라 그가 내 이름을 위하여 해를 얼마나 받아야 할 것을 내가 그에게 보이리라 하시니 아나니아가 떠나 그 집에 들어가서 그에게 안수하여 가로되 형제 사울아 주 곧 네가 오는 길에서 나타나시던 예수께서 나를 보내어 너로 다시 보게 하시고 성신으로 충만하게 하신다 하니 즉시 사울의 눈에서 비늘 같은 것이 벗어져 다시 보게 된지라 일어나 세례를 받고 음식을 먹으매 강건하여지니라 사울이 다메섹에 있는 제자들과 함께 며칠 있을새 즉시로 각 회당에서 예수의 하나님의 아들이심을 전파하니 듣는 사람이 다 놀라 말하되 이 사람이 예루살렘에서 이 이름 부르는 사람을 잔해(殘害)하던 자가 아니냐 여기 온 것도 저희를 결박하여 대제사장들에게 끌어가고자 함이 아니냐 하더라 사울은 힘을 더 얻어 예수를 그리스도라 증명하여 다메섹에 사는 유대인들을 굴복시키니라 여러 날이 지나매 유대인들이 사울 죽이기를 공모하더니 그 계교가 사울에게 알려지니라 저희가 그를 죽이려고 밤낮으로 성문까지 지키거늘 그의 제자들이 밤에 광주리에 사울을 담아 성에서 달아 내리니라 (26절 이하 생략)

제2강

예수는 하나님의 아들이시다

사도행전 9:1-31

    지난번에 우리가 사도행전 9:1-31을 읽고 바울 선생의 회개에 관한 역사적인 사실을 공부했습니다. 지난번에 이야기한 것은 그 당시에 사울이라는 이름을 가졌던 사도 바울과 같은 인물이, 즉 훌륭한 학자요 엄격한 훈련을 받은 바리새인이요 히브리주의자요 헬레니즘의 풍부한 문화를 마음과 생활 가운데 지니고 있어서 역사상의 위인의 모든 자격을 구비하고 있던 인물이 어떻게 해서 이렇게 일조(一朝)에 그리스도의 전도자가 되고 그리스도의 가장 위대한 종의 한 사람이 되었느냐 하는 것입니다. 본문은 그런 것을 생각하게 하는 첫 번째의 중요한 역사 기록입니다.

    바울 선생은 다메섹으로 가던 도중에 큰 광명을 보고 그 광명에 의해서 땅에 엎드러져 눈이 어두워졌는데 거기에서 주께서 친히 그를 부르시고 쓰실 큰 뜻을 보이신 까닭에 사람의 손에 이끌림을 받아서 다메섹 안으로 들어가서 사흘 동안 보지 못하고 식음을 전폐했습니다. 그때 아나니아라고 하는 경건한 주의 제자가 주의 지시를 받아 바울에게 와서 "형제 사울아, 이제 다시 보라. 주, 곧 네가 오는 길에서 나타나시던 예수께서 나를 보내어 너로 다시 보게 하시고 성신으로 충만하게 하신다 하니 즉시 사울의 눈에서 비늘 같은 것이 벗어져 다시 보게 된지라. 일어나서 세례를 받고 음식을 먹으매 강건하여지니라"(9:17-19상) 하고 기록되어 있습니다.

이렇게 얼마 동안 그가 아주 초췌하게 되고 중심이 한번 뒤바뀌는 통에 기운이 없었습니다. 식음을 전폐해서 며칠 굶었으니까 허약해졌지만 음식을 먹고 몸이 차츰차츰 강건해지니까 "사울이 다메섹에 있는 제자들과 함께 며칠 있을새 즉시로 각 회당에서 예수의 하나님의 아들이심을 전파하니 듣는 사람들이 다 놀라 말하되 이 사람이 예루살렘에서 이 이름 부르는 사람을 잔해하던 자가 아니냐. 여기 온 것도 저희를 결박하여 대제사장들에게 끌어가고자 함이 아니냐 하더라." 그러니까 "사울은 힘을 더 얻어 예수를 그리스도라 증명하여 다메섹에 사는 유대인들을 굴복시키니라"(9:19하-22). 그러니까 유대 사람들이 사울 죽이기를 공모했습니다. 그 계교가 사울에게 알려져서 저희가 사울을 죽이려고 밤낮으로 성문을 지키고 있다는 것을 알고 그의 제자들이 밤에 광주리에 사울을 담아 성에서 달아 내렸습니다.

예루살렘에 와서는 제자들을 사귀고자 했지만 다 두려워해서 그가 제자 된 것을 믿지 않았는데, 바나바가 데리고 사도들에게 가서 그가 길에서 어떻게 주를 본 것과 주께서 그에게 말씀하신 일과 다메섹에서 그가 어떻게 예수의 이름으로 담대히 말했는가를 잘 이야기하니까, 사울이 제자들과 함께 있으면서 예루살렘에 출입하고 또 거기에서도 주 예수의 이름으로 담대히 말을 하고 특별히 헬라 파 유대인들과 함께 말하며 변론하므로 그 사람들이 다시 사울을 죽이려고 힘쓰니까 형제들이 알고 가이사랴로 데리고 내려가서 다소로 보냈습니다. 이것이 사울에 대한 기록입니다. 여기 9장에서 보는 이야기는 대강 이렇습니다.

사울의 대전환

　제일 중요한 문제는 어떻게 사울이 예수님을 본 다음에 곧바로 굉장히 큰 변화를 받게 되었는가 하는 것입니다. 이것은 진실로 기적적인 변화입니다. 보통은 그런 변화를 받을 수가 없습니다. 보통 죄인이 죄를 회개하는 것과 죽음에서 생명을 얻는 이 두 사실, 즉 회개와 중생도 위대한 기적입니다. 하지만 한 인간의 전 사상과 생활 방향이 완전히 바뀌고 또 그 방향에 대한 확실한 신념과 그 길에 대한 지혜가 그렇게 일조에 판연(判然)하고 선연(鮮然)하게 형성되어 나간다는 것을 볼 때 '대체 어떻게 그런 일이 있겠는가. 참 위대한 기적이다' 하는 것을 생각지 않을 수가 없습니다. 그래서 바울이 그전에 어떠한 인물이었던가 하는 것과 그의 변화가 얼마나 위대한 변화였는가 하는 것을 생각해 보시라고 말씀드렸습니다. 사울은 공백 상태에서 기독교에 들어온 것이 아닙니다. 이 세상 학문을 잘 공부했고 철학상의 문제나 특별히 종교상의 신념 같은 것들이 아주 선연하게 이미 형성되어 있는 학자요 사상가요 냉철한 논리를 가진 명석한 논리가인 사울에게 그렇게 위대한 대전환과 대변화가 단시간에 일어난 일은 세상에 유(類)가 없을 것입니다.

　세상의 철학자가 예수를 믿고 구원받은 다음에 자기의 철학에 대해서 회의할 수가 있습니다. '아, 지금까지 내가 열렬하게 칸트를 공부해 왔더니, 헤겔을 공부해 왔더니, 헬라 철학을 공부해 왔더니, 아니, 그렇지 않고 스콜라 철학을 해 왔었지만, 그것이 다 공연하고 번사(繁奢)한 이론이고 진리가 아니었는데 이제는 내가 진리를 잡았다' 하고 복음을 믿고 예수를 믿기로 작정했을 때에 거기에 큰 변화가 일어나는 것이지만, 그렇다고 해서 그 사람에게 새롭고 위대한 사상 체계가 선연하게 그 자리에 서는 것은 아닙니다. 그는 그다음부터 교회에 나와서 충실하게 하나님의 말씀의 강설을 듣고 집에 돌아가서 성경 공부를 열심히 하고 또 훌륭하게 가르치는 선생들을 여기저기 찾아다니면서 자꾸 배우고 해서 과거에 가졌던 칸트나 헤겔이나 혹은 스콜라 철학이나 소크라테스 같은 것을 차례차례 버리고 거기에 차분하게 새로운 사고 체계를 건립해야 비로소 자기 자신도 예수 믿는다는 것이 무엇이며 어떻게 생활해야 하며 어떠한 사상적인 체계에서 어떠한 사상 생활을 해야 한다는 것을 터득하게 되는 것입니다.

사람이 보통 그런 교육이 없을 때에는 예수를 믿은 다음에 많은 세월이 흘러도 흔히 생활의 내용이라는 것이 알기 쉬운 몇 가지 윤리상, 도덕상의 문제만을 가지고 이야기하는 것이고, 그 나머지는 피안(彼岸)을 바라는 것뿐입니다. 즉 죽은 후의 후분(後分)을 바라는 정도에서 다 멎는 것입니다. 다른 말로 하면 '예수 믿었으니 나쁜 짓을 안 해야지. 좀 양심대로 살아야지. 좀 단정하게 살아야지. 내 자신의 종교 의식(儀式)을 충실하게 지키고 살아야지' 하는 정도입니다. 종교 의식을 충실히 지키려고 하니까 기도도 열심히 해야 하고 찬송도 다 하고 성경도 때때로 보고 집안에서도 같이 기도회를 하고 교회에 잘 참석하고 헌금도 하는 것이 종교상 자신이 해야 할 일이라고 생각합니다. 그런 것이 종교가 요구하는 여러 가지 의식입니다.

그러면서 그 이상 무엇을 가지고 있습니까? 그 이상 특별한 것이 무엇이 있습니까? 그 이상 특별한 것이 있다면 주로 교회가 무슨 운동을 한다든지 '어디로 가자' 하면 가고 '오자' 하면 오고 '무슨 대회이다' 하면 대회에 가고 누구를 만나서 '대회의 문제가 이렇다 저렇다' 하면서 논란하는 것입니다. 그러나 그가 믿는 진짜 혹은 알짜나 저 깊은 곳에 있는 가장 기본적인 문제들을 취해 보면 다 아주 단순합니다. 그리고 빠질 수 없는 것은 죽어서 천당 간다는 것입니다. 그런 정도에서 모두 끝나는 것입니다.

요컨대 좀 더 종교적인 것들은 잘 알고 종교 활동이나 사회 활동으로서의 종교적인 행사와 의식에 대해서는 잘 압니다. 가령 총회를 어떻게 한다든지 대회를 어떻게 한다든지 혹은 노회는 어떻게 한다든지 하는 것들은 빤히 알면서 인생의 가장 기본적인 문제에 대해서는 큰 해답을 내놓지 못하는 것입니다. 대답을 한다고 해도 대단히 막연한 말만 나열하고 자기도 알지 못하는 것을 표시하는 것뿐입니다. '하나님의 은혜로 살지요' 하지만 그것도 막연한 말이고, '하나님의 영광을 위해서 살아야지요' 하는 것도 대단히 막연한 말입니다. 그저 그렇게 말을 해 보는 것뿐입니다. '하나님의 영광을 위해서 산다면 당신의 현재 처지에서 어떻게 나아가는 것이 하나님의 영광이오? 일생 무엇을 위해 살기 위해서 하나님이 당신을 만들어 놓으셨다고 생각합니까?' 하면 아무런 대답이 없습니다. '아, 이렇게 예수를 진실히 믿고 내 할 일 잘하고 교회 잘 섬기고 또 집안을 잘 어거(馭車)하고 다스리고 지지하고 살면 되는 것 아니냐' 하는 식이라는 말입니다.

그러나 이 사울이라는 위대한 바리새인 청년은 그렇게 한 것이 아닙니다. 그의 변화는 그렇게 그저 그 사람을 형성하는 심오한 사상 체계에서는 아직 무엇인지 모르는 막막한 상태에 그대로 있으면서 지금까지는 예수를 몰랐다가 예수를 믿는 종이 되었다는 그런 정도의 변화가 아닙니다. 이 변화는 지금까지 가지고 있던 그의 분명한 사상이나 분명한 종교 의식에 정반대되는 아주 지대하고 확호(確乎)한 변화가 생긴 것인데, 그것이 성숙한 자태로 나타나 있는 것을 여기에서 볼 수 있습니다. 왜 그러냐 하면 그는 다메섹에서 세례 받고 밥 먹고 며칠 기운을 차린 다음에는 당장에 나가서 며칠 전까지 한 1년이나 그렇게 지독하게 논리적으로 비판하고 여지없이 반박하던 예수님을 증거했기 때문입니다.

전에 그는 그 반박을 언설(言說)로만 하지 않고 자기 행동으로 표시했습니다. 반박의 결과로 얻은 결론은 '난신(亂臣)이다' 하는 것이었습니다. 난신적자(亂臣賊子)라는 말입니다. 혹은 다른 말로 하면 사문난적지배(斯文亂賊之輩)라는 말입니다. 그러나 그보다 더욱 이 사람들의 말대로 한다면 '하나님을 훼방하여 같이 한 하늘을 이고 있을 수가 없는 자들', 즉 불공대천지인간(不共戴天之人間)들이라는 말입니다. '도저히 함께 한 하늘 밑에서 살 수 없는 자들이므로 그 씨알머리를 땅에 흘려 두어서는 안 된다' 하는 그런 이유로까지 극론(極論)을 할 수밖에 없었습니다. 이것이 그의 결론인 것입니다. 그런 결론하에서 그것을 철저하게 소탕하고 소멸해 버리려고, 말하자면 그 사상을 땅에서 완전히 씻어 버리려고 적극적인 열정을 가지고 적극적인 행동을 취했던 것입니다. 그러던 그가 그 노상에서 예수님을 한번 만나고 나더니 확 뒤집혀서 적극적으로 이제는 그 예수님을 증거하기 시작하는 것입니다. 무엇이라고 했느냐 하면 예수님이 하나님의 아들이신 것을 먼저 이야기했다고 했습니다. 나중에 보면 결국 '예수님이 누구이신가' 하는 것을 이야기한 것입니다.

유대인의 메시야 사상으로부터의 전회(轉回)

그러면 사울이 가지고 있던 그 이전의 사상은 무엇입니까? 시근주의자(始根主義者)요 충실한 유대교인이요 가장 엄격하고 경건한 '바르 하시딤'(בַּר חֲסִידִים, 하시딤의 아들)인 바리새인 사울이 가지고 있던 사상을 말하자면 여러 가지가 쭉 있습니다만, 여기에 핵심의 문제가 있습니다. 어떤 면에서 그가 일대의 변환을 했는가 할 때 핵심의 문제는 첫째는 메시야론입니다. 즉 후세의 신학론으로 말할 때는 기독론입니다. '어떠한 그리스도냐' 하는 것입니다. 요컨대 그리스도론입니다. 그리스도라는 말은 헬라 말이고, 히브리 말은 하마쉬아흐(הַמָּשִׁיחַ), 아람 말로는 메시야입니다. 그리고 그 메시야론은 필연적으로 무엇을 끌고 들어오는가 할 때 거기에 부대(附帶)해서 나중에 나타나는 중요한 사상은 메시야 왕국 사상입니다. 메시야 왕국이라고 할 때는 메시야의 통치 판도 혹은 메시야가 통치하는 통치권의 작용의 내용이 중요합니다. 메시야론과 메시야 왕국 사상, 이 두 가지 문제가 가장 중요한 문제로서 우리가 사도 바울 선생에게 깊이 배우는 바이지만, 이 문제는 사울이라는 위대한 히브리 학자에게도 가장 핵심적이고 중요한 문제로서 예수님과 부딪쳐서 그것이 완전히 뒤바뀌어진 것입니다.

우리는 유대교적인 사상과 기독교의 신학 사상 가운데 공통된 점들이 있는 것을 볼 수 있습니다. 왜냐하면 성경의 상당히 많은 부분인 동일한 구약을 다 같이 보고 해석하고 가지고 있기 때문입니다. 그러나 한 가지 점에서 아주 극단적으로 서로 다릅니다. 그것은 무엇이냐 하면 '예수가 하나님의 아들이다' 하는 점입니다. 유대 사람은 예수는 목수 요셉의 아들이고 위대한 랍비가 된 사람이지만 너무 이단적으로 변해서 전통적인 유대교에는 강렬하게 위반된 인물이라고 생각하는 것입니다. 그러나 크게 말할 때에는 '예수도 유대 사람이다. 그런 점에서 유대 사람은 위대하다' 하는 말을 씁니다.

제가 예루살렘에 있을 때 어떤 이론들이 나왔는데 유럽 사람과 유대 사람들이 한참 토론하다가 결국에 가서는 '예수는 유대 사람이 아니냐? 너희들이 신봉하는 예수도 유대 사람이다. 히브리 문화권 가운데 있는 인물의 하나로 우리가 받아야 한다' 하는 식으로 해석하고 이론을 펴는 것을 보았습니다. 그렇지만 그 사람들에게 있는 또 하나의 강한 사상은 '현재 히브리 종교인 유대교에 가장 강력한 적이 무엇이냐 하면 다른 어떤 철학 사상도 아니고 오직 기독교이다' 하는 것입니다. 기독교 사상이 들어가면 그렇게 아무것에도 무서울 것이 없이 탁 결속되어 튼튼하게 서 있는 유대교 사상도 일각에 무너진다는 것입니다. 그렇게까지 그들이 자인하는 것을 보았습니다. 유대교의 상당히 유수한 학자이고 랍비인 사람이 분명히 그렇게 말하는 것을 들어 보았습니다.

그런데 어떤 점에서 아주 정반대로 대립이 되느냐 하면 예수를 하나님의 아들로 인정해서 하나님과 동등이라고 하는 점에서 서로 대립됩니다. 기독교는 그렇게 인정하지만, 유대교는 '예수는 역사적 인물이고 위대한 인물이지만 사람일 뿐이다' 하는 것입니다. 예수를 위대하지 않다고 생각하는 것은 아닙니다. 히브리주의에 입각해서 예수에 대해 깊이 연구한 사람이 있습니다. 아마 지금은 타계했겠지만 제가 예루살렘에 있을 때에는 친히 만나도 보고 같이 사진도 찍고 한 요셉 클라우즈너(Joseph Gedaliah Klausner, 1874-1958)라는 석학입니다. 아주 위대한 학자입니다. 그는 이스라엘의 메시야 사상에 대해서도 심오하게 연구한 것이 있고 『나사렛 예수』라는 책을 썼습니다. 히브리주의의 관점에서는 가장 동정적으로 가장 공평하게 생각해 보려고 나사렛 예수의 정치적, 종교적, 경제적 배경을 먼저 그린 다음에, 즉 그 유대 사회의 배경을 그린 다음에 나사렛 예수를 부각시켜서 서술해 나간 것입니다.

그런데 그런 점에서 보면 예수를 참으로 연구해야 할 위대한 사상적 인물로 생각하는 것이고 위대한 교사로 생각하는 것입니다. 그러나 위대하다는 점에서 보면 가령 니체도 위대하다고 이야기하는 것이지 위대하지 않다고 하는 것은 아닙니다. 왜냐하면 그 사상은 독창적이고 많은 사람을 매료시키는 것이 있기 때문입니다. 그것이 비록 군국주의 독일을 낳고 특별히 프러시아 군벌들의 군비 확장과 세계 제패에 이론적인 근거를 주었을지라도 좌우간 독창적이고 위대하니까 그런 것을 준 것입니다. 그렇듯이 그런 유대인들은 예수를 높이 숭앙한다는 의미에서가 아니라 단순히 위대하고 거대하다고 보는 것입니다. 물론 그렇게 위대하다고 보는 것을 우리가 고맙게 생각하는 것도 아니고 대단하게 생각하는 것도 아닙니다만, 그들이 어떤 점에서 위대하다고 보느냐 하면 강력한 힘이 거기에서 발휘된다는 점에서 그렇게 보는 것입니다. '힘 있는 자가 위대한 것이다' 하는 생각입니다.

그러나 '아무리 위대해도 예수는 사람이지 하나님은 아니다. 사람 가운데에서 신의 힘과 신의 은사를 특별하게 받고 카리스마가 특별히 풍부한 위대한 인물이다' 하고 이야기합니다. 위에서 언급한 요셉 클라우즈너도 이야기하기를 '그 점에서 유대교는 절대로 양보할 수 없고 한 일도 없으며 양보하면 유대교가 안 되고 만다' 고 합니다. '그런고로 예수를 아무리 위대하고 굉장하게 여길지라도 예수는 과거에 있던 엘리야나 이사야 같은 위대한 선지자와 다름없는 한 인간이라는 점을 절대로 강조해야 한다' 하는 것입니다. 그것이 히브리 사람들과 유대주의 사람들이 가지고 있던 사상이고 사울이 가지고 있던 사상입니다. 그 점에서는 사울도 예수가 사람이 아니라는 전연 별다른 견해를 가졌을 리가 없고 가질 수가 없었던 것입니다.

그런데 바울에게서 나타난 사상을 보면 사울 시대에 그가 가지고 있던 신 개념이 빡빡한 유대주의자들과 같이 변통성이 없는 개념이 아니고 거기에 상당히 무엇을 가할 수 있는 훨씬 깊은 사색의 결정으로서의 개념이었던 것으로 우리가 추찰(推察)할 수가 있습니다. 왜 그렇게 생각하느냐 하면 사울이 다메섹에서의 큰 변환이 있은 지 며칠이 안 되어서 그 다메섹에서 예수님을 하나님의 아들이라는 말로 표현했기 때문입니다. "예수의 하나님의 아들이심을 전파하니"(9:20). 누가라는 한 기자가 이것을 썼는데 참으로 '어떻게 그렇게 훌륭하게 잘 썼는가' 하고 감탄하는 것은 이런 것입니다. 긴 이야기를 하지 않고 제일 초점이 되는 말을 딱 끄집어 내서 한마디 썼습니다. 뭐라고 뭐라고 길게 늘어놓지 않고 '예수는 하나님의 아들이라고 사울이 증거했다. 그랬으니 그 나머지는 불문가지(不問

可知) 아니냐 하는 식입니다. 물론 히브리 사상을 깊이 아는 사람이라야 불문가지이지 히브리 사상이 무엇인지 모르는 그 나머지 사람들에게는 그것이 무엇을 의미하는지 잘 설명해 주지 않으면 알기 어려울 것입니다.

예수님을 하나님의 아들이라고 하면 벌써 유대주의자에게는 이단자가 되고 마는 것입니다. 예수님이 일찍이 '나와 아버지는 일체이니라' (요 10:30) 하고 자신을 하나님 아버지의 아들이라고 이야기할 때 유대 사람들이 어떻게 했습니까? 돌을 들어 치려고 했지요? 그러니까 예수님이 '내가 바른말을 했으면 너희들이 그 바른말을 인하여 올바로 깨달아야지 왜 내가 가르친 교훈 때문에 나를 죽이려고 하느냐' 하신 것입니다. 그러자 유대인들이 '그대가 가르친 교훈이나 한 행사가 훌륭하지 않다는 것이 아니라 참람(僭濫)해서 그렇다. 그대가 사람이 되어서 하나님과 동등하다고 생각하다니 그런 법이 어디 있느냐' 한 것입니다.

이러한 핍박자들에 대해 나중에 사도 바울이 천부장 글라우디오 루시아의 영문 층계에 서서 이야기할 때라든지 자기를 핍박하는 유대 사람들을 향해서 이야기할 때에 무엇을 생각했느냐 하면 '저 사람들이 저렇게 기를 쓰고 나를 죽이려고 하는 데에는 내가 충분히 이해할 근거가 있다' 한 것입니다. 그것을 제삼자가 보고 객관화해서 이해한 것보다 사도 바울이 훨씬 더 잘 이해했던 것입니다. 자기가 핍박할 때의 심정을 생각한 것입니다. '결국 이들은 전부 다 시기와 증오와 살기만 가지고 덤비는 것이 아니라 또한 유대 사람들이 가지고 있는 가장 열렬한 종교적인 열정이 이 사람들을 몰아 대고 있다' 하고 생각했습니다. 바울 선생은 그것을 굉장한 열정으로 생각했습니다. 그래서 자신의 열정을 대표적으로 말할 때는 '내 열정을 말하자면 다른 말보다도 내가 교회를 핍박한 사람이다. 그렇게 열정적이다. 내가 히브리인 중의 히브리인으로서 교회를 핍박했으면 너희가 내 열정을 가히 짐작할 만하지 않으냐 (빌 3:5-6 참조) 하고 말한 것입니다.

그 말을 하면 여러분은 사도 바울 선생의 열정을 짐작하게 됩니까? '히브리인 중의 히브리인으로서 교회를 핍박했다' 하면 이제는 짐작이 되셔야 할 것입니다. 왜냐하면 만일 참으로 히브리인 중의 히브리인이라면 하나님을 훼방하는 자를 용서하지 못하는 것이기 때문입니다. 하나님을 훼방하는 자에 대해서 '나하고 이해 상관이 없는데 그까짓 것 봐주고 지나가자. 내가 괜히 사람을 죽일 이유가 있느냐. 남을 조금이라도 건드릴 필요가 있느냐' 하는 어쭙잖은 생각을 하지 않는 것입니다. '그런 자는 사탄의 자식이고 세상에서는 불공대천지수(不共戴天之讐)라' 하고 생각해서 그런 자를 땅에서 철저히 괴멸시켜 버리고 말살시켜 버리는 것이 당위요 아주 정당한 일이라는 말입니다. 이것이 히브리 종교가 가지고 있는 하나님께 대한 열정입니다. 그렇지 않고 하나님께 대해서 뜨뜻미지근해서 하나님을 욕하는 놈을 보고도 '나하고 이해관계가 없으니까 그냥 보고 지나가자' 한다면 '그것, 천하에 못된 놈' 이라고 생각하는 것입니다.

옛날에 한국에서도 누가 자기 아버지를 욕할 때 그 아들이 욕하는 사람의 소리를 빤히 들으면서 '내게 욕하는 것이 아니고 우리 아버지에게 욕하는 것이니까 그건 뭐 괜찮지' 하고 싱글싱글 웃으면서 지나간다면 천하의 후레자식이라고 할 것입니다. 당장에 두 눈에 쌍심지가 돋아 일어나서 '너, 이놈의 자식, 뭐라고 했느냐' 하고 멱살을 잡고서 한바탕 사생결단을 내려고 덤비는 것이 효자요 당연한 열정이지 그렇지 않고 슬금슬금 지나간다는 것은 말이 안 되는 이야기인 것입니다.

히브리 사람들이 가지고 있는 하나님께 대한 열정이라는 것은 그렇게 대단한 것입니다. 그런데 예수를 하나님의 아들이라고 하고 부활했다고 하고 하나님과 동등한 분으로 말하고 요컨대 삼위일체 하나님이라는 신 개념에 의해서 예수 그리스도를 신이 화육(化肉)하신 분이라는 뜻으로 전하니 그렇게 굉장한 훼방이 어디에 있습니까? 그러니까 이런 큰 훼방 앞에서 가만히 있으려고 하지 않은 것입니다. 그래서 일어나서 그냥 죽이려고 한 것입니다.

그런 때 어떻게 죽입니까? 죽일 때 자기 손이 그 신체에 닿으면 더러워지니까 돌을 던지는 것입니다. 탁 하고 던져 버리는 것입니다. '나는 더럽힘을 받지 않고 너는 죽어라' 하는 것입니다. 그리고 그 증거를 들은 사람이 맨 먼저 돌로 칩니다. 제일 먼저 그 말을 듣고 '저놈이 그랬다' 하고 논죄한 사람에게 '너부터 쳐라' 하면 그 사람이 돌을 들고 일어나 탁 치고 그러면 막 주위에서 우 하고 달려들어 돌로 쳐서 돌무덤을 쌓아 놓고 가 버리는 것입니다.

그러니까 바울이 그러한 신 개념하에서 전도를 하니까 열렬한 유대주의자들이 들고일어난 것입니다. 그들이 유대교에 대해 가진 열렬한 열정은 일종의 회향(懷鄕)의 열정도 됩니다. 사방의 먼 나라에 와서 흩어져 살고 있으니까 모국과 자기 동족에 대한 사랑이 자연스럽게 생기는 것입니다. 사실상 거기에 강렬하고 중심적인 심벌이나 내용이 없을지라도 사람이 먼 나라에 가면 자기 고향이 그립고 고향 산천이 그립고 고향 산천에서 오는 무슨 신문이나 잡지나 그림이 있으면 그것을 보고 싶어 하는 것입니다.

하물며 유대 사람들에게는 예루살렘이 있고 예루살렘을 그렇게 간곡하게 사모해서 '예루살렘아, 예루살렘아, 내가 너를 잊을진대 내 오른손이여, 네가 재주를 잃어라'(시 137:5), '오른손이여, 잃어버려라' 하는 것입니다. 무엇을 잃어버리느냐 하면 자기 재주를 잃어버리라는 말뜻인데 거기 히브리 시에는 재주라는 말은 없습니다. 없더라도 마찬가지의 뜻입니다. '예루살렘이여, 내가 그대를 잊을진대, 오른손아, 네가 잃어버려라' 하는 말이 있습니다. 그런 시를 아실 것입니다. 그렇게까지 예루살렘을 잊을 수가 없다고 생각했습니다. 그리고 예루살렘에 대한 노래를 하나 부르라고 바벨론의 강가에서 바벨론 사람들이 청했다는 말도 나옵니다. 바벨론에 큰 강이 있어서 티그리스 강이나 유브라데스 강가에서 서럽게 읊고 있으니까 바벨론 사람들이 지나가다가 그것을 듣고서는 그 노래를 좀 더 해 보라고 청하니까 그 소리를 듣고 힘이 빠져서 다시 눈물을 흘리고 자기의 거문고를 큰 강가에 있는 버드나무에 걸어 놓았다는 그런 시적인 심금을 우리가 시편에서 보는 것입니다. 그렇게 예루살렘에 대한 그 사람들의 열렬한 회향심과 망향의 심정은 많은 위대한 시적인 작품을 내고 또 많은 사람들의 마음을 이렇게 울려 주었던 것입니다. 그러므로 해외에 있는 그 사람들의 정열이 어디로 쏟아지느냐 하면 안식일 날 모여서 한 하나님을 섬기고 같이 모여서 찬송을 하고 울면서 기도하고 성경을 낭독하는 소리를 듣고 하는 데로 쏟아집니다. 유대교의 행사를 행하는 거기로 쏟아지는 것입니다.

그런 유대교의 행사에 대해 자연스럽게 강한 열정이 붙어 있는 그들에게 유대교를 파괴하는 무서운 이단의 설(說)이 온 것입니다. '나사렛 도'를 이단의 도 혹은 이단지도(異端之道)라고 했습니다. 그런 이단의 설이 와서 막 지배하려고 하니까 '저건 죽여야 한다'고 한 것입니다. 이러한 사실은 기독교에도 없는 것이 아닙니다. 중세기의 흑암 시대에 교황권이 아주 융융했을 때 이단 토벌을 한다고 종교 재판을 해서 수많은 사람들을 죽인 것을 다 아실 것입니다. 이단이라고 하면 불에 그슬려 죽여서 유명한 후스(Jan Hus, 1373-1415) 같은 사람도 불에 그슬려 죽었습니다.

그러니까 이와 같이 열렬하게 자기의 종교에 대한 신앙을 가진 사울이 핍박을 하다가 어떻게 해서 이렇게 하나님의 아들이라는 사상이 단기간에 그에게 들어가 버렸는가 하는 것이 굉장한 신비입니다. 여기에서는 자세한 이야기를 안 했지만, 다메섹에서나 예루살렘에서나 유대 사람들이 그처럼 죽이려고 한 것을 보면 가장 핵심 되는 중요한 문제를 막 설파했던 모양입니다.

그런 것을 보면 사울은 얼마나 용기가 많은 사람인지 모릅니다. 자기 소리만 들으면, 자기 이야기만 들으면 자기를 죽이려고 하는 사람들이 있는 유대인들의 회당을 모두 찾아다니면서 언제든지 전도를 하고 설교를 했으니 그것은 굉장한 용기입니다. 바울 선생은 그런 용기와 담력이 있는 분입니다. 그런 확신이 있는 사람입니다. 그렇게 하나님께서 지키실 것을 믿고 다니는 사람입니다. 그리고 매번 참으로 목숨을 걸고 하는 사람입니다. 왜냐하면 그 얻은 바가 너무나 깊고 위대하고 너무나 크니까 너무나 감격스러워서 그것을 전하지 않고는 배길 수 없었기 때문입니다. 이것이 여기에 있는 바울의 사실입니다.

사울이라는 사람은 이렇게 굉장한 전회(轉回)를 하는데 그가 가지고 있는 메시야관이 일대 전회를 한 것으로 보아서 메시야의 통치의 내용에 대한 생각도 당연히 그에 따라 큰 전회를 했을 것입니다. 그것이 후일에 성경에 자세히 기록되었는데, 그것이 우리가 생각하는 바 은혜의 왕국에 대한 바울 사상의 큰 내용입니다. 그것이 사도 바울 선생을 통해서 하나님이 주신 사상입니다. 그런고로 개인의 이름을 붙이자면 바울이 가지고 있던 사상이지만, 후세의 모든 하나님의 자녀들이 성숙해 나가려면 반드시 깨닫고 알아야 할 사상으로 성신님이 가르치시는 것입니다.

바울이 깨달은 삼위일체 하나님

이러한 점들이 바울에게 크게 형성된 시초가 여기 다메섹에서 식음을 전폐하고 생각하고 깨닫고 하던 시간이었을 것입니다. 식음을 전폐했지만 아무것도 안 하고 가만히 누워 있었겠습니까? 앉아서 깊이 생각하고 기도하고 생각하고 그랬을 것입니다. 그러면 그 핵심은 어디에 있었습니까? 예수가 하나님의 아들이라고 하는 이런 큰 사실에 대한 각성은 어떠한 것을 계기로 발생했겠습니까? 그는 예수가 십자가에 못 박혀 돌아가신 것을 잘 아는 사람입니다. 십자가에 못 박혀 돌아가신 것이야 누구나 아주 분명히 다 알고 있는 사실입니다. 한 위대한 인간이 세상에 나왔다가 죽었다는 그 정도로 알고 있었을 것입니다.

그러나 그는 여기 다메섹 노상에서 예수님을 보았습니다. 다메섹 노상에서 본 예수님의 그 생생하고 위대한 생명의 사실과 그의 존재라는 명확한 사실을 생각할 때 그분은 얼마 전에 돌아가신 예수가 아닙니다. '아, 예수님은 살아 계시구나! 그냥 땅에 살아 계신 것이 아니라 하늘을 열고 나에게 비치시며 이야기하신 그분이구나! 하나님이 아니고는 이런 쉐키나(שְׁכִינָה)의 영광을, 이런 크고 밝은 빛을 보이실 수가 없다.' 얼마나 그것이 그의 마음에 강렬하게 비쳤는지 모릅니다. '그는 곧 하나님의 아들이구나' 하고 깨달았습니다. '그는 곧 하나님이시다' 하는 생각입니다.

그러나 예수가 친히 하나님의 아들이라고 주장했었던 사실을 그가 모르는 것도 아닙니다. 예수님은 독특하게 '인자'(人子), 즉 바르 에너쉬(בַּר אֱנָשׁ)라는 말을 쓰셨습니다. 그냥 사람이었으면 '내가 사람의 아들이다' 하고 이야기할 일이 없습니다. 하나님의 거룩한 품위를 사람의 몸으로 나타내신 분인 까닭에 인자라는 말을 쓰신 것이고 유독 '사람의 아들이다' 하고 자꾸 강조하신 것입니다. 그런 것을 다 알고 있던 사울이기 때문에 거기에 가장 적절한 말로서 '예수는 하나님의 아들이시다' 하고 증거한 것입니다.

그러면 거기에 따라서 무엇이 변합니까? 신 개념이 변합니다. 히브리 사람들이 전통으로 가지고 있던 절대의 유일신 사상 혹은 전통적이고 고정적인 유일신 사상에 대해 '그것이 아니다' 하는 것입니다. '하나님은 한 분이시다. 그러나 하나님의 품위는 하나가 아니다.' 즉 여기서 '하나님의 인격(Person)의 발휘는 하나가 아니다' 하는 것을 발견한 것입니다. 왜냐하면 지금까지 지내오면서 자기 자신이 교통하고 기도하던 대상은 분명히 한 하나님이었습니다. 그러나 오늘날 자기에게 하늘을 열고 보이시는 그분의 자태는 또 한 분 하나님의 거룩한 자태였습니다. 여기에서 그의 그 냉철한 논리로 특히 깊이 생각해 나갈 때에 구약에서 가르치는 '하나님'과 '성신'의 사상에 이제 '예수 그리스도'가 하나님이라는 사실을 발견했을 때는 비록 아직 명확하게 논리로 서술하지 않았을지라도 필연적으로 그의 속에는 삼위일체적인 신 개념이 구성되고 있었던 것입니다.

구약에는 창조주 하나님에 대한 사상이 분명히 있습니다. 역사를 통어(統御)하고 계시는 하나님에 대한 사상이 있습니다. 거기에 또 하나 하나님의 신이신 성신에 대한 사상이 있습니다. '하나님의 신'이라는 말을 쓴 데가 모두 다 성신을 가리키는 것은 아닙니다만, 그러나 구약을 통투(通透)히 아는 바울 선생으로서는 거기에 하나님의 신이라는 이름으로 불리는 또 한 위(位)가 계시는 것을 늘 발견했습니다. 그래서 절대의 고전적인 하나님보다도 성신님으로 역사하신다는 사실을 생각할 수 있었던 바울입니다. 그것을 생각할 수 있는 논리에 또 다시 아드님이신 예수 그리스도를 생각할 수가 있었던 것입니다. 바울이 만일 성경을 통투히 알지 못하고 구약 성경에서 심오한 신 개념을 이미 터득하고 있지 않았다면 이렇게 단기간 내에 그것을 터득해 나갈 수가 없었을 것입니다.

거기에다 구주 예수 그리스도, 즉 구원하시는 주 예수 그리스도를 생각할 수 있는 또 하나의 중요한 실마리는 이스라엘 사람들이 가지고 있는 독특한 신 개념인 야훼 사상 혹은 여호와 사상입니다. 이 야훼 사상에서 그는 하나님이 사람의 몸으로 임시 임시 나타나신 과거의 역사를 알고 있었습니다. 과거에 하나님이 마노아 부처(夫妻)에게도 나타나신 일이 있습니다(삿 13장). 기드온에게도 나타나신 일이 있습니다(삿 6장). 이렇게 '여호와의 사자' 혹은 '그 여호와의 사자'라는 명칭으로 나타나셨습니다. 또 창세기에는 아브라함이 마므레 상수리나무의 그늘 밑에 천막을 치고 살 때 사람 셋이 나타났는데 둘은 천사이고 하나는 여호와의 사자였습니다. 나중에 그분이 하나님이신 것을 아브라함이 분명히 알고 그 앞에 '주여, 주여' 하면서 하나님께 기도한 사실을 다 기록했습니다(창 18장).

이런 것은 사울이 이미 잘 알고 있는 사실들입니다. 이런 것이 하나님의 성신의 크신 역사(役事)로 전부 응취(凝聚)되고 취집(聚集)되어서 논리적으로 자꾸 생각할 수 있는 중요한 실마리를 주었던 것입니다. 적어도 신에 대한 그런 상념과 개념을 형성할 수 있는 여러 가지의 재료와 지식이 그 안에 풍부하고 섬부하게 있었던 까닭에 단기간 안에 한 가지 가장 중요하고 핵심적인 것, 즉 '예수는 단순한 사람이 아니다. 사람이었던 그분이 나에게 나타나신 형상은 분명히 과거에 어떤 사람도 보지 못했던 형상이다. 그분은 분명히 영광스러운 사람이다' 하는 사실을 깨달았던 것입니다. 바울 선생은 이 사실을 확인할 수 있는 경험을 그 후에 많이 쌓았습니다. 때를 따라서 주께서 그에게 나타나셨다고 했습니다. 예수님이 친히 나타나셔서 그에게 사명을 주셨고 친히 나타나셔서 그에게 성만찬의 큰 도리를 가르쳐 주셨습니다. '그러니까 내가 지금 너희에게 일러 주는 성만찬의 이야기는' 가령 '내가 마가에게 들었다' 한다든지 그렇지 않으면 '누가에게 들었다' 한다든지 '어떤 사도가 한 이야기를 마가가 듣고 와서 일러 주었다' 한다든지 '어떤 사도에게 들었다' 하는 말이 하나도 없고 '주께 받았다'고 한 것을 아실 것입니다. 친히 주께 받았다고 했습니다(고전 11:23). "밤에 주께서 바울 곁에 서서 이르시되 담대하라"(행 23:11) 하고 말씀하셨습니다. 그래서 '내가 주를 보지 못했느냐? 왜 내가 사도가 아니란 말이냐?' (고전 9:1) 하고 말했던 것입니다. 이렇게 사도 바울에게는 풍부한 확신의 증거들이 그 후의 생활 가운데 계속적으로 왔던 것입니다.

그러나 세상 사람은 바울을 볼 때에 그런 것을 알 까닭이 없습니다. 자기 혼자 잠자다가 꿈꾼 이야기를 하는 식으로 생각한 것입니다. 그의 변설이나 가르침이 그의 학식의 소산인 줄만 알고 성신님의 영감인 줄은 알지 못했을 때 그를 믿는다고 하고 그가 전한 복음을 믿어서 교회를 형성해 놓은 다음에라도 바울은 사도가 아니라고 생각한 것입니다. 자기네는 아무 말도 안 했는데 누군가 와서 선동을 하니까 '아, 그런가 보다. 아닌가 보다' 하면서 '사도라면 친히 예수님께 분부를 받고 예수님이 땅에 계실 때 따라다니면서 교훈을 받았어야지 어떻게 바울이 사도냐' 하는 소리까지 다 할 만큼 되었습니다.

사도 바울과 같이 그렇게 예수님과 가까이 교제하면서 특별히 예수님이 가장 생생하게 그 육신의 영광의 몸의 형태를 가지고 그에게 나타나 보이시면서 때때로 가르치신 그런 일이라는 것은 보통 사람에게 없는 일입니다. 물론 사도 바울이 그 위대한 하나님의 은혜의 왕국에 대한 사상이라든지 교회에 대한 사상이라든지 구원의 큰 내용에 대한 것을 논리적으로 서술하게 된 것은 훗날입니다. 교회를 세우고 교회에 문제가 생기니까 필연적으로 '그 교회의 문제를 해결하고 거기에 대처하기 위해서는 이렇게 해야겠다. 거기에는 이런 근거가 있다' 하는 데에서 논리적으로 해석을 하고 생각을 하게 된 것입니다. 그러나 그것이 그때 잠시 잠깐 생각해서 일조일석에 나온 것이 아니고 미리부터 깊은 사색의 생활이 있었고 구약의 여러 가지 언약의 내용을 해석했던 생활이 그에게는 끊임없이 계속되었던 것입니다. 여기에서 이런 큰 사상적인 새 사실, 즉 '예수님이 하나님의 아드님이시다' 하는 사상이 벌써 명확하게 형성되었기에 그 사실을 다른 사람들에게 가르쳤던 것입니다. 그것이 여기에서 볼 수 있는 아주 중요한 사실입니다.

예수님이 하나님의 아들이시라는 사실이 내포하는 참된 의미

그러면 이것이 오늘날 우리에게 주는 교훈이 있습니다. 첫째, '예수님이 하나님의 아드님이시다' 하는 사실을 분명히 인식하는 것이 중요하되 그 사실을 생각하는 방식이 어느 한 편에 편중되면 좋지 않다는 것입니다. 첫째는 예수님이 하나님의 아들이라는 것을 명확하게 생각하지 못하고 역사적인 예수, 사람인 예수, 그가 무엇이라고 가르치고 말을 했든지 간에 그에게만 편중되어 있던 사람이 열렬한 유대교인인 사울이었습니다. 또 오늘날 많은 사람들은 기독교인으로 산다고 하지만 '예수님이 하나님의 아들이다' 할 때 단순히 '예수님이 하나님의 아들이니까 옛날 그 때에 하나님의 아들로 계셨던 분이고 지금은 저 공중에 높이 올라가 계신 분이다' 하는 사상만을 가지고 있을 뿐입니다. 예수님이 하나님의 아들이라는 말이 포함하고 있는 가장 중요한 사상 하나를 빠뜨리면 신앙이 비현실적으로 관념적으로 변하고 마는 것입니다. 그런 것이 오늘날 기독교인에게 많이 있고 한국의 기독교에는 참 많이 있습니다.

그것은 무슨 말인가 할 때 예수님을 가리켜서 '하나님의 아들'이라고 할 때에는 거기에 '로고스(λόγος)가 사람이 되셨다' 하는 사실을 명확하게 보이는 것입니다. 그런고로 하나님의 제2위가 되시는 '말씀'이신 그 분이 육신을 입고 사람이 되셔서 사람의 세계에 사시고 역사적인 존재로 계시다가 지금은 초역사적인 존재로 계시지만, 여전히 사람으로 계시면서 역사적인 현실을 오늘날도 늘 같은 동향(同向)으로 만들어 주고 계신다는 사실이 중요한데, 이 사실을 잊어버린다는 말입니다. 예수님이 '전능하신 성부 하나님 우편에 앉아 계시며, 거기로부터 살아 있는 자들과 죽은 자들을 심판하러 오실 것입니다' 하고 외우기는 열심히 외웁니다.

예수님이 전능하신 하나님의 우편에 앉아 계신다는 것은 무슨 의미입니까? 영화로우신 육신을 입으신 그분의 확실한 실체가 거기에 계신다는 의미입니다. 그 영화로우신 육체의 실체가 전능하신 하나님 우편에 앉아 계셔서 우리를 위하여 기도하시는 제사장의 직분을 하시는 동시에 우리를 통치하시는 왕의 일을 하시는 것이지만, 그러나 오늘날 교회를 땅 위에 세우시고 우리들을 땅에 두시며 인도하실 때에 당신은 우리에게 임재해 계시는 것입니다. 한번 사람이 되신 그 '말씀' 혹은 '로고스', 즉 사람의 몸을 입으신 제2위 되신 하나님이 자신을 '하나님의 아들'이라는 명칭으로써 사람에게 알리시고 계시하실 때 그러한 사실이 나타났던 것입니다. 그런고로 예수님은 우리와 같이 계시고 동행하시며, 어떤 조건하에서는 명백히 임재하시고, 다만 신으로 말씀만 하실 뿐 아니라 신으로 같이 계신다는 사실 이상으로 명백하게 우리에게 임재해 계신다는 이것이 하나님의 아들로서의 예수님이 오늘 하고 계시는 일입니다.

그런데 그것을 강조하지 않고 멀리 계시는 예수님을 생각하는 것입니다. 하늘에 계시며 하나님의 우편에 앉아 계셔서 우리를 위하여 기도하시는 예수님, 나의 대언자(代言者)이신 예수님, 제사장이신 예수님, 저 위에서 천지를 바라보고 다스리고 계시는 예수님을 백번 믿어야 하지만, 그 위에 우리에게 더 요구하시는 사상은 우리와 같이 계신 예수, 우리 가운데 두세 사람이 예수의 이름으로 모이면 그중에 같이 계시는 예수(마 18:20) 그가 거룩한 교회로서의 우리의 생활 가운데 항상 독특하게 같이 계신다는 이 사실인데, 그것은 잊어버리는 것입니다.

이렇게 되면 예수님이 하나님의 아들이라고 해서 예수님이 하나님이라는 사상만을 강조한 나머지 이신론(理神論)이 되고 마는 것입니다. 예수님은 저 공중에 혼자 계시고 나와는 직접 관여하시지 않는다는, 말하자면 초연신론(超然神論)이 되는 것입니다. '문제가 있을 때에 의지할 구체적인 것은 사람이고 돈이고 현실이지 예수님은 현실(reality)은 아니다' 하는 것입니다. 예수님이 여기에 있는 사람이나 돈보다도 더 생생한 현실로 존재하신다는 사실을 흔히 잊어버리고 멀리하기 쉬운 것입니다.

애초에 사울은 '예수는 다만 사람일 뿐이다' 해서 역사적인 예수라는 사실은 명확하게 인정하고 있었습니다. 예수가 자신을 하나님 아들이라고 한 사실도 알고 있었습니다. 그리고 다메섹에서 이 큰 사실이 한번 일어난 다음에는 제자들이 선전하고 있던 '예수가 부활했다' 하는 말이 다시 생각났을 것입니다. 나중에는 그도 열렬하게 그 부활을 증거한 사람이 되었습니다. 부활을 증거한 중요한 이유는 하늘에 계신 예수님을 보았기 때문입니다. 부활하신 예수님을 그의 생활 가운데 생생하게 증험한 것입니다. 그런고로 바울 사도가 '예수는 하나님의 아들이시다' 할 때는 '그분은 하나님이시요 동시에 나와 같이 계시고 나에게 임재하여 계신 분이다. 그분은 나의 목자가 되시고, 나에 앞서 가시는 대장이 되시고, 나의 주인이 되셔서 나를 그릇으로 쓰시기도 하고, 나를 가꾸시고 기르시는 분도 되시고, 또 나를 종으로 쓰시는 주님이 되신다' 하는 것이 명백했던 것이고, 그래서 나중에 그런 사상의 일단(一端)을 디모데에게 여러 가지로 이야기했습니다. 디모데를 가리켜 '그리스도 예수 안에 있는 정병(精兵) 혹은 좋은 군사'라고 해 놓고 또 '농부'라고도 하고 '경기하는 자'라고도 했습니다. 혹은 '일꾼'이라고도 하고 '큰 집에 있는 좋은 그릇'이라고 하여 대표적으로 '그릇'이라고 하고 '주의 종'이라고도 했습니다(딤후 2장 참조). 이런 말로 다 가르쳤습니다.[1]

그것이 예수님은 저기에 계시고 나는 땅에 있으면서 이름만 자꾸 바꾸는 것입니까? 아니면 일이 있을 때마다 예수님이 어떻게 현실적으로 자

---

[1] 참조. 김홍전, 『주께서 쓰시는 사람』, 성약출판사, 2002년

기와 직접 관계되어 있는가 하는 것을 가르치는 것입니까? 그분이 주인이시고 내가 주인이 시키시는 일을 하려면 주인이 시키시는 일이 지금 내 눈앞에 명백히 보여야 하는 것입니다. 히브리 사람들의 종은 주인의 손짓을 중요히 본다고 말씀드렸습니다. "종의 눈이 그 상전의 손을, 여종의 눈이 그 주모(主母)의 손을 바람같이"(시 123:2) 하는 말과 같이 늘 그 주인의 손을 볼 수 있는 지근(至近)의 거리에 있는 것입니다. 또한 사령관의 명령 소리를 들어야 나가서 전투를 하는 것입니다. 단병접전(短兵接戰)을 하고 최후의 공격을 할 때는 '공격!' 하고 소리를 지르면 막 뛰어들어 가는 것인데 그런 명령 소리가 내게 들려야 합니다. 또한 그릇이면 주인이 자기를 잡아서 여기에 놓고 저기에 놓고 해야 하는 것이지 저기 멀리 있고 떨어져 있으면 소용이 없는 것입니다.

이렇게 생생하게 권고(眷顧)하시고 임재하시는 예수님이신 사실을 알아야 합니다. 사도 바울 선생은 이런 생활에서 조금도 떠나는 일이 없이 늘 그 사실이 명백했던 것입니다. 그것이 '예수는 하나님의 아들이시다' 하는 사상에서부터 시작하는 것입니다. 오늘 우리가 여기에서 배울 중요한 교훈이 그것입니다. 바울은 예수님을 전적으로 사람으로만 여겼다가 나중에는 그분이 하나님이시요 동시에 사람이 여기 내 곁에 같이 있는 것과 같이 그분은 살아 계신 분으로서 늘 생생히 자신과 같이 계신다는 것을 깨달아 안 것입니다.

자유주의 신학자들의 궤변과 은혜의 왕국에 대한 바른 이해

오늘날 기독교인들은 하나님이라는 말은 높이 부르지만, 그 하나님은 나와 같이 계시는 하나님이 아니고 초연한 하나님으로서 멀리 높이 계시는 하나님으로 생각합니다. 요새 이화여자대학교에서 데려왔다는 토마스 알타이저(Thomas Altizer, 1927-)라는 사람은 지금은 뉴욕 주립 대학

교수라고 하지만 그전에는 에머리 대학의 교수로 있었는데, 나이는 아직 사십이 못 되고 서른여덟이나 되었을 것입니다. 그 사람은 '하나님은 죽었다'는 사신론(死神論)의 신학을 만든 사람이고 '무신론의 복음'이라는 것을 만든 사람입니다. 그것이 1966년의 일이어서 그때 제가 우리 교회에 그것이 무엇인가를 말씀드렸습니다. 또 하비 콕스(Harvey Cox)라는 사람이나 해밀턴(William Hamilton)이나 존 듀엔이라는 사람도 모두 그와 비슷한 말들을 했습니다. 왜 하나님이 죽었다고 합니까? 그 사람들이 주장하는 이유가 무엇입니까? '하나님은 타자(他者)로서 저 위에 계신 분이다. 하나님은 하늘에 계시고 우리는 여기에 있다' 하는 것입니다. 칼 바르트(Karl Barth, 1886-1968)가 자신의 '위기 신학'에서 강력하게 말한 것은 '하나님은 저기 하늘에 계시고 우리는 땅에 있어서 사람 스스로는 연결이 될 수가 없다. 다만 유일의 희망이 있다. 한 가닥의 희망이 있다' 하는 사상입니다.

그와 같이 예수를 하나님으로 여긴다고 할지라도 멀리 하늘에 놓고 생각하는 것이고 현실 문제에서는 예수님이 같이하신다는 것을 생각하지 않는 것입니다. 평소에야 이론이나 관념으로 '아, 예수님은 어디든지 충만하실 수 있고 어디든지 계실 수 있다'고 아마 이론을 하겠지만 그것은 평안할 때 말로 하는 것일 뿐입니다. 일단 문제 안에서 자기가 꼭 구비해야 할 분이 예수님밖에 없을 때 예수님이 생생해야 합니다. 그런데 평소에 예수님이 생생하지 않으면 갑자기 위기에 임박해서는 어디에 가서 찾을지 알지 못하고 더듬는 것입니다. 사람이 자기 자신의 생활에 의지할 것이 너무 많아서 예수님을 줄여 버리고 이 세상의 부운(浮雲) 같은 것, 즉 의지해서는 안 될 권세라든지 자기의 건강이라든지 자기의 생명이라든지 세상 제도라든지 돈이라든지 하는 것을 의지하다가 막상 그런 것이 다 떨어져 버리고 아주 극한의 상태에 이르러 명운(命運)이 경각(頃刻)에 달리고 절체절명(絶體絶命)의 상태가 되어서 다른 아무것을 의지해도 소용이 없을 그때 '아이고, 예수님을 의지하렵니다' 하면 의지하게 됩니까? 평소에 의지하지 않던 사람이 갑자기 의지하게 되지 않는 것입니다. 예수님이 하나님의 아들이라는 생각을 그런 식으로 하면 안 됩니다.

오늘날 특별히 자유주의 신학의 물을 먹은 사람들이 가지고 있는 큰 사실들이 무엇입니까? 알타이저 같은 사람들이 그런 사상을 가지고 있습니다. '하나님은 죽었다' 고 해 놓고 이렇게 훼방하는 소리까지 다 하고 '그 대신 기독교는 있습니다' 하고 말합니다. 그것이 무엇이냐 하면 인간성입니다. 좋은 인간이 된다는 것입니다. 예수님을 사람으로 생각하고 한 모범으로 보는 것입니다. 그런고로 '역사적인 예수' 라는 말을 참 강조합니다. '역사적인 예수' 라는 말은 '일찍이 인류 역사상에 살아 있던 그 인물이 예수다' 하는 이야기이지 오늘날 살아 계신 예수를 말하는 것이 아닙니다. 그러나 '그의 정신과 사상과 활동과 끼친 것들이 오늘날 생생하게 살아 있어서 오늘날 예수님은 우리와 호흡을 같이한다' 하는 말을 하는 것입니다. 그러나 그것은 대단히 추상적인 말입니다. 우리가 말하는 것과 같이 확실한 인격을 가지신 확실한 인물 예수가 나와 호흡을 한다든지 교통한다는 이야기는 아닌 것입니다.

이렇게 해서 오늘날의 신학은 어느 편 하나로 가라고 합니다. 예수께서 하나님이시라는 사실을 부인하고 '예수는 다만 사람이다' 하든지 아니면 '예수님은 다만 하나님이시다' 해서 예수님을 저 위에 있는 완전한 타자(他者)에 불과한 분으로 만듭니다. 이렇게 되어서는 안 되는 것입니다. 이런 양단의 사교(邪敎)의 흐름이 강렬하게 오늘날 전 세계 기독교의 신관(神觀)에 양쪽으로 흐르고 있습니다. 그래서 '하나님은 죽었다' 는 이런 훼방적인 말까지 하는 전위 신학자도 나오는 것입니다. 그런 말을 해서 인기를 끌고 쇼크를 일으킵니다. 그렇지 않으면 '예수님은 역사적인 예수이다' 라고 합니다. 말은 좋습니다. 그것이 무엇이냐 하면 요셉의 아들 예수를 말하는 것입니다. 이 양쪽이 다 같이 무해하거나 무력한 것이 아닙니다.

'예수님은 참하나님이시요 참사람으로서 모든 능력과 영광과 권위를 다 가지고 행사하시며 오늘 나와 접촉하시면서 필요한 일들을 하신다' 하는 사실을 믿고 사는 사람은 세계 기독교에 아주 적은 수라는 것을 아셔야 합니다. 8억이나 된다는 기독교인 가운데 적은 수가 그것을 믿는 것입니다. 나머지는 앞에서 말씀드린 대로 기본적으로 예수 믿고 죽어서 천당 간다는 소위 공리론(功利論) 혹은 공리주의론이고 행복론입니다. 땅 위에서는 좋은 사람으로 살아야겠다는 것입니다. 할 수 없으니 예수님을 의지하고 좋은 사람이 되도록 노력하고 살면서 종교인으로 충실하겠다는 것입니다. 기독교가 생활이 되지 않고 종교로만 딱 굳어져 있는 것입니다.

이렇게 종교로 굳어져 있는 것을 싫어해서 소위 '기독교 세속화론' 이라는 것이 생긴 것입니다. 세속화라는 것은 '저희들끼리 만족해 하고 저희들끼리 예수 믿고 이렇게 살다가 천당 가겠다는 이따위 것을 가지고는 기독교가 의미 없다. 속된 세상으로 들어와서 기독교의 능력을 발휘해라' 하는 것입니다. 그런고로 세속화라는 것은 기독교 안에 모든 불의한 것과 부도덕한 것을 집어넣자는 말이 아니라 속된 세상으로 들어가서 작용을 해야겠다는 것입니다. 사회 문제, 인구 문제, 사람들이 가지고 있는 모든 갈등 문제, 노자(勞資)의 대립 문제, 또 전쟁이 일어날 수 있는 위험의 문제 등에 대해서 기독교도 세계 인류 문화의 한 부분으로서 심각하고 신중하게 생각하라는 것입니다. 이러한 소위 세속화 운동(secularization movement)이라는 것이 알타이저 같은 전위 신학자들이 일어나서 떠들 때 같이 떠들던 학설입니다. 지금도 그것이 살아 있습니다. 그런 까닭에 지금도 '기독교의 문제는 사회에 참여하는 것이다', '무엇을 해야 한다' 하는 소리를 자꾸 하는 것입니다. 세속에 대해서 초연하고 냉연(冷然)히 '모르겠다. 우리는 종교만 하면 된다'고 하는 것은 틀렸다는 것입니다. 그러니까 우리가 믿어야 할 것은 무엇이냐 할 때 종교만 믿는 것은 안 된다는 것입니다. 종교만 하고 앉아서 '나는 죽은 다음에 천당 가겠다. 살아 있는 동안에는 이것을 믿고 종교적인 의식(儀式)을 근실하게 지키고 살다가 죽으면 천당 가겠다' 하는 식으로는 안 된다는 것입니다. 그렇게 해서 세속으로 들어가서는 이것도 건드리고 저것도 건드리고 인구 문제도 건드리고 식량 문제, 전쟁에 대한 문제, 질병에 대한 문제, 인종 간의 대립 문제도 건드리고 그런 데에 헌금하고 그런 운동을 하고 있는 것입니다. 그렇게 하면 됩니까? 안 되는 것입니다.

그런고로 예수님이 오늘날 왕으로서 통치하시는 사실을 우리가 명백하게 믿고, 그 은혜의 왕국을 땅 위에 건설하셨으므로 그 왕국의 시민답게 매일 하라고 하시는 일을 하되, 자기 개인의 일로만 하는 것이 아니라 그 왕국에서 나에게 무엇을 시키셔서 그 나라의 영광을 지금 나타내려고 하시는가를 알아야 하는 것입니다. 이 은혜의 왕국은 이 세계 인류의 역사가 진행하는 데에서 명확하게 따로 존재하는 하나의 큰 세계입니다. 그것은 하나의 큰 세계요 문화권이고 하나의 통치권입니다. 그러니까 내가 그 통치의 권역(圈域) 안에 분명히 들어 있어서 거기에 일치성(consistency)이 있게 생활하는가, 아니면 항상 독립해서 나 자신이 예수 믿고 성공하고 입신출세하고 살려고 하는가를 좀 따져 보시라는 것입니다. 이렇게 해서 우리가 이 세상에 사는 생활이 나 개인의 생활이 아니고 그리스도의 왕국으로서 명백한 주장과 목표와 영광의 내용과 문화적인 내용을 다 가진 것이라는 사실을 알아야 합니다.

이런 것을 사도 바울 선생이 다른 누구보다도 위대하게 엮어서 가르친 것입니다. 그리고 그런 사상의 맨 처음 배태(胚胎) 혹은 씨앗이 '예수님은 하나님의 아들이시다' 라는 말에 들어 있습니다. 나중에 예수님이 하나님의 아들이시라는 말의 뜻을 풀어서 이야기해 나가는 것입니다. 예수님이 어떻게 생생한 현실로서 이 사람의 세계와 사람의 역사에 책임자로 계시며 통치자로 계시는가를 이야기했습니다. 그것은 참 굉장한 신학의 토대입니다. 이렇게 볼 때 여기에 놀랄 만할 말 한마디를 쓴 것입니다. "예수의 하나님의 아들이심을 전파하니"(행 9:20). 그 소리를 듣고서 거기에 있는 유대교인들이 그를 막 죽이려고 했습니다. 거기에 그런 사실이 있습니다.

기도

거룩하신 아버지시여, 저희들이 주를 믿고 사는 도리를 올바로 파악하고 올바로 깨닫게 하시고 좌로나 우로 치우치는 일이 없게 하시옵소서. 기독교의 명의(名義)를 가지고 좌로 치우치고 우로 치우쳐서 극단과 전위분자들의 괴상한 설과 훼방적인 용어를 감히 무엄하게 전파하고 돌아다니는 일이 있사오며 그런 것을 찬동해서 불러오는 세력도 있사옵니다. 이런 기괴한 일들이 횡행하는 이런 시대에 지극히 적은 수이지만 하나님의 거룩한 영광의 내용에 대해 구체적으로 명백히 알고 올바로 서서 가고자 하는 사람들이 있어서 아버님께서는 그 사람들을 쓰시사 하나님 나라의 질량의 큰 내용을 이 시대의 역사 위에 분명히 증시(證示)하려 하심을 믿사오니 저희를 쓰시사 이 거룩한 능력을 나타내시고 거룩한 영광을 비추어 줍소서.

우리 주 예수 이름으로 기도하옵나이다. 아멘.

1974년 7월 17일 수요일

제3강

계시와 교회

사도행전 9:1-31

(1-9절 생략) 그때에 다메섹에 아나니아라 하는 제자가 있더니 주께서 환상 중에 불러 가라사대 아나니아야 하시거늘 대답하되 주여 내가 여기 있나이다 하니 주께서 가라사대 일어나 직가(直街)라 하는 거리로 가서 유다 집에서 다소 사람 사울이라 하는 자를 찾으라 저가 기도하는 중이다 저가 아나니아라 하는 사람이 들어와서 자기에게 안수하여 다시 보게 하는 것을 보았느니라 하시거늘 아나니아가 대답하되 주여 이 사람에 대하여 내가 여러 사람에게 듣사온즉 그가 예루살렘에서 주의 성도에게 적지 않은 해를 끼쳤다 하더니 여기서도 주의 이름을 부르는 모든 자를 결박할 권세를 대제사장들에게 받았나이다 하거늘 주께서 가라사대 가라 이 사람은 내 이름을 이방인과 임금들과 이스라엘 자손들 앞에 전하기 위하여 택한 나의 그릇이라 그가 내 이름을 위하여 해를 얼마나 받아야 할 것을 내가 그에게 보이리라 하시니 아나니아가 떠나 그 집에 들어가서 그에게 안수하여 가로되 형제 사울아 주 곧 네가 오는 길에서 나타나시던 예수께서 나를 보내어 너로 다시 보게 하시고 성신으로 충만하게 하신다 하니 즉시 사울의 눈에서 비늘 같은 것이 벗어져 다시 보게 된지라 일어나 세례를 받고 음식을 먹으매 강건하여지니라 사울이 다메섹에 있는 제자들과 함께 며칠 있을새 즉시로 각 회당에서 예수의 하나님의 아들이심을 전파하니 듣는 사람이 다 놀라 말하되 이 사람이 예루살렘에서 이 이름 부르는 사람을 잔해(殘害)하던 자가 아니냐 여기 온 것도 저희를 결박하여 대제사장들에게 끌어가고자 함이 아니냐 하더라 사울은 힘을 더 얻어 예수를 그리스도라 증명하여 다메섹에 사는 유대인들을 굴복시키니라 여러 날이 지나매 유대인들이 사울 죽이기를 공모하더니 그 계교가 사울에게 알려지니라 저희가 그를 죽이려고 밤낮으로 성문까지 지키거늘 그의 제자들이 밤에 광주리에 사울을 담아 성에서 달아 내리니라 사울이 예루살렘에 가서 제자들을 사귀고자 하나 다 두려워하여 그의 제자 됨을 믿지 아니하니 바나바가 데리고 사도들에게 가서 그가 길에서 어떻게 주를 본 것과 주께서 그에게 말씀하신 일과 다메섹에서 그가 어떻게 예수의 이름으로 담대히 말하던 것을 말하니라 사울이 제자들과 함께 있어 예루살렘에 출입하며 또 주 예수의 이름으로 담대히 말하고 헬라 파 유대인들과 함께 말하며 변론하니 그 사람들이 죽이려고 힘쓰거늘 형제들이 알고 가이사랴로 데리고 내려가서 다소로 보내니라 그리하여 온 유대와 갈릴리와 사마리아 교회가 평안하여 든든히 서 가고 주를 경외함과 성신의 위로로 진행하여 수가 더 많아지니라

제3강

계시와 교회

사도행전 9:1-31

사울의 회심 이후의 시간에 대한 성경의 기록들

오늘도 사도행전 9장에 있는 말씀, 곧 사울이 회개하고 나온 그 장면을 계속 공부하겠습니다. 오늘은 먼저 갈라디아서 1:11부터 보아 나가겠습니다. "형제들아, 내가 너희에게 알게 하노니 내가 전한 복음이 사람의 뜻을 따라 된 것이 아니라. 이는 내가 사람에게서 받은 것도 아니요 배운 것도 아니요 오직 예수 그리스도의 계시로 말미암은 것이라. 내가 이전에 유대교에 있을 때에 행한 일을 너희가 들었거니와 하나님의 교회를 심히 핍박하여 잔해하고 내가 내 동족 중 여러 연갑자보다 유대교를 지나치게 믿어 내 조상의 유전(遺傳)에 대하여 더욱 열심이 있었으나 그러나 내 어머니의 태로부터 나를 택정하시고 은혜로 나를 부르신 이가 그 아들을 이방에 전하기 위하여 그를 내 속에 나타내시기를 기뻐하실 때에 내가 곧 혈육과 의논하지 아니하고 또 나보다 먼저 사도 된 자들을 만나려고 예루살렘으로 가지 아니하고 오직 아라비아로 갔다가 다시 다메섹으로 돌아갔노라. 그 후 삼 년 만에 내가 게바를 심방하려고 예루살렘에 올라가서 저와 함께 십오 일을 유할새 주의 형제 야고보 외에 다른 사도들을 보지 못하였노라. 보라, 내가 너희에게 쓰는 것은 하나님 앞에서 거짓말이 아니로라. 그 후에 내가 수리아와 길리기아 지방에 이르렀으나 유대에 그리스도 안에 있는 교회들이 나를 얼굴로 알지 못하고 다만 우리를 핍박하던 자가 전에 잔해하던 그 믿음을 지금 전한다 함을 듣고 나로 말미암아 영광을 하나님께 돌리니라. 십사 년 후에 내가 바나바와 함께 디도를 데리고 다시 예루살렘에 올라갔노니 계시를 인하여 올라가 내가 이방 가운데서 전파하는 복음을 저희에게 제출하되 유명한 자들에게 사사로이 한 것은 내가 달음질하는 것이나 달음질한 것이 헛되지 않게 하려 함이라. 그러나 나와 함께 있는 헬라인 디도라도 억지로 할례를 받게 아니하였으니 이는 가만히 들어온 거짓 형제 까닭이라"(1:11-2:4상).

여기에는 사도행전 9장에 나오는 어떤 사건들을 시간적으로 배열해서 그 사건들을 시간적으로 잘 알게 해 주는 내용이 있습니다. 또 사도행전 11:27-30을 보면 "그때에 선지자들이 예루살렘에서 안디옥에 이르니 그 중에 아가보라 하는 한 사람이 일어나 성신으로 말하되 천하가 크게 흉년 들리라 하더니 글라우디오 때에 그렇게 되니라. 제자들이 각각 그 힘대로 유대에 사는 형제들에게 부조(扶助)를 보내기로 작정하고 이를 실행하여 바나바와 사울의 손으로 장로들에게 보내니라" 하고 기록되어 있습니다. 바울이 부조를 가지고 바나바와 함께 예루살렘에 간 기록이 여기에 또 있습니다.

띄엄띄엄 보니까 얼른 알아보기 어렵지만, 우리가 현재 공부하고 있는 9장으로 돌아가서 그 9장의 이야기를 다시 한번 생각해 보시기 바랍니다. 사울은 유대교인이요 열렬한 히브리주의자였는데 단순히 관념적인 사상가나 사상이나 관념의 유희자(遊戲者)에 불과한 것이 아니고 위대한 종교적 정열을 가진 인물이어서 일단 '이것이 진리이고 옳다' 하고 믿고 인정하면 물불을 헤아리지 않고 나아가서 그 일을 이루어 나가는 인물입니다. 그래서 일단 '나사렛 당이라는 것은 이단이다' 하고 생각할 때에는 그 나사렛 당을 그냥 두어둘 수가 없어서 일어나 그것을 전부 없애 버리고 도말해 버리려고 했던 것입니다. 그래서 조상 대대로 선조 대대로 섬겨 오던 야훼 하나님께 대해 모독적인 존재를 땅 위에서 없애는 것이 가장 정의로운 것이라고 생각하고 그 일을 적극적으로 열정적으로 실행하는 사상가가 사울이었습니다.

그런 사울이 다메섹 도상에서 실제로 예수님의 그 영광스러운 자태를 뵙고 큰 혼란 가운데 빠져서 '대체 내가 지금 무엇을 하고 있는 것인가' 하고 자기가 지금까지 믿고 나아왔던 신념이나 그 신념에 의한 행동을 다시 번쩍 바라볼 때 거기에 큰 착오가 있는 것을 보았습니다. 그리고 그 착오로 인해 그와 같은 실천가로서는 이미 큰 죄악을 저지른 사실이 있다는 것을 알고 자신이 적극적으로 밀고 나가던 일에 대해 마음 깊이 한(恨)하면서 새로운 빛에 의해 자신의 사상 체계를 전체적으로 재정비하고 정리하는 일이 생겼습니다.

그러자 다메섹으로 들어갔을 때 아나니아가 와서 여러 가지로 가르치는 것과 또 주의 말씀을 전하는 것을 듣고 일어나서 세례를 받고 음식을 먹고 강건해진 다음에 "다메섹에 있는 제자들과 함께 며칠 있을새 즉시로 각 회당에서 예수의 하나님의 아들이심을 전파하니 듣는 사람이 다 놀라 말하되 이 사람이 예루살렘에서 이 이름 부르는 사람을 잔해하던 자가 아니냐. 여기 온 것도 저희를 결박하여 대제사장들에게 끌어가고자 함이 아니냐"(9:19하-21), 이렇게 되었습니다. "사울은 힘을 더 얻어 예수를 그리스도라 증명하여 다메섹에 사는 유대인들을 굴복시키니라. 여러 날이 지나매 유대인들이 사울 죽이기를 공모하더니 그 계교가 사울에게 알려지니라. 저희가 그를 죽이려고 밤낮으로 성문까지 지키거늘 그의 제자들이 밤에 광주리에 사울을 담아 성에서 달아 내리니라"(9:22-25).

그리고 26절을 보면 사울이 그냥 예루살렘으로 간 것같이 되어 있습니다. 그러나 우리가 앞에서 본 갈라디아서 1장 말씀에 따르면 사울은 그때 예루살렘으로 가지 않았습니다. 여기를 보면 "은혜로 나를 부르신 이가 그 아들을 이방에 전하기 위하여 그를 내 속에 나타내시기를 기뻐하실 때에 내가 곧 혈육과 의논하지 아니하고 또 나보다 먼저 사도 된 자들을 만나려고 예루살렘으로 가지 아니하고 오직 아라비아로 갔다가 다시 다메섹으로 돌아갔노라"(갈 1:15하-17) 하고 말했습니다. 아라비아로 갔다가 다시 다메섹으로 돌아갔다는 것입니다. "그 후 삼 년 만에 내가 게바를 심방하려고 예루살렘에 올라가서"(갈 1:18상)라고 해서 그 후에 예루살렘에 올라갔는데 그것이 치자면 3년 만이라는 이야기입니다. 이렇게 해서 사울이 회개하고 다메섹에 들어갔다가 아라비아로 간 총 연수(年數)가 햇수로 3년입니다. 그래서 3년 만에 예루살렘으로 올라갔다고 했습니다.

그 3년이라는 것이 시간으로는 20개월이나 되었는지 20개월이 못 되었는지 그것은 알 수 없습니다. 왜냐하면 유대 식으로 계산한다면 작년 11월이나 12월쯤부터 계산해서 금년 한 해를 지내고 내년 2월이나 3월까지 있어도 그것이 3년이기 때문입니다. 시간으로, 즉 개월이나 날수로 따지지 않고 햇수로 따지니까 해가 바뀌었으면 한 해로 치는 것입니다. 꼭 한국 사람 나이 치듯이 그렇게 쳐서 '내가 3년 만에 예루살렘에 올라갔다'고 한 것입니다.

그러니까 지금 우리가 생각건대 사울이 회개한 해가 대개 주님께서 십자가에 달리신 그 이듬해, 스데반이 죽던 해인 것으로 생각합니다. 즉 예수님이 돌아가신 해를 서기 30년으로 보니까 예수님이 30년에 돌아가시고 부활하시고 승천하신 뒤에 교회가 서서 나가다가 그 이듬해쯤인 31년에 스데반이 죽은 것으로 봅니다. 그리고 사울이 적극적으로 핍박하기 시작한 뒤에 얼마 있지 않아서 바로 이렇게 회개의 사실이 일어났으니까 이 회개의 사실이 대개 주후 31년에 일어났다고 보면, 사울은 아라비아로 가서 31년과 32년을 지내고 33년에 다메섹에 왔다가 예루살렘에 올라간 것입니다. 그리고 여기 갈라디아서 2:1의 "십사 년 후에"라는 것을 그가 회개한 때부터 계상(計上)해 가면 31년에 회개했으니까 14년이면 44년입니다. 과연 그가 44년에 예루살렘에 올라간 것을 이렇게 연대적으로 잘 찾아보면 찾을 수 있는 것입니다.

그러니까 그가 이렇게 44년에 예루살렘에 올라간 일이 있는데 그것은 그것이고, 여기에서 사울이 다메섹에 들어가 예수는 하나님의 아들이라고 전파한 뒤에 "여러 날이 지나매"라고 한 것은 그것과는 다른 이야기입니다. '여러 날 후에'라고 했으니까 많은 시간이 흘러갔습니다. 상당한 날수들을 보낸 것입니다. 9:23을 보면 "여러 날이 지나매 유대인들이 사울 죽이기를 공모하더니"라고 했습니다. 사울이 여러 날 동안 다메섹에 있으면서 열심히 전파한 것입니다. 어떤 학자는 계산을 잘못해서 '이 여러 날이라는 것은 한 3년일 것이다. 그러니까 사울이 다메섹에서 열심히 전도하다가 아라비아로 갔다가 다시 다메섹으로 올라오니까 그동안 유대 사람들이 사울을 괘씸하게 생각하고 있다가 그가 돌아와서 다시 열심히 전파하니까 저놈 죽이자 하고 일어났을 것이다'하고 말합니다. 이렇게 그 사람은 사울이 아라비아로 간 것을 꼭 9:22을 지나 23절의 "여러 날이 지나매"하는 말 이전에 넣은 것입니다.

그러나 대체로 생각하면 그 '여러 날'은 보통 말하는 여러 날이지 3년씩이나 되는 많은 날을 가리키는 이야기가 아닐 것입니다. 사울이 여러 날 다메섹에 있으면서 전도하니까 유대인들이 그를 죽이려고 했고 그러니까 그를 광주리에 담아서 성 바깥으로 달아 내린 것입니다. 9:25에 "사울을 담아 성에서 달아 내리니라"고 했습니다. 그리고 그것으로 이야기가 끝나고 그다음에 "사울이 예루살렘에 가서"(9:26상) 하는 이야기를 썼습니다. 그 사이에 사울의 개인적인 경험, 즉 아라비아에 가서 혼자 명상하고 공부하고 생각하고 했던 일이 있습니다. "내가 곧 혈육과 의논하지 아니하고", 즉 형제라고 해서 의논하지 않고 "또 나보다 먼저 사도 된 자들을 만나려고 예루살렘으로 가지 아니하고 오직 아라비아로 갔다가 다시 다메섹으로 돌아갔노라"(갈 1:16하-17). 이것이 갈라디아서 1:18에서 말한 3년입니다. 그러니까 처음에 회개하고 다메섹에 들어갔다가 아라비아로 갔다가 다시 다메섹으로 온 것이고, 예루살렘에 올라간 것은 3년 만이었다는 이야기입니다.

대개 거기에 그런 것이 있는 줄 아시기 바랍니다. 왜 누가가 사울이 아라비아로 간 이야기를 생략하느냐 하면 누가는 지금 사울 개인의 일을 추적해서 죽 쓰는 것이 아니고 그의 공생애, 특별히 그와 교회의 관계에서 발생하는 일들을 써 나가는 것이기 때문입니다. 즉 사도행전은 초대 교회가 어떻게 되어 나가는가 하는 교회의 사(史)를 쓰는 것입니다. 그러니까 사울이 개인적으로 명상하고 사상을 정리한다든지 반성한다든지 하기 위해서 어디에 가서 얼마 동안 있었다 하는 것까지 일일이 기입하지 않고 그런 것은 빼고 넘어가는 것입니다. 그다음에는 사울이 예루살렘에 간 것이 교회의 역사에서는 중요하다는 것입니다.

사도 바울이 아라비아에 가서 명상을 하고 사상을 정리하고 그랬겠지만 사실상 그것은 '그랬으리라' 하는 추리일 뿐입니다. 그 이외에 다른 무엇을 할 것이 있어서 간 것은 아니니까 그렇게 추리하는 것일 뿐입니다. 또 혈육과 더불어 의논하지 않고 다메섹에 갔다는 말은 사람에게 물어보려고 하지 않고 주님께 직접 여쭈어보아서 자기의 사상을 정리하여 확호(確乎)한 것을 세우려 했다는 이야기일 뿐입니다. 그러니까 그런 점에서는 우리가 그 이상 달리 추리할 도리가 없고 다른 것을 생각하는 것이 차라리 무리가 됩니다만, 그것은 어디까지든지 사울 자신의 성장의 문제이고, 사도행전에서는 그가 그 성장한 힘과 사상을 가지고 향후에 활동한 문제를 다시 계속해서 쓴 것이고 예루살렘에 올라가서 거기에서 전도했다는 이야기도 한 것입니다. 그러니까 거기서 또 사울을 죽이려고 했고 그러니까 거기에서 길리기아 다소로 돌아간 것입니다. 가이사랴로 데리고 내려가서 배를 타고 다소로 갔습니다.

그 후에 바나바가 사울을 찾으러 다소에 갔습니다. 사도행전 11장을 보면 "바나바를 안디옥까지 보내니 저가 이르러 하나님의 은혜를 보고 기뻐하여 모든 사람에게 굳은 마음으로 주께 붙어 있으라 권하니 바나바는 착한 사람이요 성신과 믿음이 충만한 자라. 이에 큰 무리가 주께 더하더라. 바나바가 사울을 찾으러 다소에 가서 만나매 안디옥에 데리고 와서 둘이 교회에 일 년간 모여 있어 큰 무리를 가르쳤고 제자들이 안디옥에서 비로소 그리스도인이라는", 즉 크리스천 혹은 호 크리스티아노스(ὁ Χριστιανός)라는 "이름을 받게 되었더라"(11:22하-26). 그때 선지자들이 안디옥에 왔는데 "천하가 크게 흉년 들리라"는 말을 아가보가 했고 실제로 그렇게 되어서 제자들이 구제 물품을 걷어 가지고 바나바와 사울에게 부탁해서 사울이 14년 만에 주후 44년에 예루살렘에 올라간 것입니다. 그러니까 사울이 다소에 가서 그렇게 있었습니다. 그래서 그가 회개했을 때부터 통산하면 두 번째로 다시 예루살렘에 올라간 것은 14년 만이라고 한 것입니다. 그러니까 사울이 안디옥 교회에 1년 있었던 것을 빼면 13년이니까 생각건대 그 공백 기간 가운데 한 10년간 다시 다소로 돌아가서 있었던 것이 아닌가 하고 생각하는 것입니다.

사울의 회심과 관련하여 생각할 중요한 문제들

이러한 것은 시간의 문제이고, 그다음에 여기에서 우리가 생각해야 할 중요한 문제로 여러 가지를 들 수 있지만, 생각의 중점을 어떻게 정리해 나가는 것이 좋은가 할 때 가령 다마스쿠스, 즉 다메섹에 있는 아나니아라고 하는 제자가 사울을 찾아가서 주의 계시의 여러 가지 내용을 전달했다 하는 것도 중요하지 않은 것이 아닙니다. 아나니아가 가서 사울에게 안수하고 세례를 주었습니다. 아나니아가 한 이야기를 보면 "율법에 의하면 경건한 사람으로 거기 사는 모든 유대인들에게 칭찬을 듣는 아나니아라 하는 이가 내게 와 곁에 서서 말하되 형제 사울아, 다시 보라 하거늘 즉시 그를 쳐다보았노라. 그가 또 가로되 우리 조상들의 하나님이 너를 택하여 너로 하여금 자기 뜻을 알게 하시며 저 의인을 보게 하시고 그 입에서 나오는 음성을 듣게 하셨으니 네가 그를 위하여 모든 사람 앞에서 너의 보고 들은 것에 증인이 되리라. 이제는 왜 주저하느뇨. 일어나 주의 이름을 불러 세례를 받고 너의 죄를 씻으라 하더라"(행 22:12-16) 했습니다. 이것이 아나니아가 한 이야기에 대한 바울의 고백입니다.

그리고 그 후에 또 사도행전 26장을 보면 사울이 처음에 주의 부르심을 받을 때 주의 사명이 어떻게 그 부르심 속에 있었는가를 알 수 있습니다. "우리가 다 땅에 엎드러지매 내가 소리를 들으니 히브리 방언으로 이르되 사울아, 사울아, 네가 어찌하여 나를 핍박하느냐? 가시 채를 뒷발질하기가 네게 고생이니라. 내가 대답하되 주여, 뉘시니이까? 주께서 가라사대 나는 네가 핍박하는 예수라. 일어나 네 발로 서라. 내가 네게 나타난 것은 곧 네가 나를 본 일과 장차 내가 네게 나타날 일에 너로 사환과 증인을 삼으려 함이니 이스라엘과 이방인들에게서 내가 너를 구원하여 저희에게 보내어 그 눈을 뜨게 하여 어두움에서 빛으로, 사단의 권세에서 하나님께로 돌아가게 하고 죄 사함과 나를 믿어 거룩케 된 무리 가운데서 기업을 얻게 하리라 하더이다"(26:14-18). 여기에서는 누가 그렇게 이야기했다는 말은 하지 않고 좌우간 '주님이 나에게 이렇게 말씀하셨다' 해서 사명의 내용을 이야기하는 것입니다.

여기에서 우리가 중점적으로 사울의 문제를 볼 때에 그동안 사울이 가지고 있는 헤브라이즘(Hebraism) 사상의 문제를 생각했지만 이제 사울이 가지고 있던 또 하나의 중요한 문제를 생각합니다. 그것은 '교회와 사울'이라는 문제입니다. 또한 회개하기 이전의 헤브라이즘과 사울의 관계, 그리고 헬레니즘과 사울의 관계와 그것들이 움직인 사울의 생활과 행동이 있습니다. 그리고 그 위대한 회개 후에 즉시 나타난 결과가 비상한 사실이라는 것을 우리가 배웠습니다. 비상한 사실이라는 것은 다메섹 도상에서 예수님의 자태를 뵙고 다메섹에 들어간 뒤 며칠 사이에 그가 예수님을 하나님의 아들이라고 전한 사실입니다. 이것이 평이한 이야기가 아닙니다.

계시의 그릇으로 쓰임 받은 사도 바울

그다음의 중요한 문제는 지금까지 가지고 있던 그의 사상이 어떻게 올바로 정리되고 바르게 세례를 받아서, 사상 자체도 세례를 받아서 구약적이고 유대교적이고 히브리적인 사상을 초월하여 참으로 모든 것을 충족히 포함하고 헤브라이즘이나 헬레니즘이 가지고 있는 이상(理想)을 구유(具有)하고 그것을 찬연히 정리해서 나타내고 그것들이 바라고 원하는 것을 구체적으로 정확하게 더 크게 잘 나타낸 기독교의 진수(眞髓)의 사상을 확립하고 그것을 전파하고 또 그것을 구체적으로 역사의 사실하에서 전달해 나갔는가 하는 문제입니다.

이것이 그릇으로서의 사울의 비류(比類) 없는 위대성입니다. 누가 그러한 그릇에 비교되겠습니까? 그 당대에도 없었고 그 후에도 없고 그 이전에는 우리가 비교한다면 모세에 비교할 인물입니다. 그런고로 성경에서 가장 두드러지고 특성 있는 위대한 인물 둘을 찾아내라면 사람으로는 과거에 모세가 있고 그다음에 여기에 와서 사울이 있습니다. 그는 그만큼 위대한 사실을 나중에 역사 위에 남겨 놓은 인물인데, 이것은 물론 그의 그 후의 생애와 함께 점점 익어 간 것이지 하루아침에 전부 다 완성된 것은 아니지만, 위대한 기초와 또 상당히 풍부한 장성의 그루터기가 아라비아에서 한 3년 지내는 동안에 형성되었던 것입니다. 통산해서 세 해에 걸친, 다메섹에서 아라비아로 갔다가 다시 다메섹으로 돌아온 이 기간이 그에게는 중요했던 것입니다.

그리고 그다음의 기간은 다메섹에서 예루살렘으로 가서 불과 15일간 거기에 있는 것뿐이지 많은 사도들을 만나서 사도들에게 이야기를 자세히 듣고 다시 연마한 것은 아닙니다. 그것은 이미 우리가 갈라디아서에서 보았습니다. '불과 한 15일 있으면서 내가 사도 중에 다른 이는 못 보았다. 누구누구만 보았다' 하는 이야기를 했습니다. 그렇게 하고 그다음에 거기에서도 전도하니까 유대인들이 그를 죽이려고 해서 가이샤라에 가서 배를 타고 다소로 가 버렸습니다.

그 후에 14년 만에 예루살렘에 가게 된 일이 있는 것을 갈라디아서에는 바로 기록했습니다. 갈라디아서를 보면 그렇지만, 14년 만에 예루살렘에 가기 이전에 한 해 동안 안디옥에서 교사 노릇을 한 일이 있습니다. 바나바가 그를 데리고 왔는데 어디에 가서 데리고 왔느냐 하면 다소에 가서 데리고 왔습니다. 그러니까 앞에서 우리가 통산한 대로 유대 식으로 계산해서 사울은 한 10년간이나 다소에 있었던 것입니다. 그렇게 그는 아라비아에도 있었고 다소에도 있었습니다. 그 사이에 예루살렘에는 잠깐 체류한 것뿐입니다. 15일간 체류한 것이 많은 시간은 아닙니다. 그런 것을 다 보면 그는 회개하고 나서 안디옥에서 교사로서 가르치기 전에 약 13년이나 14년간 준비를 했습니다. 그 후부터 전도 여행을 하고 교회를 세우고 하는 모든 활동에 필요한 여러 가지 것들을 열심히 준비하고 있었던 것입니다.

그러고 난 다음에 그는 전도를 하러 나섰습니다. 안디옥에서 가르치고 있다가 예루살렘으로 갔다가 다시 돌아온 다음에는 바울과 바나바가 안디옥 교회에서 하나님의 부르심을 받아서 세움을 입어 선교사로서 실루기아로, 그다음에는 구브로 섬의 살라미와 바보로, 그다음에는 대륙으로 다시 들어가서 저 밤빌리아에 있는 버가로 갔다가 루스드라에서 비시디아 안디옥으로 다시 돌아왔습니다. 그것이 제1차 여행인데 그들을 구별해서 세운 것이 사도행전 13장에 나옵니다. 그런 것을 보면 벌써 그때부터는 앉아서 깊이 연구하고 생각만 하기보다는 생활 가운데에서 자꾸자꾸 위대한 경험을 쌓고 위대한 계시를 더 터득한 것이고 생활하고 건설하면서 그런 계시를 더욱더욱 명확하게 터득해 나간 것입니다. 그래서 3차의 전도 여행을 한 뒤에 나중에는 로마까지 갔습니다만, 그 중간에 필요에 따라 편지들을 썼는데 이 편지라는 것은 형식이 편지의 형식이고 내용으로 보면 위대한 기독교의 신학을 거기에 건설한 것입니다.

이와 같이 그릇으로서 사도 바울의 위대성은 첫째, 계시의 그릇으로 존재했다는 것입니다. 과거에 있던 많은 계시의 그릇들처럼 그는 위대한 계시의 그릇으로 존재했는데, 단순히 예수님의 사실을 보고 전달하고 예수님의 사실을 남에게 그대로 이야기해 주는 식으로 계시를 확립한 사람이 아닙니다. 예수님의 사실을 보고 그것을 전달해서 남에게 이야기해 준 계시의 전달자는 복음서의 저자들입니다. 마태, 마가, 누가, 요한, 그리고 다시 사도행전을 쓴 누가 같은 사람들이 그런 식으로 했습니다. 그러나 바울이 가지고 있는 계시의 내용은 자기가 눈이나 감각으로 목도했던 사실을 전달하는 역사의 실증자나 목격자의 일이라기보다는 그의 논리성과 사색과 사상이 계시의 도구로 사용되었던 것입니다. 이런 점에서 그는 과거에 있던 위대한 계시자들의 반열 가운데 서는 인물입니다.

하나님의 계시에서 우리가 경중(輕重)을 따질 수가 없습니다. 그러나 계시의 그릇의 모양이나 타입으로 볼 때는 서로 다른 점이 있습니다. 가령 역사의 기술자(記述者)들을 볼 때에는 주로 자신이 목격한 바나 관찰하고 상고한 바를 전달해 주는 데에 주력하지만, 선지자들이나 위대한 시인들이나 혹은 위대한 논리자와 같은 사람들은 논리적이고 창조적인 활동을 할 수 있는 그의 시적 상념이나 그것을 구상하는 힘과 그것을 추출하는 힘과 같은 것들이 위대한 계시의 도구로 사용되는 중요한 부분인 것입니다. 물론 그 인물 전체가 계시로 사용되는 것이고 계시의 도구로 사용되는 것입니다. 그런 점에서 그것은 참으로 하나님께서 그들에게 그 방면의 특별한 은사를 주시지 않았으면 하지 못하는 일들입니다. 보는 것을 남에게 이야기하는 것은 사람이 그러한 지적인 작용을 가지면 할 수 있습니다. 그러나 보는 것뿐 아니라 안 본 것일지라도 추리를 하고 추리한 결과의 내용을 체계 있게 엮어서 틀림없이 그것이 그렇다는 것을 나타낼 수 있고 또 그렇게 나타낸 사실이 결국 틀림없는 진실이요 진리라고 입증될 만한 그러한 일을 하는 사람은 보통 사람이 아닌 것입니다.

그러니까 그런 의미에서 사울은 가령 크리스천인 사실을 떠나서 볼지라도 굉장히 특수한 은사를 받은 천재적인 인물이라는 것을 생각지 않을 수가 없는 것입니다. 이 점은 모세와 마찬가지의 타입입니다. 모세 역시 그런 위대한 천재가 아니었으면 그것을 그렇게 엮어 낼 수가 없습니다. 그런데 모세는 구약적입니다. 구약이 가지고 있는 여러 특성들이 있는데 모세는 율법의 조직이나 그렇게 조직된 것을 잘 체계 있게 정리해서 내세우는 일을 했습니다. 그렇다면 사울은 어느 편이냐 할 때 훨씬 사색적인 인물입니다. 굉장히 논리의 힘이 강한 인물입니다. 그처럼 사색적이고 논리적인 그가 사색하고 추리해서 엮어 낸 결과가 위대한 교리들로 나타난 것입니다. 사울은 역사의 사실을 추구해 나간 것이 아니라 철학적인 큰 탑을 세운 것과 같은 그런 일을 한 사람입니다.

이러한 인물이 일단 하나님 앞에 잡히게 되어서 위대한 일을 해 나갔을 때 거기에 특성 있는 것이 두 가지가 있습니다. 그것이 뭐냐 하면 요컨대 개인의 이름을 붙이기로 한다면 '바울 신학'이라고 부를 수 있는 위대한 사상 체계를 건설해 놓은 것입니다. 그리고 그것은 단순히 인간의 사상 체계가 아니라 하나님이 사람에게 알리기를 원하시는 가장 바른 사상의 체계, 곧 진리의 사상 체계입니다. 소크라테스의 사상 체계도 있고 칸트의 인식론적인 사상 체계라는 것도 다 있지만, 그런 것이 아니고 이것은 틀림없는 진리인 것입니다. '나는 이렇게 전한다. 그다음에는 모르겠다' 하는 어떤 불가지론이 포함되어 있는 칸트 식이 아닙니다. "우리가 알거니와"(참조. 롬 3:19, 6:6, 8:28)라고 해서 '이것은 투철하게 알아야 한다. 이것은 알아야 할 사실이다. 하나님이 이것을 보이셨다' 하고 말하는 것입니다.

그리고 그것은 그냥 잠자는데 하나님이 아무 문제 의식도 없는 사람에게 그냥 백일몽과 같이 보이신 것이 아니라 깊이 생각하는 사람에게 추리의 과정을 좇아서 비로소 깨닫게 만들어 놓으신 사실들입니다. 그런고로 바울을 통해서 하나님이 계시하신 사실은 바울이 그 계시를 받아 간 추리의 과정과 같이 우리도 강하고 중요한 논리적 추리와 전색(詮索)과 사색을 겪어서 '아, 그것이 그것이구나' 하고 잡아 나가는 것이지 가만히 앉아서 그냥 '이렇습니다 저렇습니다' 하게 되어 있지 않은 것입니다. 이런 것이 바울 신학이 가지고 있는 논리적인 특성들입니다. 그런고로 바울을 통해서 하나님께서 우리에게 가르친 계시를 바르게 깨달으려면 논리적으로 추리하고 생각하고 사색하면서 터득해 가는 것이지 가만히 앉아서 '이렇다' 하고 한마디로 우리가 보면 그냥 금방 다 아는 그런 것이 아닙니다. 그 사람의 은사가 얼마만큼 깊은가에 따라서 더 깊이 보고 더 깊이 터득해 나가는 것입니다.

이렇게 해서 하나님께서는 그 후에 바울 선생을 이어서 그와 같은 정도는 못 될는지 몰라도 그와 동질의 은사와 같은 타입의 은사, 곧 사색과 추리의 은사를 받은 사람들을 세워서 그것을 좀 더 서술하고 해명해서 후세에 자꾸 가르쳐 나가시는 것입니다. 이처럼 기독교의 교리는 그냥 단숨에 앉아서 주르르 형성된 것이 아니고, 또한 기독교 교리의 해명이라는 것도 그 교리가 형성된 시간보다도 훨씬 많은 시기를 겪어서 기독교 안에 분명해진 것입니다.

교리가 분명하게 해명되는 예를 들면 '중생'이라는 사실을 1세기나 2세기나 5세기나 10세기나 15세기나 16세기 때에 아는 것과 오늘날 우리가 아는 것은 해명의 관계에 따라 많이 다릅니다. 물론 진리가 바뀐 것도 아니고 또 가르친 교리가 형성되는 과정에서 조금이라도 바뀐 것은 아닙니다. 바울 선생을 통해서 2천 년 전에 명확하게 다 형성되어서 우리에게 보였고 해명되어 있는 것이지만, 바울 선생이 해명해 놓은 것을 다시 해명하지 않으면 능히 알아들을 수 없고 깨달을 수 없을 만큼 심오한 것들을 이야기해 놓은 것입니다. 이런 까닭에 중생에 대한 이야기도 가령 칼빈 선생은 16세기 사람인데 16세기의 칼빈 선생이 생각하고 있던 중생이라는 큰 범위를 그 후대의 신학자들이 더 명확하게 규명해서 '아, 여기까지는 사실상 거기에 포함시키기보다는 개변(改變)에 포함시켜야겠다. 그리고 이것은 중생(重生)이다' 해서 좀 더 세분해 놓았습니다. 칼빈 선생이 중생이라는 말을 쓸 때에는 오늘날의 우리가 말하는 에피스트로페($\epsilon\pi\iota\sigma\tau\rho o\phi\acute{\eta}$)라는 변개(變改)와 팔링게네시아($\pi\alpha\lambda\iota\gamma\gamma\epsilon\nu\epsilon\sigma\acute{\iota}\alpha$)라는 중생을 합쳐서 이야기했습니다. 그것을 후대에 와서 나눈 것입니다. '그렇게 하지 말고 변개라는 것을 돌아선다는 것으로 보고, 중생을 새로운 생명으로 다시 난다는 것으로 보자. 그러면 중생이라는 개념을 다시 세분해서 생명을 심어 주시는 것과 생명이 태어나는 부분으로 둘로 나눠야겠다' 해서 오늘날은 이렇게까지 세분해서 명확하게 이야기하는 것입니다. 이러한 명확성과 명확한 해명이 있으려면 2천 년이 요구되었던 것입니다. 2천 년을 겪어 오면서 그렇게 한 것입니다.

그러면 1세기나 2세기나 적어도 오늘날과 같이 명확하게 세분해서 분석하지 않은 시대에는 중생이 안 되었느냐 하면 그런 일은 없습니다. 아담 때부터 중생은 발생하는 것입니다. 그 사람들이 그것을 다 알았든지 그것을 지금과 같이 다 이렇게 분석을 했든지 못했든지 사실은 받은 것이고 사실의 능력은 가지고 있었던 것입니다. 그러면 오늘도 그 사실의 능력만 가지면 그만 아니냐 하지만 그만인 것은 아닙니다. 왜냐하면 계시가 역사적으로 발전해서 과거에 희미했던 것은 역사가 지나고 나면 더 명료해져야 하기 때문입니다. 계시는 역사적으로 발전하고 그렇게 발전한 것은 어느 시기에 완성됩니다. 계시가 역사적으로 발전하고 유기적으로 발전했던 것이 완성되는 시기가 있는 것을 아실 것입니다. 계시는 바울 선생 시대에 완성된 것입니다.

일단 완성된 후에는 그다음에 해명이 발전해 나오는 것입니다. 해명이 발전해 나오는 것은 '그것이 그렇지 않다' 하고 흐리는 반대 세력과 흑암의 세력의 작용이 그만큼 치열한 까닭에 그리스도의 거룩한 교회, 즉 그리스도의 거룩한 양들이 올바로 서기 위해서는 바른 해명과 분석이 더욱 필요해지기 때문입니다. '과거에 이왕 캄캄할 때는 하나님이 허물치 아니하셨지만 지금은 다 누구든지 회개하라고 하신다. 회개해야 할 조건이 있다. 이것이다' (참조. 행 17:30) 하고 가르쳐 주는 것입니다.

하나님이 사도 바울에게 주신 이 은사는 그에게 위대한 업적을 낳게 했는데, 첫째로 계시의 그릇으로서 비류 없는 특이성(uniqueness)이 있습니다. 그래서 엮여 나온 것이 바울의 위대한 사상 체계, 곧 하나님께서 오늘날 이 신약의 교회가 알기를 원하시고 알아야만 할 것으로 계시하신 그 체계 있고 논리적인 내용들입니다. 그것을 체계 있게 논리적으로 배우는 것이 의무이지 몰라도 좋다는 법도 없는 것이고 아무렇게나 대해도 좋다는 법도 없는 것입니다. 그것은 하나님을 소홀히 대접하는 것입니다.

우리가 하나님을 소홀히 대접하는 가장 구체적인 사실은 그가 나에게 하신 말씀을 소홀히 대하는 데에 있는 것입니다. 말씀과 같이 나에게 접근해서 구체적으로 작용하는 것이 어디에 있습니까? 우리가 누구와 사귄다 할 때 가장 구체적인 사실은 그의 전체의 인격을 구체적으로 표시하는 것입니다. 전체의 인격을 구체적으로 표시하는 것이 언어입니다. 언어 이상 구체적으로 전체의 인격을 표시할 수가 없는 것입니다. 우리가 소리나 감각을 가지고 혹은 우리의 시각에 호소해서 인격을 표시할 수도 있고 그림도 있고 음악도 있고 다른 예술적인 작품이 있을지라도 언어같이 구체적으로 표시할 수는 없습니다. 그렇게 가장 구체적인 것이 언어라면 하나님은 사람의 언어, 즉 사람이 알아들을 수 있는 말을 쓰셔서 당신을 가장 구체적으로 표시하는 것입니다. 이것이 계시입니다. 그런고로 이 말씀을 몰라도 좋다고 푸대접하는 것은 하나님을 구체적으로 알 필요가 없다는 말이 되는 것이고, 이것은 하나님을 가장 박대하는 아주 큰 죄악이 되는 것입니다.

이렇게 해서 교회가 말씀을 아주 해태(懈怠)하고 타태(惰怠)하게 다루고 있거나, 사도 바울 선생을 통해서 말씀을 구체적으로 전한 것과 같이 논리와 추리와 전색과 심오한 사색에 의해서 말씀을 터득하려는 활동이 없이 가만히 앉아서 평안하게 모든 것을 다 알아 버리려고 하는 이런 게으름과 오만무례한 태도는 하나님이 우리가 어떻게 하기를 요구하시는가를 알려고도 하지 않는 태도인 것입니다. 하나님은 우리가 부지런히 연구하고 추리하고 깨닫고 알도록 하신 것입니다. 일주일에 한 번씩 예배당에 와서 가만히 앉아 있다가 예배라는 종교 의식만 한번 하고 그것이 예배가 되었는지 안 되었는지도 모르고 그냥 가 버려도 되는 것같이 생각하는 이런 식의 생활은 과거에도 안 되는 것이지만, 오늘날처럼 착잡한 것이 많고 유혹이 많고 공격하는 세력이 많은 시대에는 도저히 서지 못하는 것입니다.

우리 교회가 과거에 선 이래로 지금까지 말씀에 치중하고 말씀을 강력하게 밀고 나가는 것은 이것이야말로 교회의 가장 비류 없는 특권인 까닭에 그렇게 하는 것입니다. 교회에서 안 하면 다른 데서 하는 데가 없습니다. 이것은 다른 데에서는 할 데도 없는 것이고 할 수도 없는 것이고 하나님의 성신이 가장 권위 있게 승인하시지 않는 것입니다. 교회만큼 승인하실 수가 없습니다. 교회야말로 케뤼그마(κήρυγμα)를 전할 곳이요 여기야말로 참으로 가르침, 곧 디다케(διδαχή)가 있을 곳이라고 가르치시는 것입니다. 다시 말해서 프리칭(preaching), 곧 말씀을 선포하고 전파하는 것과 해명하는 것과 말씀을 풀어서 구체적으로 교도해 나가는 것이 교회가 가지고 있는 큰 임무(commission)인 것입니다.

예수 그리스도와 그리스도의 몸인 교회

바울이 그렇게 위대한 계시를 엮어 냈는데, 그 계시의 큰 내용을 보면 '예수 그리스도는 누구시냐' 하는 문제와 '그리스도의 실효성과 실존은 결국 우리와 어떤 관계를 가졌느냐' 하는 문제입니다. 여기에 실존(existence)이라는 문제가 있습니다. 그것을 한마디로 말하면 '개인 그리스도'라든지 '역사적인 그리스도'라든지 '내재의 그리스도'라는 말로 나눠서 표현할 수 있습니다. 즉 내재의 그리스도(Christ immanent)와 역사론적 그리스도(historical Christ)와 역사상의 위대했던 그리스도(historic Christ)를 말할 수 있고, 그러나 무엇보다도 중요한 것은 영원한 그리스도(Christ eternal)입니다. 단순히 내재하시는 분일 뿐 아니라 초연히 존재하시는 그리스도이십니다. 어디에 계십니까? 하늘, 전능하신 하나님의 우편에 앉아 계십니다. 보좌에, 곧 우주의 영광의 가장 중심에 앉아 계시는 것입니다. 무엇으로 계십니까? 사람이신 동시에 하나님으로 계십니다. 갓맨(God-man), 곧 씨앤쓰로포스(Theanthropos, 신인 神人)로 앉아 계시는 것입니다.

이런 사실을 계시 가운데에서 사울을 통해 명백하게 해명해 가면서 가르치신 것입니다. 그러나 그렇게 그리스도께서 존재하시는 동시에 그 존재의 실효가 역사 위에 어떤 식으로 나타났느냐 할 때에는 그리스도의 신령하고 거룩한 몸이 역사 위에 역사적인 실증으로 나타나 있다는 것입니다. 그것이 무엇이냐 할 때 그것은 단순히 영광의 중심으로서 하나님의 우편에 앉아 계신 갓맨 혹은 씨앤쓰로포스이신 그리스도를 가리키는 것이 아니라 그의 신령한 몸으로서의 에클레시아(ἐκκλησία), 곧 교회라는 이름을 가진 존재를 말하는 것입니다. 그것은 나를 포함하는 말입니다. 나를 그 속에 편입(incorporate)시킨 것입니다. 거기에서 비로소 나라는 것을 해석하는 것이지 나를 먼저 해석해 놓고 나중에 나를 가져다 거기에 붙여 놓는 것이 아닙니다. 그리스도의 거룩한 몸이 이 땅 위의 역사 위에 명확한 실체로 존재하면서 역사적인 작용(historical work)을 하는 것인데 그 역사적인 작용(operation)은 결국 그리스도의 몸이 포함하고 있는 여러 인격체와 인간의 영혼들(souls)이 활동함으로써 되는 것입니다. 거기에 비로소 나 개인의 가치의 문제가 있고 존재의 의미가 있는 것입니다.

다른 말로 하면 내가 예수 그리스도의 몸의 부분 안에서 비로소 한 영혼으로서의 의의도 가지는 것이고 가치도 가지는 것입니다. 왜냐하면 그리스도와 연결해서만 비로소 내가 새로운 생명을 가진 것이지 그것을 떠나서 별도로 딴 생명을 가진 생명체가 아니기 때문입니다. 그리스도가 없이는 내가 죽은 것밖에 없는 것입니다. 그리스도 안에 편입되어서 비로소 내가 새로운 생명체로서 하나의 영혼(soul)이 된 것이고 하나의 생명 있는 영혼의 기능(soul faculty)을 움직일 수 있는 존재자가 된 것입니다. 하나의 영혼이라는 말은 히브리적인 네페쉬(נֶפֶשׁ), 즉 한 사람 혹은 한 인격을 표시하는 말이고 생명체를 표시하는 말입니다. 만일 엄격하게 영혼을 하나의 기능의 총화(總和)로 이야기할 때에는 영혼의 기능을 움직이는 존재를 말합니다.

그러니까 이러한 것이 중요합니다. 그런고로 땅 위에서 가장 중요한 사상은 그리스도의 교회입니다. 그리고 교회라고 할 때나 교회라는 이름을 쓸 때에는 그 존재의 의미와 존재의 가치와 존재의 기능과 용(用)이 더 중요한 문제이고, 여기에서 그리스도께서 직접 역사하시고 작용하신다 할 때에는 교회의 머리로서 존재하신다는 사실이 중요합니다. 머리라고 할 때는 수부(首部), 즉 머리(the head) 부분을 말합니다. 이렇게 유기적인 일체(organic union)로서의 머리라는 의미도 있지만, 또 하나는 수령(首領)이라는 의미를 가지고 있다고 말씀드렸습니다. 한 몸의 머리(head of a body)입니다. 몸(body)이라는 말을 상징적으로 쓸 때에는 조직체(organization)라는 말도 됩니다. 인간의 사회학적인 관점에서 볼 때에는 하나의 조직체입니다. 조직체로 조직되어 있어서 그 속에 많은 인격자들이 혹은 인간들이 살고 있는 것이고 그 위에 그리스도는 머리로서, 즉 수령이요 원수(元首)로서 친히 통재(統宰)하시는 것입니다.

그러므로 그것이 레그눔 그라티아에(regnum gratiae), 곧 은혜의 왕국입니다. 그리스도는 은혜의 왕국의 왕으로 계시고 그 은혜의 왕국이 지상에서 엄연히 하나의 왕국으로서 종합적인 문화 기능을 발휘하고 종합적인 왕국의 권능을 발휘하면서, 즉 통치자의 통치 대권을 권능 있게 전체로 발휘하면서 역사를 형성하는 것입니다. 이것이 또 하나의 심히 중요한 위치입니다. 이것이 우리가 지금 제일 중요하게 보아야 할 문제들입니다.

이와 관련해서 거기에 존재하고 있는 개인이 이 하나님 나라 혹은 레그눔 그라티아라는 나라의 시민으로는 어떻게 사느냐 하는 문제와 그리스도의 새로운 생명을 받아 새 생명으로서 새로운 사람이 속에 생성되어 장성하는 사람은 어떻게 살아가야 하는가 하는 문제가 있습니다. 거기에서 비로소 개인의 구원론을 올바로 생각할 수 있는 것입니다. 구원론 전체를 볼 때 결국 중요한 점은 그 큰 그리스도의 몸의 완성이라는 점에 있습니다. 개인 하나 구원하면 끝나는 것이 아닙니다. 몇 사람을 구원했다 해서 항상 궁극적인 논리의 귀결이 개인들의 집합이 구원받았다는 것이 중요한 것이 아닙니다. 어떻게 개인이 전체의 생명에 붙어서 전체의 생명의 한 부분으로서 전체의 생명을 어떻게 완성하느냐 하는 것이 구원론의 종국인 것입니다.

이런 사상을 포회(包懷)하지 않고 항상 '예수 믿고 천당 간다' 는 식으로 '내가 구원받아서 좋은 데로 간다' 는 그런 정도로 생각한다면 기독교의 사상은 바울 선생을 통해서 보이신 이 거대한 계시의 내용을 처음부터 외면한 사람들의 샤먼적인 생각에 불과한 것입니다. 한국의 독특한 샤먼적 생각이라고 해서 한국 사람에게만 샤먼적인 생각이 있는 것이 아니고 이런 샤먼적인 무신적(巫神的) 사상은 지금 보도되는 여러 가지를 통해 보면 오늘날 우리보다도 미국이 더 심하다는 것을 볼 수 있습니다. 요즘 굉장히 인기 있는 「엑소시스트」(Exorcist) 같은 영화는 무슨 마귀를 내쫓는다 해서 말하자면 사탄이 일어나서 그 나라 안에서 저희 세력끼리 분쟁하는 식의 이야기입니다. 예수님은 오히려 그런 것을 우습게 여기시고 거기에 있는 부조리를 이야기하셨습니다. 예수님이 귀신을 내쫓으신 것은 마귀가 통제하고 있는 사실을 별달리 제압하신 것뿐입니다. 한마디로 말하면 그것뿐입니다. 그런고로 '마귀의 통제 자체가 교란된 것은 아니다' 하신 것입니다. 그런데 엑소시스트(악령 퇴치사)가 하나 있어서 그가 귀신을 내쫓는다고 우 하고 야단 내고 별 방어를 다하고 별 주술을 다 부리고 종이에 불을 질러 칼끝에 붙여서는 부정한 것을 털어낸다고 하는 것입니다.

미국에서 그렇게 하지만 그런 것은 우리가 더 잘 아는 이야기입니다. 샤머니즘이 강력하게 있던 한국에서는 무당을 불러다 귀신을 쫓을 때는 채를 잡고 벌벌 떨린다고 야단 내고 우 하고 떠들고 돌아다니고 나중에는 여자들이 치마로 귀신을 내쫓는다고 야단 냅니다. 그런 것이 기독교 안에서도 발생했던 것을 잘 아실 것입니다. 1932, 33년 때에 신의 고등 기계니 차등 기계니 하면서 그런 짓을 해서 '자, 여기 마루로 나간다'고 마귀를 그런 식으로 쫓아낸다고 했습니다. 부인네들이 치마를 벗어서 훌훌 내쫓으면 마귀가 나간다고 한 것입니다. 우스운 이야기이고 너무나 유치한 이야기이지만 그런 것이 사람들의 마음을 사로잡고 있었습니다. 얼마나 큰 암매(暗昧)가 사로잡고 있었는지 모릅니다. 그렇게 하면 사실상 사탄의 나라가 통제되어 있지 않다는 이야기가 됩니다. 그러나 실은 그렇지 않습니다. 예수님은 사탄이 통제된 나라를 가지고 있다는 것을 말씀하셨고 '사탄이 스스로 분쟁하면 그 나라가 어찌 서겠느냐'(참조. 마 12:26; 막 3:26; 눅 11:18) 하고 말씀하셨습니다. 그런고로 '그 나라는 서 있다' 하는 결론에서부터 다시 추리해 나가면 '그러니까 그 나라는 통제되어 있는 것이다' 하는 결론에 이르는 것입니다. 그러니까 마치 그 나라가 통제되지 않는 것같이 스스로 하나가 일어나 야료(惹鬧)하고 그 야료하는 놈을 다른 하나가 쫓아내고 한다는 것은 연극에 불과한 것입니다. 우리가 말할 때 그런 것은 하나의 드라마, 곧 사탄적 드라마(satanic drama)에 불과하다는 말입니다.

그런데 사람들은 모두 거기에 현혹되어서, 야료하게 하는 귀신을 어떤 힘을 빌어 내쫓으면 그렇게 내쫓는 사람을 좇아가는 것입니다. 검은 귀신을 미워하기 때문에 흰 귀신을 따라간다는 식입니다. 이렇게 해서 나중에는 아주 사탄이 스스로 변하여 광명한 천사인 체하고 나타나는 일까지 생기는 것입니다(참조. 고후 11:14). 그것은 과거에도 그렇고 지금도 그렇고 앞으로도 그럴 것입니다. 그래서 기독교의 명색을 가지고 그것이 또 사람을 끌고 가는 것입니다.

기독교는 소위 반명제(反命題)가 아닙니다. 단순히 기독교라는 이름만 가지면 사탄의 왕국에 대한 반명제가 되는 것처럼 생각하는 것은 큰 오해입니다. 왜냐하면 마지막에 적그리스도가 와서 교회를 그 휘하에 넣고 움직일 참이기 때문입니다. 이와 같은 사실을 볼 때 오늘날 우리가 얼마나 지혜롭고 명석한 생각을 가지고 시(是)와 비(非)를 가려 가면서 참된 그리스도의 교회와 그렇지 않은 것들을 명확히 구별해 가면서 거기에 의하여 올바로 판단해야 할 것인가를 생각하지 않을 수 없는 것입니다.

요새 그런 것들을 흐리게 하는 중요한 이론이 무엇인지 아실 것입니다. 다 최근에 경험하시는 이야기입니다. 가령 교회에서 나오려고 하면 그런 사람에게 '왜 교회를 떠나려고 하느냐? 우리 교회는 정통 교회이고 근본주의 교회이다' 합니다. 그러면 '아니, 나는 이런 것 이런 것이 마땅치 못해서 나가야겠다' 하면 '천하에 완전한 교회가 어디 있느냐? 다 불완전성이 있고 다 잘못이 있지 않으냐? 잘못이 있다고 해서 다 팽개치면 너는 갈 데가 없는 것이다. 그러니까 여기에 남아 있으면서 고치는 것이 옳지 그렇게 다 털어 버리고 나가면 어떻게 되느냐?' 하고 말합니다. 그런 말이 이론이 안 되는 것은 아닙니다. 그렇지만 '그러니까 얼마만큼 잘못을 용허(容許)해야 하며 그대로 남아 있으면서 얼마만큼 잘못을 고쳐 줄 수 있느냐' 하는 문제는 생각하지 않는 것입니다. 잘못을 얼마만큼 용허하느냐 하는 것도 스스로 용허할 수 있는 한계가 있습니다. '교회가 잘못하면 잘못하는 대로 얼마든지 용허하고, 내가 몸담고 있던 교회면 그대로 몸담고 있으면서 고쳐 주어야 한다' 는 것은 어림없는 이론인 것입니다.

그렇다면 종교개혁을 할 필요가 없었을 것입니다. '가톨릭의 잘못만 고치지 왜 딴 교회를 세웠느냐? 왜 갈려 나왔느냐?' 할 것입니다. 루터나 칼빈이 갈려 나온 것을 우리가 찬성합니까, 아니면 '그것은 하나의 큰 실수다. 가톨릭에 있으면서 가톨릭을 고쳤어야 한다' 하고 말해야 하겠습니까? 루터나 칼빈이 그런 개혁 운동을 한 이후에 다시 가톨릭 자체의 개혁 운동이 일어난 것을 여러분도 다 아실 것입니다. 가톨릭 자체도 '우리가 부패를 고쳐야겠다' 하고 수선을 했지만 그것은 가톨릭을 면치 못하고 그대로 가톨릭인 것입니다.

그리고 그다음에는 '내가 그 속에 있으면 얼마만큼 그것을 고칠 수 있느냐' 하는 것을 생각해야 합니다. 고칠 수 있는 것이 아니라 내가 끌려간다는 것을 늘 생각하지 않는 것입니다. '누가 힘이 세냐, 내가 힘이 세냐? 내게 있는 진리성이 그만큼 강하냐, 저편의 흑암의 세력이 나보다도 강하냐? 이론으로나 수로나 그 모든 세력이 나보다 강하지 않으냐? 아, 그러니까 내가 거기에 있다가는 그냥 발이 얽혀서 오도 가도 못하고 자빠지겠다' 하고 생각해야 하는 것입니다. 이런 것을 참 주의해야 합니다. 그리고 이러한 사이비적인 문제에 대해서는 우리 주님도 아주 명백하게 가르치셨지만 사도 바울 선생도 그 문제에 대해서 잘 가르쳤습니다. 그 시대에 이르러 그런 것들이 배태(胚胎)되어서 대들고 돌아다녔기 때문입니다.

하나님께서 사울을 통해서 하신 위대한 일의 또 한 가지는 단순히 계시를 하나의 사상 체계로 주신 것이 아니라 살아 있는 생활의 신조로 주신 것입니다. 그러므로 거기에는 생활이 있어야 합니다. 그런데 생활의 구체적인 현현이라고 할 때는 개인의 생활이 아니고 그리스도의 생명체가 역사 위에서 호흡하는 작용입니다. 이것을 교회라고 하는 것입니다. 이렇게 해서 신약의 교회가 섰습니다. 교회는 신약 시대에 시작된 것이 아닙니다. 구약 시대에도 카할(קהל)이라는 교회가 있었습니다. 그러나 신약의 교회는 훌륭한 도리를 가지고 있고 또 계시가 완성된 것을 그대로 가지고 있으면서 그 후에는 해명을 한다는 점에서, 계시를 전승해서 받고 자꾸 축적해 간 구약적인 교회가 진행한 역사와는 의의에서나 의도에서나 특권에서나 광명의 도(度)에서 많이 다릅니다.

또 한 가지는 과거에는 오실 예수 그리스도를 희미하게 바라보면서 밀고 나왔지만, 이제는 이미 충만히 나타내서 완성하신 계시의 핵심이시요 계시 그 자체이신 예수 그리스도를 이미 가지고 그가 역사 위에서 이루신 사실 자체를 그 후의 역사 위에 그냥 전달하는 것이니까 훨씬 명백한 것입니다. 바울은 에베소서에서 교회의 도리를 가르치면서 '이전 시대 사람들에게 감추어졌던 것을 이제 드러내셨다' 하는 이야기를 했습니다. '이렇게 해서 여기에 또 새롭고 분명한 사실이 하나 있다' 하는 것입니다.

하나님을 의지하고 맡기신 일을 해 나감

이 두 가지의 큰일이 앞으로 전개되는데, 그렇게 전개되는 사실이 지금 우리가 보고 있는 역사적인 기록인 사도행전 9장과 그 이후의 10장, 11장에서 나타날 것입니다. 말하자면 이것은 큰 계시와 그 계시의 생명력이 역사 위에서 구체적으로 작용하는 것을 만천하에 증명해 나가기 위해서, 신약의 교회가 가지고 있는 보편성(catholicism)을 증명해 나가기 위해서 준비하고 있는 길인 것입니다. 그리고 그 일을 하기 위해서 하나님께서는 한 사람, 즉 사울이라는 다소 사람을 택해서 그릇으로 쓰시려고 하는 것입니다. 그는 자기 자신도 생각지 못하고 다 평가하지 못했던 너무나 위대하고 어마어마한 일을 하고 있었던 것입니다.

그러나 사울은 간단하고 단순하게 '나는 이것 하나에 목숨을 걸고 하겠다' 하고서 어디를 가든지 죽음을 무릅쓰고 했습니다. '나는 교회를 많이 세우고 무엇을 많이 해야 할 텐데 내가 지금 죽어서는 안 되지' 하는 생각을 한 것이 아닙니다. 그러나 '내가 죽을는지도 모른다' 하고 간 것은 아닌 사실을 주의해야 합니다. 왜냐하면 '내가 부탁한 것을 저가 그날까지 능히 지키실 것을 내가 믿노라'고 했기 때문입니다. 여러분도 바울 사도가 그렇게 말한 것을 아실 것입니다. "나의 의뢰한 자를 내가 알고 또한 나의 의탁한 것을 그날까지 저가 능히 지키실 줄을 확신함이라"(딤후 1:12) 하고 말했습니다. 그렇게 명백하게 그는 자기가 하나님 앞에 의탁한 것을, 자기가 달려갈 길을 다 가는 날까지 하나님이 지키실 것을 믿었던 사람이지 '이제 내일 죽을는지도 모른다' 하고 죽음을 각오하고 전쟁에 나가는 병사와 같이 그런 식으로 생각한 것이 아닙니다. 그런 식으로 해석하면 대단히 곤란한 이야기가 되는 것입니다.

그런고로 하나님의 사람들은 자기의 생명의 보장을 믿고 가는 것이지 '내 생명이 죽을지도 모른다. 하지만 그냥 가겠다' 하는 것이 아닙니다. '하나님께서 나에게 이 일을 맡기셨으면 이 일을 이루고야 마는 것이다. 그런고로 어떤 때든지 걱정할 것 없이 끝까지 충실히 나가자' 하는 것입니다. '가령 앞에 죽음이 있을지라도 하나님이 나를 보장하시니까 그냥 나가는 것이다' 하는 태도가 중요하지 '죽게 되면 죽지' 하고 나간다면 결국 죽은 다음에는 일을 못한다는 것인데 그것은 '하나님께서 나를 통해서 일을 이루신다는 보장은 내게는 불분명하니까 그저 그 나머지 여차(餘次)로 나는 목숨 하나만 맡기면 된다' 하는 식으로 생각하는 것입니다.

그러나 바울 선생은 그런 식으로 생각하지 않고 항상 자기 자신이 하나님께로부터 받은 바를 주께서 그날까지 끝까지 지켜 주실 것을 확실히 믿고 나갔던 사람입니다. 디모데후서 1:10부터 보겠습니다. "이제는 우리

구주 그리스도 예수의 나타나심으로 말미암아 나타났으니 저는 사망을 폐하시고 복음으로써 생명과 썩지 아니할 것을 드러내신지라. 내가 이 복음을 위하여 반포자와 사도와 교사로 세우심을 입었노라. 이를 인하여 내가 또 이 고난을 받되 부끄러워하지 아니함은", 여기서부터가 그 이야기입니다. '내가 고난을 받되 부끄러워하지 않는다' 하고 말했습니다. '죽으리라' 하고 어쩔 줄 모르고 막막한 가운데 가는 것이 아니고 "나의 의뢰한 자를 내가 알고 또한 나의 의탁한 것을 그날까지 저가 능히 지키실 줄을 확신함이라"(1:10-12) 하고 말했습니다. 돌아가셔서 이 구절을 잘 찾아보시고 잘 기억해 두시기 바랍니다. 디모데후서 1:12의 "나의 의뢰한 자를 내가 알고 또한 나의 의탁한 것을 그날까지 저가 능히 지키실 줄을 확신함이라" 하는 말씀이 참으로 큰 은혜가 있는 말씀입니다.

6·25 사변 때 제가 식구를 두어두고 멀리 나가 있으면서 마음 가운데 '하나님 앞에 의탁합니다' 할 때 여기를 보아 나가다가 이 말씀을 보고 '그렇다. 내가 믿는다면 하나님께 의탁한 것을 그가 그날까지 능히 지키실 줄을 믿는 것이 정당한 신앙이다. 그냥 항상 조마조마해 하는 것이 아니다' 해서 이것이 마음 가운데 확신을 주고 큰 위로를 주었던 말씀입니다. 이것은 제 개인의 경험입니다. 그리고 '하나님께서 내게 일을 맡기실 때는 생명이나 무엇이나 하나님께 의탁하며 나아갈 것이고 그렇게 의탁하면 저가 그날까지 지키신다. 그리고 일은 이루어야 할 것이다' 하고 생각해야 합니다. 그러나 교만해서 '나 아니면 안 된다' 하는 그런 생각은 절대로 해서는 안 됩니다. 나에게 부탁하셨으면 나는 내게 부탁하신 것을 또 하나님 앞에 맡기고 가는 것입니다. '주여, 저에게 이 일을 부탁하십니까? 큰 영광입니다. 그럼 주께 맡깁니다. 저는 가겠습니다.' 이것이 중요한 문제입니다. 바울 선생의 생애에는 이런 것이 있었고 사랑하는 아들 디모데에게도 가르쳐 주었습니다. '너도 그렇게 해라' 한 것입니다. '내

가 이렇게 의탁하고 그렇게 마지막까지 내가 달려갈 길을 다 달려갔다'하고 말했습니다. "내가 선한 싸움을 싸우고 나의 달려갈 길을 마치고 믿음을 지켰으니 이제 후로는 나를 위하여 의의 면류관이 예비되었으므로 주, 곧 의로우신 재판장이 그날에 내게 주실 것이니"(딤후 4:7-8)라고 해서 달려갈 길을 다 달려갔다고 했습니다. 가다가 말았다고 하지 않았습니다.

그러나 문제는 헛되게 덮어놓고 자위신모(自爲身謀)를 하고, 즉 스스로를 방위하고 보호하고 보위하고 자기의 몸을 위해 꾀해서 어떻게든지 자기 자신만 평안하겠다고 하는 것입니다. 그렇게 항상 자기 자신의 욕심을 이루는 데로 잡아당기면 절대로 좋은 것이 아닙니다. 원래부터 '하나님이 부르셔서 일을 맡기셨는가' 하는 것이 시작입니다. '이 일을 하나님이 맡기셨는가' 하는 것이 중요합니다. 그렇다면 조금이라도 동요됨이 없이 확신 있게 '이 일은 하나님께서 내게 맡기신 일이지 내가 스스로 취한 일이 아니다' 하는 것을 생각해야 합니다.

오늘은 이 두 가지의 사실을 잘 기억해 두시기 바랍니다. 그것이 그 후의 역사와 바울 선생의 글들 가운데 나타납니다. 바울을 통해서 하나님이 하신 위대한 두 가지 일은, 원래는 한 가지이지만 나누자면 성격상 두 가지인데, 하나는 계시를 우리에게 주시는 것이고, 다른 하나는 거룩한 교회, 곧 신약의 교회, 보편의 교회를 세워 나가시는 것입니다.

기도

거룩하신 아버님이여, 저희에게 은혜를 베푸사 그 거룩하신 뜻대로 옛날에 그 귀하고 위대한 종 사울을 선택하시고 일찍부터 섭리 가운데 그를 닦으시고 기르시고 그릇으로서 형성하시며 마침내 성신 충만케 하시고 그 안에 풍성한 은사가 찬란하게 광채를 발하게 하시고 영광을 위하여 귀히 쓰임을 받게 하신 것을 저희가 생각하면서 동시에 주의 거룩한 교회의 존재와 그 역사 위에서의 발전이 오늘날 저희에게 어떻게 큰 영광을 주었는가를 생각하고, 또한 주께서 그를 통해서 이와 같이 가르쳐 주신 것을 생각할 때에, 그에게 계시를 내리실 때 쓰시던 여러 가지의 방도로 오늘날에도 이 깊은 진리를 저희에게 주시는 것을 생각하여 게으름이 없이 열심히 그 진리의 오묘를 터득해야 할 것을 생각하오며, 이제 이 일이 저희 안에서 더욱 은혜롭게 확실히 이루어져서 저희들도 열매 있는 생활을 해 나가기를 원하옵나이다. 이 거룩한 도리를 깊이 깨닫게 합소서.

예수 이름으로 기도하옵나이다. 아멘.

1974년 7월 24일 수요일

제4강

사도 시대의 교회

사도행전 9:31

그리하여 온 유대와 갈릴리와 사마리아 교회가 평안하여 든든히 서 가고 주를 경외함과 성신의 위로로 진행하여 수가 더 많아지니라

제4강

사도 시대의 교회

사도행전 9:31

사도 바울 선생이 처음 회개했을 때의 이야기는 대개 그만한 정도로 하고, 형제들이 사울을 가이사랴까지 데려다 준 이야기를 보았는데, 오늘은 9:31 부터 상고(詳考)해 보겠습니다. "그리하여 온 유대와 갈릴리와 사마리아 교회가 평안하여 든든히 서 가고 주를 경외함과 성신의 위로로 진행하여 수가 더 많아지니라."

사도 바울이 처음에는 핍박하는 사람으로 나섰다가 다메섹 노상에서 큰 변화를 입고 아라비아로 갔는데, 9:23, 26에 "여러 날이 지나매⋯⋯ 사울이 예루살렘에 가서 제자들을 사귀고자 하나"라고 해서 사울의 이야기가 계속된 것같이 되었지만, 사실 그 사이에 한 3년의 세월이 흘렀다고 말씀드렸습니다. 그리고 31절의 이야기도 바로 앞의 30절의 이야기를 계속해서 하는 이야기가 아닙니다. 성경을 기록하는 법이 그렇습니다. 햇수는 얼마가 되었든지 한 제목을 가지고 이야기가 진전하는 대로 그 사람의 이야기를 쭉쭉 기록해 놓고 딱 끊은 다음에 다시 먼저 하던 이야기나 다른 이야기를 붙여서 이야기하니까 그것을 잘 구분하지 못하고 그냥 계속된 이야기인 줄 알면 시간상 큰 차이가 생길 수 있습니다.

여기를 보면 사울의 경우는 눈 뜬 다음에 다메섹에 들어가서 곧 예수에 대해서 증거하다가 거기를 떠나서 아라비아에 가 있다가 다시 다메섹으로 돌아왔는데, 그러는 사이에 벌써 3년 어간의 세월이 흘렀습니다. 그렇게 다메섹에 있다가 이번에는 예루살렘으로 갔습니다. 예루살렘에 가서 제자를 사귀고자 했지만 그 사람들이 다 무서워서 야단이었는데, 같은 고향 사람인 바나바가 - 바나바는 구브로 사람이니까 다소 사람은 아니지만, 사울과 같은 길리기아 도(道) 사람입니다 - 데리고 사도들한테 가서 사울이 길에서 어떻게 주를 본 것과 주께서 그에게 말씀하신 일과 다메섹에 들어갔을 때 어떻게 예수의 이름으로 담대히 말했는가를 다 말했습니다.

교회의 위기는 육체적 박해만이 아님

"사울이 제자들과 함께 있어 예루살렘에 출입하며 또 주 예수의 이름으로 담대히 말하고 헬라 파 유대인들과 함께 말하며 변론하니 그 사람들이 죽이려고 힘쓰거늘"(9:28-29), 자기와 한 그룹에 있는 헬라 파 유대 사람들과 함께 말하며 변론하니까 그 사람들이 그를 죽이려고 했다는 말입니다. 그때 사울은 자기가 다른 사람들을 죽이려고 했을 때 그들이 느꼈던 그 느낌을 느꼈을 것입니다. 이제는 다른 사람들이 자신을 죽이려고 하기 때문입니다. 그것은 일찍이 예수의 제자들이 이단지도(異端之道)를 전한다고 해서 자기가 그들을 죽이려고 했을 때 예수의 제자 된 사람들이 느꼈던 느낌, 즉 남이 자기를 죽이려고 할 때 느끼는 느낌입니다. 사울 자신이 예수님의 제자가 되니까 같은 느낌을 느꼈던 것입니다.

예수님의 제자가 된다 할 때에 초대 교회가 이러한 무서운 느낌을 느끼게 된 것은 그때의 시대적인 성격이 그것을 요구한 것입니다. 무서운 위기입니다. 이런 강한 위기감 가운데 교회는 긴장해서 능력 있게 발전합니다. 마치 사람이 어려서부터 자꾸자꾸 훈련해 나가면 큰 위기도 능히 감내하듯이, 이런 역사적인 위기에 처해 있을 때 교회는 비로소 긴장해서 활발하게 활동했는데, 그것은 무엇과 같은가 하면 바이올린이나 현악기의 줄과 같은 것입니다. 제대로 조율하지 않고 줄을 늘어뜨려 놓으면 때리거나 활로 끌어 볼 때 웅웅 하고 좋은 소리가 안 나지만, 꽉 조여서 아주 팽팽하게 자기 피치(pitch)에 놓으면 그때야 비로소 제소리가 나옵니다. 겨우 줄이 반듯해지는 정도면 그 피치에서는 제대로 소리가 안 납니다. 겨우 그렇게 하는 정도가 아니라 무슨 줄이든지 팽팽하게 잡아 당겨야 하는 것입니다. 확 잡아 늘일 만큼 죄어 놓아야 비로소 그 진동의 전후가 상당히 제대로 맞아서, 진폭이 크게 울렸다가 나중에 진폭이 조그맣게 굴러가는 그런 무리한 소리나 듣기 싫은 소리가 안 나고, 그것을 때리면 처음부터 끝까지 쭉 고른 진폭으로 진동해 나가는 것입니다. 이것은 줄을 조율할 때의 이야기인데, 교회도 마찬가지입니다. 그냥 가만히 평안한 가운데 놔두면 느슨해져서 때려도 제대로 소리가 안 나고 피아노 줄을 상당히 늘여 놓고 때리는 것 같은 소리가 나지만, 나중에 그것을 꽉 조여서 팽팽하게 하면 한 번 때려도 왕 하고 울려 가는 것입니다.

교회는 어떤 경우에든지 위기 가운데 든든히 설 때에 자기 자신의 기능을 올바로 발휘도 하고 올바로 장성도 하는 것인데, 교회의 위기라고 할 때는 그냥 덮어놓고 위기가 아니고 외부에서 와서 그 사람들을 막 잡아가고 박해해야만 반드시 위기인 것은 아닙니다. 사실상 잡아가고 박해하는 위기도 견딜 수 없는 일이고 굉장한 일이기는 하지만, 그런 위기에서는 버티고 견딘 사람들이 그보다 더한 괴상한 형식의 위기 가운데 있을 때는 못 버티기도 합니다.

예를 들면 신사 참배(神社參拜)에서 버틴 사람들이 있었습니다. 신사 참배라는 위기 가운데 일본이 그 거대한 국권과 총칼과 무서운 고문을 가지고 들이닥칠 때에는 딱 버텨서 기어이 옥에 들어가기도 하고 핍박을 받기도 하고 죽는 이도 있었지만, 일단 그렇게 버틴 사람들이 나와서 이번에는 그보다 더한 고등한 시험에 딱 맞닥뜨렸을 때에는 그만 열광주의자가 되기도 하고 아주 강한 독선주의자도 되고 그렇지 않으면 아주 신학적인 관견(管見)을 가지고 모든 것을 획일적으로 해석해서 기독교의 그 풍요한 하나님 나라의 기본 정신을 무시해 버리고 이미 다 완성된 것 같은 자기만족(complacence)과 자기도취에 빠지는 위험에도 빠져 들어갔던 것입니다. 마치 제1차 시험에 합격했다가 2차 시험에 떨어지는 것처럼, 물질적이고 현상적이고 육체적인 박해에서 버틴 사람들이 그보다 훨씬 고도적이고 교묘한 정신적 장애 앞에서는 넘어지는 것입니다. 마귀가 마귀의 형태를 하고 무서운 적의 형태를 하고 공격할 때에는 감연(敢然)히 서서 싸워 물리치던 사람들이 이번에는 마귀가 광명한 천사인 체하고 천사의 옷을 입고 와서 '나는 너의 구주이다' 하고 들어오려고 할 때는 그만 가슴을 열고 맞아들이는 것입니다.

교회가 위기를 느끼는 것은 그 교회의 장성의 분량에 따라서, 교회의 형안(炯眼), 즉 밝은 눈이 어디까지 미치는가의 여하에 의해서 위기감을 가질 수 있습니다. '평온하고 안정하다' 하면서 위기감을 안 가질 때에는 반드시 그다음에 폭풍이 불어오는 것입니다. 그러나 현상적으로나 물질적으로 평온하다 할 때에 평온한 그 가운데에 사탄이 유순한 양과 같이 오고 거짓 선지자들은 양의 옷을 입고 오며 사탄이 광명한 천사의 옷을 입고 천사와 같이 나타나는 사실을 투시하고 달관할 수 있는 교회가 위기에 처해서도 확실한 거실(擧實)을 하는 것입니다. '거실'이란 들 거(擧) 자와 열매 실(實) 자를 써서 열매를 올린다는 말입니다. 그러한 까닭에 교회가 언제든지 '나는 안전하다. 평안하다. 튼튼하다' 할 때에 그 교회의 지독한 빈곤을 볼 줄 아는 것이 선지자의 눈인 것입니다.

우리가 때때로 인용하지만, 라오디게아 교회가 "나는 부자라 부요하여 부족한 것이 없다"(계 3:17) 하고 자기의 요족(饒足)을 수중에 구가하고 있을 때 예수님은 지적하기를 그들이 곤고하고 가련하고 가난하고 눈멀고 벌거벗었다고 가르치셨습니다. 그전에 한번 말씀드렸습니다. 어떤 사람이 아주 고생스럽고 보기에 참 불쌍하고 아주 가난해서 한 푼도 없고 눈까지 멀고 벌거벗었다면 그것이 무엇입니까? 거지입니다. 거지라도 제대로 돌아다니는 거지가 못 됩니다. 아무것도 없는 헐벗은 거지입니다. 그냥 거지가 아니라 거지 소경입니다. 거지 소경이 앉아서 '나는 부자다' 한다면 천하에 그런 우스운 이야기가 어디에 있습니까? 그런데 그 교회의 상태가 그런 것이라는 말씀입니다.

오늘날 교회가 '우리는 부자다. 부요하여 부족할 것이 없다. 평안하다. 튼튼하다' 한다면 홀연히 해산 기약이 아이 밴 여인에게 이르듯이 그 현상적인 평안조차 박탈당하고 말 것이라는 말입니다. 홀연히 그들에게는 멸망이 임하는 것입니다. 왜냐하면 '평안하다' 하고서 대비가 없기 때문입니다. 평안치 못하고 큰 위기와 큰 위험이 눈앞에 있는데도 거기에 대한 아무 대비가 없는 까닭에 홀연히 멸망하는 수밖에 더 있습니까?

자동차의 기어가 부서지고 브레이크가 고장이 나서 부서져 버리고 브레이크 오일도 안 나오고 한다면 어떻게 되겠습니까? 저 언덕에서 막 내리받이로 내려오다가 갑자기 브레이크가 부서져 버려서 브레이크를 걸 수가 없습니다. 기어도 고장 나서 엔진 브레이크도 걸 수 없습니다. 그렇게 자동차의 엔진 브레이크도 못 걸고 페달 브레이크도 못 거는 이런 자동차는 할 수 없이 막 뒹굴러 가는 것입니다. 그렇게 뒹굴러 갈 때 뒤에 앉은 사람은 멋모르고 기분 좋게 '아, 평안하다. 좋다. 야, 기분 좋다. 잘 달린다' 하지만 어디로 가는 것입니까? 조금 있으면 그냥 부서져 버리는 것입니다. 그러한 암매(暗昧)와 몽매 속에서 당연히 가져야 할 위기감을 안 가지는 것은 소경이라서 그러한 것입니다. 헐벗은 소경입니다.

그러므로 교회가 그때나 이때나 확실히 위기감을 가진다는 것은 심히 중요한 일입니다. 여기에서 우리가 생각할 것은 항상 누가 와서 교회를 잡아 죽이겠다고 위협하는 사람도 없고 또 지금 세상에 그렇게 교회를 박해하지도 않는데 항상 그런 물질적이고 육체적인 위기만 대비하는 것은 교회의 정당한 태도가 아닐뿐더러 '밖에서 큰 환난이 올 것이니 환난을 위해서 준비합시다' 하는 것은 지금 와 있는 환난을 안 보고 앞으로 올 환난만 기대하는 것밖에 안 되는 것입니다. 환난은 그런 식으로 그냥 껍데기만 때리고 죽이고 야단 내고 하는 식으로 오지 않습니다.

또 그런 환난이 오면 하나님께서 '그런 환난이 있을 때마다 교회는 결속하여 우두커니 앉아서 환난 가운데 다 두들겨 맞고 죽어도 꼼짝도 하지 말고 있으라' 고 하신 것은 아닙니다. 원래 이런 환난이 있을 때 환난 가운데에서 희생을 당하고 죽는 사람은 아주 소수입니다. 하나님께서는 대체로 다대수(多大數)를 흩어 버리시는 것입니다. 흩어져 어디로 가서 숨어서 다시 하나님 나라의 일을 진행시키는 것입니다. 이러한 환난이나 핍박은 요컨대 마귀의 방식입니다. 교회를 말살해 버리려고 도말해 버리려고 하는 마귀의 방식인 것입니다.

환난이나 핍박이 있어도 흩어지지 않고 끝까지 결속하고 있던 가장 중요한 예(例)는 어디에 있느냐 할 때 그것은 유대교에 있습니다. 안티오코스 에피파네스(Antiochos IV Epiphanes)의 주전 2세기의 굉장한 박해 때 마카베오(Judas Maccabeus, ?-B.C. 161) 같은 영웅이 일어나서 전쟁을 해 가면서도 안식일이 되면 '안식일이니까 우리는 전쟁을 못한다' 하고 딱 버티고 법대로 안식일을 지켰습니다. 그러니까 에피파네스는 안식일을 이용해서 그냥 막 공격을 했습니다. 그 이전에 그 수리아의 왕조가 막 박해를 할 때에도 '우리는 여기를 떠나서는 안 된다' 하고서는 예루살렘에 있는 사람들이 예루살렘에 꼭 버티고 앉아 있었고, 학문의 본부에 있는 사람들은 그것을 꽉 붙들고 앉아서 '아, 여기를 떠날 수 없다' 고 했습니다. 종교의 현상적인 면을 가장 중요한 것으로 생각할 때 그렇게 한 것입니다.

신사 참배의 강요가 있을 때 '아, 그래도 끝까지 교회를 붙들어야지. 어떤 일이 있어도 교회를 붙들어야지' 했는데, 그 사람들이 붙들겠다고 한 교회는 무엇이냐 하면 예배당 집이고 집회입니다. 집회를 붙들려고 했습니다. 그래서 버틸 수 있는 사람은 버티다가 안 되니까 신사에 참배해 가면서라도 예배당 집회를 붙든 것입니다. 그 결과 그때 집회하는 예배당은 남았을지언정 신령한 교회는 거기에서 증거를 다 잃어버리고 무너져 버린 것입니다. 증거를 잃어버렸을 때 교회는 무너져 버리는 것입니다. 그러나 하나님께서는 불쌍히 여기시는 자를 사방으로 흩어 버리셨습니다. 그 사람들은 끝까지 하나님 나라의 정신과 하나님 나라의 은혜를 스스로 맛보면서 생활의 장성을 그대로 계속해 갔습니다.

일면적인 싸움에 매몰되어서는 안 됨

둘째로 생각할 문제는 어떤 사람이든지 육체적인 핍박을 꼭 받아야만 장성하는 것도 아니고 또 언제든지 육체적 핍박에서 무슨 졸업장을 타야만 관록 있는 신자가 되는 것이 아니라는 사실입니다. 신사 참배의 문제가 있을 때에 그 참배에 항거하고 용사와 같이 분전해서 순교라도 하면 그 교회에서 위대한 영웅이 되었을 것입니다. 또 사실 그렇게 순교한 사람이 그때 그 교회의 영웅입니다. 그러나 하나님은 모든 교인 혹은 모든 그리스도의 신자가 그렇게 하기를 원하시는 것이 아닙니다. 우리가 냉정히 바라볼 때 가령 그렇게 하는 것이 전체요 가장 중요한 일이라고 한다면 '한국에 있는 모든 교회가 싹 일어나서 전부 맹렬하게 반대하여 전부 다 순교해서 싹 죽었다면 가장 이상적인 교회가 될 뻔했다' 하는 이론이 성립될 것입니다.

그러나 박해의 역사를 볼지라도 과거 1세기부터 지금 20세기까지 2천 년 동안 내려오면서 때를 따라서 있는 박해 가운데 하나님께서 교회의 참된 것과 역사적인 능력을 거룩히 보존하시는 방식은 신비하고 기이한 방식이었습니다. 이 초대 교회사를 통해서 그런 사실을 볼 뿐 아니라 거룩한 교회의 고대의 박해의 역사를 볼지라도 마찬가지입니다. 엘리야 시대에 아합과 이세벨이 그렇게 아주 방방곡곡을 돌아다니면서 샅샅이 뒤져내서 박해했을 때 엘리야는 혼자 항거하면서 '다 죽고 저만 남았습니다. 이제는 아무도 없습니다' 하고 하나님께 아무도 없다고 했습니다. 엘리야는 그렇게 보았지만, 하나님께서는 '다 죽은 줄 아느냐? 바알에게 무릎을 꿇지 아니한 자 7천을 내가 남겼다' 하고 말씀하셨습니다. 오바댜 같은 사람도 선지자들을 굴속에 넣어 두고서 물을 먹이고 떡을 먹여 가면서 감추어 주었습니다.

그러면 그 시대에 그 굉장한 박해 속에서 일어나 항거할 사람들은 항거를 합니다. 엘리야 같은 사람은 항거합니다. 그러나 모든 사람이 다 엘리야가 아닙니다. 다 엘리야와 같은 장성을 가진 것도 아니고, 다 엘리야와 똑같은 사명 가운데 있는 것도 아닙니다. 하나님이 각각 주신 은사와 장성의 분량에 따라서 어떤 사람은 이렇게 있고 어떤 사람은 저렇게 유지하고 있는 것입니다. 다만 다 공동으로 하나의 목표를 가져야 하는데 그것은 '하나님께서 미워하시는 그 사실에는 가담하지 않아야 한다. 하나님이 미워하시는 것을 미워하면서 어떠한 방식으로든지 그것과 결탁하지는 않아야 한다' 하는 것입니다. 그 죄의 자리와 결탁해서는 안 된다는 것입니다.

이와 같이 어떤 사람은 바알에게 무릎을 꿇지 않게 감추어 두시고, 어떤 사람은 드러내놓고 항거하게 하시는데, 그때 교회의 두드러진 성격은 박해를 받는 교회인 까닭에 그때는 박해에 감연히 항거하는 것이 물론 가장 강한 성격을 만들어 내는 것입니다. 그러나 교회는 현재의 가장 강한 성격을 이룰 사람들로만 조직되어 있지 않고, 장래를 위해서 기르는 사람들도 그 안에 있는 것입니다. 또 적극적으로 정치적인 면이나 현상적인 면에서 활동하는 사람으로 전부를 삼지 않고, 훨씬 정신적인 면이나 내면적인 근간 혹은 사상적인 근간을 지어 주는 사람들을 또 한쪽에서 조성해 놓는 것입니다.

그런고로 그런 모든 사람들이 각각 자기가 받은 은사에 의해서 감연히 서서 박해에 저항해야 하는데, 그것은 마치 일대 전선을 친 것과 같은 것입니다. 전선이 좌익과 중심인 주력 부대와 우익으로 이어져 이렇게 크게 전선을 치고 싸움을 해 나갈 때, 적의 공격이 한가운데로 올 때는 한가운데 있는 사람이 주력으로 막아 내고 양쪽에서는 엄호해 가면서 싸워 나가야 하는 것이고, 적의 공격이 저쪽 우익으로 돌아서 거기를 공격할 때는 이쪽 부대는 또한 막 진격해 가면서 앞으로 나가야 하는 것입니다.

만일 전쟁에서 정치상의 문제로 말미암아 중요한 박해가 생긴다면 그때 교정(敎政)을 맡고 하나님께서 그런 목적을 위해서 은사를 주시고 세우신 사람들이 나서서 싸워야 하는 것이고, 만일 행정상의 문제가 아니고 순전히 신학상의 문제 때문에 큰 전쟁이 벌어질 때에는 보통 사람이 나서서 싸울 것이 아니라 그때는 신학자들이 앞서서 싸워야 하는 것입니다. 그날을 위해서 하나님은 신학자를 준비하시는 것이고, 그날을 위해서 하나님께서는 또 교정가(敎政家)를 준비하시는 것이고, 그렇게 하나님께서는 각각 그 은사를 따라서 교회에 준비를 해 주시는 것입니다. 그리고 그 모든 것이 합해져서 하나의 거대한 하나님 나라의 국권을 신장하기 위하여 전투해 나가는 전선을 구성하는 것이지 어느 하나로만 되는 것이 아닙니다.

만일 어떤 한 지점에 적이 총공격을 할 때 자기 군대의 전 세력을 그리로 전부 집중해 버리고 거기에서 싸움을 한다면 다른 데 허점으로 적이 다 들어와 버리는 것입니다. 과거의 한국 교회에 그런 폐단이 많이 있었습니다. 일단 싸움이 나면 그 싸움이 가장 크고 격렬한 것 같으니까 그것이 전부인 줄 알고 거기에만 집중해 버립니다. 또 사실상 다른 데에는 무엇을 어떻게 할 전략을 가진 사람이 별로 없습니다. 그렇게 하면 싸움에서 이기는 것 같은데 사실은 이기는 것이 아닙니다.

옛날의 손자(孫子)의 전법에도 그렇고, 특별히 『수호지』(水滸誌) 같은 데를 보면 전쟁을 그렇게 하지 않습니다. 적을 실컷 유도하느라고 일부러 아군을 보내서 격렬하게 싸움을 하면 나중에는 적군이 거기에 그냥 몰두하고 몰념(沒念)이 되는데, 그렇게 한참 싸움을 하다가 짐짓 진 체하고 뒤로 물러가는 것입니다. 5리쯤 물러가면 '저놈 때려잡으라' 하고 그냥 막 승승장구해 가지고 기승(氣勝)해서 쫓아오면 매복해 있던 아군이 싹 들어가서 점령한 다음에 싹 그슬러 버리는 이야기를 우리가 많이 봅니다. 마귀도 그런 전법을 참 잘 쓰는 것입니다.

과거에는 신사 참배만이 최후요 전부요 가장 필요한 전쟁인 줄 알았고, 그다음에는 성경 유오설(有誤說)이라는 구실을 하나 붙여서 싸움을 했지만, 그것이 제대로 된 학문 싸움이 아니었습니다. 거기에 이제는 정치적인 문제를 가지고 싸우는데 그것이 가장 큰 싸움인 줄 알고 야단을 내고 있습니다. 에큐메니컬(ecumenical) 싸움만이 가장 큰 싸움인 줄 알고 막 그냥 야단 내고 하는 동안에 사실은 적이 와서 잔챙이나 다른 것을 다 집어먹어 버립니다. 교회에 진짜로 필요한 것들이 다 미비한 채로 있는 사이에 부지불식간에 적이 와서 다 점령해 버리는 것입니다.

신사 참배 문제부터라도 돌아보면 그때 교회에는 그럴 만한 이유가 다 있었지만 그것만이 가장 크고 영웅적이고 아주 로맨틱한 싸움으로 생각했습니다. 그것이 소위 종교적 로맨티시즘(romanticism)입니다. 항상 영웅이 되는 것을 중요하게 생각합니다. 그래서 자기 집에서의 생활은 참 볼품없는 사람이고, 평소의 생활을 보면 그 인격이라는 것이 볼품없는 사람이고, 그리스도의 그 관대하고 아름답고 자비롭고 은혜로운 품성이 별로 없는 사람이고, 모질고 독하고 혹독하고 남에게 자꾸 까탈을 잘 부리던 사람들이 신사 참배의 문제가 생기니까 용사가 되어 버리고, 또 남들도 자꾸 뒤에서 '아, 아무개 집사님이 이렇고, 아무개가 이렇다' 하니까 금방 영웅이 되는 것입니다. 영웅이 되어 돌아다니면서 막 떠듭니다. 결국은 그 전선의 어떤 한 지점에서는 승리한 것인지 어쩐지 모르지만, 전체적으로는 패전한 것입니다. 그러한 까닭에 우리 자신의 개인 개인의 전쟁에서도 어떤 지점에서는 승리하고 일반적으로는 패전하면 그것은 의미 없는 것입니다.

마귀의 작해(作害)라는 것은 이렇게 교묘하고 또 교회를 향한 그의 도전은 항상 복선이 아주 많습니다. 그러한 까닭에 그런 관점으로 볼 때에 우리는 언제든지 위기 가운데 처해 있다는 것을 생각해야 하는 것입니다. 더군다나 우리 교회와 같이 이렇게 '시세(時勢)를 올바로 보아야겠다. 하나님의 나라의 자태를 올바로 깨달아야겠다' 할 때에는 사실상 그렇게 해야 할 만큼 오늘날의 위기라는 것은 심각하고 음성적이고 강대하다는 것을 느껴야 하는 것입니다. '방대한 기구(機構)를 가진 적의 진영이 우리 앞에 있지 아니하냐' 하는 것을 느끼는 것입니다. 이렇게 사람이 긴장해야 비로소 교회는 앞에서 말씀드린 것과 같이 잘 조율(tuning)된 현악기처럼 제소리를 잘 내는 것입니다. 그렇지 않으면 조율이 안 돼서 직직거리는 소리가 납니다. 바이올린을 갖다가 현을 한번 풀어 놓고서 활로 그어서 소리가 잘 나는지 안 나는지 보시기 바랍니다.

그런고로 사울 자신도 과거에 주의 제자들을 박해해서 그 박해를 받았던 제자들이 항상 굉장한 위기감 가운데 있었고 그 속에서 교회는 자라났는데, 사울 자신이 제자가 되어 말씀을 전하려고 하니까 이번에는 다른 사람이 자기를 죽이려고 했습니다. 그들은 또한 필연 유대교인이었을 것입니다. 자기도 유대교인으로서 그리스도인을 죽이려고 했기 때문입니다. 그래서 그런 긴장감 가운데 그가 장성한 것입니다.

우리가 위기감이라는 것을 현상의 문제에서만 보아서는 유대교같이 되는 것입니다. 유대교인들이 자기네 법전을 지키기 위해서 '죽어도 이것은 지켜야겠다' 하고 현상의 세계만을 지키려다가 알맹이는 그냥 그대로 다 달아나 버려서 암매해진 결과 실컷 박해를 받고 실컷 여호와를 위해서 죽기는 죽는 것 같은데 실질상 그리스도의 영광과 하나님 나라는 거기에서 구현되지 않고 '하나님의 나라를 배척하는 너희에게서 그 나라를 빼앗아서 참으로 그 나라의 열매를 맺는 백성에게 줄 것이니라'(마 21:43 참조) 하는 말씀을 들었습니다. 그런 것을 생각해야 합니다. 유대교인들이 아무 박해도 안 받고 저희들끼리 제대로 연명하고 산 것이 아닙니다. 굉장한 박해를 많이 받았습니다. 예수님이 오시기 전에 벌써 많은 박해를 받아 많이 죽고 그랬습니다. 그렇게 자기의 죽음으로써 자기의 종교를 지키려고 한 것입니다. 그렇게 했다고 해서 그것이 참으로 하나님 나라를 구현한 것이냐 하면 그것은 아닙니다.

제자들이 사울을 가이사랴까지 데리고 감

이제 그다음의 이야기로 넘어가겠습니다. 제자들이 사울을 가이사랴로 데리고 갔는데, 가이사랴에는 우리가 잘 알고 있는 이 사도행전의 인물 가운데 누구네 집이 있습니까? 누가 가이사랴 사람입니까? 8:40에도 보면 빌립이 가이사랴 사람입니다(행 21:8 참조). 예루살렘에서 가이사랴까지 내려왔습니다. 가이사랴는 갈멜 산 아래로 쭉 내려온 곳에 있는 서 해안에 있는데, 가이사랴까지 가는 길은 굉장히 먼 거리입니다. 예루살렘에서 가이사랴까지 얼마나 되느냐 하면 우리나라 이수(里數)로 6백 리도 넘습니다. 150마일도 넘는 먼 길입니다. 거기까지 제자들이 사울과 동반해서 온 것입니다. "형제들이 알고 가이사랴로 데리고 내려가서 다소로 보내니라"(행 9:30) 해서 가이사랴로 데리고 갔습니다.

그러니까 그때 벌써 형제들이 사울을 어떻게 대했는가를 알 수 있습니다. 요새야 뭐, 6백 리 동행을 한다는 것이 그렇게 어려운 문제가 아닙니다. 기차를 타면 6백 리가 아니라 천 리라도 가니까 '아, 같이 갑시다' 하지만, 그때는 산으로 물로 걸어서 가든지 혹은 약대를 타든지 그렇지 않으면 말을 타든지 해야 하고 험한 산의 위험과 강의 위험을 무릅써야 합니다. 제자들은 옛날 시대의 그 좁고 위험한 길을 갈 때 사울에게 혹시 조금이라도 무슨 문제가 있어서는 안 되겠다고 생각했습니다. 그런 일이 일어날 수 있었습니다. 광신적이고 격렬한 유대교인들이 중간에 매복했다가 죽일 수도 있는 것이고 통문(通文)을 해서 그냥 죽여 버리라고 할 수도 있었습니다. 그래서 제자들이 가이사랴에서 배를 타고 가는 데까지 끝까지 데리고 갔습니다. 그래서 배를 타고 거기를 떠나서 길리기아 도로 들어간 것입니다. 그렇기에 그때 벌써 참 아름다운 동지애가 나타난 것을 우리가 여기에서 볼 수 있습니다.

그러면 사울 선생은 왜 예루살렘을 떠났습니까? 박해가 무서워서 떠났습니까? 어째서 떠났는가를 알기 위해 사도행전 22:17-21을 읽어 보겠습니다. "후에 내가 예루살렘으로 돌아와서 성전에서 기도할 때에 비몽사몽간에 보매 주께서 내게 말씀하시되 속히 예루살렘에서 나가라. 저희는 네가 내게 대하여 증거하는 말을 듣지 아니하리라 하시거늘 내가 말하기를 주여, 내가 주 믿는 사람들을 가두고 또 각 회당에서 때리고 또 주의 증인 스데반의 피를 흘릴 적에 내가 곁에 서서 찬성하고 그 죽이는 사람들의 옷을 지킨 줄 저희도 아니이다. 나더러 또 이르시되 떠나가라. 내가 너를 멀리 이방인에게로 보내리라 하셨느니라." 여기를 보면 사도가 예루살렘을 이렇게 일찍 떠난 중요한 이유는 요컨대 박해를 무서워해서 그랬다기보다는 주께서 그에게 떠나가라고 하신 계시 때문에 예루살렘을 떠난 것입니다.

예루살렘에서 가이사랴까지는 먼 길인데 그 먼 길을 제자들이 그를 안동(眼同)해 갔습니다. 예루살렘에서 데리고 가려면 길을 뻥뻥 돌아서 골짜기로 가야 합니다. 질러가면 사실은 3백 리밖에 안 되지만, 그러나 비행기를 타고 질러가는 것이 아니고 그때는 험한 산길로 가야 했습니다. 옛날의 그 길은 아니지만 오늘날의 새로 만든 길로 가이사랴까지 가려면 어디로 가야 하는가를 자꾸 조사해 보니까 텔아비브에서 다시 해안으로 샤론 들로 해서 가이사랴까지 올라가야 합니다. 텔아비브에서 가이사랴까지는 55km 내지 60km이고, 텔아비브에서 예루살렘까지는 80km입니다. 다른 어떤 사람이 쓴 글에 45마일이니 40마일이니 해서 단위를 마일(mile)로 써 넣었기에 그렇게 계산하니까 틀려서 최근에 나온 가장 자세한 책으로 다시 계산을 해 보았습니다. 국도를 조사한 린나이 박사가 써 놓은 책을 가지고 계산해 보니까 그렇게 됩니다. 그렇게 오늘날의 자동차 도로로, 새로 개척한 잘 놓은 길로 가자면 80km에 약 60km를 보태어 140km가 됩니다.

그런데 어떤 사람은 그것을 킬로미터가 아니라 150마일로 써 놓은 데가 있습니다. 그것은 아마 우회 도로인 것으로 생각합니다. 제가 돌아다니면서 본 길은 반듯하게 닦아 놓은 오늘날의 자동차 길인데, 그 길 말고 그때는 예루살렘 산길과 골짜기를 돌고 돌아서 넘고 내려가면서 갔을 것입니다. 그러니까 아마 그렇게 먼 길이 되는 모양인데, 그것을 지금 우리가 정확하게 잴 수가 없습니다. 어떤 길을 취해서 어떻게 갔는지, 그 거리가 얼마나 되겠는지 정확하게 알 수가 없습니다. 어떤 사람은 130마일이나 될 것 같다고 하고 150마일이 될 것 같다고도 하고 120마일이 될 것 같다고 하기도 합니다. 왜냐하면 산간 지대이니까 사마리아에서 질러가지는 못하니까 자연히 먼저 평야 지대로 내려가서 거기서 쭉 길을 취해서 올라가야 합니다. 거기로 가는 길이 하나뿐이 아닙니다. 요렇게도 가고 저렇게도 가고 여러 개가 있습니다.

그러니 아무리 다르게 보아도 그 길이 450리에서 5백 리는 될 것입니다. 왜냐하면 길이 빙빙 돌기 때문입니다. 실지로 그 나라의 지상(地相)을 보면 요컨대 평탄 대로로 죽 연결되어 있지 않고 그냥 산들이 서 있어서 골짜기로 골짜기로 빙빙 돌게 되어 있으니까 그 곡선을 이어 놓으면 아주 길 것입니다. 제가 직접 재 보니까 직선거리로 한 120㎞쯤 됩니다. '요렇게 요렇게 가면 120㎞쯤 되겠다' 하고 생각하는 것이지만, 그것은 정확히 알 수가 없습니다. 산이 많으니까 오르고 내리는 것과 도는 것을 다 합하면 직선거리 3백 리나 350리가 족히 6백 리가 될 수도 있습니다.

제자들이 이 먼 길을 그 험한 데로 오르고 내리고 돌고 건너서 갔을 테니까 물론 하루에 간 것은 아닙니다. 만약 6백 리라면, 더군다나 산을 오르내리는 것이라면 시간이 얼마나 많이 걸리는지 모릅니다. 산을 올라갔다 내려갔다 해야 합니다. 지금도 팔레스타인에서는 차를 타고 가면 한참 꼬불꼬불 내려가는 길이 굉장합니다. 좌우간 길이 그렇게 생겼습니다. 강원도의 깊은 산골에 가도 그렇지는 않은데, 거기는 그보다 더 험합니다. 그런 길을 가이사랴까지 간 것입니다. 지금 여러분께 아이디어를 드리느라고 텔아비브에서 가이사랴까지 반듯이 잰 길이 55㎞라고 말씀드렸습니다. 그리고 지금은 해안에 해안 도로를 반듯하게 냈습니다. 그러나 옛날에 반드시 그것이 있었는지 우리가 알 수 없습니다. 지금은 아스팔트까지 해 놓고 달립니다.

그런 다음에 다소로 갔는데 다소로 바로 갔는지는 알 수 없습니다. 아마 다소로 바로 간 것이 아니고 실루기아에 상륙해서 거기에서 안디옥으로 여행하여 – 여기의 안디옥은 수리아 안디옥이 아니고 비시디아 안디옥입니다 – 길리기아로 깊이 들어가서 자기의 고향 다소로 가서 정착한 것 같습니다. 갈라디아서 1:21-24을 읽어 보면 "그 후에 내가 수리아와 길리기아 지방에 이르렀으나 유대에 그리스도 안에 있는 교회들이 나를 얼굴로 알지 못하고 다만 우리를 핍박하던 자가 전에 잔해(殘害)하던 그 믿음을 지금 전한다 함을 듣고 나로 말미암아 영광을 하나님께 돌리니라" 해서 길리기아 지방으로 돌아갔다고 했습니다. 길리기아에 있는 자기 고향 다소로 쑥 그냥 바로 배를 타고 상륙해서 들어가지 않고 길리기아로 돌아갔다는 말입니다. 그렇다면 자연히 순서가 가이사랴에서 배를 타고 소아시아 땅인 길리기아 도에 가서 실루기아에 상륙해서 아마 살라미로 해서 저 안디옥으로 여행을 했을 것입니다. 나중에 바울 선생이 전도 여행을 할 때 이 루트를 취했습니다. 실루기아, 살라미, 바보, 버가, 이렇게 차례차례 나아가지 않았습니까? 이것은 다 우리의 짐작에 불과하니까 좌우간 그때 사울이 어떤 노선을 취했는지 정확하게 말할 수 없으나, 그때 많이 다니는 항해의 노선을 취해서 빙 돌아서 들어간 것 같다는 말씀입니다. 자연히 그런 행로를 취한 듯합니다. 그렇지 않으면 배를 타고서 다소로 직접 가든지 저쪽 소아시아로 직접 올라가서 들어갈 수도 있는데, 그렇게 하지 않고 이렇게 돌아간 것으로 보입니다. 그러고서는 사울이 다시 제 고향을 방문했는지 어쨌는지는 알 수 없습니다.

사도행전 11장에 보면 "바나바가 사울을 찾으러 다소에 가서 만나매 안디옥에 데리고 와서 둘이 교회에 일 년간 모여 있어 큰 무리를 가르쳤고 제자들이 안디옥에서 비로소 그리스도인이라 일컬음을 받게 되었더라"(25-26절)라고 해서 나중에 바나바가 또 찾아간 모양입니다. 그래서 사울에게 가서 '우리 이럴 것이 아니라 같이 안디옥에 가서 가르치십시다' 해서 데리고 간 모양입니다. 거기에서 사울이 자기 누이나 친척을 주께로 인도했는지도 모릅니다. 사도행전 23:16에 바울의 생질 이야기가 나옵니다. 또 로마서 16:7, 11, 21에 그의 친족 이야기가 나옵니다.

사도행전 9:31

원래 우리가 9:31을 상고하려고 했는데, 31절을 보면 "온 유대와 갈릴리와 사마리아 교회가 평안하여 든든히 서 가고"라고 했습니다. 유대, 갈릴리, 사마리아 교회라 해서 통틀어서 교회라는 말을 이렇게도 사용합니다. 여러 지명을 합해서 커뮤니티(community) 전체를 표시하기도 하는 것입니다. 이것이 다 예수님 당신이 친히 전도하시러 다니시던 땅들입니다. 그 지경으로 다니시면서 하나님의 말씀을 전하신 까닭에 일찍이 예수님이 다니시면서 전도하시던 거기에 가서 '너희들이 일찍이 그 말씀을 들었던 예수 그분이 곧 메시야이시다' 하고 말하면 그것은 참 감개 있는 증언이 될 것입니다. 그렇게 감개 있게 증언하면서 다니면 믿을 사람은 확실히 믿고 안 믿을 사람은 안 믿고 그렇습니다. '그 사람이 뭐, 목수 아니냐' 하고 배척할 사람은 배척하고, '아, 그분은 과연 메시야이시다' 하고 받을 사람은 받고 그럴 것입니다. 그래서 일종의 선례가 되는 사례(test case)가 되었을 것이고 시금석이 되었을 것입니다. 특별히 예수님이 일찍이 다니시면서 전도하시던 자리에 가서 '너, 얼마 전에 그분의 전도를 들었지? 그분이 하나님의 아들이시고, 단순한 사람이 아니라 하나님이 친히 보내신 하나님의 아들이시면서 메시야이시다' 할 때 '그 사람이 메시야야? 그럴까? 그거 그럴 수가 있을까?' 하기도 하고, 혹은 예수님의 그 기이한 능력과 인격에 접촉하고 깊이 감동했던 사람들은 그 말을 들을 때 아마도 '그렇다. 그분은 그렇다. 내가 그분을 접촉해 본 대로는 분명히 그렇다' 하고서는 곧 믿고 나오기도 해서, 하여간 배척을 하든지 믿든지 그렇게 했을 것입니다.

이렇게 해서 벌써 이 지역에, 즉 유대 땅과 또 저 북쪽의 갈릴리 땅과 사마리아에 교회가 섰습니다. 그러니까 예수님이 제자들에게 "오직 성신이 너희에게 임하시면 너희가 권능을 받고 예루살렘과 온 유대와 사마리아와 땅 끝까지 이르러 내 증인이 되리라"(행 1:8) 하고 말씀하신 대로 유대에서 시작해서 갈릴리로 자꾸 퍼져 갔습니다. 여기 남쪽의 예루살렘이 중심이 되어서 유대가 있고, 그다음에 북쪽에 사마리아가 있고, 그리고 더 가면 갈릴리 땅이 있는데, 이렇게 그곳에 벌써 교회가 다 선 것입니다. 이것은 물론 그때 스데반의 박해 이래로 사방으로 퍼진 사람들이 교회를 세운 모양입니다.

"온 유대와 갈릴리와 사마리아 교회가 평안하여 든든히 서 가고"라고 했는데, 핍박하던 사울이 핍박을 안 하니까 평안한 것입니까? 핍박하던 사울이 핍박을 안 해서 평안하다는 이야기이거나 교회가 그때 잠시 로마 제국의 박해의 손에서 박해를 안 받고 조용히 있었다는 말이 아닙니다. 그때는 교회가 로마 제국의 손에 박해를 받는 때가 아니고, 교회가 그때 주로 어디의 어떤 손에 박해를 받았느냐 하면 유대 사람의 손에 박해를 받았습니다. 그때 유대 사람들에게 무슨 일이 있었느냐 하면 로마의 황제 칼리굴라(Caligula, 주후 37-41년 재위)가 예루살렘 성전에 자기의 상(像)을 세우려고 했습니다. 그러니까 유대 사람이 거기에 그냥 딱 집착되어서 다른 사람을 박해하고 어찌고 할 마음의 여유가 없었을 때입니다. 그런 일이 있었더란 말입니다. '그러니까 교회를 핍박할 여가가 아마 없었던 모양이다' 하고 생각할 수도 있습니다. 어찌되었든지 어떤 정치적인 현상이 나타나서 소강(小康)을 유지하게 되었다는 이야기입니다. "든든히 서 가고", 곧 소강을 유지하는 그동안에, 하나님이 이렇게 보호해 주시고 조용하게 하실 동안에 교회는 먹고 자꾸 자라가는 것입니다. 전투하기보다는 돌아가서 휴양하면서 먹는 식입니다.

"주를 경외함과 성신의 위로로", 주를 경외한다는 것은 저들의 그 거룩한 역사(役事), 즉 일하는 것이 곧 주를 경외하는 일이라는 말입니다. 성신의 위로라는 것은 하나님 나라의 평안함과 기쁨을 믿는 사람에게 주시는 성신의 역사가 그 안에 있었다는 말씀입니다.

"진행하여 수가 더 많아지니라", 이렇게 해서 수가 차츰차츰 많아졌습니다. 이렇게 거룩한 일을 함으로써 주를 경외하는 것이 항상 현실적으로 드러나고 성신께서는 그 나라의 기쁨과 평안을 주셔서 그로 인하여 교회가 항상 생명이 있는 것답게 튼튼하고 성신이 역사하는 교회로서 안정이 있고 활발하게 움직이면 또 하나님께서 그 교회를 자꾸 키우시는 것입니다. 이것이 참 중요한 일입니다. 우리에게도 주를 경외함과 성신의 역사가 참 필요합니다. 성신의 위로의 역사, 컴포터(comforter) 혹은 파라클레토스(παράκλητος, 보혜사)의 위로의 역사가 필요한 것입니다.

기도

거룩하신 아버지시여, 오늘도 저희들이 이 초대 교회가 한동안 위기 가운데 있다가 잠시 소강을 얻었을 때 하나님께서 그 교회를 그냥 두신 것이 아니라 장차 쓰실 귀한 그릇들을 세우시되 특별히 일방으로 사울을 훈련하시고 길러내시는 것을 보았사옵나이다. 아버님께서 거룩한 교회를 땅 위에 세우시고 그 거룩한 교회를 먹이시기 위하여 필요한 주님의 목자들을 두시고 이들을 일방 기르시며, 또한 교회가 장차 크게 올 큰 역사의 비약을 미리 준비하게 하신 일을 볼 때, 저희들도 항상 이런 일에서 깊이 배우는 바가 있게 하여 주시기를 원하옵나이다. 이 교회가 아버님 앞에서 더욱 건실하게 서 나가게 하시고, 주를 더욱 경외하게 하시고, 주님을 소홀히 여기고 만홀히 여기는 해괴한 풍습이 가득한 이 세대에, 주의 이름을 멋대로 부르기는 하나 사실상 주님을 무시하는 일이 많은 이 시대에 저희에게는 진실로 주를 경외하는 일이 분명하게 하시고, 평안과 기쁨을 주시는 성신님의 은혜의 역사가 저희 안에 뚜렷하게 하여 주옵소서. 또한 저희가 항상 눈앞에 있는 시대의 위험한 여러 가지 것들을 올바로 볼 수 있게 하시고, 사탄이 스스로 변하여 광명한 천사인 체하고 오는 것을 그냥 간과하지 않고 간파할 수 있게 지혜를 주시며, 항상 준비하고 항상 올바로 보고 항상 경성하게 하여 주옵소서.

    예수님의 이름으로 기도하옵나이다. 아멘.

1965년 12월 26일 주일 공부

제5강

베드로가 애니아와 다비다를 일으킴 (1)

사도행전 9:31-43

그리하여 온 유대와 갈릴리와 사마리아 교회가 평안하여 든든히 서 가고 주를 경외함과 성신의 위로로 진행하여 수가 더 많아지니라 때에 베드로가 사방으로 두루 행하다가 룻다에 사는 성도들에게도 내려갔더니 거기서 애니아라 하는 사람을 만나매 그가 중풍병으로 상 위에 누운 지 팔 년이라 베드로가 가로되 애니아야 예수 그리스도께서 너를 낫게 하시니 일어나 네 자리를 정돈하라 한대 곧 일어나니 룻다와 샤론에 사는 사람들이 다 그를 보고 주께로 돌아가니라 욥바에 다비다라 하는 여제자가 있으니 그 이름을 번역하면 도르가라 선행과 구제하는 일이 심히 많더니 그때에 병들어 죽으매 시체를 씻어 다락에 뉘니라 룻다가 욥바에 가까운지라 제자들이 베드로가 거기 있음을 듣고 두 사람을 보내어 지체 말고 오라고 간청하니 베드로가 일어나 저희와 함께 가서 이르매 저희가 데리고 다락에 올라가니 모든 과부가 베드로의 곁에 서서 울며 도르가가 저희와 함께 있을 때에 지은 속옷과 겉옷을 다 내어 보이거늘 베드로가 사람을 다 내어 보내고 무릎을 꿇고 기도하고 돌이켜 시체를 향하여 가로되 다비다야 일어나라 하니 그가 눈을 떠 베드로를 보고 일어나 앉는지라 베드로가 손을 내밀어 일으키고 성도들과 과부들을 불러들여 그의 산 것을 보이니 온 욥바 사람이 알고 많이 주를 믿더라 베드로가 욥바에 여러 날 있어 시몬이라 하는 피장(皮匠)의 집에서 유하니라

제5강

베드로가 애니아와 다비다를 일으킴 (1)

사도행전 9:31-43

사도행전 9:31

　사도행전 9:31을 보겠습니다. "그리하여 온 유대와 갈릴리와 사마리아 교회가 평안하여 든든히 서 가고 주를 경외함과 성신의 위로로 진행하여 수가 더 많아지니라." 오늘 생각할 것은 베드로의 이야기인데 사울이 회개한 이야기가 그 앞에 죽 있었습니다. 사울이 회개한 일은 그것대로 따로 썼고, 9:31의 '그리하여'는 '사울이 예루살렘에 갔을 때 거기서 다시 유대인들이 사울을 죽이려고 하니까 제자들이 알고 가이사랴로 데리고 내려가서 다소로 보냈다' 하는 이야기의 끝에 쓴 말이 아닙니다. 이것은 역사를 기록하는 누가의 수법이지 시간적으로 그렇게 연결한 것이 아닙니다. '그리하여'란 '그것은 그렇고' 하는 이야기와 같은 뜻입니다. '그것은 그렇고 이제 교회의 상황은 어떠냐? 눈을 교회로 돌려보자' 하는 이야기입니다.

　스데반이 핍박을 받아 죽은 것을 계기로 교회가 핍박을 받아서 그동안 예루살렘에만 웅겨해 있다가 이리저리 퍼져 나갔는데 그렇게 퍼져 나간 이야기 가운데 사마리아에서 빌립이 활동한 이야기는 우리가 전에 보았습니다.2) 그러나 예루살렘 이외의 유다 땅 어디에 누가 무슨 교회를 세웠다는 이야기는 아직 없고 더구나 갈릴리에 누가 교회를 세웠다는 구체적인 내용도 없지만, 여기에서는 일괄해서 "그리하여 온 유대와 갈릴리와 사마리아 교회가 평안하여 든든히 서 가고" 하는 말을 했습니다. 유대의 교회, 갈릴리의 교회, 사마리아의 교회라는 말이라기보다 여기의 '교회'라는 말은 여러 군데에 있는 주의 제자의 무리, 즉 성도의 거룩한 교통을 나누는 한 식구와 같은 존재를 통칭해서 한마디로 교회라고 부른 것입니다. 그러니까 유대, 갈릴리, 사마리아 할 것 없이 거기에 있는 주의 교회라고 해서 한마디로 교회라고 이야기한 것입니다.

교회라는 말은 그렇게도 씁니다. '교회들'이라고도 할 수 있지만, 그냥 단수로 '교회'라고 해서 '한국과 미국의 교회'라고 그렇게 한마디로도 쓸 때가 있습니다. 그것은 하나하나의 조그만 개체들의 수를 생각하는 것이 아니고 이 세상과 대조적으로 존재하고 있는 그리스도의 신령한 몸으로서 구체적으로 모두 한 식구를 이루어 존재하는 전체를 통틀어서 한마디로 교회라고 하는 것입니다. 어떤 교단을 말할 때에도 '무슨 교회'라는 한마디로 할 수 있습니다. 또 그 교단 안의 '무슨 교회', '무슨 교회', '무슨 교회'라고 지교회들을 나눠서 부를 때는 그 교단 안에 있는 '교회들'이라는 말도 할 수 있습니다. 그러니까 교단을 가리켜 하나의 교회라고 이야기하는 것입니다. 교단 이름을 대개 '무슨 교회'라고 붙입니다. 여기에서 그런 예를 봅니다. 그러나 무슨 교단이라는 뜻이라기보다는 그때는 통틀어서 '주의 교회'라고 한 것입니다.

그런데 그 "교회가 평안하여 든든히 서 가고 주를 경외함과 성신의 위로로 진행하여 수가 더 많아지니라" 하고 말했습니다. 첫째는 주께서 안정을 주셨다는 것이고, 둘째는 든든히 섰다는 것입니다. 교회가 안정을

---

2) 참조. 김홍전, 『나는 네가 핍박하는 예수라』 (사도행전 강해 3), 제8강-제11강, 성약출판사, 2006년

얻으려 할 때 예수님과 떠나서 자기의 생각으로 교회를 경영하든지 하면 든든하지 않고 평안함이 없는 것입니다. 예수님이 "수고하고 무거운 짐 진 자들아, 다 내게로 오라. 내가 너희를 쉬게 하리라"(마 11:28) 하고 말씀하실 때는 예수께 와서 쉬라는 이야기이지 예수를 떠나서 자기들 마음대로 종교를 형성해서 '이것이 좋다. 저것이 좋다' 하면 그 안에 안정이 없는 것입니다. 둘째, 교회가 든든히 선다고 할 때 그 기초는 어디에 있느냐 하면 복음에 있습니다. 고린도전서 15장에서 고린도 교회에 복음을 이야기할 때 "형제들아, 내가 너희들에게 전한 복음을 너희로 알게 하노니 이는 너희가 받은 것이요 그 가운데 선 것이라"(고전 15:1) 하고 말한 것과 같이 복음 안에 서야 하는 것입니다. 예수 그리스도의 죽으심과 사심의 사실과 그것이 가르치는 진리의 효과가 그들에게 충분히 있어야 교회가 든든히 서 가는 것입니다. 그런고로 이 간단한 말을 그냥 입담 좋은 사람이 수식한 말로 보는 경향이 있다면 그것은 좋은 것이 아닙니다. 누가라는 훌륭한 기자는 말을 선택할 때 항상 주의해서 한마디 한마디 의미 있게 선택해서 쓰는 것을 여기에서 보아야 합니다.

"든든히 서 가고 주를 경외함과", 즉 주를 공경하고 섬기고 지내는 것과 "성신의 위로로 진행하여", 즉 보혜사(保惠師) 성신님, 곧 위로하시는 성신님이 그 안에서 역사하셔서 마치 살아 계신 예수님의 확실한 자태를 그들에게 알게 하시는 것과 같은 모든 역사(役事)를 그들에게 부으셨다는 이야기입니다. 예수님이 이 땅에서 육신을 가지고 계실 때 제자들과 함께하시면서 무엇을 가르치시는 그 일을 위로 올라가시면서 성신께 맡기셔서 꼭 예수님이 육신으로 같이 계실 때와 같이 일하시는 거룩한 분이 보혜사 성신이십니다. '내가 가면 보혜사가 너희에게 온다', '실상 내가 가는 것이 너희에게 유익하다', '나는 너희와 항상 함께 있지 못하지만, 내가 가면 보혜사가 와서 너희와 항상 함께 있을 것이다'(참조. 요

14:16, 16:7) 하고 말씀하셨습니다. 성신님은 보혜사이신데 보혜사는 은혜를 보존하신다는 뜻입니다. 성신님은 또한 위로하시는 분이시고 예수님이 하신 일을 전부 다 대신하시는 분이십니다. 그런고로 그의 위로가 있어서 그로 말미암아서 혹은 그의 사역으로 진행하여 "수가 더 많아지니라" 했습니다. 그런 점에서 보면 모두 예수님께 온전히 복속해 있고, 또 그 거룩한 복음의 말씀의 터 위에서 튼튼히 서 가고, 또 더욱 하나님을 경배하며 경외하고 두려워하며 그를 섬기고 살아가고, 또 보혜사 성신님이 역사하시는 일이 그들 안에 늘 있어서 교회가 자꾸 발전해 나갈 때 이런 것들이 그 요소로서 모두 여기에 있었던 것입니다.

베드로가 룻다로 내려가 애니아를 일으킴

그다음에는 베드로의 이야기입니다. "때에"라고 해서 여기에서도 같은 말을 썼습니다. '그것은 그런데'라는 뜻입니다. "때에 베드로가 사방으로 두루 행하다가", 지금 보면 제자들 가운데 사도들은 주로 예루살렘에 있었고 일곱 집사들은 아마 스데반이 죽은 다음에는 이리저리 흩어진 것 같습니다. 우리는 그중에서 빌립의 이야기를 보았습니다. 사마리아에서 전도하다가 가사로 가는 길에서 구스 내시를 만난 이야기를 보았는데, 이제는 사도가 직접 나가서 그동안에 선 교회를 심방하고 교회들에게 무엇이 필요한가도 알아보려고 한 것입니다. 요컨대 그들을 맡은 목자로서 마땅히 돌아볼 것을 돌아보고자 한 것입니다. "때에 베드로가 사방으로 두루 행하다가 룻다에 사는 성도들에게도 내려갔더니"(9:32).

그러니까 베드로가 여기저기 돌아다녔지만 어디를 돌아다녔는지 다 알 수 없습니다. 바로 앞에서는 '온 유대와 갈릴리와 사마리아 교회'라고 했습니다. 유대에서 가까운 순서대로 하면 '유대, 사마리아, 갈릴리'라고 말을 함 직하지만 그 사람들이 말하는 습관이 항상 사마리아를 별다른 종자 혹은 별다른 종족으로 치는 것입니다. 랍비들이나 유대 사람들이 말하는 투가 유다와 갈릴리는 한 사람들이고 한 종교 아래 같이 있지만, 사마리아는 항상 내쳐서 이야기해서 '유대, 갈릴리, 사마리아'라고 하는 습관이 아마 여기에도 그대로 남아서 누가도 그 사람들이 생각하는 양식대로 차례차례 순서를 따라 썼던 모양입니다. 그랬을는지도 모르지만 그 순서가 대단한 문제는 아닙니다. 좌우간 이제는 사마리아에 교회가 서고 갈릴리에 교회가 서고 유대에 교회가 섰으니까 예루살렘에 있던 사도가 직접 나가서 한번 시찰을 하고 순방(巡訪)을 하는 것이 좋겠다고 생각하고 베드로가 다니면서 순방을 하는 것입니다.

아직까지는 교회가 유대인들을 중심으로 퍼져 있으리라는 것은 다 짐작하고도 남음이 있습니다. 베드로가 돌아다니다가 룻다에 내려갔습니다. 룻다는 지금은 로드(Lod, לֹד) 혹은 루드라고 하는 땅입니다. 후에는 '신의 도성'이라는 뜻의 디오스폴리스(Diospolis)라고도 불렀습니다만, 지금도 로드 혹은 루드라고 부릅니다. 지금은 텔아비브의 비행장이 여기 루드에 있습니다. 제가 처음 거기에 갔을 때에도 내려서 여기가 어디냐고 하니까 루드라고 했습니다. 그 사람들은 루드 혹은 루다라고 불렀습니다. 이렇게 룻다는 텔아비브에서 별로 멀지 않은 곳에 있습니다. 시외 혹은 근교에 있지만 너무 멀리 떨어져 있지는 않습니다. 비행장이 있으니까 우리나라의 김포가 떨어져 있듯이 그렇게 있습니다.

텔아비브(Tel Aviv)의 남쪽에 붙어 있는 곳이 욥바 혹은 야파(Jaffa)입니다. 그러니까 욥바 위에 텔아비브가 있는데, 그 이름들이 다 좋습니다. 야파는 '좋다', '아름답다'는 말이고 텔아비브는 '봄의 동산'이라는 말입니다. 이렇게 퍼져 있는데 모두 예루살렘에서 멀지 않은 곳에 있습니다. 텔아비브나 욥바는 예루살렘에서 쉐이룻(שֵׁירוּת, 합승 택시)이라는 자동차로 빨리 달리면 한 시간 반이나 한 시간쯤 걸립니다. 보통 거기의 자동차는 정기(定期)가 아니라 무시(無時)로 다닙니다. 요새 여기에서 말하는 '합승'을 가리켜 쉐이룻이라고 하는데 쉐이룻이 무시로 왕래합니다. 저도 밤에 거기에 내려서 당장에 쉐이룻을 타고 예루살렘을 향해서 올라갔습니다. 올라가다가 샬하가이라는 데를 가니까 여기의 북한산과 같은 산꼭대기에 굉장히 찬란하게 불들이 죽 놓여 있어서 웬 산꼭대기에 저렇게 불을 많이 켰느냐고 했더니 그것이 예루살렘이라고 합니다. 그래서 굽이굽이 올라갔습니다. 올라가니까 높이가 여기의 백운대 혹은 삼각산 꼭대기만큼 되었습니다. 해발로 보아서는 높이가 그렇게 됩니다. 그러니까 바닷가에서 내려서 차례차례 올라간 것입니다. 길이 꾸불꾸불해서 훨씬 많이 가는데 우리의 이수(里數)로는 아마 대강 120리 정도의 거리입니다.

그렇지만 그때는 오늘날과 같이 이렇게 길이 다 되어 있어서 아스팔트를 깔고 자동차가 다니게 되어 있지 않으니까 그 높은 산에서부터 터벅터벅 걸어 내려와서 많은 거리를 지나 돌아다녔을 것입니다. 그렇게 돌아다니다가 룻다에 사는 성도들에게로 갔는데 내려갔다고 한 것을 보니까 예루살렘에서 간 모양입니다. 그렇지 않으면 저 북쪽에서부터 왔는지도 모릅니다. 룻다는 비교적 중원 지대에 있고 바닷가 가까이에 있습니다. 룻다에서 텔아비브로 해서 거기서부터 북쪽으로 죽 가이사랴를 지나서 갈멜 산이 있는 데까지 바닷가 일대에 있는 들이 샤론의 들입니다. 그 유명한 '예수 샤론 장미'라는 가사처럼[3] 장미일는지 수선화일는지 그와 비슷한 꽃이 많이 피는 곳입니다. 우리가 얼른 말하는 장미는 아니고 수선화와 비슷한 꽃입니다. 그것이 많이 피고 또 백합화 같은 것이 많이 핍니다. 그 꽃을 가리켜 쇼샤님(שׁוֹשַׁנִּים)이라고 합니다.

---

[3] 참조. 한국찬송가공회 편, 『찬송가』(대한기독교서회, 1983년), 89장, '샤론의 꽃 예수'. 이 찬송의 영어 가사는 'Jesus, Rose of Sharon'으로 시작하여 초기에는 '예수 샤론 장미'로 번역되었다가 나중에 '샤론의 꽃 예수'로 바뀌었음 – 편집자 주.

그렇게 룻다에 내려가서 거기의 교인들에게 갔습니다. "거기서 애니아라 하는 사람을 만나매 그가 중풍병으로 상 위에 누운 지 팔 년이라. 베드로가 가로되 애니아야, 예수 그리스도께서 너를 낫게 하시니 일어나 네 자리를 정돈하라 한대 곧 일어나니 룻다와 샤론에 사는 사람들이 다 그를 보고 주께로 돌아가니라"(9:33-35).

여기의 이것은 베드로가 두 사람을 병중에서 혹은 죽은 중에서 일어나게 하는 이야기입니다. 하나는 룻다에서 8년간 중풍병으로 누워서 꼼짝 못하던 애니아를 온전히 성하게 치료하는 것이고, 또 하나는 죽은 다비다를 살려내는 일입니다. 이 두 개의 기적을 우리가 볼 때에 첫째로 마치 예수님께서 그대로 계셔서 일하시는 것과 같은 인상을 느끼는 것이고 그 당시 그 일을 당한 사람들도 그런 인상을 다 받았을 것입니다. 과거에 예수님께서 야이로의 딸을 손을 잡아서 일으키실 때에 세 제자가 같이 들어가고 다른 사람은 다 내보냈는데, 그 세 제자 가운데 하나가 베드로였습니다(참조. 막 5:35-43; 눅 8:41-55). 그런데 여기에서도 다비다를 살릴 때 사람들을 다 내보내고 혼자서 엎드려 기도한 다음에 그를 향해 '일어나라' 하니까 그가 처음에는 눈을 가만히 떠서 보다가 베드로가 있으니까 깜짝 놀라서 일어나 앉으니까 손을 잡아서 벌떡 일으켰습니다. 그리고 문을 열고 '자, 살았다' 하고 내보낸 이야기입니다. 이 두 개의 기적에서 늘 주의해서 보아야 할 것이 있습니다.

다비다를 살린 이야기에는 42절에 "온 욥바 사람이 알고 많이 주를 믿더라" 하는 말이 있고, 여기 애니아를 일으킨 이야기에는 35절에 "룻다와 샤론에 사는 사람들이 다 그를 보고 주께로 돌아가니라" 하는 말이 있습니다. 누가는 헬라 사람이지만 때때로 이런 멋있는 동양적인 표현을 잘합니다. '다 주께로 돌아갔다. 남은 사람이 없는 것 같다' 하고 강한 인상을 주는 이야기를 했습니다.

기적의 의미와 효과 및 복음과의 관계

　이처럼 기적이 이 시대에 있었고 또 기독교 역사상에도 때때로 없는 것이 아닙니다. 이때는 계시 시대로서 성경을 기록해서 완성하기까지의 시대이고 초대 교회 시대입니다. 그때는 기적이 참 많이 일어나서 사도 바울 선생도 많은 곳에 다니면서 기적을 많이 행했습니다. 그런데 기적이라는 것은 다른 굉장한 것보다도 주로 병든 사람을 낫게 하는 이야기입니다. 그리고 가장 현저한 사례는 죽은 사람이 살아나는 일입니다.

　그러면 그 후에는 어떻게 되었느냐 할 때 물론 기독교 역사상 그 후에는 그때처럼 기적이 항다반사(恒茶飯事)로 늘 일어나지도 않았고, 또 사도 이후 시대의 교부들이나 교부 이후의 많은 사람들이 하나님의 말씀을 전파하고 그 나라의 거룩한 사실들을 천명해 가면서 목자로서 교회를 이끌고 하나님 나라의 경영을 해 나갔으되 병을 고치는 이런 기적들은 교회에서 많이 일어나지 않았다는 것을 다 잘 아실 것입니다. 그러면 이러한 기적이 가지고 있는 의미가 무엇인가에 대해서 우리가 전에 다 이야기했습니다. 계시 시대에는 이렇게 기적이 많이 있는데 그 후 시대에는 기적이 항다반사와 같이 수반되지 않은 것은 무슨 까닭인가 하는 이야기입니다. 그런 일에 대해서 다시 한번 잘 생각해 보시기 바랍니다.

　둘째의 중요한 문제는 기적이 많든지 적든지 간에 기적의 목적은 무엇인가 하는 것입니다. 기적의 목적은 무엇입니까? 그냥 덮어놓고 사람이 초자연적인 무슨 일을 한다는 것보다 주의 말씀을 맡은 사람이 주의 말씀을 공급해 나가는 도중에 나타나는 기적이라는 것은 항상 무엇을 하고자 하는 것이며 무슨 영향 혹은 무슨 효과를 내려고 하는 것인가 하는 것을 늘 주의해서 생각해야 합니다. 그 경우에 하나님의 거룩한 나라가 진행하는 역사에서 기적이 차지하는 위치는 어느 정도인가 하는 것입니다. 기적이 차지하는 위치와 효과를 잘 생각해 보시기 바랍니다.

만일 기적의 물리적인 효과를 가장 중요한 것으로 받아들이기로 한다면, 기적의 물리적 효과라는 것은 하나님의 자연의 법칙에 의한 인지의 발달과 인지의 발달에 의한 시술(施術)에 비교할 때는 거의 비교할 수 없고 비교하는 것이 무리가 될 만큼 미미하다는 사실을 늘 주의해야 합니다. 기적으로 사람을 하나 낫게 했다든지 어떤 사람을 일으켰다든지 하는 문제와 수많은 의약을 사용해서 많은 사람의 병을 낫게 해 주고 갑자기 기이한 전염병이 횡행할 때 그것을 막아 내는 일을 하고 또 미리 예방 접종을 해서 예방해 나가고 환경 위생 사상을 보급시켜서 미리미리 악한 병균의 침해를 받는 일이 가급적 적도록 마감해 나가는 이런 일은 그 질량에서 비교가 안 되는 것입니다. 만일 이것을 물리적인 관점에서만 비교한다면 비교가 안 됩니다. 물론 기적을 행한 많은 사람이 있지만, 일찍이 그중에 하나도 전염병이 굉장히 일어날 때 홀로 서서 기적으로 그 전염병을 막아 냈다는 이야기를 들은 일이 없습니다. 또 수많은 사람이 아주 악한 영양으로 영양실조 상태 가운데 빠졌을 때 기적으로 그 실조를 순식간에 회복해 주는 사회적인 대행사(大行事)가 발생했다는 일은 우리가 들은 일이 없습니다. 그것은 옛날에도 그렇고 지금은 더더구나 그렇습니다. 그런 일에 대해서는 하나님께서 일반 은총으로 말미암아 사람들을 쓰시고 기계를 쓰셔서 예방 의학을 발달하게도 하고 위생 사상을 보급하게도 하고 그래서 보건 시설을 확장도 하고 또 훌륭하게 만들어 놓기도 하고 인도주의적인 여러 시설을 만들기도 하고 또한 식량 증산으로 식량을 공급하고 혹은 적절한 양의 영양에 대한 지식을 보급해서 인간은 그런 것들을 가지고 그런 문제에 대처하도록 마련된 것이 이치입니다.

그런 점으로 볼 때 기적은 물리적인 효과에 첫째의 목적이 있는 것이 아닙니다. 그러면 물리적인 효과는 전혀 무시하는 것이냐 하면 그것은 아닙니다. 벌써 기적으로서의 의미는 물리적인 어떤 효과가 난 까닭에 의미를 가지게 된 것입니다. 그러나 그것은 대단히 개인적이고 국부적이고 또 사건(case) 하나하나씩의 문제일 뿐이지 그 물리적 효과가 직접적으로 확대되고 발전해서 사회적인 거대한 의미를 가져오는 것은 아닙니다.

그러면 기적의 효과는 무엇이냐 하면 한마디로 물리적인 것이 아니고 정신적인 것입니다. 정신적으로 무슨 의미가 있느냐 하면 사람들의 생각 가운데 기적이 의미하는 바가 무엇인지를 깨닫게 해서 그 깨달음으로 인해 어떤 일정한 경지에 도달하게 하는 것입니다. 그것이 무슨 말인가 하면 사람들이 가지고 있는 잡다한 사상으로 기적을 보고 제 마음대로 해석하라는 것이 아니라 '이것이 무엇이다' 하고 해석할 논리적인 여건들 혹은 조건들 혹은 전제를 미리 주는 데에서 기적이 기적으로서 의미를 가진다는 것입니다. 다른 말로 하면 어떤 사람을 죽은 데서 살리든지 아픈 데서 일으키기 전에 그 사람이나 주위에서 지켜보는 사람들에게 먼저 중요한 것을 주는 것입니다. '이것을 낫게 함으로써 낫는 의미가 무엇인가를 너희들은 생각해야 한다' 하고 생각할 것을 미리 주는 것이고 전제를 주는 것입니다. 낫게 하지 못할 때는 그런 생각을 못하지만, 낫게 할 때에는 그런 생각을 할 수 있게 전제의 길을 터 주는 데 의미가 있는 것입니다.

그러면 그 전제의 길은 무엇으로 터 주느냐 하면 반드시 하나님의 말씀으로 터 주는 것인데, 하나님의 말씀의 많은 부분 가운데 어떤 부분이든지 이야기해 주는 것이 아니고 반드시 복음과 그 복음에 의한 하나님의 거룩한 능력과 경륜에 대한 것을 이야기하는 것입니다. 복음을 중심으로 시작하는 것이고 복음을 기점으로 시작하는 것입니다. 복음을 떠나서가 아니고 복음을 기점으로 해서 거기에 부대되어 있는 하나님의 나라의 사실과 현상들을 그들에게 알리고 깨닫게 하는 데에만 기적이 의미가 있는 것입니다.

복음을 떠나서 하나님의 나라의 어떤 사실과 현상만 주려고 하는 것은 의미가 없습니다. 왜 의미가 없느냐 하면 사람이 복음을 받을 때 저 위에 있는 하늘나라의 현상과 사실을 생각지 않으면 사람이 자기 철학으로 멋대로 해석하기 때문입니다. 즉 유토피아적인 생각으로 해석할 수 있는 것입니다. 이렇게 이상 국가라든지 무릉도원(武陵桃源)이라든지 유토피아적인 해석을 하게 되면 기적을 행한 보람이 없는 것입니다. 그러니까 기적보다 항상 더 중요하고 더 먼저 와야 할 중요한 문제는 하나님의 말씀인데 말씀의 어떤 부분이냐 하면 복음인 것입니다. 복음의 터 위에서 장성하는 사실 위에서만 기적이 의미를 늘 가지고 있는 것입니다.

복음 안에서 올바로 장성한 사람에게는 그 장성의 정도가 얼마나 높든지 낮든지 간에 기적이 의미를 가집니다. 그런고로 복음의 말씀의 깊이를 많이 아는 사람이나 거기에서 많이 장성해서 하나님 나라의 신비를 아는 사람이라도 어느 날 그 사람이 아파 누웠을 때 하나님께서 사랑의 손으로 일으키셨다면 그는 그것으로 인해 하나님 나라의 그 거룩한 영광에 대해 더 깊이 생각할 수 있게 되는 것입니다. 그러나 흔히 기적 자체의 물리적 효과나 특수한 초자연적 현상이라는 것은 복음의 기초에 좀 더 가까운 것이고, 복음의 기초에서 많이 장성하여 사상의 심오성을 가진 사람에게는 그것보다도 혹은 그것과 동시에 다른 이지적인 역사적 사실들이 더 큰 의미를 가지는 것입니다. 예를 들면 하나님 나라의 깊은 사상을 가진 사람에게는 어디서 기적으로 어떤 사람의 병이 나았다는 하나의 사실보다는 인류의 역사 위에 무엇이 어떻게 발전했다는 사실이 더 깊은 것을 더 많이 줍니다.

그러니까 기적이 가지고 있는 순결한 효과는 복음의 기초에 가까울수록 현저한 것이고 복음의 기초에서 떠날 때에는 의미가 없는 것입니다. 그래서 복음의 기초를 단속하고 복음의 기초를 강렬하게 먼저 넣어 준 시대에 항상 기적이 많이 일어나는 것입니다. 그러나 교회가 장성해 가면 그전과 같이 기적이 자꾸 항다반으로 일어나지 않도록 하나님이 필연적으로 마련하신 것입니다. 왜냐하면 역사적인 증언과 증시가 더 중요하기 때문입니다. 그때는 역사의 증시가 더 중요한 것입니다.

우리나라에서도 초대 교회에 맨 처음에 복음의 말씀의 기초를 전하고 다닐 때에 목사님들의 손에서 여러 가지 기적이 나타났습니다. 그것은 부인할 수 없는 사실입니다. 김익두(1874-1950) 목사님이나 이기선(1878-?) 목사님 같은 이는 아마 우리나라에서 가장 기적을 많이 행한 목사님들일 것입니다. 김익두 목사님은 병을 낫게 한 일이 많아서 아주 유명합니다. 부흥회를 많이 했지만 남쪽으로는 비교적 많이 오지 않았습니다. 이기선 목사님도 기적을 많이 행한 분입니다. 모두 다 훌륭한 분들입니다. 그리고 그와 같은 기적을 행하는 분들이 오늘날에도 있습니다. 그것은 교회가 타락해서만 그러는 것이 아닙니다. 교회 역사의 발전에는 항상 그런 시기가 있고 그것이 가지고 있는 의미가 있는 것입니다.

종류가 다른 더 큰 기적들

지금 말하는 기적은 비교적 남의 눈에 현저하게 호소할 수 있는 초자연적이고 돌발적인 사실들을 의미하는 것입니다. 그러나 실지로 기적이라는 말을 심오하게 해석할 때 더 크고 위대한 기적들은 지금도 날마다 발생하는 것입니다. 죽은 사람이 살아난다 할 때 육신이 죽었다가 살아난 것은 기적으로 여기고 참으로 하나님 앞에서 온전히 죽었던 사람이 살아나는 것은 기적으로 여기지 않을 수가 있습니까? 엄격하게 말하면 그것이 더 큰 기적인 것입니다. 사람이 흑암 가운데에서 광명으로, 사탄의 권세에서 하나님께로 돌아온다는 것은 굉장한 기적입니다. 암매했던 사람이 암매 가운데에서 찬연한 빛을 보고 깨닫고 나아오는 것은 꼭 죽음에서 살아난 것과 같은 것입니다. 그뿐 아니라 살았다고 하면서도 실상은 죽은 것같이 미미하던 사람이 어느 날 환연(渙然)히 대각(大覺)하고 눈물을 흘리고 회개하면서 자신을 전부 다 하나님 앞에 바쳤다고 하면 그것은 자연스러운 일입니까? 그런 것은 하나님의 성신의 특별한 역사로 일어나는 일입니다.

이와 같이 하나님의 성신의 특별한 역사 가운데에서 개인 생활에나 또는 하나님의 나라가 진행하는 역사의 사실 가운데 발생하는 일들은 사실상 어떤 사람이 병 가운데에서 일어났다는 기적보다도 훨씬 큰 효과를 가지는 위대한 기적들이지만 사람들은 그런 것은 볼 줄을 모릅니다. 왜냐하면 병을 낫게 하는 것만 기적으로 여기는 눈으로는 그런 정도만을 늘 봐버릇하고 그 이상은 생각지 않기 때문에 그런 참되고 위대한 기적들이 안 보이는 것입니다.

그러니까 엄격하게 말하면 기적은 교회의 장성과 역사의 진행에 따라 양상을 달리하는 것뿐입니다. 어느 때든지 하나님의 그 거룩하고 특수한 사실들은 때를 따라서 필요에 따라서 늘 발생하는 것입니다. 그런 눈으로 볼 때에 모든 것이 자연스럽게만 되는 것이 아니라 하나님의 독특한 간섭에 의해서 움직이는 것입니다. 그래서 돌연한 변이를 일으키는 것이고 또 어느 때는 아주 급전직하적(急轉直下的)인 변동을 가져오는 것입니다. 예를 들면 역사가 이런 식으로 진행하다가 역사 진행의 일반적인 원칙으로 보아서는 꼭 이리로 갈 수밖에 없는데 거기에 역사를 진행시키는 하나님의 거룩한 손이 간섭하는 일이 발생합니다. 하나님께서 역사를 간섭하신다는 이 사실을 우리가 다 믿습니다. 하나님은 어떤 일정한 법칙하에서 역사가 전진하도록 놔두고 보고만 계시는 분이 아닙니다. 그것은 이신론적(理神論的) 신관(神觀)이고, 우리가 아는 신론 혹은 씨이즘(theism)에서는 그렇게 생각하지 않는 것입니다. 하나님은 때를 따라서 역사를 운전하시고 역사의 방향을 당신의 손으로 틀어 버리시는 때가 많이 있습니다.

그리고 그것은 참 기이한 일입니다. 사실 우리가 역사의 진행을 주의해서 공부해 보면 그때 하필 그 사람이 그렇게 나서 그 일을 한다는 것이 신기한 경우가 많이 있습니다.

예를 들면 율리우스 시저(Julius Caesar, 100-44 B.C.)가 없었더라도 로마 제국이 그 코스를 취했겠느냐 하는 것입니다. 나폴레옹이 없었다면 영국 역사가 그 코스를 그대로 취했겠으며 그러면 영국과 불란서의 쟁패에서 반드시 영국이 승리했겠나 하는 것을 생각해 보는 것입니다. 이때 이 사람이 이렇게 오지 않았다면 문제는 많이 달라졌을 것입니다. 히틀러가 일어나지 않았거나 혹은 루덴도르프(Erich Ludendorff, 1865-1937)나 독일의 프로이센 군벌주의가 일어나지 않았다면 어떻게 되었겠습니까? 별다른 방향을 취했을 것입니다. 물론 한 사람이 전부를 일으킨 것은 아닙니다. 히틀러가 나치스를 자기 혼자 마음대로 만들어 내고 이러고저러고 한 것은 아닙니다. 그러나 히틀러를 기다려서 프로이센 군벌은 비로소 완전히 군국주의적 힘의 철학을 현실화한 것입니다. 히틀러가 그 일당을 앞에 내세우고 그렇게 했습니다. 히틀러와 그 일당이 가지고 있는 중요한 간지(奸智)가 그것을 충분히 현실화한 것입니다. 무솔리니가 아니었다면 반동 정치가 이태리에 그렇게 발생했겠습니까? 그보다는 오히려 사회주의가 덮칠 코스를 취하고 있었습니다.

이렇게 우리가 역사의 사실을 주의해서 볼 때 하나님이 역사에 손을 대시고 틀어 버리시는 일들이 많이 있는데 이 큰 사실은 돌연한 변동인 것입니다. 그 코스에 들어 있는 사람이 그것을 모르는 것뿐입니다. 많은 사람이 '이렇게 나가면 꼭 저렇게 될 텐데' 하고 생각하지만 실제로는 그렇게 되지 않는 일이 많이 있습니다. 돌연한 변동이라고 하면 마치 소나기가 한바탕 쏟아지다가 갑자기 딱 그치는 것 같아야 돌연한 변동으로 생각하는 모양이지만, 모든 역사를 만들어 내는 역사의 사실에는 현상 이전에

원인이 있고 원인이 될 사실들이 늘 배태되어 있습니다. 원인이 될 사실이 배태될 때는 거기에 가령 그것이 사탄이라고 하면 사탄의 걸작품(masterpiece)이 있는 것입니다. 그전에 말씀드린 대로 불란서 혁명 이전에 불란서 혁명이 발생할 여러 가지 이유가 있고 사회적인 이유가 있지만, 결국 혁명을 구체화해서 조성해 놓은 데에는 그 이전에 아담 바이스하우프트(Adam Weishaupt, 1784-1830)라든지 그들의 일루미나티(Illuminati) 운동이 결정적인 영향을 주었고 일을 해 놓은 것입니다. 지금 우리가 역사를 다 논구할 수는 없지만, 여기의 이런 기록을 볼 때는 늘 기적의 의미를 생각해야 합니다.

유대 사회에서 기적이 가지는 의미

그리고 누가는 참으로 언제든지 훌륭하게 중요한 선언을 안 빼 놓고 훅 지나가면서 언급하는데 여기에서도 그 예를 봅니다. "룻다와 샤론에 사는 사람들이 다 그를 보고 주께로 돌아가니라"(9:35) 하고 말했습니다. 그러나 죽은 사람이 살아났다든지 8년 중풍 들었던 사람이 일어난 것을 보고 '아, 참, 그 예수의 이름으로 나왔다고 하니까 예수님은 우리가 믿어야 할 분이다' 해서 주께로 돌아왔다고 단순히 그렇게 생각할 수는 없습니다. 그렇게 생각하십니까? 그것을 보고 '아, 참, 예수님 이름으로 그 사람을 낫게 했대. 그러니 예수님의 이름을 믿어야 할 거야' 그렇게 됩니까? 그렇게 안 됩니다. 어떻게 해야 그렇게 되느냐 하면 미리 말씀이, 즉 복음이 들어가 있어야 합니다. 착실한 믿음을 못 가진 것은 차치한다 해도, 복음에 대해서 아무 내용도 모르는 사람이 죽은 사람 하나가 살아난 것을 보고 자연히 복음을 자통(自通)해 버리는 일은 없는 것입니다. 복음은 전해야 하는 것입니다. 그런고로 전한 복음이 비로소 그들 속에서 자리를 잡을 때에라야 이러한 현상적이고 눈앞에 호소하는 기적이 그 사람들의 수준에서 의미를 가지는 것입니다. 그런 사실이 어떤 사회에서는 의미를 안 가집니다. 그러나 그때 룻다나 샤론에 있었던 일반적인 사람들에게는 이렇게 의미를 가지고 있었습니다.

특별히 유대 사람들의 경우에 그 당시 일반 사람들, 소위 대중이나 서민의 하나의 기호(嗜好)는 기적이었습니다. 깊은 철리(哲理)를 궁구하면서 심지어 공리공론(空理空論)을 하고 우주론이라도 하면서 자꾸 공론을 하는 것이 아니고 기적을 좋아하는 것이 유대 사람들의 특성입니다. 그 점이 우리와 좀 다릅니다. 물론 우리 한국 사람에게도 기적을 좋아하는 마음이 없는 것은 아니지만, 한국 사람 가운데 소위 학자들이나 유가(儒家)의 계통을 받은 사람들은 당장 그런 것에 마음을 쓰기보다는 '천(天)은 뭐냐? 이(理)다. 이(理)는 뭐냐? 기(氣)다' 하는 이기론(理氣論)을 가지고 늘 떠드는 경향이 많이 있습니다. 그런 점에서는 퍽 한가한 편입니다.

한번은 집안 간의 혼인이 있어서 찾아갔습니다. 별로 가깝지 않은 먼 친지의 혼인이었는데 갈 필요가 있어서 간 것입니다. 충청도의 시골인데 찾아갔더니 혼인을 한다고 동네에서 사람들이 왔는데 갓을 쓴 영감들이 모두 왔습니다. 그냥 시골에서 농사나 짓고 사는 이들인데 술이 한 잔 들어가더니 다투면서 하는 이야기가 다른 이야기가 아니고 '그래, 천(天)은 이(理)라고 했지?' '뭐?' '천은 이라고 했지?' '그래, 이라고 했다. 천을 이라고 하면 말이 되는 것인데 그건 왜 묻는가?' '그럼 이는 뭔가?' '몰라서 묻나? 그걸 왜 나한테 물어?' 하고 그것으로 한참 다투더니 '아니, 이를 설명하고 해명해 주어야지 그렇게 하면 되나?' 하고 또 옆에서 '대답을 못하겠으니까 저러지' 하고 자꾸 비아냥거리니까 '대답을 못해? 내가 왜 대답을 못해?' '그러면 천은 뭔가?' '천은 이지.' '그럼 이는 뭔가?' '내가 대답을 못할 줄 알고 자꾸 그래?' '그래, 대답을 해 봐' 하니까 '이는 천이지.' 그래서 밤낮 이와 천이 왔다 갔다 합니다. 그리고 다음에는 '천(天)은 재인야(在人也)오 했는데 그것은 어떤가?' 합니다. 꾀죄죄하고 볼품이 없는 영감들이 하는 이론이 그렇습니다. '어디에 귀신이 나왔다', '도깨비가 나왔다' 하는 이야기는 없지만 이런 일들이 있습니다. 그곳이 양반이 드센 고을이라서 다 글장은 읽어 봐서 이조 유학의 이기론(理氣論)에 그냥 함박 물이 들어서 '천은 이요 이는 천이라' 하는 식으로 이야기해 나가는 것입니다.

그런 식으로 유대의 사상 경향과 그때의 사회 풍조를 연구해 보면 거기에 대체로 무엇이 있느냐 하면 도덕적인 교훈 같은 것도 훨씬 실천적이고 간결한 금언적인 그런 식의 교훈이 많이 있습니다. 그것이 힐렐(Hillel, B.C. 60?-A.D. 20?)이라든지 샤마이(Shammai) 같은 위대한 스승들에게서 척척 나오는데, 마치 옛날 지혜 문학에 있는 간결한 선언들과 같이 '겸손은 존귀의 앞잡이니라'(잠 15:33, 18:12) 하는 식의 말들을 합니다. 가령 힐렐의 유명한 도덕적 교훈을 보면 '누가 부요로운 자뇨? 자기의 소유에 만족하는 자가 부요로운 자니라' 하는 말을 합니다. 자기가 가지고 있는 것으로 만족하고 자기 본분이나 자기 분수에 만족하면 부요로운 자라는 것입니다. 길게 사변적으로 자꾸 논해 나가는 헬라 철학적인 것이 아니고 전체를 통합해서 대관(大觀)한 다음에 척척 선언해 나가는 이런 경향이 있습니다. 그러한 까닭에 헬라 철학이 사변적이라면 유대 사상에는 궤변이 적고, 그 대신 현실의 능력의 실증을 요구하는 것이 일반 서민에게 있었던 것입니다.

그러니까 사도 바울 선생도 고린도 교회에 말할 때 "유대인은 표적을 구하고 헬라인은 지혜를 찾으나 우리는 십자가에 못 박힌 그리스도를 전하니"(고전 1:22-23) 하면서 다 대립시켜 놓았습니다. '여기에 기적이 있고, 여기에 지혜가 있고, 여기에 십자가가 있다' 하고 말하는 것입니다.

이런 경향 가운데 있으니까 이들이 가지고 있는 세계에서는 기적이 다른 어떤 사회나 헬라의 사회보다 훨씬 강렬하게 그들을 깨우치는 데 은혜를 가지는 것입니다. 그러나 그러한 유대인을 깨우치는 데 의미를 가진다는 그것 하나가 절대로 말씀을 대변하거나 대신하지 못하는 것이고 말씀의 큰 부분을 맡지도 못하는 것입니다. 사실은 말씀이 전부이고 말씀만 있으면 그 나머지는 성신께 맡기는 것이 원칙입니다. 하지만 성신께서 때를 따라 사람의 암매한 정신을 망치로 때리듯이 때리시려고 할 때에는 기적과 같은 돌연한 사실을 일으키시거나 초자연적인 천사를 가져다가 그 앞에 탁 내던지시는 때가 있는 것입니다. 그때야 만인이 '아, 그렇구나' 하고서 돌아오는 것입니다. "주께로 돌아가니라" 하는 것은 그런 이야기입니다. 이것은 그다음에 베드로가 욥바에 가서 다비다를 살린 이야기에서도 마찬가지입니다. 기적의 의미를 이렇게 우리가 주의하고 생각하는 것이 좋습니다.

다비다의 이름과 행실

다비다는 "번역하면 도르가라"(9:36) 했습니다. 실컷 번역을 해 놨는데 우리에게는 '도르가'라는 말을 또 번역해야 할 필요가 있습니다. 누가는 헬라 말로 사도행전을 썼는데 이 '다비다'라는 말은 아람 말입니다. 그러니까 시리안(Syrian) 갈대아 말, 즉 다비다라는 아람 말을 헬라어로 번역해 놓은 것입니다. 도르카스(Δορκάς)라고 번역해 놓았는데 우리나라의 창경원에 가면 그것이 있습니다. 바로 영양(羚羊)입니다. 영양이란 뿔이 큰 사슴인데 아주 키가 크고 몸이 날씬해서 참 보기가 아름다운 사슴입니다. 뿔이 굉장히 커서 밤에는 그 뿔을 나뭇가지에 턱 걸치고 잔다고 합니다. 그리고 깊은 산에 있습니다. 깊은 산에서 뾰족한 등성이를 잘 올라 다닙니다. 골짜기로 다니지 않고 등성이로 꽉 올라서 등성이 위에서 사방을 턱 내려다보는 그 자태가 굉장히 아름답습니다. 요즘 보통 말하는 대로 스타일과 몸매가 유선형으로 잘 흘러갑니다. 몸이 그렇게 되어 있습니다. 소나 돼지나 말과 같이 뚱뚱해서 뒤룩뒤룩한 것이 아니라 날씬하게 잘생겼습니다. 그런데다 눈을 가만히 들여다보면 눈이 참 아름답습니다.

그러니까 다비다라는 이름을 많이 썼습니다. 그렇게 아름다운 여성, 즉 스타일도 아름답고 눈이 참 아름답고 얼굴이 쏙 빼어난 여성을 볼 때 다비다라는 말로 일반적으로 호칭도 했고 고유 명사로 자기 이름도 삼았습니다. 다비다를 헬라 말로 도르가스라고 하는데 그러니까 이름을 다비다라고 했으니 다비다라는 여성이 그렇게 아름다웠던 모양입니다. 그러나 꼭 아름다워서만 다비다라고 불렀는지는 의문입니다. 아기가 나면 부모가 욕심으로 이쁜이라고 하는데 별로 예쁘지 않은데도 그냥 이쁜이라고 합니다. 그래서 다른 이름을 안 지어 주니까 큰 다음에는 설 입(立)자와 가루 분(粉)자를 써서 김입분(金立粉)이라고 쓰는 것을 보았습니다. 또 이름을 꽃니라고 하는 것을 제가 어디서 들었습니다. 참 눈도 이상하게 생기고 세상에 볼품없는 아이의 이름을 꽃니라고 지어서 꽃니라는 이름은 나쁜 이름인가 보다 했더니 그것이 아니고 고은이였습니다. 곱다는 것입니다. 그러니까 하도 소원이 져서 아마 이름을 고은이라고 지었는지도 모릅니다. 그러니까 고은이가 되다가 못 되었으니 꽃니라고 하자고 한 모양입니다. 그래서 '꽃니야, 꽃니야' 하고 불렀습니다.

어찌되었든 그런 무엇이 있고 유래가 있으니까 이름을 그렇게 지었을 것입니다. 그런 정도로 생각하시면 되겠습니다. 문제는 이 다비다라는 여성이 죽었다가 살아난 이야기입니다. 그는 용모가 영양과 같이 아름다웠던가 봅니다. 영양은 양 종류의 하나입니다만 사슴과 같이 생겼습니다. 눈이 양의 눈 같이 그렇게 아름답습니다. 영양을 가리켜 일본 사람들은 카모시카(カモシカ)라고 하고 영어로는 가젤(gazelle)이라고 합니다. 로

우(roe)가 아니고 가젤입니다. 주석에 보면 모두 로우라는 말로 잘못 쓰여 있습니다. 이처럼 다비다라는 말은 영양이라는 뜻입니다.

그런데 무엇보다도 그의 신앙이 선행으로 늘 나타나서 "선행과 구제하는 일이 심히 많더니"(9:36 하)라고 했습니다. 아마 선행을 하되 불쌍한 과부들에게 많이 했던 모양입니다. 성경을 보면 과부들이 모여서 특별히 울고 슬퍼했다고 했습니다. "모든 과부가 베드로의 곁에 서서 울며 도르가가 저희와 함께 있을 때에 지은 속옷과 겉옷을 다 내어 보이거늘"(9:39 하). 도르가는 과부들을 위해서 자기 스스로 친히 겉옷도 지어 주고 속옷도 지어 주어서 불쌍하고 의지 없는 이들을 이렇게 돌아보았다는 것입니다. 이렇게 선행을 많이 한 이가 죽으니까 모두 몹시 슬퍼서 우는 것입니다. 단순히 물건을 받았다는 것 때문만이 아니고 슬퍼서 울 만큼 정리(情理)가 크고 깊었습니다. 도르가는 항상 남에게 그렇게 따뜻하고 착하고 아름다운 행실을 해 나갔던 것입니다. 이름도 아름답고 그러니까 아마 모양도 꽤 아름답고 잘났겠지만, 특별히 행동과 생활이 그렇게 아름다웠던 모양입니다. 그리고 다른 사람들이 비교적 돌아보지 않는 과부를 특별히 이렇게 잘 돌아본 것이 정경 묘사에서 잘 드러나고 있습니다. 그런 이를 이제 베드로가 살려내는 이야기입니다.

기도

거룩하신 아버지시여, 저희들에게 은혜를 주사 하나님의 나라에서 무엇이 중요한지를 알게 하시고, 그 나라에서 일어나는 여러 가지 하나님의 성신의 거룩한 일들에 대해서 함부로 반대하거나 함부로 논란하는 오만과 무리에 빠지는 일이 없게 하시고, 또한 어떠한 사실이 가지고 있는 참된 의미를 모르고 딴 것을 확대해서 우상화하는 저급하고 암매한 데로 빠져 들어가는 일이 없게 하시고, 기적에 대해서나 역사 위에서 일하시는 하나님의 크신 일에 대해서 항상 바른 관찰과 바른 인식을 가지고 살도록 은혜로 인도하시며, 베드로가 룻다와 욥바에 가서 기적을 행한 일의 의미와 그것이 초대 교회에서 가지고 있는 의미를 올바로 잘 생각하고 깨달을 수 있게 하여 주시옵소서. 주께서 저희에게 은혜를 베푸사 항상 건실하고 건강한 정신과 생각을 가지고 살게 하시며, 생각이 천하지 아니하고 또한 막막한 암매 가운데 혼혼(昏昏)히 있는 생각이 아니고 명철하고 깊고 바른 생각과 바른 사상을 늘 가지고 살게 하옵소서.

우리 주 예수 이름으로 기도하옵나이다. 아멘.

1974년 7월 31일 수요일

제6강

기적이 사람을 주께로 돌아오게 하는가

사도행전 9:32-35
때에 베드로가 사방으로 두루 행하다가 룻다에 사는 성도들에게도 내려갔더니 거기서 애니아라 하는 사람을 만나매 그가 중풍병으로 상 위에 누운 지 팔 년이라 베드로가 가로되 애니아야 예수 그리스도께서 너를 낫게 하시니 일어나 네 자리를 정돈하라 한대 곧 일어나니 룻다와 샤론에 사는 사람들이 다 그를 보고 주께로 돌아가니라

제6강

기적이 사람을 주께로 돌아오게 하는가

사도행전 9:32-35

베드로가 룻다로 내려감

이것이 애니아의 이야기입니다. "때에 베드로가 사방으로 두루 행하다가"(9:32상)라고 했는데, 이것은 핍박이 심해서 그 핍박을 피해서 여기저기 숨어 다녔다는 이야기가 아닙니다. 그 위에 보면 "온 유대와 갈릴리와 사마리아 교회가 평안하여 든든히 서 가고"(9:31상)라고 했습니다. 그때 로마의 황제 칼리굴라(Caligula, 주후 37-41년 재위)가 자기의 상(像)을 예루살렘의 성전에 세우려고 하는 계획을 강요하니까 교회를 핍박하던 유대 사람들이 경황이 없어졌습니다. '어떻게 하면 그것을 모면하고 잘 막아 낼 것인가' 하는 마음 때문에 한쪽에서 교회를 핍박하면서 평안한 듯이 떠들고 돌아다니고 할 여유가 없었다는 말씀입니다.

그래서 그동안에 벌써 스데반의 핍박 이래로 사방으로 흩어졌던 사람들이 유대나 갈릴리나 사마리아에 교회를 세워서 그 모든 것을 합해서 한 마디로 '교회'라고 했습니다. '거기에 있는 예배당, 여기에 있는 예배당'이라는 말이 아니고, 그저 '하나님의 교회' 혹은 '예수 그리스도의 교회'라고 해서 모든 것을 다 종합해서 하나로서도 불릴 수 있습니다. 그런고로 땅 위에 그리스도의 교회를 세웠을 때는 모든 현상적이고 지방적인 교회를 총체적으로 합해서 한마디로 '교회'라고 할 수도 있는 것입니다. '교회'라는 말을 이렇게 넓게도 쓰고 좁게도 쓴다는 것을 여러분이 다 그 전에 배우셔서 아실 것입니다.

"그리하여 온 유대와 갈릴리와 사마리아 교회가 평안하여 든든히 서 가고 주를 경외함과 성신의 위로로 진행하여 수가 더 많아지니라." 주를 경외하는 두려움 가운데 여러 가지 면으로 계속 봉사하고, 또 성신께서는 그 교회 안에서 예수 그리스도의 거룩한 일을 계속해서 대신하시는 큰 은혜를 계속 내려 주셨다는 말씀입니다.

그런 후에 "때에 베드로가 사방으로 두루 행하다가", 이 길로 가고 저리로 가고 사방으로 두루 행했습니다. 평안한 가운데 여기저기 교회를 찾아본 것입니다. "룻다에 사는 성도들에게도 내려갔더니"(9:32 하), 지금은 이렇게 헬라 식으로 룻다라고 이름을 고쳤는데, 히브리 사람들은 로드라고 부릅니다. 지금도 이스라엘 나라에서는 그곳을 로드라고 부르는데 거기에 큰 국제 비행장이 있습니다. 누구든지 이스라엘 나라를 가려는 사람이 비행기를 타고 가면 로드라는 비행장에 내리는 것입니다. 거기에서 이쪽저쪽 사방으로 가게 됩니다. 오늘날은 예루살렘에서 로드까지 소위 '예루살렘 공로(公路)'라고 하는 새로운 큰 공도(公道, highway)를 개설해서 쉐이룻이나 자동차를 타고 가 보면 57km쯤 되어서 한 140리 정도 됩니다. 오늘날은 그렇습니다. 그러나 옛날의 길로는 이수(里數)가 얼마나 되는지 알 수 없습니다. 산의 기복이 심한 데이기 때문입니다. 지금과 같이 산을 막 뚫고 끊고 평평하게 해 놓아서 원래는 올라갔다 내려갔다 하는 길을 쭉 펴 놓은 상태가 아닙니다. 그러니까 자동차(motorcar)의 공로(公路)로는 거리가 그렇게 되지만, 옛날에는 얼마나 되는지 알 수 없습니다. 딴은 오늘날보다는 물론 멀었을 것입니다. 원체 산이 많고 험한 땅이니까 고개를 올라갔다 내려갔다 올라갔다 내려갔다 했을 것이고 요리

조리 골짜기를 돌았을 것입니다.

　베드로가 로드 혹은 룻다라는 곳에 갔습니다. 그런데 이 로드라는 곳은 주후 70년에 로마가 와서 나중에 불로 막 다 그슬러 버린 땅입니다. 헬라 사람들은 이 땅의 이름을 루디아 혹은 룻다라고 개명했는데, 로마 사람들의 이름은 이것이 '하나님의 도성'(city of God)이라 해서 디오스폴리스(Diospolis)라고 불렀습니다. 거기를 갔는데 거기에 성도들 혹은 신자들이 있었습니다. "거기서 애니아라 하는 사람을 만나매." 언제 됐는지는 알 수 없지만, 지금 가 보면 새로운 거리와 새로운 시가가 쭉 퍼져 있습니다. 저도 로드 일대를 사방으로 많이 돌아다녀 보았습니다. 한두 번 간 것이 아니고 여러 번 가 보았습니다. 그 일대를 돌아다니면서 보고 해도 어디가 어디인지 알 수가 없습니다. 좌우간 평원이 딱 서 있습니다.

예수 그리스도라는 명칭

　거기에 성도들이 사니까 그 성도들에게 내려가서 그들의 생활도 보고 믿음도 격려하고 같이 하나님의 은혜를 나누려고 갔었는데 거기서 애니아라고 하는 사람을 만났습니다. 아이니아 혹은 애니아입니다. 헬라 사람의 이름 가운데에는 '아이니아'의 '아이'라고 하기보다는 '애' 하고 직접 발음하는 경우가 많습니다. 요새의 헬라어 발음으로는 모두 '애', '에', '외'라고 발음들을 하지만, 히브리 식으로 보면 아이니아입니다. "아이니아라는 사람을 만나매 그가 중풍병으로 상 위에 누운 지 팔 년이라"(9:33). 8년 동안 중풍에 걸려서 누워 있었습니다. 오랫동안 중풍에 걸려서 꼼짝을 못하고 누워 있는 사람이 애니아입니다. "베드로가 가로되 애니아야, 예수 그리스도께서 너를 낫게 하시니"(9:34상), 그러니까 아마 '여슈아 하마쉬아흐(יֵשׁוּעַ הַמָּשִׁיחַ)가 너를 낫게 하시니' 하는 말일 것입니다.

오늘날 우리는 '예수 그리스도'라 할 때 특별한 관념 없이 '그분의 이름인가 보다' 하고 받아들이기가 참 쉽습니다. 물론 사람으로서 그분의 이름은 '예수'입니다. 그런데 사람의 이름인 '예수'에 '그리스도'라는 직함(title)을 붙이거나 혹은 '여슈아 메시야 (יֵשׁוּעַ מָשִׁיחַ)라고 해서 '하마쉬아흐' (הַמָּשִׁיחַ) 혹은 '메시야'라는 직함을 딱 붙여서 부르면 그것은 아주 새로운 이름으로서 새롭게 들릴 것입니다. 지금 우리가 평소에 늘 아무개라고 알던 사람에게 이상한 직함이 따라 붙어 다니면 참 이상하게 들리는 것과 같습니다. 그러나 그렇게 하면 또한 항상 사람의 주의를 끌고 의미 있게 들리는 것입니다. 그때 그 사람들에게는 '여슈아 메시야' 하는 식으로 계속해서 직함을 딱 붙여 부르면 그것이 의미 있게 들리지 그냥 '그런가 보다' 하고 들리지는 않을 것입니다. 그러니까 메시야는 독특한 직함입니다. 누구나 메시야라는 말을 듣는 것도 아니고, 그때 메시야가 둘이나 셋이나 넷이나 다섯이나 열 명이나 있는 것도 아니고, 역사를 통해서 메시야가 수십 명씩 나오는 것도 아니고, 오직 하나입니다. 그러니까 '예수 메시야'라고 시작할 때는 듣는 사람에게 아주 심각한 의미를 자아낼 것입니다.

첫째로, 그 이름은 익숙하지 않았습니다. 물론 하나하나씩 떼어 놓고 보면 다 익숙한 이름들입니다. 예수라는 이름도 익숙한 이름입니다. 나사렛 예수 그분이 유명한 분이니까 우리에게 익숙하지만, 예수라는 이름은 우리 주님에게만 붙었던 이름이 아니고 그전에도 예수라는 이름이 더러 있습니다. 히브리 사람들의 이름 가운데에는 예수라는 이름이 있습니다. 여호수아 혹은 여슈아가 원래 예수라는 이름입니다. 그런데 여기에서 예수라고 할 때는 다른 여슈아를 가리키는 것이 아니고 나사렛에서 크시고 십자가에 못 박혀 돌아가신 그분을 가리킵니다. 그렇게 고향을 붙여서 나사렛 예수라고 합니다. 물론 예수님의 고향이 확실히 나사렛일 리는 없습니다. 자꾸 엄격하게 따져 가면 그분은 원래 베들레헴에서 나셨고 어렸을 때는 애굽에 가서 좀 지냈고 나사렛에서는 소년 시절을 지냈습니다. 그리고 성년이 되어서부터는 꼭 나사렛에서 사신 것이 아니고 가버나움으로 다니시고 그다음에는 예루살렘으로 다니시고 사방으로 다 다니셨습니다. 그러나 여슈아라는 이름이 유대 사람들에게는 많이 있는 이름이니까 보통 어느 장소를 붙여서 이름을 부릅니다. 가령 어떤 사람이 있으면 그 사람의 이름 앞에 무엇이라고 다 장소를 붙이는 것입니다. 우리나라같이 성(姓)이 꼭 있는 것도 아니고 성이 있다고 할지라도 성명이 똑같은 사람이 있으면 또 무엇을 붙여야 할 것입니다. 그래서 나사렛 예수라고 한 것입니다.

원래 나사렛 사람들이 '아, 그 사람, 우리 고향 사람이다' 하고 떠들어 댔습니다. 고향 사람이라고 하면서도 대접은 하지 않고 말을 안 듣거나 무시해 버렸습니다. 나사렛 예수라고 하면 좋지 않게 자꾸 생각했습니다. '나사렛에서 나온 예수? 나사렛에서 무슨 선한 것이 나겠느냐?' (요 1:46 참조) 하는 식으로 '나사렛 예수'에는 일종의 멸시(despite)가 붙어 다니는 것입니다. 그래서 그때도 그러한 일종의 경멸감이라고 할지 비하하는 의미가 조금 붙어서 예수 믿는 사람에게 '나사렛 당' (행 24:5 참조)이라는 이름을 붙였습니다. 하노쯔리(הַנֹּצְרִי)라고 합니다. 히브리 사람들 혹은 유대 사람들은 예수 믿는 사람을 노쯔리라고 부르는 것입니다. 나사렛 사람이라는 말입니다.

그런데 여기를 보면 '나사렛 예수'라고 하던 그분에 대해서 이제는 나사렛 예수 대신에 '예수 메시야'라는 말이 붙은 것입니다. 그것은 '나사렛 예수'라고 할 때처럼 '사람이 나사렛처럼 미미하고 한미한 데에서 나왔으니 한미한 사람이고 별것이 아니다' 하고 다 멸시하려는 사람들의 심지와는 전연 반대적인 예수입니다. 처음에는 '역사를 통해서 한 분밖에 없는 그 메시야' 해서 '여슈아 그 메시야'라고 했습니다. 영어의 '더 메시야'(the Messiah)에서 '더'(the)에 해당하는 히브리 말이 '하'(ה)입니다. 그래서 '여슈아 마쉬아흐'라고 하지 않고 '여슈아 하마쉬아흐'라고 부릅니다. 그러나 이때는 '예수 그리스도'라고 해서 벌써 '하'라는 말을 떼고 메시야를 붙였습니다. 그것이 그의 이름으로서 이제 거의 고유 명사로 고정되어 버린 것입니다. 그러니까 얼마 동안은 '하'(ה)라는 말 혹은 '더'(the)라는 말을 붙여서 꼭 지정하다가 시간이 지나서 이제는 달리 '더'(the) 자를 안 붙이더라도 그 말이 다른 사람에게 붙을 수 없다 할 때는 '더' 자가 떨어지는 것입니다. 사람의 어학이 발달하는 방법이 그렇습니다. 그래서 이제는 거기에 정관사가 떨어지고 다만 메시야 혹은 크리스토스(Χριστός)만 붙은 것입니다. 예수스 크리스토스(Ἰησοῦς Χριστός)가 붙어서 이때부터 고정되기 시작한 것입니다. 그리스도란 기름 부음 받은 자라는 말인데, 엄격하게 따지면 제사장도 설 때는 기름 부음을 받는 것이고 왕이 설 때에도 기름 부음을 받는 것입니다. 그러나 그런 것 저런 것 따지지 않고 그냥 정관사를 떼고 그리스도를 붙일 때는 아주 독특하고 둘도 없는 이름이 되어 버리는 것입니다. 어학상 그렇게 사용하는 예가 많이 있습니다.

생각의 편의를 위해서 비슷한 예를 들어 보겠습니다. 프레지던트(president)라고 하면 회장이라는 말이고 머리라는 말입니다. 혹은 대학에서는 학장이나 총장이라는 말이고 국가에서는 대통령이라는 말입니다. 그러니까 프레지던트라는 말은 참 널리 쓰이는 말입니다. 가령 교회 안에서도 교회의 무슨 회를 만들면 그 회의 회장은 누구이고 부회장은 누구이다 할 때 교회에 있는 상설 단체의 회장을 프레지던트라고 합니다. 부인 전도회 혹은 부인회라고 해서 더 위민 오브 더 처치(the women of the church) 할 때는 회장(president)은 누구이고 부회장(vice president)은 누구라고 합니다. 단 총회 회장이라고 할 때는 프레지던트라고 하지 않습니다. 총회나 노회의 회장은 마더레이터(moderator)라고 해서 일을 주재하고 중개적이고 중재적인 임무를 해 나가는 사람이라는 뜻이지 회(會)의 장(長)이라고 할 때처럼 총 대표자라는 뜻의 장(長)이라는 말은 쓰지 않습니다. 거기에는 마더레이터라는 말을 씁니다. 보통 이야기하다가 지나가는 사람에게 '그는 프레지던트이다'(He is president.)라고 하면 '무슨 프레지던트이냐?'(What president?) 하고 당장 물을 것입니다. 왜냐하면 '더'(the) 자를 빼고 프레지던트라고 하면 대통령, 즉 국가에 하나밖에 없는 사람만을 이야기하는 것이기 때문입니다. 그러니까 '그는 프레지던트이다' 하면 그가 대통령이라는 말밖에 안 됩니다. 가령 '그는 어느 단체의 프레지던트이다'(He is the president of a society or an association.) 하고 말을 붙여야 합니다. 그와 같이 처음에는 '더'(the) 자가 있어서 '그 사람이 그 회장이야' 하는 뜻으로 'He is the president.'라고 하다가 '더'를 떼어내 버리고 그냥 프레지던트라고 하면 나중에는 국가에 하나만 있는 사람을 가리키는 의미가 되는 것입니다. 이것이 의미가 갈라진 정확한 예는 아니지만 근사한 용례입니다.

그와 같이 여기도 크리스토스란 말이나 메시야라는 말이 차츰차츰 발달한 것입니다. 그 이전에는 가령 제사장에게도 기름 부음을 받은 이라는 말을 써서 제사장적인 그리스도라고 하고, 또 기름 부음을 받은 왕이 있어서 왕권을 가진 그리스도라고 했습니다. 이렇게 나누어서 생각하고 말하는 습관이 더러 있었습니다. 사해 축서(死海軸書)를 볼지라도 두 메시야가 나오는데 하나는 아론 계통의 메시야이고 다른 하나는 다윗 계통의 메시야로 나뉘어서 나옵니다. 그렇지만 벌써 크리스토스 혹은 메시야라는 말 앞에 헬라 말의 '호'(ὁ)나 히브리 말의 '하'(ה)와 같은 관사가 다 떨어져 버리고 그것을 그냥 예수님의 이름에 붙여서 쓰게 되었을 때는 차츰차츰 그 말을 사용하던 사람들이 '예수님은 유일무이의 그 메시야' 라는 것을 마음 가운데 확정하고 확신한 것입니다. 여기에서 '예수 그리스도'라는 말을 볼 때 그런 것을 우리가 느끼는 것입니다. 사도들이 왕성하게 활동하던 가장 초기의 교회에서 벌써 예수님은 단순히 '예수님'으로 불리지 않고 '예수 그리스도'라 해서 둘도 없는 분으로 확정해서 그 사람들이 지칭한 사실을 볼 수 있습니다. 이런 간단한 말 한마디에서 우리가 그런 것을 찾아보는 것입니다.

룻다와 욥바와 샤론

"예수 그리스도께서 너를 낫게 하시니 일어나 네 자리를 정돈하라." 이 말은 '일어나 네 상을 가지고 가라' (막 2:11) 하고 예수님이 말씀하시는 식과 비슷합니다. "일어나 네 자리를 정돈하라 한대 곧 일어나니"(9:34). 또 '나사렛 예수 이름으로 내가 너에게 말하노니 일어나라' (행 3:6 참조) 한 일도 있었습니다. 성전 미문에서 앉은뱅이를 고칠 때 그렇게 했습니다. "곧 일어나니"라고 했습니다. "자리를 정돈하라" 하니 일어나서 자리를 정돈한 것입니다. 요한복음 5:8에도 비슷한 예가 있습니다.

"일어나 네 자리를 정돈하라 한대 곧 일어나니 룻다와 샤론에 사는 사람들이 다 그를 보고 주께로 돌아가니라"(9:34하-35). '룻다와 샤론에 사는 사람들'이라고 했는데 샤론은 어디에 있느냐 하면 '예수 샤론 장미'라고 할 때의 샤론은 들이고 아주 기름진 옥야(沃野)의 이름입니다. 북쪽을 향해서 보면 샤론 들의 왼쪽 혹은 서쪽은 지중해이고 동쪽으로 차츰차츰 가면 유대와 사마리아 일대의 산지 혹은 산악 지대입니다.

지금 룻다에서 욥바까지 가려면 서쪽으로 현재의 도로로 한 22km쯤 빙빙 돌아가야 합니다. 그런데 원래는 그렇게 멀지 않았습니다. 현재의 도로는 옛날 도로와 달라서 옛날 사람들이 측정한 것을 보면 한 5마일밖에 안 된다고 합니다. 영국 사람들이 욥바에서 룻다 사이는 5마일밖에 안 된다고 했습니다. 사실 텔아비브 비행장이란 것은 로드 비행장입니다. 그렇게 멀지 않은데도 다른 계산을 보면 빙빙 도는 회전로인 공로(公路)를 계산해 보니까 22km나 된다고 하는 것입니다. 요컨대 제가 돌아다니던 길로 보아서는 항상 22km입니다. 여행하면서 일일이 거기의 이수(里數)를 늘 재 보고 다녔는데 그대로입니다. 사실상 따져 보면 텔아비브까지와 비슷비슷한 거리인데 그렇게 휘휘 돌아서 가야 합니다. 20km면 얼마나 되는가 할 때 50리나 됩니다. 그래서 여기 서울역에서 김포 공항에 가는 정도의 용력(用力)이 듭니다. 여기에서도 그런 정도입니다.

텔아비브는 어디에 세웠느냐 할 때 나중에 보면 베드로가 욥바로 갔는데, 텔아비브는 욥바의 북쪽 접경으로 착 퍼져 나갔습니다. 텔아비브와 욥바 사이는 욥바를 영등포나 노량진 일대로 보면 텔아비브는 여기 서울역이 있는 용산에 해당됩니다. 그렇게 붙어 있습니다. 여기는 그 사이에 한강이라도 있지만 거기에는 그것도 없이 붙어 있습니다. 그래서 텔아비브에서 조금 남쪽으로 내려가면 바로 욥바 땅입니다. 욥바 혹은 야파는 야페(יָפֶה), 즉 아름답다는 말입니다.

그런데 예루살렘에서 보면 룻다까지가 총 57km라고 앞에서 말씀드렸습니다. 옛날 영국 사람들이 그곳을 통치할 때 거리를 재 놓은 기록을 보면 영국 이수로 예루살렘에서 서북쪽에 있는 욥바까지는 한 45마일이라고 해서 우리 이수로 180리나 됩니다. 2마일 반을 10리(4km)로 잡으면 45마일이면 180리나 되는 것입니다. 그러니까 지금의 거리로 보아서는 예루살렘에서 룻다까지가 140리이고 거기에서부터 다시 한 50리를 가야 욥바가 나옵니다. 그러니 그렇게 멀지는 않습니다.

그리고 욥바 북쪽에 있는 텔아비브는 바닷가에 있으니까 지중해 해안을 타고 그 위로 자꾸 올라가면 나중에는 갈멜 산까지 올라가게 됩니다.

그렇게 텔아비브에서 갈멜 산까지 가는데 '하샤론'(Hasharon)이라고도 하고 '샤론 하이웨이'라고도 하는 길을 따라 가다 보면 샤론의 한참 위에 길이 사마리아 땅으로도 가고 여기저기로 퍼지는 데가 있습니다. 그곳의 이름을 '기밧(Givat) 샤론'이라고도 하고 '샤론 정션'(junction, 교차점)이라고도 하는데, 우리가 여행한 대로는 거기까지가 50km이고 거기서부터 갈멜 산 위로 쭉 올라가서 이 샤론이 끝나는 하이파(Haifa)라는 데까지가 60km여서 도합 110km입니다. 그 사이에 쭉 퍼져 있는 들이 샤론입니다. 우리 이수로 적어도 2백 리나 되는 옥야가 퍼져 있습니다. 거기가 아주 비옥해서 당귀나 백합 같은 것들이 많이 나고 아름다운 꽃들이 많이 있고 지금은 잘 재배도 합니다. 옛날에도 거기에는 장미도 많이 나고 백합도 났습니다. 그래서 자욱한 향기가 풍성하다고 해서 히브리 사람들에게는 그런 노래도 있습니다. '바 샤론 알라 우이야흐까바니', 즉 '샤론에서는 에덴과 같은 향기가 올라온다'고 합니다. 이렇게 거기에는 백합, 즉 쇼샤님(שׁוֹשַׁנִּים) 혹은 하바쩰렛(הֲבַצֶּלֶת)이 많이 나고 향기가 많이 납니다.

한국 교회의 과거

샤론 일대가 그런 들녘이어서 거기에 사람들이 많이 사는데, 거기의 사람들이 애니아가 중풍병에 들렸다가 8년 만에 일어난 것을 듣고 "다 주께로 돌아가니라"고 했습니다. 여기에서 우리가 간단히 생각하고 넘어갈 것이 또 한 가지 있습니다. 기적을 보고 주께로 돌아갔다고 하면 결국 기적 자체가 사람을 주께로 이끌었다는 말과 같이 들리지만, 정확하게 말하면 사람들이 주께로 돌아가게 되었는데 돌아간 계기를 보면 기적이 나타난 후에 그 기적이 그들에게 어떤 영향을 끼쳐서 주께로 돌아갔다는 이야기입니다. 무엇이 사람을 주께로 돌아가게 하느냐 할 때 어떤 사람이 기적을 행해서 남에게 보이는 것이 남들을 주께로 돌아가게 하는 가장 중요한 일이라고 하는 것은 아닙니다. 그런데 그것을 그렇게 생각하지 않으면 자칫하면 '아, 여기에서 기적을 행하니까 사람들이 다 주께로 돌아갔으니 어떻게든지 나도 힘을 얻어서 기적을 행해야겠다' 하고 산에 가서 힘써 기도해서 '주여, 희한한 이적과 기사(奇事)를 행할 능력을 저에게 주시옵소서' 하고 애를 쓰는 일도 있는 것입니다.

지금부터 한 40년 전에 우리 한국의 교회에도 그런 일들이 있었습니다. 80년 전통이네 70년 전통이네 하지만 한국 장로교회의 전통이 80년이나 되는지는 의문입니다.4) 적어도 독노회(獨老會)를 세우고 총회를 세우고 나온 것은 그렇게 오래 되지는 않았습니다. 교회가 맨 처음 여기에 서기 시작한 것은 언제입니까? 적어도 예수 그리스도의 복음이 프로테스탄트를 통해 들어오기 시작한 것은 언제입니까? 현재의 교회의 기초로서 프로테스탄트의 복음이 들어오기 시작한 것은 언제입니까? 의사 알렌(Allen, 1858-1932)이 언제 왔습니까? 알렌은 선교사로 온 것이 아니고 의사로 왔습니다. 물론 그전에 쭉 복음이 들어왔습니다. 북쪽에서 스코틀랜드 장로교의 존 로스(John Ross, 1842-1915) 목사가 대상(隊商)들과 상인들과 의논해서 성경을 일부 번역해서 들여보냈고 일본에서는 일본대로 번역해서 들여보냈습니다. 북쪽에서는 주로 존 로스 목사가 그렇게 했고, 일본에서는 아마 미국 북장로교의 루이스 목사를 위시한 분들이 했을 것입니다. 루이스 목사와 관계된 사람들이 나중에 요코하마에 가서 공립(公立) 여학교도 세우고 신학교도 세웠습니다.

실지로 선교사가 우리나라에 들어오기 직전인 1884년에 알렌이 들어왔고, 언더우드(Underwood, 1859-1916)와 아펜젤러(Appenzeller,

---

4) 이 강설을 전한 시기는 1966년 1월 2일임.

1858-1902)가 들어온 것은 1885년입니다. 그 두 선교사가 인천에 내려서 선(線)을 나누고는 '누가 전한 복음이 먼저 이 땅에 교회를 세우게 되는가 보자' 하고 웃으면서 악수를 했다고 합니다. 아펜젤러와 언더우드, 즉 원두우(元杜尤) 박사가 이렇게 갈려서 원두우 박사는 장로교를 세워나갔는데 여기서부터 시작해서 북쪽으로 막 퍼져 나갔고, 아펜젤러는 주로 서울을 중심 삼아서 서구라파식, 즉 구미식 문화를 도입했는데 그것을 전도의 한 방법으로 쓴다고 하면서 사실은 문화를 도입하는 데에 더 많이 주력해서 배재학당을 세우고 이화학당을 세웠습니다. 그러나 장로교에서는 교회를 세운다고 해서 제일 먼저 세운 것이 저 황해도 장년의 소래 근방에 있는 송천교회입니다. 그래서 황해도로 평안도로 뻗어 나가고 일방 서울로 해서 남쪽으로 나중에는 경상도로 나갔습니다.

　장로교를 전체적으로 볼 때 함경도로는 캐나다에서 온 장로교 선교사들이 들어갔고, 마산 일대로는 오스트레일리아, 즉 호주에서 온 선교사들이 거기에 가서 전도를 했고, 전라남북도에는 미국 남장로교에서 들어와서 전도한 것이 1892년부터 차츰 퍼지기 시작했고, 그런 식으로 장로교의 선교사들이 이렇게 여러 군데에서, 즉 호주에서, 미국 남장로교에서, 북장로교에서, 캐나다에서 와서 전도를 하게 되었지만, 한국에서 장로교가 통합해서 한 장로교라 해서 독노회를 세우고 자립적이고 독립적인 교회를 세운 것은 1912년입니다. 그렇게 해서 차츰차츰 교회가 자란 것이고 그때부터 교회가 독립 정부를 가지는 형태를 취한 것입니다.

　그렇게 비로소 교회를 세우는 데 주력하기 전에 1907년에 평양 장대현교회(章臺峴敎會)를 중심으로 큰 전도 운동이 일어났습니다. 그때 그 전도 운동의 기수가 되어서 단체를 이끌고 나간 목사님이 길선주(吉善宙, 1869-1935) 목사님입니다. 원래 마포삼열(馬布三悅, Samuel Austin Moffet, 1864-1939) 목사가 와서 전도할 때 여러 불한당패가 들어가서 막 때려서 살이 터져 피가 나오기도 했습니다. 그랬는데도 끝까지 하나님 말씀을 사랑으로 전하는 것을 보고서 길선주 목사는 그때 점잖은 이였고 한방 의학을 하던 분이었는데 크게 깨닫고 회개했습니다. 그는 처음에는 '이런 것은 우리나라 고래(古來)의 전통을 무시하는 일이니까 이런 양놈들을 없애 버려야 한다' 하는 간절한 열심으로 사울이 핍박하던 것같이 일어나서 핍박하던 판인데, 그가 변해서 그 수입 많은 직업을 집어 내던지고 한 달에 돈 몇 푼씩 받는 전도사 일을 시작했습니다. 말하자면 시신(柴薪)을 하고 다니면서 예수 그리스도의 말씀을 전하고 복음을 전하기 시작한 것입니다. 그분이 첫째로 중요한 기수입니다.

그다음의 또 하나의 훌륭한 기수는 황해도 신천의 김익두(金益斗, 1874-1950) 목사입니다. 신천 장에 가려면 '에이, 오늘 그 김익두 좀 안 왔으면 좋겠다'고 할 만큼 원래는 깡패고 날탕이고 불한당이고 말할 수 없이 모든 욕을 먹던 망나니였습니다. 어떻게든지 술을 먹고는 자기가 아는 사람을 붙들고 강짜를 부리든지 시비를 걸지 않는 일이 없고 한번도 그냥 지나치는 날이 없이 한번은 시비를 해야 하는 사람이었는데 그 양반이 예수를 믿게 되었습니다. 믿는 사람을 크게 핍박했다가 그 사람에게서 그리스도의 사랑의 감화를 받고 예수를 믿은 것입니다. 그 경우를 보면 자기가 때린 사람에게 전도를 받은 것입니다. 그러고 나서는 예수를 믿을 뿐 아니라 맹렬하게 복음을 전했습니다. 그다음부터는 자기가 핍박을 대신 받아 가면서 복음을 전하겠다고 나선 것입니다.

그 양반에게는 특별히 무슨 현상이 있었느냐 하면, 그 양반과 평안북도 선천과 의주를 중심으로 활동하던 이기선 목사님이 있었는데, 이분들은 '하나님께서 복음을 전하는 데 큰 능력을 주시옵소서' 하고 간곡히 기도해서 과연 병 고치는 은사를 받았습니다. 그래서 많은 사람에게 안수해서 병을 고쳤는데 고치면서 '성신을 받으라'고 하면서 복음을 전했습니다.

그분들은 주로 그렇게 복음 전하는 데에 주력한 위대한 인물들입니다.

그러나 그 후에 정상적으로 교회가 발전하기 위해서는 명확하게 하나님의 말씀의 본의를 가르쳐서 무엇이 더 중요한 것인가를 깨닫게 했어야 할 텐데 그런 점에서는 후계(後繼)하는 위대한 교사나 위대한 지도자가 없었습니다. 그분들은 전위분자로서 앞서 나가서 전투하는 지휘관 노릇을 한 것인데, 불행하게도 그 뒤에서 교회가 어디로 가야 한다는 것을 지도하는 위대한 지도자가 교회 내에 결핍되었던 까닭에, 그분들이 하는 능력적인 일이 가장 위대하고 훌륭한 신앙의 내용인 것같이 생각해서 그만 '기적! 기적! 기적!' 하고 기적을 구하는 일이 참 많았습니다. 저도 어렸을 때에 개인적으로 김익두 목사님이나 길선주 목사님이나 이기선 목사님을 가까이에서 늘 보고 듣고 했지만, 자세히 보면 사람들이 모두 한쪽으로 그릇된 영향을 받고 그릇된 인상을 받았습니다. 그분들이 기적을 행하니까 '우리 구주 예수를 잘 믿고 참으로 신령하려면 저 목사님같이 기적을 행해야겠다' 하는 식으로 자꾸 가서 기적을 자꾸 행하려고 했습니다. 그래서 기적 자체가 기독교 신앙의 고도적인 것이고 신앙의 높이를 측정하는 큰 바로미터(barometer) 혹은 측량계나 되는 듯이 생각하는 경향들이 있었습니다. 그때 우리나라의 초대 기독교회사에, 1920년대의 기독교 안에 대체로 그런 것이 많이 있었습니다.

그러다가 1930년대로 들어가면 이번에는 주로 말세학(末世學)에 주력했습니다. 신학적으로 정상적인 과정을 무시해 버리고 한 부분만 뚝 떼어서는 어떤 기이하고 새로운 세계, 즉 눈에 보이지 않지만 저 멀리 있는 큰 세계 하나를 자꾸 만들어 내는 데에 주력했습니다. 신학적으로 정상적으로 사상이 발달해 나가지 않고 주위에서 그런 것을 자꾸 해 나간 것입니다. 그래서 '아, 예수님은 언제쯤 오신다. 1932년쯤에 오신다. 아니, 계산해 보니까 1933년쯤에 오신다' 하는 말을 했습니다. 나중에 길선주 목사님은 예수님이 1935년쯤에 오실 것이라고 했지만, 예수님이 가까이 오신다던 그해에 당신이 예수님께로 갔습니다. 그런 일들이 있었습니다.

기적은 계시를 실증하는 부수적인 수단일 뿐임

여기에서 우리가 이런 것을 볼 때 주의할 것이 있습니다. 이런 것을 보고 잘못 해석하니까 그냥 그런 데로 간 것입니다. "룻다와 샤론에 사는 사람들이 다 그를 보고 주께로 돌아가니라"(9:35) 하니까 '봐라, 그러니까 베드로가 애니아를 8년 중풍 병상에서 일으키듯이 일으키면 사람들이 다 그것을 보고 주께로 돌아갈 것 아니냐' 하는 것입니다. 제 자신이 다니던 교회의 목사님도 나중에는 결국 '별수가 없다. 사람이 능력을 받아서 병든 사람을 손으로 안수해서 턱 일어나고 또 귀신 들린 사람에게 예수 이름으로 명해서 귀신이 썩 나가는 이런 것이 꼭 나타나야지 안 나타나면 그것참 어떻게 증명할 도리가 없다' 하는 식으로 해석을 했습니다.

우리가 하나님을 증명하려고 합니까? 우리가 예수 그리스도를 증명하려고 하는 것입니까? 어제(1966.1.1.) '그리스도의 증거자' 혹은 '그리스도의 증인'이라는 말로 강설을 했는데 그것은 무엇입니까? 하나님의 존재나 하나님이 하신 일을 우리 스스로가 말로나 어떤 행동으로 증명해 나아가려고 하는 것입니까? 우리가 증명하지 못하는 것입니다. 하나님이 하시는 일은 그만두고 하나님의 존재조차 우리는 증명하지 못하는 것입니다. 하나님의 존재를 증명하려고 하던 사람들이 과거에 철학자들 가운데 있었고, 적어도 7세기 이후부터 13-4세기까지 계속 아주 번성하던 위대한 철학의 기간이 있었는데 그것이 스콜라 철학입니다. 스콜라 철학은 신의 존재 증명에 아주 주력했습니다. '하나님은 이런 면에까지 계신다' 해서 소위 본체론적인 논증을 해 본 것입니다. 그런 우주론적이고 역사론적이고 목적론적인 논증을 칸트 이론에서는 다 부인하면서 도덕론적인 논증에 의해서 이야기를 해 나갔습니다. 그러나 그것 때문에 사람들이 하나님의 존재를 더 시인하게 되느냐 하면 그런 것이 아닙니다. 하나님의 존재에 대해서도 사람은 증명하지 못하는데 하물며 하나님의 속성에 대해서 스스로 증명하려고 하는 것은 일이 아닙니다. 기적은 우리 하나님을 증명하는 도리가 못 되는 것입니다.

그런고로 하나님께서 당신을 증명하시고 스스로 나타내셔야만 이 어둡고 한계가 있고 깨달을 기능이 없는 사람이 깨닫게 되는 것입니다. 하나님이 초연한 세계에서 아무리 굉장하게 우주 만상 위에 나타나시더라도 어둡고 암매하고 소견이 좁디좁고 제한되어 있는 인간은 자기의 추리와 자기의 이성과 논식을 가지고 하나님을 볼 수 없습니다. 그런데도 기적을 가지고 하나님을 증명하려고 한다면 그것은 우스운 이야기가 되는 것입니다. 오늘날은 기적 자체도 부인하는 사람들이 많이 있습니다. 그럴 때 하나님께서 스스로 사람이 가지고 있는 논식의 한계 안으로 들어오셔서 당신이 누구시라는 것을 보이시는 것입니다. 사람의 머리를 여셔서 사람이 깨달을 수 있는 한계 안으로 당신이 들어오시는 것이고 그 경계 이내로 들어오셔서 '자, 네가 이래도 모르겠느냐' 하고 보여 주시는 것입니다. 그렇게 계시하실 때 그 계시는 무엇보다도 하나님의 말씀으로 하시는 것이지 다른 것으로 하시는 것이 아닙니다.

이처럼 하나님의 말씀을 통해서 계시하시되 그 계시의 권위를 사람의 정도와 깨달음의 정도에 따라서 입증하시고 그 권위를 실증하시고 혹은 시위하시기 위해서 - 이때는 프루브(prove)하신다는 말보다도 데몬스트레이트(demonstrate)하신다는 말이 더 적합합니다 - 사람에 따라서 시대에 따라서 기적을 쓰시는 것입니다. 그러나 시대적으로 보아서 기적이 가장 유효하고 능력 있는 계시의 데몬스트레이터(demonstrator) 혹은 시위자 노릇을 하던 시기는 벌써 지나갔습니다. 왜냐하면 오늘날 세계의 다수의 사람을 놓고 어떤 사람이 병 앓는 사람을 안수하고 기도해서 낫게 하고 괴로운 사람이나 혹은 질병 가운데 귀신 들려서 야단 내는 사람을 '나사렛 예수의 이름으로 명하노니 나가거라' 한다고 해도 그것을 보고 믿는 사람보다는 도리어 비방하고 안 믿을 사람이 더 많게 되었기 때문입니다. 그런 것을 한쪽에서 행했다고 하더라도 다른 한구석에서는 믿지 않습니다.

여러분, 미국에 가서 사귀(邪鬼) 이야기를 해 보면 미국의 크리스천의 대대수는 '그런 것이 어디에 있느냐' 합니다. 저는 직접 그런 이야기를 여러 번 들었습니다. '오늘날 무슨 귀신이나 사귀가 그렇게 작용해서 사람을 마구 전도(顚倒)되게 하고 야단 내고 할 수 있느냐. 아마 그런 경우는 정신병자이니까 전광원(癲狂院) 같은 데 보내서 거기서 치료할 사람인데, 그런 병원이 없으니까 덮어놓고 사귀라고 해서 자꾸 기도 치료를 하려고 하는 것 아니냐. 그것은 암매하고 문명이 발달하지 못한 흑암의 사회에서나 하는 것이다' 하는 것입니다. 안 믿습니다. 극도로 발달한 이 과학적인 현실하에서는 '의사가 와서 아주 고도적으로 발달한 의술을 가지고 수술을 하면 덜컥 낫는데, 네가 기적을 행해서 고뿔이나 낫게 하고 신경통이나 잠깐 멈추게 하는 것이 무슨 대수냐' 하는 것입니다. 그렇게 고쳐도 재발하지 않는 것도 아닙니다. 원래 기적으로 나았다고 해도 재발하지 않는 법은 없는 것입니다. 기적으로 나사로를 살리셨지만, 나사로가 안 죽은 것이 아니고 다시 죽었습니다. 예수님이 살리셨어도 다시 죽은 것입니다. 그러니까 '그것 뭐, 볼일도 없는 이야기 아니냐. 아, 그렇게 낫게 한 것을 기적으로 했다고 하고 그런 것이 불가능한 일을 행한 것이라면 모든 의사는 다 하나님의 능력을 행하는 것이 아니냐' 하고 보통 이런 식으로 나가는 것입니다. 그러니까 시대적으로는 벌써 이렇게 된 것입니다.

이와 같이 이적이 하나님의 말씀에 대해 위대하고 권위 있는 하나의 실증자 혹은 시위자 노릇을 하는 시대는 지나갔지만 지방에 따라서나 사람에 따라서는 오늘날도 유효할 수 있습니다. 지방에 따라서나 아직도 암매하고 껌껌한 데에서 껌껌한 생각이나 하고 앉아 있는 사람에게는 유효한 것입니다. 공중에 로켓이 돌아다니고 로켓포가 왔다 갔다 하고 우주선이 돌아다니는 시대이지만, 우주선이 뭔지 로켓이 뭔지도 모르고 아직 버스도 구경하지 못했다는 산골에 앉아 있는 사람들에게야 소용이 없는 것입니다. 멀리 갈 것도 없이 계룡산만 가면 아직도 상투 꽂고 갓 쓰고 앉아서 금방 정 도령이 오는 줄 알고 앉아 있는 사람들이 있습니다. 그러한 사람들에게야 로켓 이야기를 해 보아도 효과가 없지만, 기적을 행하면 당장에 효과를 내는 것입니다. 그렇게 사람이 가지고 있는 감수성이나 정도에 따라서는 때때로 이런 기적이 나타나는 것이지만, 그러나 이것은 어디까지든지 부수적으로 보조적으로 하나님의 계시를 전달하는 수단이 되는 것뿐입니다. 이런 점을 우리가 주의해야 할 것입니다.

기도

거룩하신 주여, 오늘 아침에는 사도행전 9장에 있는 바 베드로가 애니아의 병을 낫게 한 고사를 상고하였사옵나이다. 신약의 교회가 오순절 이후에 선 뒤에, 스데반을 죽임으로부터 시작한 핍박으로 예루살렘의 교회가 산지사방으로 흩어졌지만, 이들이 유대와 갈릴리와 사마리아에 교회를 세웠고 그 교회들이 평안하고 든든히 서 가도록 여건을 허락해 주셨사옵나이다. 그 교회들이 주를 경외하고 성신의 위로로 진행하여 수가 많아졌사온데, 한 증거로 베드로가 애니아를 8년 된 중풍병에서 놓여나게 함으로써 룻다와 샤론 땅에 사는 사람들이 주께로 많이 돌아온 것을 보았사옵나이다.

이런 간단한 기록이 저희로 하여금 깨닫게 하는 것이 무엇인지를 올바로 알아서, 주의 말씀을 오해하거나 결과만을 크게 보고 언제든지 이런 방식이 교회의 전진 가운데 있으면 좋겠다고 여겨서 허투루 따라하지 않도록 그 실내용을 올바로 알게 하여 주옵소서. 애니아에게 일어났던 일과 같은 기적이 오늘날의 사람들에게는 하나님과 하나님이 하시는 일에 대한 증거가 되기도 어렵고, 이 시대 사람들이 그런 기적이 일어난 것을 본다고 하여서 복음을 믿고 돌아오는 것도 아니겠사옵나이다. 밝은 세상에서는 성신님께서 하나님의 말씀을 계시하셔서 하나님 자신을 보여 주시고 알게 하실 때 하나님도 알고 하나님의 뜻도 알 수 있사옵나이다.

과거 한국 교회의 초기에 어두울 때에 일어난 이적이나 독특한 일들이 이 시대에도 여전히 있어야 할 것으로 믿고 추구하는 어리석음이 여전히 있는 것을 불쌍히 여기시고, 하나님께서 주신 기회와 은사들을 낭비하는 일이 없게 하시옵소서. 기적과 같이 기이한 일이 다시 일어나기를 바라기보다는, 믿는 저희들이 하나님의 계시를 올바로 깨닫고 저희의 삶으로써 그 내용을 실증하고 증시하는 것이 이 시대에 맞는 일인 줄 알고 그렇게 행하기를 소원하게 하시고, 하나님의 말씀으로 가르쳐 주시는 계시의 내용을 더욱 깨달아 알게 하시옵소서.

우리 구주 예수 그리스도의 이름으로 기도하옵나이다. 아멘.

1966년 1월 2일 주일 공부

제7강

베드로가 애니아와 다비다를 일으킴 (2)

사도행전 9:32-43

때에 베드로가 사방으로 두루 행하다가 룻다에 사는 성도들에게도 내려갔더니 거기서 애니아라 하는 사람을 만나매 그가 중풍병으로 상 위에 누운 지 팔 년이라 베드로가 가로되 애니아야 예수 그리스도께서 너를 낫게 하시니 일어나 네 자리를 정돈하라 한대 곧 일어나니 룻다와 샤론에 사는 사람들이 다 그를 보고 주께로 돌아가니라 욥바에 다비다라 하는 여제자가 있으니 그 이름을 번역하면 도르가라 선행과 구제하는 일이 심히 많더니 그때에 병들어 죽으매 시체를 씻어 다락에 뉘니라 룻다가 욥바에 가까운지라 제자들이 베드로가 거기 있음을 듣고 두 사람을 보내어 지체 말고 오라고 간청하니 베드로가 일어나 저희와 함께 가서 이르매 저희가 데리고 다락에 올라가니 모든 과부가 베드로의 곁에 서서 울며 도르가가 저희와 함께 있을 때에 지은 속옷과 겉옷을 다 내어 보이거늘 베드로가 사람을 다 내어 보내고 무릎을 꿇고 기도하고 돌이켜 시체를 향하여 가로되 다비다야 일어나라 하니 그가 눈을 떠 베드로를 보고 일어나 앉는지라 베드로가 손을 내밀어 일으키고 성도들과 과부들을 불러들여 그의 산 것을 보이니 온 욥바 사람이 알고 많이 주를 믿더라 베드로가 욥바에 여러 날 있어 시몬이라 하는 피장(皮匠)의 집에서 유하니라

제7강

베드로가 애니아와 다비다를 일으킴 (2)

사도행전 9:32-43

 전도는 누가 전도자라고 임명을 받아서만 하기보다는 신자의 기본적인 임무로서 늘 나가서 하게 되어 있습니다. 신자의 기본적인 의무가 하나님의 말씀을 광포(廣布)하는 일이니까 자기가 직접 성신의 그릇이 되어서 말씀을 전파하는 사람 노릇을 하기도 하지만, 또한 경우에 따라서는 자기의 직책이 아닐지라도 시간이 있고 기회가 닿으면 형편에 따라 직접 하나님 말씀을 전하는 것입니다. 동시에 자기에게 주신 바 하나님의 여러 가지 은사를 사용해서 거룩한 봉사를 해 나갈 때 그것이 합해져서 먼저는 터를 닦는 일이 되고 거기에 거룩한 집을 지어 나가는 일이 되는 것입니다. 여기에서 그러한 프로그램과 그런 아이디어를 잠깐 볼 수 있습니다.

애니아는 신자였는가

 그다음에 볼 것은 베드로가 룻다에 사는 애니아, 즉 중풍으로 상 위에 8년 동안 누워 있던 그를 나사렛 예수의 이름으로 일어나게 했다는 이야기입니다. 종전에 '나사렛 예수'라고 한 것은 하도 '여슈아'(יֵשׁוּעַ, 예수)라는 이름이 많은 까닭에 다른 예수가 아니고 '나사렛 예수', 즉 '여슈아 미노쯔릿'(יֵשׁוּעַ מִנְּצְרַת)이라고 해서 '나사렛에서 오신 예수', '나사렛에서부터의 예수' 하는 식으로 그를 확실히 다른 사람과 헛갈리지 않게 확인(identify)해 준 것입니다. 그러나 여기서부터는 '여슈아 하마쉬아흐' (יֵשׁוּעַ הַמָּשִׁיחַ)에서 관사 '하' (הַ)가 떨어지고 '예수 그리스도', 즉 '예수스 크리스토스' (Ἰησοῦς Χριστός)라고 해서 이제 아주 유일의 고유 명사화했습니다. 명의와 명칭의 발달을 여기에서 본다는 것을 지난번에 말씀드렸습니다. 명칭이 발달하기 전 같으면 '그 그리스도' 혹은 '그 기름을 부름을 받은 자'라고 해서 관사를 붙여 '하마쉬아흐'라고 하겠지만, 아람 방언으로 '여슈아 메시야'라고 말하거나 '예수스 크리스토스'라고 할 때는 그들이 예수님을 부를 때 '오직 유일의 그분, 즉 구원하시는 자요 기름부음을 받은 자'라는 뜻으로 '예수 그리스도'라는 명칭을 사용한 사실을 나타내는 것입니다.

그런데 여기에서 애니아를 일으켰을 때 지난번에는 계시와 기적에 대한 이야기를 했지만, 일어난 애니아 편에는 무엇이 있어서 일어났습니까? 흔히 교회에서 병자를 낫게 할 때, 즉 치병(治病)을 하고 신유(神癒)를 한다 할 때는 '그 사람에게 병 나을 만한 믿음이 있어서 나았다' 하는 이야기를 많이 하게 되지만, 성경이 가르친 중요한 사상의 하나는 낫는 사람 편에 꼭 믿음이 있어서 낫는 것은 아니라는 것입니다. 낫는 사람 편에 믿음이 있다는 꼭 그 조건으로만 병이 낫는 것은 아닙니다. 여기 이 경우에도 애니아란 사람이 예수를 믿은 사람인지 아닌지 우리가 정확하게 말하기가 어려우나, 있는 그대로 문면대로 보면 애니아는 불신자입니다. 특별히 교회 안에 있는 사람은 아닙니다. "거기서 애니아라 하는 사람을 만나매"(9:33상)라는 말은 룻다로 내려갔는데 거기에서 한 사람을 그냥 만났다는 말입니다. 가령 그 사람이 예수를 잘 믿는 사람이면 '성도 가운데 하나'라고 하든지 '형제 가운데 애니아란 사람이 있다' 하는 식이나 그런 스타일로 표기했겠는데 그렇게 하지 않고 그냥 '애니아라는 사람이 하나 있었다'고 했습니다. 가령 거기에서 안 믿는 사람을 하나 지목하려면 '거기에 아무개라는 사람이 있었다'고 할 것입니다. 이보다 더 어떻게 더 낮추어서 쓸 길이 없습니다. 이렇게 가장 기본적인 표현만 했습니다. 그가 형제라든지 성도라든지 거기에 있는 교회의 일원이라든지 하는 아무런 표지(標識)가 없습니다.

그러한 까닭에 여기에서 대체로 생각하는 것은 애니아는 불신자인데 그때 베드로가 거기에 내려갔다가 애니아란 사람을 하나 만난 것입니다. 거기에 많은 병자가 있겠지만 하필 베드로가 그때 그 사람을 만나게 되었고 베드로에게는 어떻게든지 그 자리에서 거룩한 예수님의 능력을 그 사람에게 현시(顯示)해야 할 무슨 절실한 필요가 있게 되었을 것입니다. 그런 것을 일일이 거기에서 설명할 수 없을 뿐만 아니라 일일이 말할 수가 없는 것입니다.

예수께서 기적을 행하시는 경우일지라도 모든 병자를 다 쫓아다니면서 고치신 것은 아니고, 병자들 가운데에서 어떤 경우에 어떤 특별한 상황이나 어떤 조건하에 들어갔을 때 고쳐 주신 것입니다. 첫째, 예수님을 만나야 안 만난 사람들까지 일일이 다 찾아가셔서 고쳐 주신 것은 아닙니다. 적어도 예수님과 무슨 접촉(contact)이 있었던 사람, 즉 자기 자신이 아니면 간접적으로라도 예수님과 접촉을 하게 되고 또한 간절히 그것을 원했다든지 하는 그런 상황하에서 늘 낫게 해 주신 것입니다. 그리고 사실상 그런 사람들 가운데에서 누구든지 병이 나은 사람은 전부 다 예수님을 간절하고 진실하게 일생 따라 다녔다든지 하는 것은 우리가 보지 못합니다. 병들어 아팠을 때야 '아유, 낫기만 하면 내가 예수를 잘 믿겠다'고 생각했겠지만, 일단 나은 다음에는 또 세상살이에 붙들려서 어떻게 살았는지 우리가 알 수 없는 것입니다.

여기를 보면 애니아란 사람이 나은 것은 무슨 특별한 조건이 있다든지 다른 사람보다 더 하나님 앞에서 특별한 믿음이 있다든지 그 마음의 상태가 특수한 조건하에 있어서 그렇게 된 것도 아니고, 그가 선 땅(standing)이 특수해서 그런 것이 아닙니다. 그런 까닭에 다만 하나님께서 거룩하신 뜻에 합당하신 대로 사도 베드로에게 성신님으로 감화하시고 지시하시고 인도하시는 대로 거기에서 거룩하신 능력을 나타냈다는 것을 우리가 여기에서 생각하는 것입니다.

그런 관점으로 볼 때에 교회에서 흔히 사람들이 병 고친다는 문제에 대해서 자칫 잘못하면 그릇된 관념을 가지고 자꾸 이야기하기가 쉬운 것입니다. 병 고친다고 할 때에 '각 사람이 믿음이 있어야 나으니까 믿으시오. 이제 믿읍시다. 믿어야겠습니다' 하고 자꾸 강조하는 이야기가 나오는데, "무엇이든지 믿고 구하는 것은 다 받으리라"(마 21:22) 하는 말씀이 있으니까 그런 말씀에 의해서 그 사람 자신이 믿고 구하면 누가 옆에서 안수하지 않더라도 되는 것이지 반드시 안수라는 조건이 있어야만 하는 것은 아닙니다.

그러나 애니아는 자기 자신이 기도해서 나은 것도 아니고 자기 자신이 '내가 믿습니다. 사도 선생님, 나를 낫게 해 주십시오' 한 것도 아니고 쫓아와서 간곡하게 구했다는 기록도 없습니다. 다만 문제는 성신께서 베드로를 인도하셔서 애니아를 낫게 하시는데, 애니아의 어떤 조건보다 요컨대 여기서는 예수 그리스도의 어떠한 목적을 위해서 낫게 하신 것뿐입니다. 예수 그리스도의 거룩한 목적을 위해서 사람을 낫게도 하시고, 또 하나님의 공의를 나타내시기도 하고, 또 누가 징벌을 당하기도 하는 것이고, 세상 역사의 수레바퀴를 움직여 역사의 방향을 전환시키기도 하시는 것이고, 그리스도의 목적과 하나님의 나라 혹은 예수 그리스도의 나라의 거룩한 진행이라는 목적을 위해서 필요한 것을 이루어 나가시는 것입니다. 거룩한 능력을 현시해야 할 이유가 있을 때에는 그 앞에 사탄이 있어서 가로막을지라도 거룩한 권능을 가지고 제어하시면서 자꾸 진행시키시는 것입니다. 그런 방식이나 표현의 하나로서 여기에서 애니아가 나은 것입니다.

그전에 제가 평양에 있을 때 가장리라는 동네에 들어가 보게 되었습니다. 제가 주일날이면 나가서 거리에서 전도를 하다가 어떤 사람을 만났는데 그 사람이 자기 동네로 와 달라고 해서 간 것입니다. 이 애니아가 나은 일과 관련해서 생각나는 것이 있어서 그 이야기를 다시 한번 해 드리려고 합니다. 그 가장리라는 동네는 대동군 용현면 일대에 쭉 퍼져 있는 데인데, 가 보니까 예수 믿는 사람도 없고 노동꾼들이 드나드는 술집만 몇 군데 있었습니다. 도무지 거기에 교회가 들어간 일도 없고 믿는 사람도 없었습니다. 하필 저를 길가에서 만나서 자기 동네로 와 달라고 한 사람이 누구냐 하면 김영목이라는 사람인데, 그 사람의 아버지는 집에서 술장사를 하는 사람입니다. 술도가를 합니다. 술도가라기보다는 밀주도 만들고 사다 놓고 팔면서 노름꾼들을 붙여 노름을 하는 그런 집입니다.

하필 그 사람이 저를 청해서 갔는데 자기 아버지 집으로 가자는 것입니다. 갔더니 그의 아버지 되는 영감님이 나와서 인사를 합니다. 그래서 방으로 들어갔습니다. 그것이 노름하는 방인데 거기서 전도를 시작했습니다. 그다음에는 차례차례 동네 사람을 모아 놓고 노름꾼들도 모아 놓고 전도를 했습니다. 차례차례 집집을 방문해 보았더니 그전에 한번 말씀드린 대로 한 집에서 괴상한 질병으로 눈이 먼 사람을 발견했습니다. 젊은 부인인데 그 사람의 눈이 멀었습니다. 그냥 먼 것이 아니고 눈을 멀걸게 떴는데도 눈이 안 보이는 사람입니다. 그냥 눈이 먼 것이 아니라 한 달에 보름은 보고 보름은 못 보는 그런 이상한 병을 가졌습니다. 그런데 그 집에 돼지가 있는데 그 부인인 며느리가 보면 돼지가 못 보고, 며느리가 못 보면 돼지는 보고, 겨끔내기로 그런 일이 계속됩니다.

그것이 중대한 장애가 되었습니다. 그들이 지금까지 예수를 들었을 리도 없고, 그래서 가서 예수 믿으라고 전도를 했지만 마이동풍(馬耳東風)입니다. 제일 중요한 문제는 자기의 병 문제입니다. '어째서 이런 기막힌 일이 생겼습니까?' 하기에 '아, 그럼 돼지를 죽여 보라'고 했더니 '아, 돼지를 죽였다가 우리가 얼을 당해서 영영 봉사가 되어 버리면 어떻게 합니까?' 합니다. 영영 소경이 될까 봐서 돼지를 못 죽인다는 것입니다. 그래서 돼지도 못 죽이고 밤낮 그렇게 떨떠름해 하고 있습니다. 그 사람들의 정황은 물론 불쌍하고 딱한 일이지만, 그렇게 딱한 사람이야 세상에 많이 있습니다. 그 사람들에게 무슨 특수한 믿음이 있는 것은 아닙니다. 문제는 복음을 전해 나가는 데 그런 큰 장애가 눈앞을 딱 막은 것입니다.

그때 돌아와서 친구들과 같이 그것에 대해 간곡하게 기도할 때 '주님의 말씀이 능력 있게 나타나야 할 데에서 이런 큰 장애가 생겼으니 이런 장애가 제거되어야 할 것이 아닙니까? 물론 오늘날 저희가 반드시 기적을 행해야 한다는 것도 아니고 기적이 가장 중요한 것도 아니지만, 문제는 이런 큰 장애가 있으니 이것은 제거되어야 하겠습니다' 하고 고했습니다. 그리고 그 부인을 큰 연합 병원인 기독 병원(Christian hospital)에 데려다 주었습니다. 그런데 거기에서 한 달 내 치료해 보아도 도무지 아무 효과가 없었습니다. 차도가 없다는 것입니다. 서양 의사들이 '아유, 무엇인지 모르겠다. 눈에는 아무런 이상이 없는데 그렇다. 이젠 할 수가 없다'고 합니다. 그것 때문에 다른 데로는 복음을 더 전파하려야 할 수가 없게 되었습니다. 모두들 '하는가 못하는가 보자. 어떻게 잘되는가 못 되는가 보자' 하는 마음이기 때문입니다. 그런 절박한 상황하에서 어떻게 되어야겠습니까? 예수님께서는 어떻게 하시겠습니까? 능력을 나타내시는 것입니다. 좌우간 그 후에 기도한 결과 그 여자는 낫고 돼지는 소경이 되어 버렸습니다.

그러니까 그때 우리가 특별히 안수를 했다든지 병을 낫게 해야겠다든지 한 것도 아니고 그런 일은 우리에게 필요 없는 일이었습니다. 하필 안수해야만 신통력이 나타나는 것도 아닙니다. 그냥 간곡하게 엎드려서 기도했습니다. 돌아와서도 기도하고 거기에 가서도 기도하고 친구들끼리 모여 앉아서 기도했습니다. 친구에게 통고해서 '기도하라. 이거 큰일 났다. 하나님의 말씀을 전해 나가다가 여기에서 딱 부딪혔으니 말씀의 능력이 여기에서 증시(demonstrate)되어야 하겠다. 내가 주제넘게 거기에 들어간 것이 잘못이다. 능력도 없고 아무 힘도 없는 사람이 훌쩍 뛰어들어 간 것이 잘못이지만 이제 어떻게 하겠느냐? 이제는 당한 일이니까 당한 일은 해결하고 보아야 할 것이 아니냐? 하나님께서 여기에서 당신의 말씀이 헛되지 않다는 것을 증명해 주시라고 기도해 달라' 고 했습니다.

그 결과 그 부인이 나았을 뿐 아니라 그 남편도 집사가 되고 그 시아버지도 집사가 되고 나중에는 예배당 짓는 데에 제일 앞장을 서서 거기에 교회를 짓는다고 찾아온 것을 보았습니다. 그런데 문제는 그 부인이 신앙이 깊어서 그렇게 된 것이 아니라는 것입니다. 그런 것은 알 까닭도 없는 것입니다. 문제는 하나님의 거룩한 말씀이 진행해 나가고 하나님 나라의 능력이 차츰차츰 역사(歷史)의 세계에서 역사(役事)해 나가고 작용해 나갈 때 장애가 있으면 하나님께서는 그것이 무엇이든지 제거해 나가시는 것입니다. 애니아를 낫게 한 문제도 그런 것입니다. 애니아 자신이 특수한 사람인 것도 아니고 그 사람에게 도저(到底)한 믿음이 있었다는 것도 아니고 다만 하나님께서 성신으로 베드로에게 사역하셔서 거룩한 교회, 곧 하나님의 거룩한 나라의 능력과 영광이 나타나 나아가는 데 장애가 되는 것을 물리쳐 버리신 것입니다. 오늘은 여기에서 우리가 그것을 알고 잊지 말아야 하겠습니다.

그다음에 "룻다와 샤론에 사는 사람들이 다 그를 보고 주께로 돌아가니라"(9:35) 해서 그것이 계기가 되어 룻다과 샤론에 사는 사람들, 즉 2백 리나 길게 남으로 퍼져 있는 넓은 들에 있는 사람들이 주께로 돌아갔다고 했습니다. 그것이 하나님의 말씀이 전진하는 중요한 계기도 되고 소위 추진력도 된 것입니다. 이런 일이 있었습니다.

베드로가 다비다를 살림

다음에 "욥바에 다비다라 하는 여제자가 있으니"(9:36상)라고 했습니다. 욥바는 예루살렘에서 한 2백 리 이상, 즉 90km쯤 떨어져 서북쪽으로 있는데 주로 북쪽으로 많이 치우쳐 있습니다. 지금은 욥바에 붙어서 북쪽으로 퍼진 것이 텔아비브라는, 이스라엘 나라에서 제일 큰 도시이고, 욥바는 거기에 그냥 붙어 있을 뿐입니다. 그러나 옛날에는 욥바가 중요한 항구 도시이고 블레셋 사람들이 처음에 웅거하고 살던 도시였습니다. 그러니까 욥바는 고대 블레셋 도시로서 아주 오래되었는데 룻다에서 욥바까지는 불과 얼마 되지 않는 거리입니다. 한 50리 되는 거리에 있는데 거기로 간 것입니다. "욥바에 다비다라 하는 여제자가 있으니 그 이름을 번역하면 도르가라. 선행과 구제하는 일이 심히 많더니 그때에 병들어 죽으매 시체를 씻어 다락에 뉘니라. 룻다가 욥바에 가까운지라. 제자들이 베드로가 거기 있음을 듣고 두 사람을 보내어 지체 말고 오라고 간청하니"(9:36-38).

그동안 베드로는 성신의 이끌림을 받아서 여기저기 룻다 지방에 있는, 그 일대에 있는 교회들을 심방하고 있었지만, 이제 욥바로 가는 것은 두 사람이 와서 청해서 가는 것입니다. 무슨 일이 있었다는 말입니다. 성신께서 사람을 인도해 나가시는 방식에 그 마음 가운데 무거운 사명감으로 '하지 않으면 안 되겠구나' 하는 자기의 각성하에서 움직일 경우가 있지만, 일단 걸음을 내디딘다면 거기에 대한 확증으로서, 즉 그것을 하나님께서 보증해 나가는 방식으로서 그 앞이나 그 후에 일어나는 환경이나 혹은 여러 가지 정형이 그로 하여금 더욱 그 앞으로 발전해 나가지 않을 수 없게 일이 자꾸 벌어지는 것입니다. 여기에서 베드로가 욥바로 간 것도 그와 같은 일입니다.

어떤 사람은 욥바에서 룻다가 한 5마일밖에 안 된다고 합니다. 옛날의 영국 사람들의 측정인데 이것은 반듯이 잰 것입니다. 5마일은 한 20리밖에 안 되는 거리인데 지금은 길이 좋으니까 그렇게 바로 반듯이 갈 수 있지만 사실 룻다에서 빙빙 돌아가면 적어도 한 40리는 가야 합니다. 빙 돌아서 올라갔다 내려갔다 하면서 자꾸 가는 것입니다. 아래로 가면 해안지대니까 차츰차츰 평지에 가깝습니다.

"욥바에 다비다라 하는 여제자가 있으니 그 이름을 번역하면 도르가라." 도르가란 것은 사슴 비슷한 염소의 종류입니다. 영양이라고 합니다. 영양은 눈이 아름답고 해서 흔히 이런 이름들을 많이 씁니다. 이름이 여기에서 그렇게 중요한 것은 아니지만 도르가는 그렇게 아름다운 이름을 가진 여인인데 "선행과 구제하는 일이 심히 많더니"라고 해서 아주 선행과 구제하는 일이 많은 여자였습니다. "그때에 병들어 죽으매", 병들어 죽으니까 "시체를 씻어 다락에 뉘니라." 이스라엘 사람의 풍속대로 시체를 씻어서 위에다 뉘었습니다. "룻다가 욥바에 가까운지라. 제자들이 베드로가 거기 있음을 듣고 두 사람을 보내어 지체 말고 오라고 간청하니 베드로가 일어나 저희와 함께 가서 이르매 저희가 데리고 다락에 올라가니"(9:38-39상), 다락에 시체를 뉘었다가 다시 살리는 이야기는 열왕기상 17:19에도 있습니다. "모든 과부가 베드로의 곁에 서서 울며 도르가가 저희와 함께 있을 때에 지은 속옷과 겉옷을 다 내어 보이거늘"(9:39하), 도르가가 이렇게 참 열심히 선행을 하느라고 의복을 지어 주었습니다. 과부들이 많이 와서 그런 것을 보인 것을 보면 과부들을 참 많이 구제한 모양입니다. 그러한 까닭에 구제를 받고 평소에 사랑을 받던 사람들이 그만 마음 가운데 슬퍼서 그 속옷과 겉옷을 보이고 '이것 보라. 이런 것을 보고 평소에 얼마나 우리를 위해서 애를 썼는가를 생각해 달라' 고 한 것입니다.

그런데 제자들이 사람을 보내 베드로를 오라고 한 뜻은 무엇입니까? '혹시 무슨 다른 방도가 없을까? 사도가 오시면 어떻게 되는지도 모르겠다' 한 큰 기대 때문에 그리로 보낸 것입니다. 그러고 그 기대에 대해서 베드로는 어떻게 했습니까? 베드로는 하나님의 성신을 의지함으로써 이 제자들이 가지고 있는 순진하고 비교적 단순한 그 기대에 대해서 완전히 실망을 주어 버리지 않았습니다. 그런데 제자들이 죽은 다비다 혹은 도르가에 대해서 어떻게 못하고 있는 것을 보면 그때에 이적을 행한다는 일이 널리 퍼져서 누구나 저마다 성신 받았다고 떠들고 다니면서 이적을 행하지는 않은 것입니다. 제자들은 자기네가 어떻게 할 수 없으니까 '사도가 오셨다니까 사도를 청하자' 한 것입니다. 여기를 볼 때 제자들 스스로가 무슨 이적을 행하거나 병이 있을 때 병을 낫게 한다거나 그런 것을 못했습니다. 도르가는 그냥 죽었고 죽은 다음에는 시체를 씻어서 자기네 법대로 다락에 누인 다음에 마침 베드로 선생이 룻다에 왔다는 말을 듣고 바로 '청해 오자' 한 것입니다. '이 사람이 살아날 것이다' 하는 무슨 특별한 기대를 가졌다고 우리가 생각할 수 없습니다. 다만 '베드로 선생이 오시면 이때 우리가 어떻게 해야 할 것인지 가르쳐 주실 것이다' 하는 이야기입니다.

베드로가 사람을 다 내보내고 무릎을 꿇고 기도한 것은 예수님께서 하신 일과 비슷합니다. 누가복음 8:51-55과 열왕기하 4:33에도 그런 일이 나옵니다. 지난번에 한번 말씀드린 대로 예수님께서 병자를 일으키신다든지 죽은 사람을 일으키실 때에 무릎을 꿇으신 일이 있습니까? 무릎을 끓으신 일이 없습니다. 당신은 언제든지 서서 기도하셨습니다. 그러나 유대 사람의 그때 풍속으로는 무릎을 꿇고 기도하거나 서서 두 손을 높이 들고 하늘을 우러러 기도했습니다. 예수님이 두 손을 높이 들고 기도하셨다는 그런 기록도 없습니다. 예수님이 기도하시는 방식은 늘 독특합니다. '아버지여' 라고 하셔서 먼저 아버지와의 관계에 대한 이야기를 주로 많이 하시거나 그렇지 않으면 관계에 대한 전제하에서 이야기를 하십니다. 그러나 사람들은 그렇게 하지 못하니까 전능하신 주 앞에 "무릎을 꿇고 기도하고 돌이켜 시체를 향해 가로되 다비다야 일어나라 하니 그가 눈을 떠 베드로를 보고 일어나 앉는지라"(9:40). 죽은 사람이 번쩍 살아났습니다. "베드로가 손을 내밀어 일으키고 성도들과 과부들을 불러들여 그의 산 것을 보이니 온 욥바 사람이 알고 많이 주를 믿더라. 베드로가 욥바에 여러 날 있어 시몬이라 하는 피장의 집에서 유하니라"(9:41-43).

하나님께서 교회 안에 주신 다양한 은사들

여기서 우리가 몇 가지 생각할 문제는 베드로가 한 이 일이 전에 예수님이 하신 일과 같이 비슷하고 고대의 선지자들이 한 일과 비슷하다는 그런 점보다는 요컨대 베드로가 그때 교회의 중요한 기둥과 같은 인물이었지만 거룩한 교회가 차곡차곡 서 나갈 때 교회에 여러 가지 은사를 하나님께서 각각 주시되 그 은사가 나타나는 방면이 다 있어서 어떤 은사든지 필요한 대로 하나님께서 고루고루 분배해 주신다는 사실입니다. 여기서 우리가 그런 것을 특별히 찾아봐야 할 것입니다. 하나님께서 교회의 모든 사람에게 꼭 동일한 은사를 다 주시는 것이 아니라 어떤 사람에게는 이렇게 하시고 어떤 사람은 저렇게 하십니다. "은사는 여러 가지나 성신은 같고 직임은 여러 가지나 주는 같으며 또 역사(役事)는 여러 가지나 모든 것을 모든 사람 가운데서 역사하시는 하나님은 동일하시니 각 사람에게 성신의 나타남을 주심은 유익하게 하려 하심이라"(고전 12:4-7). '각 사람에게서 성신의 은사가 나타나게 하시는 이유는 유익하게 하려는 것이다. 도움이 되게 하려는 것이다' 하는 말입니다. 그런고로 "어떤 이에게는 성신으로 말미암아 지혜의 말씀을, 어떤 이에게는 같은 성신을 따라 지식의 말씀을, 다른 이에게는 같은 성신으로 믿음을, 어떤 이에게는 한 성신으로 병 고치는 은사를, 어떤 이에게는 능력을 행하는 것을, 어떤 이에게는 예언함을, 어떤 이에게는 영들을 분변함을, 다른 이에게는 각종 방언 말함을, 어떤 이에게는 방언들을 통역함을 주시나니"(고전 12:8-10). 이렇게 각각 여러 가지 은사로 나누었습니다.

그러나 고린도전서 12:27-31을 보면 "너희는 그리스도의 몸이요 지체의 각 부분이라. 하나님이 교회 중에 몇을 세우셨으니 첫째는 사도요 둘째는 선지자요 셋째는 교사요 다음은 능력이요 그다음은 병 고치는 은사와 서로 돕는 것과 다스리는 것과 각종 방언을 하는 것이라. 다 사도겠느냐? 다 선지자겠느냐? 다 교사겠느냐? 다 능력을 행하는 자겠느냐? 다 병 고치는 은사를 가진 자겠느냐? 다 방언을 말하는 자겠느냐? 다 통역하는 자겠느냐? 너희는 더욱 큰 은사를 사모하라. 내가 또한 제일 좋은 길을 너희에게 보이리라" 하고서는 계속해서 13장에서 '사랑'에 대해서 가르쳤습니다. 여기서 우리가 중요히 볼 것은 "각 사람에게 성신의 나타남을 주심은 유익하게 하려 하심이라" 하는 7절 말씀과 '그다음은 병 고치는 은사와 서로 돕는 것과 다스리는 것과 각종 방언을 하는 것이라' 하는 28절 말씀입니다.

여기에서 우리가 흔히 어떤 은사에 대해서 간과해 버리는 경향이 있다는 것을 생각하게 됩니다. 어떤 은사에 대해서 간과합니까? 지혜의 말을 할 때는 별로 간과하지 않습니다. '아, 참으로 은사를 받았다' 하고 생각합니다. 지식의 말을 할 때도 '아, 저 사람은 정말 믿음이 깊고 성신님의 은사를 받아서 그렇다' 하고 말합니다. 그리고 병을 고치면 당장에 희한한 은사인 줄 압니다. 또 어떤 사람들이 무슨 방언이나 씨부렁씨부렁하면 '아, 은사 받았다' 하고 떠들고 야단 냅니다. 그러나 남을 잘 돕는 일은 은사인 줄 모른다는 것이야말로 큰 야단입니다. 28절을 보면 서로 돕는 것도 성신님의 은사라고 써 놓았습니다. 병 고치는 것도 은사라면 서로 돕는다는 것도 은사이고 잘 다스려 가는 것도 은사인 것입니다. 이것은 그 개인에게 선천적으로 재주가 있어서 그렇게 하는 것만이 아니고, 그 사람의 성격상 남 어려운 꼴을 못 보는 사람이라 그냥 다짜고짜로 달려들어서 도와주는 것만이 아니라, 예수 그리스도적인 새로운 성품이 그에게서 역사할 때 각각 성신님이 그에게 주신 은사대로 나오는 것입니다. 누구나 반드시 사도 노릇 하는 것이 아니고 반드시 선지자 노릇 하는 것이 아니고 반드시 교사가 되는 것도 아닙니다. 서로 돕는다는 것도 거룩한 교회의 각 기능을 충분히 살리기 위해서 하나님께서 사람을 쓰실 때 가장 필요하고 불가결한 은사의 하나인 것입니다. 마치 우리의 맥박이 팔딱팔딱 뛴다는 것이 보통으로 보아서는 큰 운동을 하는 것 같지 않을지라도 맥박이 안 뛰면 큰 야단이 나는 것과 마찬가지입니다.

  이와 같이 우리의 신체의 기능은 어떤 부분이든지 그것이 정상적으로 움직일 때는 현저하게 사람의 눈에 띄지 않는 경우가 많이 있습니다. 우리가 눈을 깜짝깜짝하는 것도 마찬가지입니다. 요새 제가 눈이 아파서 병원에서 지냈는데, 눈을 조사할 때는 눈을 벌려 놓고 그냥 가만히 눈을 뜨고 있으라고 합니다. 평소에는 몰랐는데 눈을 뜬 채로 한참 있으면 눈이 아파서 못 견딥니다. 깜짝거려야 합니다. '이제 눈을 조사하니까 조금만 깜짝거리지 말고 가만히 좀 있어 달라' 고 합니다. 그러면 미리 한바탕 깜짝거려야만 그런 대로 좀 견딜 수 있습니다. 눈을 한번씩 깜짝거리는 것이 이렇게 중요합니다. 만일 30분만 눈을 깜짝거리지 못하게 해 놓으면 죽는다고 야단 낼 것입니다. 그리고 또 처음에 수술을 한 다음에는 침대에 뉘어 놓고 어찌하든지 11시간이나 12시간 동안은 꼼짝 말고 가만히 있으라고 했습니다. 12시간은 그만두고 5시간 동안 꼼짝도 하지 않고 있으니까 나중에는 조금만 움직여도 허리가 아파 옵니다. 이튿날에 와서는 눈을 싸매 주고 '오늘은 옆으로 누워도 괜찮다'고 해서 한번 살짝 뒤집어서 한 시간 만에 옆으로 한번씩 누웠는데 그것도 얼마나 편한지 모릅니다. '세상에 이렇게 중요한 기능을 우리가 다 그냥 간과하고 지나쳐 버리는구나' 하는 생각이 들었습니다.

그와 같이 교회 안에서 거룩한 하나님의 나라를 운전해 나갈 때 서로 돕는다는 것도 큰 은사입니다. 남몰래 다비다같이 가서 옷을 지어 가난한 사람을 도와주거나 무슨 일이든지 자기가 할 수 있는 일을 하고 성신의 역사와 성신이 주신 마음과 영감에 의해서, 즉 성신의 은사에 의해서 남 보기에는 현저하지 않은 일일지라도 조금 가서 돕는 일, 교회를 운전해 나갈 때에 무엇을 조금씩 조금씩 도와주는 일이 얼마나 큰 은사인지 알 수 없는 것입니다. 그것이 방언하는 은사보다 더 현저한 은사인 것입니다. 더군다나 '내가 더 크고 더 좋은 은사, 제일 좋은 길을 너희에게 보이리라' 하고 말했습니다. 더 큰 은사로서 제일 좋은 길은 무엇이냐 하면 13장에 나오는 사랑입니다. 만일 사랑이라는 근거 위에서 우리가 남을 돕기로 한다면 가장 큰 은사를 취하고 발휘하는 것입니다. 가장 큰 은사를 실천(exercise)해 나가는 것입니다.

다비다를 다시 살려 주신 이유

그러면 다비다 혹은 도르가라는 이 여성도는 무엇의 대표자입니까? 하나님의 은사는 사도 베드로라는 현저한 인물에게서만 발하는 것이 아니라 다비다 혹은 도르가 같은 이러한 여인에게서도 나타나는 것입니다. 하나님께서는 왜 그를 이 괴로움 많고 슬픈 세계로 도로 불러내 오셨습니까? 좋은 세상으로 부르신 것이 아닙니다. 하나님 앞으로, 평안한 데로 갈 참입니다. 그런데 거기서 왜 도로 부르셨느냐 하면 '평안한 곳에 미리 가 있기보다 아직 좀 더 고생을 할지라도 땅 위에서 그 은사를 나타내야겠다. 교회에 그가 없으면 안 되겠다' 하는 거룩한 뜻을 우리에게 보이시려고 도르가의 재생 혹은 부생(復生)이라는 것을 여기에서 가르치신 것입니다. 이렇게 어느 때에는 지극히 작은 듯하고 간과해 버릴 만하고 세상 아무데라도 있는 듯한 자선행이나 남을 조금 도와주는 것이 큰 의미를 가지는 것입니다. 도와주는 것이야 길 가다가 손수레가 높은 데 올라갈 때 밀어 주는 것도 조금 도와주는 것이 되겠지만 그런 의미가 아니고 이것은 성신의 은사의 역사로 돕는 것입니다. 그냥 자기가 돕고 싶어서 인정이나 불인지심(不忍之心)에 불가부득하여 조금 밀고 나가는 것이 아니고 성신의 은사가 역사해서 조금 밀어 준 것은 그것이 사람의 열매가 아니고 성신의 은사의 열매인 까닭에 반드시 성신의 은사의 열매로서 나타나는 것입니다. 그리고 또한 그것은 반드시 교회의 진행의 열매로 나타나는 것입니다. 이런 것들이 간과되어서는 안 되겠다는 것을 여기에서 크게 가르치는 것입니다.

 도르가 한 사람을 다시 살렸다는 것은 무슨 뜻입니까? '주께서 그를 괴로움 많은 세상에서 평안한 곳으로 불러 가셨지만 그러나 성도들에게나 그때의 교회에는 그런 인물이 있어야 했는데 다른 사람으로 바꿀 수 없었다. 베드로하고도 바꿀 수 없었다. 베드로가 있었어도 그와 바꿀 수 없었다' 하는 말입니다. 바꿀 수 없으니까 그가 있어야겠다고 해서 다시 보내 주신 것입니다. 사실상 그가 다시 살아난 일을 두고 베드로가 큰 능력과 은사를 행한 것같이 생각하지만 반드시 그런 것은 아닙니다.

 우리 주님도 이 세상에 계시는 동안에 죽은 사람을 살려내셨지만 많이 살려내신 것은 아닙니다. 죽은 사람을 살려내신 이야기가 몇 군데 있습니다. 성경의 기록으로는 세 번밖에 모릅니다. 나사로를 살려내시고, 나인성 과부의 아들을 살려내시고, 야이로의 딸을 살려내셨습니다. 사실상 그 사람들을 평안하고 가장 은혜롭고 하나님의 영광 앞에서 안식할 수 있는 곳에서 이 땅으로 도로 불러내 온다는 것이 큰 세계, 곧 하나님의 실재의 세계의 안목으로 볼 때는 뭐 그리 대단한 이야기가 아닙니다. 그러나 내보내신 것은 증거자로 필요한 까닭에 내보내신 것입니다. 항상 하나님 나라의 거룩한 은혜와 능력이 땅 위에서 명확하게 증시되기 위해서 정 필요할 때, 그 사람이 있어야만 하겠다고 생각하실 때 다시 내보내신 것입니다. 각 경우마다 예수님께서는 그런 중요한 의의를 가지고서 사람을 살려내셨지 그냥 덮어놓고 '죽어서 불쌍하니 도로 살려 주어야겠다' 하신 것이 아닙니다.

여기에서 도르가가 살아난 문제도 베드로가 '아, 불쌍하다. 안되었다. 그가 참 선행을 많이 했으니 세상에서 좀 더 살아야 한다. 그런 사람은 오래 살면서 세상에서 좋은 일도 많이 하고 낙도 보고 살아야지 일찍 저승으로 가서 염라대왕에게 잡혀가다니' 하는 그런 사상이 아닙니다. 동양 사람에게 흔히 있는 것은 '죽음이라는 것은 무서운 것이고 가장 괴로운 것이고 이제는 무엇도 더 할 수 없이 모든 낙과 즐거움이 다 단절되어 버리는 것이다' 하는 생각입니다. 그러나 실상 이 세상에서 하나님 나라로 간다는 것은 이 험하고 더러운 세상에서 아름답고 영광스러운 나라로 가는 것입니다. 그러면 그런 영광스러운 나라에서 다시 이 세상으로 불러내올 때는 거기에 그럴 필요가 있기 때문입니다. '땅 위에서 현 역사의 세계에서 하나님 나라를 현시해야겠는데 그러기 위해서는 그가 있어야겠다' 하는 뜻으로 도르가를 불러 주신 것입니다. 여기에서 이 점을 우리가 특별히 주의하고 넘어가십시다.

기도

 거룩하신 아버지시여, 아버님께서 이 땅 위에 이 인류의 역사의 세계에 하나님의 은혜의 왕국을 세우시고 그것을 경영해 나가실 때 거기에 필요한 모든 것을 주신 것이 마치 저희의 신체의 각 기능과 각 부분에 꼭 필요한 것은 무엇이든지 주께서 마련하시고 다 주신 것과 같사옵나이다. 그것이 사람들 보기에는 미미하여 거의 간과해 버리는 것일지라도 그것이 없다면 다른 것으로 그것을 대체할 수 없을 만큼 중요한 것이 많이 있사옵나이다. 그와 같이 거룩한 하나님의 나라와 예수 그리스도의 거룩한 몸이 구체적으로 이 땅 위에 형성되어 나타나서 그리스도를 증시하려고 할 때에는 은사의 여러 부분이 다 필요하온데, 그것은 사람이 제멋대로 나누는 것이 아니고 성신께서 그것을 나눠 주시며, 그렇게 나눠 주시는 거룩한 까닭은 모두 유익하게 하려 하심이요, 거기에는 또한 사람이 간과해 버리기 쉬운 여러 가지 것들이 있는 것을 저희가 오늘 잠깐 보았사옵나이다. 주님이여, 주님의 거룩한 몸에는 모든 기능이 구비되어야 하겠사옵나이다. 그런고로 각종 은사가 필요한 대로 나타나야 하겠사오니 주께서 저희 교회에 복 주셔서 필요한 모든 기능이 넉넉하고 능력 있게 작용하게 하시고 활용되게 하시옵소서. 그리하여 주께서 저희에게 산 몸으로서의 기능이 충만히 나타나는 사실을 더욱 증시하여 주옵소서.

 주 예수의 이름으로 기도하옵나이다. 아멘.

1966년 1월 9일 주일 공부

제8강

다비다를 다시 살린 경위

사도행전 9:32-43

때에 베드로가 사방으로 두루 행하다가 룻다에 사는 성도들에게도 내려갔더니 거기서 애니아라 하는 사람을 만나매 그가 중풍병으로 상 위에 누운 지 팔 년이라 베드로가 가로되 애니아야 예수 그리스도께서 너를 낫게 하시니 일어나 네 자리를 정돈하라 한대 곧 일어나니 룻다와 샤론에 사는 사람들이 다 그를 보고 주께로 돌아가니라 욥바에 다비다라 하는 여제자가 있으니 그 이름을 번역하면 도르가라 선행과 구제하는 일이 심히 많더니 그때에 병들어 죽으매 시체를 씻어 다락에 뉘니라 룻다가 욥바에 가까운지라 제자들이 베드로가 거기 있음을 듣고 두 사람을 보내어 지체 말고 오라고 간청하니 베드로가 일어나 저희와 함께 가서 이르매 저희가 데리고 다락에 올라가니 모든 과부가 베드로의 곁에 서서 울며 도르가가 저희와 함께 있을 때에 지은 속옷과 겉옷을 다 내어 보이거늘 베드로가 사람을 다 내어 보내고 무릎을 꿇고 기도하고 돌이켜 시체를 향하여 가로되 다비다야 일어나라 하니 그가 눈을 떠 베드로를 보고 일어나 앉는지라 베드로가 손을 내밀어 일으키고 성도들과 과부들을 불러들여 그의 산 것을 보이니 온 욥바 사람이 알고 많이 주를 믿더라 베드로가 욥바에 여러 날 있어 시몬이라 하는 피장(皮匠)의 집에서 유하니라

제8강

다비다를 다시 살린 경위

사도행전 9:32-43

오늘은 계속해서 도르가를 살린 이야기를 상고(詳考)하겠습니다. 도르가 혹은 다비다는 번역하면 영양(羚羊), 즉 깊은 산속에 있는 양과 같은 사슴이라는 말입니다.

그보다 먼저 애니아라는 사람이 중풍 들려서 8년이나 상 위에 누워 있었는데 베드로가 가서 "예수 그리스도께서 너를 낫게 하시니 일어나 네 자리를 정돈하라"(9:34) 하니까 일어났습니다. 그것으로 인해 "룻다와 샤론에 사는 사람들이 다 그를 보고 주께로 돌아가니라"(9:35) 했습니다.

기적의 참된 의미는 어디에 있는가

지난번에 상고한 대로 기적의 의미는 그리스도께서 단순히 죽은 사람을 살리시든지 누워 있는 사람을 일으키시는 그런 점으로 증시되는 것이 아니고, 복음 사실이 제시되는 데에 기적의 중요한 의미가 있는 것입니다. 복음 사실이 분명히 제시되지 않는다면, 기적과 직접 관련해서 그러한 신통력이나 신비한 능력이 그리스도의 이름으로 행사되고 그리스도에 의해서 그런 것이 나타났다는 점만으로는 그리스도에 대해 심한 오해를 일으키기가 쉽습니다. 그러니까 기적을 원하는 사람이나 혹은 기적을 나타내는 경우에 비정상적이고 비정통적인 사실이 허다하게 많이 일어납니다. 그런 것들을 대비하고 정당하게 생각하려면 무엇보다도 그리스도의 복음적인 사실을 중심으로 해서 기적을 기대도 하고 해석도 하고 거기에서 의미를 발견해야 하는 것입니다.

또한 이런 일들이 우리에게 현실상 어떠한 교훈을 주느냐 할 때 무릇 아픈 사람을 낫게 하고 죽은 사람을 살리는 거룩한 하나님의 능력의 작용은 우리들의 생활에 때를 따라서 다소간에 현저하게 나타난다는 것을 여러분이 다 같이 경험하셨을 것입니다. 즉 우리들은 이 세상에 살면서 '하나님이 긍휼히 여기심으로써 이 병을 고쳐 주시는 하나님의 자비와 능력이 나에게 역사해야겠다' 하고 바라는 시간이 때때로 있는 것입니다. 엄격하게 말하면 단순히 그것만이 아닙니다. 우리의 육신이 질그릇과 같은 까닭에 이 연약한 육신은 항상 하나님의 돌아보심과 보존하심이 아니면 언제 어디서 어떻게 위험에 처할는지 알 수 없다는 것을 다 느끼고 알고 있습니다. 그런 까닭에 단순히 병이 들어서 '하나님께서 병을 낫게 해 주신다' 든지 '병을 낫게 해 주시는 능력이 하나님께로부터 내게 역사하기를 바란다' 하는 정도만이 아니고, 병이 발생하지 않도록 보존해 주시는 은혜를 늘 기대하는 것이 중요한 일입니다.

이것은 누구든지 다 주를 믿고 의지하고 사는 사람은 자기의 연약을 아는 까닭에 마음 가운데 늘 가지는 심정이고 기대하는 바입니다. 우리 중 누구 하나도 '하나님께서 잠시라도 나를 떠나시면 나는 별수 없다' 고 생각하지 않고 '하나님께 맡기지 않아도 능히 잘 돌아간다' 고 생각할 사람이 없습니다. 우리의 연약한 육신이 때에 따라서 병도 나고 또 추위와 더위도 잘 못 견뎌서 감기도 들고 박테리아나 그런 것들의 침해를 받기도 하지만, 그런 모든 것에서 하나님이 보호하시고 지켜 주시며 힘 주시고 회복하시는 은혜를 우리가 다 믿고 있습니다. 그것이 어떤 특정적인 사람에게서 어떤 돌연하고 돌변적인 사실로 나타나면 그것을 기적이라고 다 그러지만 그 능력의 질은 마찬가지인 것입니다. 즉 나를 늘 안전히 보존해 주시는 능력이나 내 몸이 불편했을 때 그 불편한 몸을 건강하게 회복시켜 주시는 하나님의 배려와 주장(主掌)하심이나 중풍으로 8년이나 누워 있던 애니아를 일으키신 것은 능력의 작용이나 능력 자체의 본질에서는 다 마찬가지이고 또 같은 근원을 가지고 있습니다. 그러니까 애니아가 중풍병에서 일어난 것이나 또 다비다가 죽음에서 일어난 것을 희한한 사실로 다 생각하지만, 그러나 우리의 매일 매일의 생활에서 당초부터 중풍병이나 그런 어려움에 들어가지 않도록 보호해 주시는 하나님의 사랑과 그렇게 보호하시는 하나님의 섭리와 그로 인한 모든 마련들 역시 참으로 애니아가 중풍병에서 일어난 것 못지않게 감사할 사실로 늘 있는 것입니다.

그런데 그렇게 감사만 할 것이 아니라 그런 것의 의미를 생각해 보시기 바랍니다. '왜 애니아를 중풍병에서 일으키셨는가?' 애니아는 아마 신자가 아닌지도 모릅니다. '애니아라는 제자가 있더니' 하지 않고 "애니아라 하는 사람을 만나매"(9:33 상) 하고 기록했습니다. 그러나 다비다에 대해서는 '제자'라는 말을 썼습니다. 그러니까 누가가 말을 선택해서 쓴 것을 보더라도 애니아는 혹시 신자가 아닐지도 모르는 것입니다. 그런데 베드로가 가서 주 예수 그리스도의 이름을 거기에 붙였습니다. 즉 "예수 그리스도께서 너를 낫게 하시니 일어나 네 상을 정돈하라"(9:34)고 한 것입니다.

이렇게 예수 그리스도라는 분의 능력을 그들에게 소개할 때, 앞에서 말씀드린 대로 병을 고쳐 주고 죽은 사람을 살려 주는 수호신이나 나를 늘 보존해 주시는 힘이라는 면에서만 그리스도를 생각하게 된다면 기적의 의미가 없어지는 것입니다. 왜냐하면 그전에도 말씀드린 대로 기적의 질량이나 규모(scale)나 사회적인 효과라는 점으로 볼 때는 그것이 대단한 것이 아니기 때문입니다. 오히려 사람에게 주신 바 하나님의 일반 법칙의 지혜를 적용함으로 말미암은 의료 시설이나 사회의 보건 정책이나 의약의 작용 같은 것들이 사실은 인류를 병 가운데에서 막아도 내고 낫게 하는 일에 가장 크고 중요한 힘의 요소가 되었지 몇 사람의 기적으로 그런 것을 막아 낸 것이 아닙니다.

지난번에 말씀드린 것과 같이 기적의 의미는 사회적인 효과나 물질적인 효과라는 점에서 먼저 생각하는 것이 아니고 '그것이 무엇을 증시하려고 했는가' 라는 점에서 생각해야 하는데, 그것이 무엇을 증시하느냐 하면 병을 낫게 하시는 예수 그리스도를 증시하는 것이 아니라 구원하시는 예수 그리스도, 즉 복음 사실로써 설명하는 예수 그리스도를 증거하는 데에 의미가 있는 것입니다.

그러니까 그런 점에서 오늘날 우리들의 몸의 연약이라든지 또 연약한 몸을 회복해 주시기를 바라는 일이라든지 또 우리의 건강을 늘 보존해 주시기를 바라는 일에서 늘 중요히 생각해야 하면서도 간과하기 쉬운 문제가 있습니다. 큰 기적이 발생했을 때, 즉 애니아의 경우와 다비다의 경우와 같은 기적이 발생했을 때 그것을 어떤 면에서 파악하고 해석하느냐 하면 '아, 무한한 능력을 가지셔서 잃는 자를 당장에 일으켜 낫게 하시고 죽은 자를 이렇게 살게 하셨구나' 하는 면에서만 파악하는 잘못이 우리들의 생활에 늘 있는 것입니다. 무슨 말인가 하면 몸이 아파서 주께서 내 몸을 건져 주시기를 바라고 회복시켜 주시기를 바랄 때 '주여, 주의 능력은 무한하시고 주의 사랑은 무한하시니 사랑의 손과 능력의 손으로 나를 붙드셔서 건강을 회복시켜 주시고 항상 건강을 유지하게 해 줍소서' 하는 정도라면 앞에서 말한 그것과 다를 것이 하나도 없습니다. 즉 병을 낫게 하시고 지키시고 보존하시는 하나님이나 그러한 그리스도로 파악하고 있는 심정에 불과한 것이 되는 것입니다. 입으로는 그렇지 않다고 할지라도 그 때에 나를 지배하고 있는 그리스도에 대한 인식은 그런 것입니다. 그런 것은 의미가 없습니다. 기적을 그런 점에서 해석하면 의미가 없는 것입니다. 이것이 빠지기 쉬운 우리의 과오입니다.

그러면 우리는 어떤 점에서 파악해야 하느냐 하면 구원하시는 예수 그리스도께서 새로운 생명을 주시고 새사람으로 만들어 주셔서 그 새사람이 장성해서 땅 위에서 하나님의 구원의 목적을 이루어 나가도록 사명이 부여되었고, 부여된 그 사명을 이루어 나감으로써 하나님의 나라를 땅 위에 증시하고 하나님의 거룩한 교회가 땅에 확호하게 서서 그 영광과 능력이 증거되는 이 사실이 복음적인 사실인데, 그리스도의 속죄와 그리스도의 부활과 새로운 생명과 그 새로운 생명에 연결된 우리들이 부활하신 예수 그리스도의 생명의 영광과 능력을 교회라는 한 실체를 형성해서 나타내고 있다는 이 복음적인 사실이 언제든지 먼저 앞서고 제일 중요한 것입니다. 병을 낫게 할 때 그 사실을 좀 더 인식하게 하고 그 사실의 실질적인 능력의 일단이 이러한 형태로 드러난다는 점을 늘 생각하는 것이 더 중요합니다.

다른 말로 하면 내가 아파서 낫게 해 주시기를 바란다든지 내 몸이 연약해서 강건케 해 주시기를 바란다든지 나의 건강을 항상 지켜 주시기를 바란다든지 할 때 '하나님께서 왜 그렇게 하시느냐 하면 하나님은 나를 극진히 사랑하시고 긍휼히 여기시고 무한한 능력을 가지고 늘 보호하시고 보존하시는 분이니까 그렇다. 예수님은 나를 늘 불쌍히 여기시니까 그렇다' 하고만 생각하는 것은 부족한 것입니다. '나를 보호하시고 보존하심으로써 그리스도의 구원의 사실, 복음의 사실, 속죄의 크신 사실과 부활과 새 생명과 새사람과 거룩한 그리스도의 지체로서의 영광의 현현이

나에게서 좀 더 유리하고 능력 있고 찬란하게 드러나는 것이고, 그렇게 되기 위해서 내게 건강이 있어야겠으니 건강을 주시기를 바라오며, 또 건강을 주셔서 병에서 회복하셨으면 그 건강을 가지고 그리스도를 증거하게 합소서' 하고 구해야 하는 것입니다. 그렇게 그리스도를 증거할 때 이처럼 건강을 주시는 그 능력이 곧 땅 위에 있는 모든 사회적, 정신적 질병에 대해서 하나님 나라의 건전성과 능력을 증시하는 사실을 대척적으로 보이는 것입니다. 그 두 가지가 같은 능력이요 그 능력의 증시인 것입니다.

'너희가 죽은 다비다를 살린 이 능력에 대해서 어떻게 생각하느냐? 나사렛 예수는 죽은 사람도 이렇게 살린다는 그것으로 끝나느냐?' 할 때 그것이 아닙니다. '나사렛 예수는 너희를 구원하는 것이다. 너희 죄와 허물로 죽어 있는 너희를 살리신다는 이 사실을 먼저 생각해야 한다' 하는 것입니다. 이것을 중요히 생각해야 합니다. 그러니까 '우리를 불쌍히 여기셔서 구원하시고 병 가운데에서 건져 내시고 건강하게 하셔서 쾌차시키신다' 하는 정도로, 수호신으로, 보호자로, 긍휼히 여기시는 분으로, 자비의 신으로 해석하면 신에게 자비는 돌릴는지 몰라도 내 생존과 생활과 건강 유지의 목적은 여전히 나에게 있는 것입니다. '내 자신이 이렇게 행복스럽게 자기를 유지하고 살아야 할 텐데 건강을 잃어버렸으니 다시 먼젓번의 행복으로 회복해 주시오' 하는 심정입니다. 많이는 그렇게 생각하는 까닭에 그런 정도로만 파악하는 것입니다. 이것이 많은 기독교인에게 있는 큰 과오입니다.

나가서 누구의 병을 고친다든지 기적을 행하고 기도해서 자꾸 신유(神癒)를 한다든지 하는 문제도 자꾸 신유 자체에 중점을 두거나 어떤 개인의 병이 나았다는 물질적인 효과에 중점을 두거나 그런 효과를 내는 신의 능력에만 중점을 둘 뿐입니다. 그 능력이 사실상 무엇을 증거하려고 하느나 할 때 '구원하시는 하나님' 과 '죄와 허물로 죽은 자를 살려내시고 죄를 속(贖)하시며 새 생명을 주시고 새사람을 형성하여 그리스도의 거룩한 지체로서 영광을 나타내게 하신다' 는 이 큰 사실과 구원의 큰 목적을 증거하려고 나왔다는 말도 하지 않고 그런 인식론도 베풀지 않고 그런 이론도 하지 않고 그냥 '하나님, 참 감사합니다. 우리를 살려 주셨으니 감사합니다. 건강케 하셨으니 감사합니다' 한다면, 그 건강한 힘으로 무엇을 하겠습니까? '여전히 옛날과 같이 나는 나를 위해서 살겠다' 하는 사람이 되는 것뿐입니다. 자기를 위해서 살다가 불건강하고 병들어서 야단이 날 때 '하나님, 살려 주세요. 살려 주세요' 하고 앙앙 울다가 그 병이 나으면 '하나님, 감사합니다. 이제는 다시 도로아미타불로 나를 위해서 살겠습니다' 하는 식인 것입니다. 기독교인들에게도 그런 식이 많습니다. 그것이 우리에게 주는 교훈과 의미를 좀 생각해 보려고 하지 않는 것입니다.

그전에도 한번 이야기했는데, 미국 오하이오 주의 에이크론이라고 하는 도시는 고무 공업으로 유명한 도시여서 유명한 고무 공장이 있는데 거기에 댈러스 빌링턴이라고 하는 목사가 있었습니다. 고무 공장의 직원으로 다니고 있다가 자기의 아들이 몹시 앓아서 사경에 이르러 의사들도 손을 떼니까 '어쩌면 좋을까' 하고 생각하다가 엎드려서 간곡하게 기도하기를 '주여, 이 자식 체로키를 살려 주십시오. 살려 주시는 주님의 능력이 이 아이에게 나타나 주시면 저는 나가서 이제부터 주님의 구원의 사실을 전파하겠습니다. 저의 나머지 생명은 이 고무 공장에 다니면서 벌어먹고 사는 데가 아니라 굶든지 먹든지 이제는 구원하시는 주님의 능력을 전파하는 데에 제 일생을 바치겠습니다' 하고 이야기했습니다. 이런 태도가 완전한 형태는 아닐지라도 적어도 그런 방향으로 자취를 찾아간 예입니다.

앞에서 말씀드린 대로 하나님께서 우리의 건강을 회복해 주실 때 그 능력은 다른 말로 하면 구원의 주님의 능력이고 주님의 구원의 능력이며 죽음과 죄와 사망에서 허덕이는 사람을 살려내시고 또 정신적인 질고와 영원한 큰 병 가운데에 있는 이 파탄 난 인간의 인격을 재건해 주시는 능력입니다. 이렇게 해서 파탄 되고 죄와 부패로 괴멸되다시피 한 이 세계의 인류 역사 위에 건실하고 건강하고 튼튼한 하나님 나라의 짜임새 있고 영광스러운 모양을 드러내는 데에 주력하는 것이고 그런 능력을 증거하려고 하는 것입니다. '그 능력은 그저 단순히 정신적이고 관념적인 것이냐? 관념이 아니다. 그것은 이렇게 현실적이고 물리적인 능력이다. 봐라, 죽은 사람도 일어나고 병든 자도 일어나지 않느냐? 그 능력이 동시에 작용해서 하나님 나라를 증거하고 세워 나가고 역사(歷史)를 만들어 나가는 것이다' 하는 이야기입니다. 그 질에서 다른 능력이 아닙니다. 죽은 자를 살리시는 능력, 아픈 자를 병상에서 일으키시는 능력, 우리의 건강을 보존하시는 그 능력은 동시에 하나님 나라의 거룩한 영광의 짜임새 있고 튼튼하고 가장 아름다운 자태를 파괴되고 지리멸렬하고 살풍경인 인류의 역사 위에 찬연하게 건설해서 자꾸 보여 나가는 것입니다.

  여러분, 이런 상상을 하면서 그림을 그려 보시기 바랍니다. 인류의 역사 위에 영웅이라는 사람이 많이 일어나고 제국을 건설하고 사람을 많이 도살하고 막 유린하고 짓밟고 그러다가 또 뒤엎어지고 다시 먹히고 큰 야단을 내어 짐승들이 싸우는 것과 같은 속에서 무엇이 가장 의미 있게 시간을 쓰고 시간이라는 존재의 의미를 증거하고 나가느냐 할 때 그것은 제국의 흥망이 아니고 인류의 부패된 문화의 허화(虛華)와 흥망이 아닙니다. 그것은 하나님 나라의 찬연하고 가장 정비된 아름다움이요 균세(均勢)가 있고 통일성이 있고 변화무궁한 그 나라의 거룩한 자태인 것입니다. 그것을 한번 이렇게 그려 보시기 바랍니다. '아, 저 일을 위해서 하나님의 능력은 작용하는데 그 능력은 나를 죽음에서도 일으키고 병중에서도 일으키는 능력이다' 하고 생각하고 '주여, 그 영광의 나라를 운전하시고 이룩하시며 나타내시는 큰 능력이 이 자식에게도 섬광같이 비추셔서 튼튼하고 건강한 힘으로 생명이시고 영광이신 하나님을 증거하는 생활을 계속하게 합소서' 하고 기도하는 것입니다. 이렇게 해서 오늘날도 병들거든 기도하시고 괴롭거든 기도하시고 몸이 연약하거든 그런 목적을 위해서 그 능력이 나타나기를 기도하시는 것이 정당한 일입니다. 이것이 기적의 의미인 것입니다.

모르는 사람들은 큰 능력으로 건강을 보존해 주신 사실은 모르고 안 보이니까 기적이나 어떤 희한한 일이 하나 일어나야 합니다. 그래서 희한한 일이 발생하는 것입니다. 그런 일의 물리적인 효과가 굉장하기 때문이 아니라 그런 일이 그때 꼭 필요하기 때문입니다. 애니아가 일어나는 것도 필요한 일이고 다비다가 죽은 데서 살아나는 것도 필요한 일입니다. 그러나 그것을 보는 사람들에게는 그들이 본 결과 '희한하구나. 하나님은 죽은 사람도 살리시는 걸' 하는 것이 전부가 아니라 '그가 나를 건지시고 살려내시는구나' 하고 믿고 나아오는 사실이 중요한 것입니다. 거기까지 도달하지 않으면 소용이 없는 것입니다.

똑같은 논리로 내게 있는 질병이라는 문제도 마찬가지입니다. 내가 어느 때 몸이 불편하게 되었을 때 그것을 고쳐 주시는 것은 언제나 원상 복귀가 아니고 전진을 시키는 것입니다. 왜냐하면 우리는 한때라도 반복하거나 되돌아가는 역사를 만드는 일이 없기 때문입니다. 그런 것은 헬라적 사고(思考)입니다. 원래 헬라적 사고 가운데 있는 사관(史觀)은 반복하게 되어 있습니다. 그러나 성경에서 가르친 사관, 곧 히브리 사람들이 옛날부터 견지했던 사관에는 반복이 없습니다. 자꾸 진행하는 것입니다. 아팠던 사람이 예전처럼 건강해졌다고 하면 예전과 똑같은 상태가 되는 것이 아니고 그때의 건강 속에는 벌써 역사적으로 시간적으로 진행한 상태가 함께 함유되어야 하는 것이고 포함되어야 하는 것입니다. 그런고로 그 일이 발생하기 이전의 건강한 상태로 돌아간 것이 전부가 아니고 그보다 더 나은 인격적인 상태에 도달시키는 것입니다. 그때 그가 기도하고 믿고 거룩한 하나님의 능력의 본질과 작용과 그것이 뻗어 나간 외연을 사고하고 묵상하면서 회복했을 때는 전에 알지 못하고 깨닫지 못했던 새로운 사실로 자꾸 들어가야 하는 것입니다. 이렇게 해야 그런 것들이 다 의미를 가지는 것입니다.

기적의 의미는 그런 것이므로 우리도 기적에 대해서 생각할 때 항상 기적 자체의 물리적인 효과만 생각하든지 또 기적이 희한하다고 해서 희한한 능력을 낸 신통력의 문제만을 생각하는 과오를 버려야 할 것입니다. 많은 신자들이 신유를 바라고 신유를 좇아가고, 또 병 낫기를 기도하고 안수하면서 신통력이 자기에게 있는 것처럼 생각합니다. 산에 들어가서 오래 기도한 다음에는 '나도 한번 시험해 봐야겠다. 나에게서도 아마 병 낫게 하는 능력이 나갈지도 모른다' 하고 아무 근거 없는 생각을 자꾸 하고 나아가는 것입니다. 이런 것은 좋은 것 아닙니다. 앞에서 말한 빌링턴 목사는 그렇게 기도한 뒤에 과연 아들이 나으니까 하나님 앞에 약속한 대로 '하나님의 그 무한하신 능력, 특별히 죽은 자를 살리시고 생명을 주시는 능력을 내가 전파해야겠다' 하고 나중에 목사가 되었습니다. 전도단을 따라다니다가 목사가 되어서 마침내 굉장히 큰 교회를 이루었다는 것입니다. 그것은 그전에 한번 이야기했으니까 더는 이야기하지 않겠습니다.

기적의 사실에 대해서 그것을 항상 국부적으로만 생각하고 물리적인 능력이 희한하다는 점에서만 생각해 나가는 기독교인들의 생각은 항상 미신에 젖은 일반 사람들이나 세상에 있는 다른 이교에 속한 사람들이 가지고 있는 바 어떤 희한한 일이나 초자연적인 기적에 관한 생각과 조금도

다를 것이 없는 것입니다. 기독교인이니까 그저 결과를 하나님께 돌리는 것뿐이고 '아, 하나님이 죽은 사람을 살리셨구나' 하는 것이지만, 그 사상의 차원은 특별히 다를 것이 없습니다. 안 믿는 사람이라도 어떤 신통력을 믿는 사람은 '아, 신의 힘으로 그 사람이 구원받았구나. 그 사람이 살아났구나. 그 사람이 나았구나. 아, 참 위대한 힘이구나' 하고 생각합니다. 그렇다면 무엇이 다릅니까? 그런 식의 생각을 마찬가지로 하는 것입니다. 그런 생각을 하지 않아야 기적의 의미를 우리가 바르게 해석할 수가 있습니다.

베드로를 불러온 이유

그런데 다비다를 살려내는 장면은 마치 예수님께서 야이로의 딸을 살려낼 때의 장면과 좀 비슷한 데가 있습니다. 예수님께서는 많은 사람들이 훤화(喧譁)하니까 다 나가라고 하시고 베드로와 요한과 야곱과 그 딸의 부모만 거기에 있으라고 하신 다음에 '탈리타쿠미'(טְלִיתָא קוּמִי), 즉 '딸아, 내가 네게 명하노니 일어나라'(막 5:41) 하는 말씀을 하신 것을 베드로는 보았습니다. 또 나인 성 과부의 아들을 살리시는 것도 베드로는 다 보았습니다(눅 7:11-15 참조). 그런고로 예수님께서 하시고자 하시면 죽은 사람을 살려내신다는 것을 의심할 처지는 아닙니다. '글쎄, 살려내시려는가 어쩌시려는가' 하지는 않았을 것입니다. 그러나 그렇다고 해서 자기가 예수의 이름으로 죽은 사람을 자꾸 쫓아다니면서 살려낼 처지도 아닙니다.

그런데 이 경우에는 그가 룻다에 있는데 욥바에서 사람 둘이 왔습니다. 여기를 보니까 "룻다가 욥바에 가까운지라. 제자들이 베드로가 거기 있음을 듣고 두 사람을 보내어 지체 말고 오라고 간청하니 베드로가 일어나 저희와 함께 가서 이르매 저희가 데리고 다락에 올라가니 모든 과부가 베드로의 곁에 서서 울며 도르가가 저희와 함께 있을 때에 지은 속옷과 겉옷을 다 내어 보이거늘"(9:38-39) 하고 말했습니다. 그러니까 베드로가 갈 때는 다비다가 죽은 줄 알고 갔습니다. 이미 죽어서 다락에 뉘어 놓은 다음에 제자들이 베드로에게 두 사람을 보낸 것입니다.

그러니까 다비다가 죽으니까 '아, 죽었다. 할 수 없구나. 장사하자' 하고 장사 지내지 않았습니다. 베드로가 룻다에 있다는 소문을 들었으니까 '아, 이럴 때 베드로 선생님에게 우리가 사람을 보내자' 하고 보내는 그것 자체가 얼른 장사 지내려고 하는 심정과는 다른 심정입니다. '베드로에게 사람을 보내서 오시라고 하고 곧이어 주께서 무엇을 해 주시려는지 우리가 보아야겠다' 하는 심정이 있으니까 베드로를 청한 것입니다. '아, 베드로가 기도만 하면 무엇이든지 다 된다' 하고 믿었다기보다는 이때의 제자들은 '주께서 무엇을 하실는지, 무엇이라고 말씀하실는지, 좌우간 어떻게 하실는지는 우리가 결정할 문제가 아니다. 우리들이 하지 말고 베드로 사도님을 청해서 이런 경우에 어떻게 해야 할 것인가에 대해 좌우간 무슨 결단을 내리시도록 해 보자' 하고서 베드로에게 사람을 보낸 것입니다. '분명히 베드로가 오시면 죽은 다비다는 꼭 살아날 것이다' 하고 꼭 살아난다는 신앙을 가져서 사람을 보냈다고 할 수가 없습니다. 거기에 그럴 만한 증거는 없습니다. 그러나 적어도 '베드로가 와서 어떻게 무엇이라고 하든지 주께서 그에게 어떻게 할 것을 가르치시고 인도할 테니까 우리들은 그가 하라고 하는 대로 해야겠다' 하는 심정이 있기에 사람을 보낸 것입니다. 마침 문제가 일어나니까 '기술자를 불러서 잘 고치는지 못 고치는지 보자' 하고 사람을 보내는 그런 식은 아니라는 말입니다.

그러니까 여기에 그런 것이 하나 있고, 그 말을 듣고 베드로는 좌우간 간 것입니다. '아, 죽은 사람을 놓고 나더러 오라고 하니 이제는 내가 가서 죽은 사람을 살리지 않을 수 없구나' 하고 생각하고 갔겠는가 하면 그렇게 단언할 수 없습니다. 좌우간 '자매 가운데 하나가 죽었다. 아주 진실하게 주를 섬기던 자매가 죽어서 나에게 기별을 했으니까 나도 가 봐야겠다' 한 것입니다. 그다음에 무엇을 할 것은 둘째 문제이고 살리겠다는 것은 둘째, 셋째 이야기이고 먼저 '가 봐야겠다' 한 것입니다. 그렇게 청했는데 베드로가 거절할 처지입니까? '왜 자매가 죽었는데 나를 청해? 무슨 소용이 있는가? 죽었으면 장사를 해야지. 돌아가서 장사나 하시오' 하고 말하지 않고 '아, 그렇소?' 하고 황급하게 일어나서 같이 룻다에서 욥바를 향해 갔습니다.

이런 것을 보면 모든 계제(階梯)가 베드로를 청하게 되었고 청함을 받은 베드로가 가게 되었다는 것은 다른 관계가 아닙니다. 하나는 능력이 있고 다른 사람은 능력이 없으니까 능력 없는 사람이 능력 있는 사람을 모셔 온 것이 아닙니다. 죽은 사람도 잘 살리고 아픈 사람도 고치는 기술자를 모시러 보낸 것이 아닙니다. 물론 애니아를 고친 이야기는 룻다와 샤론에 두루 퍼져 나갔으니 혹시 욥바의 형제들이 알았을는지도 모르겠습니다. 꼭 알았다고 할 수도 없고 몰랐다고 할 수도 없습니다. 그러나 애니아를 고친 일 때문에 '중풍병에 들려서 8년이나 누워 있는 사람을 일어나라 해서 일으켰으니까 혹시 다비다를 환생시킬는지도 모르겠다' 하고 기대했다고 그렇게 교묘하게 추상(推想)하는 것은 좋지 않습니다.

우리가 여기에서 제일 가능성 있게 추리할 수 있는 것은 한 식구가 살다가 그 가운에 하나가 죽으면 그 식구들이 바깥에 나가 있는 가장 가까운 다른 식구에게 알리지도 않고 그냥 장사 지내지 않는다는 것입니다. 그러니까 바깥에 있는, 그 집안의 어른 격이 되는 식구를 빨리 가서 청해 온 것입니다. 마침 베드로가 멀리 있지 않으니까 가서 '지금 돌아가셨습니다. 그러니 어서 빨리 와 주십시오' 한 것입니다. 그러한 심정이 우리가 무리하지 않고 추리하고 생각할 수 있는 사실입니다. 한마디로 하면 이 교회가 그때 무슨 교리를 어떻게 가지고 있고 어떤 조직을 가지고 있든지 상관없이 이렇게 사랑으로 연결되어서 한 가정 혹은 가족을 이루고 사랑으로써 한 공동체(community)를 이루고 있었다는 것입니다.

그래서 다비다가 죽은 일이 저마다의 일이 된 것입니다. 다비다가 죽은 것은 그 사람이 혼자 죽고 거기에 관계된 몇 사람이나 친척 중의 몇 사람이 장사 지내 버리고 말 문제가 아니라 거기에 둘러 있는 바 평소에 사랑으로 연결되었던 다른 과부들에게 자기의 슬픔이 되고 자기의 문제가 되었습니다. 그 사람들의 생각은 '이것은 베드로 선생님의 슬픔도 되고 문제도 된다. 왜냐하면 한 식구이기 때문이다. 그러니까 얼른 가서 청해서 오시라고 하자' 하는 것입니다. 희한한 기술자를 청한 것도 아니고 '어떻게 하는가 보자'고 한 것도 아니고 또 '혹시나' 하고 불러 본 것도 아니고 다만 그렇게 생각한 것입니다. 이것은 백부장의 종이 병들었을 때 예수님을 청한 스타일과는 좀 다른 것입니다. 이것이 교회 안에서 가질 수 있는 좋은 전형입니다. 능력의 우열을 생각하는 것이 아니고 '사랑으로 연결되었으니까 사랑으로 기쁨도 나누지만 슬픔도 나눈다' 하는 정신인 것입니다.

베드로가 다비다를 다시 살린 경위

그래서 사랑으로 슬픔을 나누는 정신으로 그 사실을 알렸을 때에 베드로는 모든 계제로 볼 때 당연히 마치 자기 식구의 문제를 당한 사람으로서 생각하는 것과 똑같은 심정하에서 좇아가 본 것입니다. 좇아가서 다락에 올라가 보니까 "모든 과부가 베드로의 곁에 서서 울며 도르가가 저희와 함께 있을 때에 지은 속옷과 겉옷을 다 내어 보이거늘"(9:39하). 이런 말들이 우리에게 그런 추상을 하게 하는 것입니다. 사랑의 관계를 이야기한 것이지 '선생님이 여기에 계셨으면 안 죽었을 텐데 안 계셔서 죽었습니다' 하는 것도 아니고, '아, 선생님이 오셨으니까 이제는 혹시 살지 모르니 혹시 무엇을 할 수 있거든 기도해서 좀 살려 주십시오. 한번 해 보시죠' 하는 것도 아니고, '이것을 어떻게 하면 좋습니까? 어서 좀 어떻게 붙들고서 할 수 있으면 한번이라도 기도해 봐 주십시오. 혹시 살아나는가 보게' 하는 것도 없습니다. 이 이야기는 이것뿐입니다. 이것은 베드로의 능력에 대해서 무엇을 요구하는 여수(與受) 관계나 '좀 해 주시오' 하는 것이 아니고, 식구끼리 앉아서 얼마나 평소에 사랑했던가 하는 것을 이야기한 것뿐입니다.

다비다가 항상 옷을 지어서 준 것을 이야기했습니다. 다비다는 인물도 훌륭하고 사람 모양도 아름다운 부인이었겠지만 그 마음이 또한 아름다워서 옷을 지어 의지가 없는 과부들에게 주어서 과부의 어머니같이, 과부의 손위 언니나 맨 위 언니같이 과부들을 돌아보았던 여자입니다. 그러니까 그의 비호와 사랑을 받던 사람은 사랑하는 식구 혹은 가장 정이 깊던 식구 하나가 주의 부르심을 받은 것을 생각할 때에 주의 뜻을 무시하지 않으면서 여기에서 슬픔을 나누는 것입니다. 그러니까 지은 옷을 보여 준 것입니다. 이렇게 해서 "모든 과부가 베드로의 곁에 서서 울며 도르가가 저희와 함께 있을 때에 지은 속옷과 겉옷을 다 내어 보이거늘"이라고 했습니다. '보세요. 이렇게 많이 있습니다. 이것이 하나의 예입니다' 하고 말한 것입니다. 무엇을 시위(demonstrate)하는 것도 아니고 강요하는 것도 아니고 '이렇게도 하고 이렇게도 하고 이렇게도 했는데 그만 가고 말았습니다. 주께서 불러 가셨으니 할 수 없습니다만, 그새 얼마나 우리를 사랑했는지 모릅니다' 하고 그 사랑의 자취인 옷을 다 내 보이고 '이렇게 큰 사랑을 가진 사람이었습니다. 이런 것으로써 증명할 수 있는 큰 사랑을 품었던 사람입니다' 하고서 큰 사랑을 가졌던 그를 잃은 슬픔을 거기에서 토로했던 것입니다. 이것이 누구에게 하는 것입니까? 식구에게 하는 것이지 아무에게나 하는 것이 아닙니다. 냉정하고 그런 일에 상관없는 사람에게는 그런 소리를 할 이유가 없지 않습니까? 그러나 자기들의 푸념과 슬픔을 토할 사람이 있는 것입니다. 베드로가 오니까 모두들 그렇게 토한 것입니다.

그러니까 베드로가 가만히 그것을 보고 그때 마음 가운데 '아, 살려내야겠다' 하고 깊이 느꼈다기보다는 '주님 앞에 기도해서 주의 뜻을 찾아야겠다. 어떻게 하면 좋을까' 한 것입니다. 그러면 무슨 일에 대해서 주의 뜻을 찾으려고 했겠는가 할 때 '죽은 다비다를 어떻게 할 것인가' 하고 생각했으리라고 생각하지 않아야 합니다. 그는 죽은 다비다를 먼저 생각해서 '그럼 다비다를 어떻게 해야 할 것인가' 하고 생각한 것이 아닙니다. 죽은 사람의 목숨에 대한 이야기가 아니라는 것입니다. 그렇게 추리하는 것은 항상 무리한 것입니다.

당면의 문제는 살아 있는 과부들입니다. '살아 있는 이 과부들에 대해서 그러면 어떻게 해야 할 것인가' 하고 생각한 것입니다. '살아 있는 과부에 대해서는 누가 힘이었느냐 하면 다비다가 그렇게 큰 힘이 되었었는데, 자, 그럼 누군가 대신 힘이 될 사람이 있는가? 돌아보건대 지금은 없다. 그러면 어떻게 해야겠는가? 주의 뜻을 묻자' 하고서 '주여, 이 사랑하는 여종이 그동안 베푼 사랑과 봉사에 의해서 여기에 있는 많은 주의 자녀들이 힘을 입고 살았는데 갑자기 주께서 데려가셨으니 이제 이 사람들은 어떻게 되겠습니까? 이제 주님께서 어떻게 할 바를 가르치소서' 하고 기도하고 주의 뜻을 찾으려고 할 때에 옆에서 엉엉 울기만 하고 시끄럽게 하면 안 되겠으니까 가만히 있으라고 하고 잠깐만 다 나가 있으라고 한 것입니다. 아마도 '내가 여기에서 주의 뜻을 구해서 주께서 무엇이라고 하시는가를 전해야겠다' 하는 뜻으로 다 내보내고 조용한 가운데 주님 앞에 간곡하게 기도했습니다.

기도하는 중에 성신님의 충만한 영감과 지시와 인도가 있으니까 '아, 결국은 다비다가 도로 과부들에게 돌아가야겠다. 주께서 하고자 하신다면 이것이 문제가 될 것이 없다. 결국은 이것이 해결이고 대답이다. 다비다는 도로 이 과부들에게 돌아가야겠다' 하는 확신이 생긴 것입니다. 주께서 그를 다시 일으키신다는 이 큰 사실을 확신한 다음에는 '주여, 그러면 당신이 원하시는 대로 이제 이 일을 이루어 주시옵소서' 하고 "무릎을 꿇고 기도하고 돌이켜 시체를 향하여 가로되 다비다야, 일어나라"(9:40 상) 했습니다. '일어나서 과부들에게 돌아가라' 하는 말입니다. '종래와 같이 그 선행을 계속해야겠다. 하나님 나라의 일을 조금 더 하고 가야지 지금 너무 일찍 갔다. 이런 경우에 잠시 거두셨다가 다시 보내시는 것도 주님의 뜻이다' 하는 뜻입니다. 물론 베드로는 그런 일에 오해를 하지 않습니다.

　　그리고 그를 잠시 거두셨던 일도 없었던 것보다는 나은 일이었습니다. 왜냐하면 "온 욥바 사람이 알고 많이 주를 믿더라"(9:42) 하는 효과가 났기 때문입니다. 그런 효과도 났고 또 그 과부들이 교회 안에서 구체적이고 현실적으로 먹임을 받고 돌아봄을 받아야 할 이 교회 진행의 한 중요한 부분을 담당할 사람이 다시 그대로 제자리에 앉게 되었습니다. 다른 말로 하면 교회가 정상적인 위치에서 궐이 났을 때 다시 보충이 된 것입니다. 그런데 그 보충은 예전 사람이 다시 오는 식으로 이루어졌습니다. 이렇게 해서 "시체를 향하여 가로되 다비다야, 일어나라 하니 그가 눈을 떠 베드로를 보고", 이것은 누가적인 표현이지요? 누가는 이런 표현을 잘 합니다. "일어나라" 하니까 그때 영혼이 다시 돌아와서 눈을 딱 떠서 가만히 쳐다본 것입니다. "그가 눈을 떠 베드로를 보고 일어나 앉는지라"(9:40). 베드로가 눈앞에 보이니까 '아이고, 선생님' 하고서는 벌떡 일어나 앉았다는 말입니다. 그러니까 "베드로가 손을 내밀어 일으키고", 손을 잡아서 벌떡 일으켰습니다. 이제 완전히 살아서 기동한다는 확실한 증거를 그렇게 보인 것입니다. 일으킨 다음에는 문을 열고 '자, 다 들어오라'고 했습니다. "성도들과 과부들을 불러들여 그의 산 것을 보이니"(9:41), '다시 여러분께 돌아왔습니다' 한 것입니다.

이것은 교회의 문제입니다. 개인 다비다의 문제나 개인 베드로가 희한하게 기도해서 기적을 행했다는 문제가 제일 중요하지 않고 '하나님께서 교회의 운전을 이렇게 다시 하시는 것을 보아라' 한 것입니다. 교회는 그때 중요한 문제 앞에 맞닥뜨렸습니다. 주의 자녀들인 과부들에 대해서 다비다같이 이렇게 성의껏 돌아보던 은사와 사명을 가진 이가 이제 갑자기 궐이 났으니 그럼 어떻게 하느냐 할 때, 베드로가 '문제를 해결해 주십시오' 하고 주님 앞에 나가서 무릎 꿇고 기도하니까 주께서 '당면의 문제에 대한 제일 적절한 해결은 다비다가 다시 돌아가면 되지 않느냐? 다비다를 다시 돌려보내마' 하신 것이고, 그러니까 베드로가 '주여, 그렇게 해 주십시오. 자, 다비다야, 일어나라. 이제는 다시 원상(原狀)으로, 예전의 자리로, 교회에서 일할 자리로 다시 돌아가 일을 해라' 해서 일어난 것입니다. 그러니까 "성도들과 과부들을 불러들여 그의 산 것을 보이니." 그 나머지는 이야기 안 해도 알 것이니까 이야기하지 않았습니다. 성도들은 어떠했겠으며 과부들은 어떠했겠느냐 하는 이야기를 하지 않았습니다.

그러나 교회의 사실을 기록하는 누가로서는 '교회는 궐이 났던 흠이 다시 보충되었다' 하고 말한 것과 같습니다. 이것은 간단한 보고이지만 '얼마나 기이하게 주께서 친히 경영하시는 교회인가' 하는 것을 보여 준 것입니다. 교회는 베드로가 경영하는 것이 아닙니다. 주께서 경영하시는 것입니다. 당신의 교회에 궐이 난 것을 당신이 이렇게 보충하신 것입니다. '보충하려는데 다른 사람으로 대신하기도 하지만 그 사람을 돌려보내기도 한다' 해서 여기에서는 다비다를 돌려보내신 것입니다. 그래서 교회의 역사는 다시 흠이 없는 상태로 여일하게 계속해서 진행한 것입니다. 그러니까 그 일로 인하여 욥바에 있는 많은 사람들이 그리스도를 믿게 되었습니다. 주를 믿게 되었다는 말은 구원받는 사람들이 되었다는 말입니다. 그것을 보고서 '그 능력은 곧 구원을 베푸시는 능력이니까 그 말씀과 결부해서 구원을 베푸시는 그 속으로 우리가 들어가자' 해서 거룩한 공동체(community)에 가담한 것입니다. 이렇게 해서 많은 사람이 욥바 지방에서 그 공동체에 가담했습니다.

베드로가 피장(皮匠)의 집에 유함

그다음에 "베드로가 욥바에 여러 날 있어 시몬이라 하는 피장의 집에서 유하니라"(9:43) 했습니다. 피장은 가죽을 다루는 사람이니까 천하게 여기는 직업입니다. 동물의 가죽을 다루니까 많이 불결하게 여기는 직업입니다. 왜냐하면 불결한 것도 있고 불결하지 않은 것도 있어서 동물을 다루는 것은 특별히 주의해야 하는데 밤낮 그것만 다루고 있으니까 불결하게 여기는 것입니다. 그러나 베드로는 '불결 여부나 정결 여부가 따로 없다. 주의 제자의 집은 다 마찬가지이다' 하고 생각하고 하필 있어도 이 피장 시몬의 집에 있었습니다. 그 집은 바닷가에 있었습니다. 제가 그 바닷가를 거닐면서 피장 시몬의 집을 찾느라고 이리저리 돌아다닌 일이 있습니다. '곧 이 집이다' 하고 꼭 지목하지는 못해도 남들이 변설(辯舌)로 말하는 것을 제가 곧이듣지 않으니까 혼자 찾느라고 찾아본 것입니다. 그런데 그 집을 찾을 만한 무슨 조건이 별로 없고 그래서 그 바닷가에 한참 앉아 있었습니다. 그 옆은 가루바라고 하는데 하여간 야파라고 하는 욥바에서 한나절 혼자 이리저리 산보하던 기억이 납니다. 그러면서 '그 집이 있던 자리가 이 일대니까 이 집이 아니면 저 집이다. 저기에 그때 베드로가 있었겠다' 하는 생각을 했습니다. 하지만 그 집 자체는 2천 년이나 지났으니까 없어졌습니다.

기도

거룩하신 아버지시여, 다비다를 다시 회복하여 교회로 보내 주시는 아버지의 거룩한 계획과 경륜에 의해서 오직 주의 종들은 주께서 무엇을 어떻게 하시며 어떻게 그 교회를 운전하시는가를 보면서 성실하게 주의 뜻을 받들어 나갔나이다. 주님께서는 은사를 주신 종들을 교회에 세우사 그 종들이 주님의 교회에서 여러 가지 문제에 대해 각 부분을 담당하여 일을 해 나가도록 하시는데, 주를 사랑하고 사랑으로 연결해서 교회의 본성을 가장 잘 드러내는 종들은 가장 귀한 종들이요, 비록 주께서 일반적인 법칙에 의해서 그들을 잠시 거두셨을지라도 특별하신 섭리로 그들을 다시 보내어 주셔서 계속하여 주의 거룩한 교회를 운전케도 하시옵나이다. 여기에서 이 다비다의 역사를 볼 때 그와 같은 일을 하시는 주님은 결국은 주의 구원의 크신 사실과 크신 목적을 이루어 나아가시기 위해서 이 일을 행하신 것이요, 이 사실 때문에 사람들은 그것의 기초인 복음을 깨닫고 나아와야만 의미가 있고, 그렇지 아니할 때는 그들에게는 그것이 의미를 가지지 아니하나이다. 혹여라도 저희들이 저희 몸을 항상 보호하시고 지키시는 사실이 다만 하나님의 수호하심에만 있는 것으로 그릇되게 생각하지 않게 하시고, 또한 그 사실이 하나님의 자비와 긍휼에만 있는 것으로 생각하지 아니하고, 하나님의 지혜와 하나님의 경륜과 크신 계획 안에서 그런 것들이 다 의미를 가지는 것을 늘 주의하게 하시며, 저희 연약한 몸을 주께 늘 의탁하고 건강을 주시기를 늘 바라고 건전하게 보존해 주시기를 바라며 연약한 것들을 회복하여 주시기를 기도하게 하시옵소서. 주께서 저희와 같이하시고 거룩한 교회라는 사실에 항상 저희가 충실하게 합소서.

예수 이름으로 기도하옵나이다. 아멘.

1974년 8월 7일 수요일

제9강

고넬료 이야기 (1)

- 고넬료의 회심의 의의 -

사도행전 9:36-10:16

욥바에 다비다라 하는 여제자가 있으니 그 이름을 번역하면 도르가라 선행과 구제하는 일이 심히 많더니 그때에 병들어 죽으매 시체를 씻어 다락에 뉘니라 룻다가 욥바에 가까운지라 제자들이 베드로가 거기 있음을 듣고 두 사람을 보내어 지체 말고 오라고 간청하니 베드로가 일어나 저희와 함께 가서 이르매 저희가 데리고 다락에 올라가니 모든 과부가 베드로의 곁에 서서 울며 도르가가 저희와 함께 있을 때에 지은 속옷과 겉옷을 다 내어 보이거늘 베드로가 사람을 다 내어 보내고 무릎을 꿇고 기도하고 돌이켜 시체를 향하여 가로되 다비다야 일어나라 하니 그가 눈을 떠 베드로를 보고 일어 앉는지라 베드로가 손을 내밀어 일으키고 성도들과 과부들을 불러들여 그의 산 것을 보이니 온 욥바 사람이 알고 많이 주를 믿더라 베드로가 욥바에 여러 날 있어 시몬이라 하는 피장(皮匠)의 집에서 유하니라 가이사랴에 고넬료라 하는 사람이 있으니 이달리야 대(隊)라 하는 군대의 백부장(百夫長)이라 그가 경건하여 온 집으로 더불어 하나님을 경외하며 백성을 많이 구제하고 하나님께 항상 기도하더니 하루는 제구 시쯤 되어 환상 중에 밝히 보매 하나님의 사자가 들어와 가로되 고넬료야 하니 고넬료가 주목하여 보고 두려워 가로되 주여 무슨 일이니이까 천사가 가로되 네 기도와 구제가 하나님 앞에 상달하여 기억하신 바가 되었으니 네가 지금 사람들을 욥바에 보내어 베드로라 하는 시몬을 청하라 저는 피장 시몬의 집에 우거하니 그 집은 해변에 있느니라 하더라 마침 말하던 천사가 떠나매 고넬료가 집안 하인 둘과 종졸(從卒) 가운데 경건한 사람 하나를 불러 이 일을 다 고하고 욥바로 보내니라 이튿날 저희가 행하여 성에 가까이 갔을 그때에 베드로가 기도하려고 지붕에 올라가니 시간은 제육 시더라 시장하여 먹고자 하매 사람이 준비할 때에 비몽사몽간에 하늘이 열리며 한 그릇이 내려오는 것을 보니 큰 보자기 같고 네 귀를 매어 땅에 드리웠더라 그 안에는 땅에 있는 각색 네발 가진 짐승과 기는 것과 공중에 나는 것들이 있는데 또 소리가 있으되 베드로야 일어나 잡아먹으라 하거늘 베드로가 가로되 주여 그럴 수 없나이다 속되고 깨끗지 아니한 물건을 내가 언제든지 먹지 아니하였삽나이다 한대 또 두 번째 소리 있으되 하나님께서 깨끗게 하신 것을 네가 속다 하지 말라 하더라 이런 일이 세 번 있은 후 그 그릇이 곧 하늘로 올리워 가니라

제9강

고넬료 이야기 (1)

- 고넬료의 회심의 의의 -

사도행전 9:36-10:16

지난 시간에는 도르가 혹은 다비다에게 일어난 이야기를 보았습니다. 다비다가 어떻게 바느질을 해서 옷을 지어 바늘 땀땀이 하나님의 사랑과 거룩한 성도의 교제가 어떠한 형식으로 어떻게 구체적으로 나타난다는 것을 초대 교회에서 실증했는가를 보았고, 이 중요한 여성도에게 성신의 그러한 은사가 있었다는 것을 보았습니다. 다비다 혹은 도르가는 "번역하면 도르가라"(9:36) 해서 헬라 말로 번역해 놓으면 도르가이고 아람 방언으로는 다비다인데, 산에 있는 영양은 눈이 아름다운, 염소와 같은 짐승입니다. 눈이 참 아름다워서 옛날부터 눈이 아름다운 여자들을 다비다 혹은 도르카스라는 이름으로 잘 불렀는데 아마 그런 여인이었던 모양입니다. 그런데 베드로가 손을 내밀어서 그를 일으켰습니다. 애니아를 일으켰던 베드로가 이번에는 도르가를 죽은 데서 살게 하는 하나님의 성신의 역사에 직접적인 도구 노릇 혹은 그릇 노릇을 했습니다. 이것을 볼 때 아마 베드로는 예수님이 평소에 하시던 것을 따라다니면서 보았던 것을 기억했을 듯합니다.

베드로가 피장(皮匠)의 집에 간 일의 의미

그다음에 "온 욥바 사람이 알고 많이 주를 믿더라"(9:42)라고 해서 '온 욥바'라는 말을 썼습니다. 또한 "베드로가 욥바에 여러 날 있어"라고 했는데, 룻다에서 욥바까지 요새 돌아가면 한 50리가 됩니다. 요새 여정으로 보면 22km나 되지만, 옛날에는 아마 산을 바로 질러 들어왔으면 거리가 그렇게 멀지는 않았을 것입니다. 지금은 북쪽으로 빙 돌아서 내려가게 되어 있어서 22km가 됩니다. 그렇게 하지 않고 험한 산을 타고 바로 넘어가면 30리나 될는지 모르겠습니다. 사람들이 모두 제멋대로 측정해서 30리는 된다고도 하고 어떤 서양 사람들은 '폐일언하고 5마일은 됩니다' 하고 말합니다. 그런데 오늘날 소위 이스라엘 나라의 지도를 그대로 따라가면 정확하게 22km입니다.

"베드로가 욥바에 여러 날 있어 시몬이라 하는 피장의 집에서 유하니라"(9:43). 시몬이 일하는 집에 있었다고 했습니다. 달리 유숙할 데가 마땅치 않아서 그랬는지도 알 수 없습니다. 그러나 시몬 같은 사람의 집에 있었다는 것은 참으로 재미있는 이야기입니다. 시몬은 피장이 아닙니까? 피장은 짐승을 죽인 가죽을 늘 다루는 사람입니다. 죽인 짐승하고 늘 상관하던 사람입니다. 죽인 짐승하고 상관하는 사람을 유대 사람은 불결하게 생각합니다. 불결한 사람인데 대사도 베드로가 이제 가서 같이 사는 것입니다. 이렇게 해서 소위 유대 사람의 전통적인 정결과 벌써 간격이 생기기 시작했습니다. 여기에서 일보 더 나아가면 이제는 유대 사람들이 죄인이라고 하고 불결하다고 생각하는 이방 사람인 고넬료에게 가는 단계에 이르는 것입니다. 이와 같이 베드로를 차츰차츰 계단적으로 그가 과거에 가지고 있던 전통에서 벗어날 수 있는 은혜의 길로 이끌어 나아가십니다. 하나님의 말씀의 역사로 그렇게 하시는 것입니다.

그런고로 베드로가 피장이 시몬의 집에 있었던 사실에서 중요한 것은 피장같이 유대 사람들이 유대교적인 관점에서 꺼리는 사람과 같이 있었다는 사실입니다. 또 앞으로 고넬료의 이야기를 보면 고넬료가 같이 있는 사람을 베드로에게 보내서 오라고 청하는 일도 나옵니다. 그런 것을 보면 모든 것이 다 하나의 하나님의 크신 섭리와 경영 가운데에서 되는 일인데, 이것이 각 사람의 믿음이나 각 사람이 받는 은혜의 한 시금석이 되는 것입니다. '은혜를 받으려면 무엇이든지 네 스스로에게 있는 것을 인정하거나 '나' 라는 것을 항상 인정하고 들어가서는 안 된다' 하는 원칙이 그 후의 그리스도교의 역사에서 나타납니다. '자기' 라는 것을 내어 놓고 앉아 있는 사람은 은혜를 받을 수가 없는 것입니다. '자기' 가 없어질 때 은혜를 갈구하는 것이고, 상대가 누가 되었든지 거기에 하나님께서 은혜를 주셨다는 사실이 역연(歷然)하고 하나님이 지시하신다는 사실이 분명하면 그때는 상대의 사회적인 지위나 신분이나 관계나 교우 관계나 그런 것이 어떻게 되었든지 구하는 것입니다.

한국에 기독교가 처음 들어왔을 때 맨 처음에 귀족 계급으로 퍼져 들어가지 않고 일반 서민 계급으로 들어가니까 양반들이 예수 믿기를 꺼려했습니다. 예배당에 가면 괜히 상사람들과 앉아서 형님, 동생 해야 하니까 추접스러워서 못 간다고 다 그렇게 생각했던 것입니다. 그러는 동안에 양반들은 썩어 갔습니다. 그러나 하나님께서는 세상에서 가장 못났다고 하고 육신으로 보면 약하다고 하는 사람을 들어서 하나님 나라의 보물을 삼아 그들로 하여금 이 땅의 근간이 되어서 이 땅을 일으키고 유지하게 만드시는 것입니다. 양반이 한국 사회를 유지한 것이 아닙니다. 예수를 믿는 사람들이 있기에 하나님이 불쌍히 여기시고 이를 유지해 주시는 것입니다.

이와 같이 하나님께서 택한 백성을 세상 어디서든지 뽑아내시고 정결하게 하신 다음부터는 사람이 전통적인 계급관념이나 자존심이나 이따위 것을 가지고 함부로 평가하는 것이 얼마나 그릇된 것인가를 기독교는 그 후의 역사를 통해서 보여 주는 것입니다. 여기의 맨 처음 초대 교회에서 사도가 피장 시몬의 집에 가서 같이 유하게 되는 이것이 굉장히 파격적인 일입니다. 간단한 이야기지만 피장 시몬이라고 해서 역사에 그 이름을 남겨 주었습니다. 피장 시몬이 누구인지는 모르지만 적어도 사도 베드로가 거기에 가서 유할 수 있을 만큼 무슨 관계가 있던 사람이었을 것입니다. 아무 관계도 없는데 일부러 피장 시몬을 꾸역꾸역 찾아가서 유하지는 않았을 것입니다. 그는 예수를 믿은 사람이었거나 간절히 하나님을 공경한 사람이었을 것입니다.

가이사랴의 백부장 고넬료의 회심의 의의

그다음에 10장을 보겠습니다. "가이사랴에 고넬료라는 사람이 있으니 이달리야 대(隊)라 하는 군대의 백부장이라. 그가 경건하여 온 집으로 더불어 하나님을 경외하며 백성을 많이 구제하고 하나님께 항상 기도하더니 하루는 제구 시쯤 되어 환상 중에 밝히 보매 하나님의 사자가 들어와 가로되 고넬료야 하니 고넬료가 주목하여 보고 두려워 가로되 주여, 무슨 일이니이까? 천사가 가로되 네 기도와 구제가 하나님 앞에 상달하여 기억하신 바가 되었으니 네가 지금 사람들을 욥바에 보내어 베드로라 하는 시몬을 청하라. 저는 피장 시몬의 집에 우거하니 그 집은 해변에 있느니라 하더라. 마침 말하던 천사가 떠나매 고넬료가 집안 하인 둘과 종졸 가운데 경건한 사람 하나를 불러 이 일을 다 고하고 욥바로 보내니라. 이튿날 저희가 행하여 성에 가까이 갔을 그때에 베드로가 기도하려고 지붕에 올라가니 시간은 제육 시더라. 시장하여 먹고자 하매 사람이 준비할 때에 비몽사몽간에 하늘이 열리며 한 그릇이 내려오는 것을 보니 큰 보자기 같고 네 귀를 매어 땅에 드리웠더라. 그 안에는 땅에 있는 각색 네발 가진 짐승과 기는 것과 공중에 나는 것들이 있는데 또 소리가 있으되 베드로야 일어나 잡아먹으라 하거늘 베드로가 가로되 주여, 그럴 수 없나이다. 속되고 깨끗지 아니한 물건을 내가 언제든지 먹지 아니하였삽나이다 한대 또 두 번째 소리 있으되 하나님께서 깨끗게 하신 것을 네가 속되다 하지 말라 하더라. 이런 일이 세 번 있은 후 그 그릇이 하늘로 올리워 가니라"(10:1-16).

고넬료에게와 베드로에게 하나님께서 친히 계시하시는 이야기인데, 여기에 고넬료라는 사람이 썩 나타나서 베드로가 고넬료를 찾아가 전도한다는 이야기입니다. 잘 아시는 이야기일 것입니다. 가이사랴는 그때 로마의 총독부가 있던 데이고 총독이 거기에 유하던 해안에 있는 도시입니다. 서쪽 해안에 있습니다. 욥바로 가려면 예루살렘에서 조금 서북쪽으로 나가서 해안까지 가게 되어 있지만, 가이사랴로 가려면 해안선을 타고 그대로 쭉 올라가야 합니다. 예루살렘에서 욥바까지 보통 한 75km 정도 되지만 가는 길에 따라서 다릅니다. 길이 여러 개 있으니까 윗길로도 가고 아랫길로도 가는데, 윗길로 가면 에스다올로 돌아서 가야 합니다. 왜냐하면 아랍 나라 요르단이 쑥 들어와서 질러가지 못하고 돌아가야 하기 때문입니다. 그 때문에 빙빙 돌아서 길을 내 놓아서 그렇게 돌아가면 80km나 됩니다. 삼손이 살았던 에스다올 고을로 돌아 나가게 되어서 그렇게 되는 것입니다. 예루살렘에서 욥바까지는 그렇지만, 예루살렘에서 가이사랴까지 직선으로 가장자리를 따라 서북쪽 해안으로 올라가면 110km쯤 됩니다. 욥바에서부터 가이사랴까지는 현재 국도로 55km쯤 됩니다.

가이사랴에는 로마 총독부가 있어서 자연히 총독부를 호위하는 지휘대라고 할 사단이나 군대가 거기에 있는데 그 군대에 '이달리야 대(隊)'라는 이름을 붙였습니다. 군단이 될지 사단이 될지는 모르겠지만, 이름을 '무슨 부대', '무슨 부대' 하듯이, 한국식으로는 '화랑 부대' 하듯이 로마의 군대니까 이달리야 부대라고 한 것입니다. 고넬료는 이 부대의 백부장(百夫長)입니다. 천부장(千夫長)이면 큰 군영의 지휘자로서 지금 같으면 연대장이나 될 테고, 백부장은 그 아래에 있는 대대장이나 될는지 모르겠습니다. 백부장이라는 이름은 백인(百人)의 장(長)이라는 말이고, 천부장은 천인 위의 장 혹은 어른이라 해서 천부장이라는 말이 나왔지만, 꼭 수가 그렇게 한정되어 있는 것은 아닙니다. 그러한 군대의 고위 장교로 있는 사람으로서 그 사람의 이름이 코르넬리우스(Cornelius)입니다. 그전에도 로마의 명문 가족 가운데 코르넬리우스라는 이름이 더러 있고 로마사를 보면 코르넬리우스라는 이름이 때때로 나옵니다. 가이우스 그라쿠스(Gaius Sempronius Gracchus, 160?-121 B.C.)라든지 코르넬리우스 그라쿠스라는 이름이 나옵니다. 유명한 호민관 그라쿠스나 율리우스 시저(Julius Caesar, 100-44 B.C.) 이전부터 코르넬리우스 가(家)가 상당히 유명했습니다. 이처럼 귀족 계급에 코르넬리우스라는 이름이 있으니까 이 사람도 그런 사람의 친척이었던지 좌우간 그런 이름을 가지고 있습니다.

그때 로마에서는 위대한 인물이거나 쓸 만한 사람일수록 군인이 되어야 한다고 했습니다. 중국 말에는 그것과 정반대가 되는 말이 있어서 '쇠가 좋은 것은 못을 안 만드는 것이고, 좋은 사람은 군인이 안 되는 것이라' 해서 호인부당병(好人不當兵)이라고 했습니다. 그런 중국 말도 있는데 옛날 군국주의 로마에서는 그와 반대로 '사람이 똑똑하고 잘날수록 다 군인이 되는 것이라' 했습니다. 그래서 잘난 사람일수록 군대에 가서 생활하는 것이 그때 로마의 특색이었습니다.

로마가 팔레스타인을 정복한 다음에 이스라엘의 총독부가 가이사랴에 와 있었습니다. 그러니까 가이사랴가 로마 사람의 수도인 셈인데 거기에 바로 붙어 있는 부대이니까 만일 옛날의 한국 같았으면 여기에 총독부를 세운 다음에 용산에 20사단을 놔두고 20사단에서 장교가 왔다 갔다 하는 식입니다. 이런 상황을 보면 유대 사람과는 민족적으로 구수간(仇讐間)에 있는 처지입니다. 유대 사람의 눈으로 볼 때에는 그 포악한 로마의 군대와 로마의 군국주의가 팔레스타인과 자기네 나라를 정복했는데, 자기네 나라를 진압하는 데에 유력한 힘을 가진 사람 혹은 로마를 대표한 권세를 가진 사람의 좌처(坐處)가 이 가이사랴인 것입니다. 이름조차 가이사, 즉 시저(Caesar) 가의 이름을 붙여서 가이사랴라고 했습니다. 아마 헤롯이 아첨하느라고 그런 이름을 붙였겠지만, 그러한 이름이 붙어 있는 가이사랴에 군대가 주둔하고 있다는 것은 분명히 로마의 식민지 정책의 위협과 로마의 군국주의의 위세를 과시하는 한 심벌인 동시에 실력의 한 부분이 거기에 있는 것입니다. 또한 그것을 가장 구체적으로 개인적으로 상징화(symbolize)할 수 있는 대상은 물론 이런 군인 장교입니다.

거기 비해서 베드로는 누구냐 하면 이스라엘 사람들이 역사적으로 전통적으로 기다리고 있던 그 메시야가 곧 예수님이라는 것을 증거하는 사람입니다. 히브리주의의 정화(精華)와 정수(精髓)가 결정(結晶)이 되어 가장 승화된 것이 지금 베드로가 전하고 다니는 새로운 복음인 것입니다. 그러므로 헤브라이즘이 어디로 나갔느냐 할 때 역사를 통해서 후에 증언하는 대로는 결국 이 기독교라는 데로 집중되고 집약됩니다.

그러니까 저쪽에 있는 로마의 군국주의는 문화적으로는 헬레니스틱(Hellenistic)하고, 이 세상의 국권이나 정권으로 볼 때에는 가장 인간적이고 세상적인 큰 영광과 권세의 대표자입니다. 그러니까 그 대조를 본다면 코르넬리우스는 그런 것의 심벌입니다. 그리고 여기에는 일방 히브리주의 혹은 하나님의 나라의 거룩한 심벌로서의 한 존재가 있습니다. 그러면 하나님 나라 대(對) 이 세상의 찬란한 바벨론적인 군권의 대표가 맞서는 큰 대조를 여기에서 우리가 생각해 볼 수 있는 것입니다. 이 대조 가운데에서 결국 하나님께서 하나님의 나라인 은혜의 왕국을 땅에 건설하시고 이것이 진행해서 이 세상 나라와 이 세상의 군왕들과 이 세상의 군권도 결국은 하나님의 거룩한 은혜의 왕국과 중보자 예수 그리스도의 권능의 왕국에 통일되고 그리하여 천지간에 있는 만유가 그리스도 안에서 통일되게 하려 하신다 하신 이 거룩한 말씀이 이제 응하기 시작하는 큰 단계로서 지금 이와 같은 코르넬리우스의 입신(入信)과 구원이 있는 것입니다.

에베소서 1:10에는 "하늘에 있는 것이나 땅에 있는 것이 다 그리스도 안에서 통일되게 하려 하심이라" 하셨고 또 "하늘과 땅에 있는 모든 권세를 내게 주셨으니"(마 28:18) 하셔서 중보자 예수 그리스도께서 하나님께로부터 받은 권능의 왕국이 나타나는데, 먼저 은혜의 왕국이라는 사실에서 확연히 그것을 예상하게 하는 것입니다. 물론 중보자 예수 그리스도께서 가지신 혹은 하나님께로부터 받으신 거룩한 왕권은 두 가지 면에서 나타난다고 전에 말씀드렸습니다. 이것은 성삼위 가운데 아들이신 하나님이 가지신 본래의 통치 대권을 의미하는 것이 아니라 하나님께서 그에게 내려 주신 바 어떤 특정한 목적과 경륜과 하나님의 계획을 이루시기 위한 거룩한 방도로서 내려 주신 왕권입니다. 그가 중보자로서 왕권을 행사하시되 첫째는 은혜의 왕권이 있고 그다음에는 권능의 왕권이 있는데, 결국은 은혜의 왕권하에 권능의 왕권이 종속적으로 늘 움직이게 되는 것입니다. 이것을 우리가 늘 잘 기억하고 있어야 합니다. 이러한 관점에서 은혜의 왕국이 여기에 분명히 나타나기 시작했고 교회는 가장 구체적인 은혜의 왕국의 증시(證示)로서 이때 나타났습니다. 예수 그리스도는 참으로 메시야이시고 그리스도이신데, 그 메시야가 당신의 거룩한 왕권을 행사하시되 당신이 경영하시고 계획하신 것은 세상의 군왕이든지 세상의 모든 왕들의 왕이든지 상관없이 원하시는 대로 그를 포함하고 포용하고 정복해 나가신다는 이 사실을 여기에서 단적으로 나타난 코르넬리우스의 입신(入信)이라는 사실로부터 우리가 보려는 것입니다.

　이것이 효시가 되어서 그 후의 역사를 통해서 볼 때 로마에 있는 허다한 많은 사람이 이 하나님의 은혜의 왕국으로 들어올뿐더러 나중에는 로마 제국이 명색으로라도 그리스도의 국가가 되어 버린 것입니다. 자기네가 친히 그렇게 만들었습니다. 그러나 나중에는 동방이나 사방에서 몰려든 만족(蠻族)들이 로마를 떠엎었습니다. 반달 족이나 고트 족, 가령 동고트나 서고트나 오스트로고트나 비시고트, 또 그다음에는 헬루이 스와비 같은 이런 모든 만족들이 로마를 뒤엎은 다음에 북으로 북으로 북상하는 소위 '민족 대이동'이 있어서 프랑크 왕국이나 노르망디의 노르만 왕국 같은 여러 왕국을 사방에 세웠습니다. 처음에는 만족의 야만적인 행습을 버리지 못한 사람들이 자기네 부족적인 국가를 세우기 시작했습니다.

　그러나 그 사람들이 로마를 떠엎었을 때 부서지지 않고 남아 있던 것은 기독교였습니다. 그들은 기독교를 파쇄(破碎)한 것이 아니라 오히려 기독교에 정복을 당한 채 북쪽으로 올라간 것입니다. 기독교의 강한 능력이 그들에게 탁 들어가서 그것을 가지고 북쪽으로 올라간 것입니다. 북쪽에 올라가서 국가를 세운 다음에는 결국 거기에 떨어진 기독교의 씨가 점점 발아해서 커졌습니다. 그래서 서구라파에 여러 위대한 기독교 국가를 건설하면서 역사를 통해서 수많은 제왕들과 수많은 권력자들과 군주들과 제후들이 마침내 예수 그리스도의 은혜의 왕국에 진정으로 굴복하고 그를 만왕의 왕이요 만주의 주로 찬송하고 나아간 사실을 우리가 역사에서 다 보는데, 그러한 일에 전초적인 큰 트럼펫 소리를 어디에서 듣느냐 하면 여기의 이 코르넬리우스의 입신(入信)에서 듣는 것입니다.

고넬료의 사람됨

고넬료의 입신이라는 사실을 척 바라볼 때에 이것은 기독교가 거대한 로마 제국의 판도 안으로 들어가기 전에 먼저 로마의 중요한 한 심벌이 될 수 있는 이런 장교가, 더군다나 식민지 통치의 위세와 위압을 다하기 위해서 주둔하고 있는 부대의 백부장이 기독교 안으로 들어온 사건입니다.

여기에서 우리는 세 가지의 전형적인(typical) 사람들이 예수를 믿고 나아오는 사실을 보는데, 하나는 저 아프리카 구스의 내시입니다. 에티오피아의 중요하고 높은 지위에 있는 내시가, 국고를 도맡은 큰 권력을 가진 그가 예수를 믿고 나아온 것입니다. 그것은 복음이 아프리카 대륙으로 건너간다는 이야기입니다.

그다음에 중요한 것으로서 특이하고 경건한 사람이 예수를 믿고 나아온 둘째의 특례는 두말할 것 없이 다소의 사울입니다. 그는 유대 사람으로서 특이하고 훌륭한 인물일뿐더러 하나님께 대한 간절한 열심을 가지고 경건한 생활을 늘 계속했고 성경을 잘 알고 있는 사람입니다. 이런 사람이 또 예수를 믿고 나아왔습니다. 구스의 내시를 볼지라도 그는 성경을 모르는 사람이 아니라 성경을 많이 읽고 성경을 간절히 사모하는 사람인 까닭에 병거를 타고 가면서도 성경을 꺼내서 읽었습니다.

셋째로는 코르넬리우스라는 사람이 예수를 믿는 사실을 여기에서 보는 것입니다. 코르넬리우스는 어떤 사람입니까? 코르넬리우스는 하나의 일철(一轍)한 전형적인 로마의 군인에 불과하고, 또한 군인이 가지고 있는 위세와 강점을 보이는 데 불과하고, 또한 동시에 군인이 가지고 있는 약점들을 지니고 있는 너절한 사람에 불과하냐 하면 그것이 아닙니다. 코르넬리우스의 인격을 보면 "그가 경건하여"라고 해서 첫째는 경건한 사람입니다. 또 "온 집으로 더불어 하나님을 경외하며", 자기의 가독(家督)을 잘했습니다. 자기뿐 아니라 자기 자녀들이나 자기 식구들도 하나님을 경외하게 했다는 말입니다. 말하자면 잘 통솔하고 있는 사람입니다. 자기 자신만 혼자 경건하게 사는 것이 아니라 자기에게 속한 사람들 전체를 다 통솔하고 있던 사람입니다. "백성들을 많이 구제하고", 아주 도량이 넓게 자비를 베푼 사람입니다. 또한 훌륭한 인격자입니다. "하나님께 항상 기도하더니"(10:2), 진실하게 기도하는 사람입니다. 생활이나 태도가 하나님께 늘 가까이 있어서 경건한 생활을 하는 사람입니다. 그런고로 이것은 그의 도덕적 품성이 고도적인 것을 의미하는 것이고, 온 집으로 더불어 하나님을 경외한다는 것은 그의 사상이 건실해서 항상 공리적(功利的)인 종교에 빠져 있는 것이 아니라 주위에 있는 모든 사람, 곧 자기의 통솔하에 있는 사람들을 같이 하나님 앞에 늘 이끌고 나갔다는 뜻입니다.

또 "이튿날 가이사랴에 들어가니 고넬료가 일가와 가까운 친구들을 모아서 기다리더니" 하는 말이 10:24에 있습니다. 이 고넬료를 보면 자기만 도(道)를 들으려고 하는 사람이 아니라 항상 일가나 가까운 친구들까지라도 이 귀한 말씀을 어떻게든지 알게 해야겠다는 간절한 열심이 있던 사람입니다. 그뿐 아니라 앞에서 말한 대로 "하나님을 경외하며"라고 했습니다. 물론 경건하다는 것은 도덕적으로 위대하고 우수한 것을 말하지만, 단순히 무목적한 동양적 경건이나 가령 유교와 같은 무종교적인 철학 하에서의 경건이 아닙니다. 참된 의미의 경건은 늘 대상이 하나님이 되어야 하는 까닭에 그는 참하나님을 늘 섬기고 산 사람이라는 말씀입니다. 그다음에 "백성을 많이 구제하고", 자기만 혼자 그렇게 종교적 심정 가운데 산 것이 아니라 적극적으로 늘 선행을 하고 살던 사람입니다. 그리고 "하나님께 항상 기도하더니", 하나님을 공경하는 철학과 심경하에 사는 것만이 아니라 직접 하나님과 교통하기를 원한 사람입니다. 그러한 까닭에 그는 늘 기도하고 산 사람입니다. 그러면 그가 얼마나 하나님을 숭앙

하고 높였느냐 할 때 그 예를 보면 "마침 베드로가 들어올 때에 고넬료가 맞아 발 앞에 엎드리어 절하니"(10:25)라고 해서 발 앞에 엎드려 절할 만큼 그는 겸손한 사람입니다.

그뿐 아니라 또한 고넬료의 특성을 보면 "환상 중에 밝히 보매"(10:3) 해서 특이한 환상을 본 사람입니다. 자기가 보고 싶어서 본 것은 아니고 하나님께서 그에게 특이한 환상을 보여 주신 것이지만, 적어도 그는 방황하지 않고 미신에 빠지지 않고 올바로 믿고 나아갈 수 있는 총명과 건실한 종교성이 있는 사람입니다. 만일 그가 불건실한 사람이었으면 자기 혼자 환상 보았다고 해서 벌써 딴 짓을 했을 것입니다. 그때도 소위 신비 종교가 많이 흐르고 있었으니까 혼자 이상한 신비주의나 신비 종교 가운데 들어갈 우려가 있었지만, 그는 그렇게 하지 않고 환상을 볼 때에도 "하나님의 사자가 들어와 가로되 고넬료야 하니 고넬료가 주목하여 보고"(10:3-4)라는 말씀대로 주의해서 보았습니다. 고넬료는 덮어놓고 '예, 예' 하고 꿈꾸다가 대답하지 않고, 아주 의식이 분명하여 '이것이 누군가' 하고 주의해서 쳐다보았습니다. 그는 백부장입니다. 그는 과학적이어야 할 사람입니다. 로마의 군대는 그때 미신을 가지고 싸우지 않고 가장 치밀한 작전 계획과 가장 치밀한 훈련을 가지고 늘 싸우던 군대였습니다. 그러니까 과학적인 군대였습니다. 그때 당시의 세계에서 막강의 대군을 건설할 때에 그냥 일개 미신 속에 빠져 있었던 것이 아니고 그냥 광신적으로 싸운 것이 아닙니다. 언제든지 과학적으로 나아가 싸웠던 것입니다. 그런고로 그는 그렇게 훈련받은 사람입니다.

그는 그때 로마가 가지고 있는 문화로서는 가장 상류 계급에 속한 사람이고 그런 두뇌를 가진 사람이었는데, 그런 그가 이러한 신비한 현상 혹은 환상을 보았다는 사실은 그의 종교성이 얼마만큼 깊었고 또한 동시에 건실하게 발전했는가를 보여 주는 것입니다. "고넬료가 주목하여 보고 두려워 가로되 주여, 무슨 일이니이까?"(10:4상) 해서 주목해 보고 두려워할 분인 것을 발견했습니다. 이것은 물론 하나님께서 그의 마음 가운데 그런 것을 주셨으니까 그렇게 된 것이지만, 또한 그 자신이 그런 은혜를 받을 만한 사람이었던 것입니다. 왜냐하면 "천사가 가로되 네 기도와 구제가 하나님 앞에 상달하여 기억하신 바가 되었으니"(10:4하) 하고 말했기 때문입니다. 하나님께서 그의 기도를 기억하셨고 또한 그의 구제를 기억하셨다고 말했습니다. 그러니까 그의 기도나 구제는 자기 스스로의 만족을 위한 선행이나 자기 스스로의 아상(我相)의 만족이나 종교의 만족을 위한 자기도취의 행동이 아니고 하나님께서 기억하실 만한 겸허한 행동이었습니다. 즉 진심의 행동이었습니다. 그는 그런 진실을 가지고 늘 살던 사람입니다. 자기 자신이 얼마나 훌륭한 인물인가 하는 것은 우리가 보통 생각하기 어려운 문제이지만, '하나님께서 그의 기도를 기억하셨다' 한 것을 보면 그는 하나님 앞에 진정으로 상달할 만한 기도를 한 사람입니다. 이처럼 그는 구약적인 혹은 구시대적인 언약하에서 자란 사람입니다.

그러나 여기에서 우리가 볼 수 있는 것은 고넬료가 되었든지 사울이 되었든지 구스 내시가 되었든지 다 같이 훌륭한 인물이고 경건한 인물이고 성경을 많이 아는 인물이고 간절히 하나님을 가까이했던 인물인데, 아직은 그들에게 확실하고 참된 구원이 없었다는 사실이 우리에게 중요합니다. 보통 오늘날 같으면 '아, 그만한 사람 같으면 구원받았을 것이다' 하고 당연히 이야기할 것입니다. 그는 간절히 기도하고, 또 어느 때는 깊고 신비한 사상 가운데에도 들어가고, 함부로 많은 신과 미신 가운데 이리저리 방황하지 않고 정확하게 서고, 또 겸허한 가운데 선행을 하고, 그리고 가장 겸손한 사람입니다. 로마의 백부장으로서 자기가 통치하고 있는 식민지 백성인 베드로가 들어올 때 그 발 앞에 엎드려서 절한다는 것은 그 사람의 마음이 허심탄회하게 되어서 로마인이라는 고정관념(complex)이나 자존심이 없어졌다는 것을 표시하는 것입니다. 이러한 인격입니다. 그런데도 그런 인격이 아직 참된 하나님의 은혜의 왕국 가운데 직접 들어와 있지 않았고 그 구원의 큰 내용이 그 속에서 참으로 역사하고 있지는 않았다는 사실을 여기에서 우리가 발견하는 것입니다.

그럴지라도 결국 자신이 간절히 요구하고 원하는 진리를 찾아 헤매다가 마치 어떤 사람이 어디에 가서 보화를 만났을 때에 자기에게 있는 모든 것을 주고 그 밭을 사는 것과 같이 이 코르넬리우스는 그 밭을 산 것입니다(마 13:44 참조). 그는 식민지 백성이 전했거나 말했더라도 '그 안에는 보화가 있으니 나는 그것을 사겠다' 하고 식민지 백성 앞에 가서 무릎을 꿇고 절하는 일을 사양치 않고 했습니다. 이것이 자기에게 있는 모든 것을 다 팔아서라도 보화가 있는 밭을 사는 태도입니다. 밭 자체가 보화가 아니라 밭 안에 보화가 있는 까닭에 밭을 산 것입니다. 이런 코르넬리우스의 특성을 우리가 여기에서 보는데, 그런 것은 앞으로 로마 제국이나 이 세상의 군권의 모든 것이 결국은 예수 그리스도의 진리 앞에 굴복하고 그에 의해 다 통치될 것을 인정하고 예표(豫表)하는 사실로서 우리가 여기에서 벌써 그런 힌트를 얻는 것입니다.

기독교 역사의 새로운 장의 효시가 된 고넬료

여기에서 사도행전의 기록이 일대 비약을 하는 것은 하나님께서 다소의 사울을 건져 내셔서 장차 이방 사람의 사도로 세우셔서 이 헬라 사람과 로마 사람, 즉 셈 족의(Semitic) 세계가 아니고 아리안(Aryan, 인도 유럽어 족)의 세계에 들어가서 복음을 크게 전하게 하실 큰 계획을 하신 다음에 문을 탁 여시고 베드로로 하여금 맨 먼저 그런 일에 접촉하게 하신 것을 보여 주는 것입니다. 이것은 베드로가 시작한 일입니다. 그러나

이 일을 대성해 나간 사람은 벌써 하나님이 건져 내시고 준비해 놓으신 사울입니다. 나중에 그가 바울이 되어서 돌아다니면서 이방 사람에게 복음을 전하는 사도가 된 것을 여러분이 아실 것입니다.

복음이 그때 내시를 통해 에티오피아에 들어가서 그때 이래로 지금까지 에티오피아에서 콥트 교회(Coptic Church)가 발달해 왔지만, 그러나 '복음이 아프리카의 내륙으로 들어가는 것으로 세계에 퍼질 것이다' 하고 하나님께서 그냥 그것으로 끝내신 것이 아닙니다. 모든 것을 아시는 거룩하신 사랑과 능력으로 하나님이 결국 아리안 족에게 복음을 전해 주셔서 그 활동적이고 진취적이고 결국은 이 세계의 패권을 쥘 이 사람들의 손에 복음을 부탁하셔서 밀고 나가신 것입니다. 동방으로, 저쪽 아르메니아의 산지로 올라간 사람들도 있었고, 바벨론 쪽으로 올라간 사람들도 있었으니까 기독교가 그쪽으로 안 간 것은 아닙니다. 아프리카에도 들어가고 아리안 족에게도 들어가고 서쪽에 있는 유럽으로도 들어갔지만, 결국 어디에서 큰 열매를 거두고 역사를 크게 흔들기 시작했느냐 하면 북쪽으로나 동양으로 들어간 것이나 저 남쪽의 아프리카로 간 것이 큰 열매를 거둔 것이 아니고 서쪽의 유럽으로 들어간 것이 결국은 큰 열매를 거두게 된 것입니다.

그런 것은 사실상 하나님께서 그 모든 것을 보시고 정하신 일입니다. 예를 들어 전설대로 보면 사도 가운데 도마 같은 이는 동양을 향해서 자꾸 전도해서 인도에 와서 전도했다고 합니다. 그래서 인도 사람들은 특별히 '마 토마 교회'라는 말을 하는데 '마'라는 말은 '미스터'(Mr.)라든지 혹은 '선생'이라는 높은 의미입니다. 마 토마 교회라는 교회가 인도에 있습니다. 그리고 '상토 토마스' 혹은 '세인트 토마스'(St. Thomas), '성(聖) 도마의 무엇'이라는 것이 인도나 동남아시아에는 참 많이 있습니다. 그러나 크게 발전을 해 오지는 못했습니다. 아프리카로 내려갔던 복음도 그렇게 굉장히 발전해 나가지 않았지만, 사도 사울을 통해서 유럽으로 나간 복음은 굉장하게 발전했습니다. 처음에 출발할 때는 이쪽의 동양에도 다 같이 복음이 들어왔지만, 동양에서는 중간에 막혀서 결국 그쪽에서 이쪽으로 복음이 넘어오게 된 것입니다.

이렇게 하나님의 은혜의 왕국이 발전해 나가는 큰 사실이 있는데, 이 사실이 코르넬리우스를 불러내시는 데에서 하나의 단서를 주고 혹은 문을 열어 놓는 것입니다. 역사의 발전 단계로 볼 때 이것 자체로는 희미한 이야기이지만, 앞으로 그토록 발전하는 것으로 보아서는 결국 유럽이 언제서부터 이 복음과 직접 접촉을 가지게 되었는가 하는 기록을 여기에서 보는 것입니다. 이것이 이방 사람이 처음으로 복음을 받은 기록입니다. 그러나 복음을 받은 첫 이방 사람이 고넬료라는 것은 아닙니다. 오순절 때에 성신의 특별한 은사를 받은 사람들이 사방의 각처로 헤어진 다음에는 헬라 지방으로 나간 사람들이 거기에서 복음을 전했을 듯합니다. 거기에서도 전했을 것이고 저 북쪽 어디에서도 전했을 테고 사실은 안디옥에서도 복음을 전했기에 많은 사람들이 모여서 거기에서 교회를 구성했습니다. 그러니까 이름이 안 나타나서 그렇지 고넬료가 맨 첫 사람인 것은 아니지만, 이 고넬료라는 이름을 특별히 내건 것은 고넬료가 역사의 한 전기 혹은 일대 전환기에 그 문 앞에 딱 서 있던 사람인 까닭에 그렇습니다. 마치 그 사람이 군대를 가지고 로마의 군권주의의 아성이요 대표인 로마의 정청(政廳)을 호위하며 지켰다면, 이제는 하나님의 은혜의 왕국의 문 앞에 서 있어서 동족인 로마 사람이나 이방 사람이 거기로 들어올 때 자기가 첫 화살이 된 것입니다. 여기에 그런 의의가 있는 것을 우리가 보는 것입니다.

그는 "지금 사람들을 욥바에 보내어 베드로라 하는 시몬을 청하라"(10:5) 하시는 천사 혹은 주의 사자의 분부를 들었습니다. 아주 자세하고 구체적입니다. "저는 피장 시몬의 집에 우거하니 그 집은 해변에 있느니라 하더라"(10:6). 이런 것까지 자세히 다 가르쳤습니다. 해변의 피장 시몬의 집이 있었던 데를 제가 가 보았습니다. 지금이야 공중에 바람과 공기만 가득히 있지 그 집이 그 집인지 알 턱이 있습니까? 그냥 가서 '오, 저게 그 집이라더라' 하는 정도입니다. 지금 있는 집은 그 집이 아니라고 합니다. 그야 그 집이 2천 년 동안 있을 턱이 없습니다. 그래서 '여기가 그 자리이구나' 하고 해변에서 슬렁슬렁 한동안 돌아다녔습니다. '베드로가 여기서 저것을 보았겠구나' 하고 생각했습니다.

"마침 말하던 천사가 떠나매 고넬료가 집안 하인 둘과", 자기 집에서 쓰고 있는 하인 둘과 "종졸 가운데 경건한 사람 하나를 불러"(10:7), 이것을 보면 자기 휘하의 군인 가운데에도 벌써 이 코르넬리우스의 감화를 받은 경건한 사람들이 있었습니다. "이 일을 다 고하고" 이야기하고 "욥바로 보내니라"(10:8). 여기에서 보는 그는 군대의 장교나 지휘자 코르넬리우스가 아닙니다. 자기의 하인과 종졸을 불러 형제나 친구처럼 논했습니다. '이렇게 이렇게 되었다. 내가 이런 이야기를 들었으니 가라' 하고 말했습니다. 그때는 위에서 '너, 어디어디 좀 갔다 와. 이거 해' 하고 명령한 것이 아닙니다. 벌써 군인이라는 사실을 떠나 그가 받은 이 기이한 사실에 대해서 하나님의 은혜를 나누고 싶은 것과 겸허한 심정이 그를 지배하고 있는 것입니다. 이 일을 다 이야기하고 베드로에게 보냈습니다.

오늘은 이만한 정도로 하겠습니다. 그다음에는 이제 베드로에게 하나님께서 어떻게 역사하셨느냐 하는 문제입니다. 베드로에게 역사하신 일에 대해서는 돌아가셔서 레위기 11장을 한번 쭉 보시기 바랍니다. 왜냐하면 여기 보면 "베드로야, 일어나서 잡아먹으라"(10:13) 하니까 베드로가 하는 말이 "주여, 그럴 수 없나이다. 속되고 깨끗지 아니한 물건을 내가 언제든지 먹지 아니하였삽나이다"(10:14) 하는 이야기를 했습니다.

"땅에 있는 각색 네발 가진 짐승과 기는 것과 공중에 나는 것들이 있는데"(10:12)라고 했습니다. 레위기 11장에는 땅 위에 있는 네발 달린 짐승, 기는 것, 공중에 나는 것들의 더럽고 불결한 것과 정결한 것의 구별이 딱딱 나옵니다. 왜 이렇게 하셨는지 사람들이 알기가 참 어렵습니다. 예를 들면 짐승 같으면 반드시 굽이 갈라지고 새김질을 하는 것만 깨끗하지 그중에 하나만 자격이 결핍되어도 안 된다고 했습니다. 예를 들어 낙타는 새김질을 하지만 굽이 안 갈라졌으니 안 된다는 이야기입니다. 그리고 또 굽은 갈라졌어도 새김질 안 하면 안 된다고 했습니다. 새김질을 하고 겸하여 굽이 갈라져야 한다는 것입니다. 그러니까 그런 것을 보시고 그것이 무엇을 의미하는지 한번 생각해 보시기 바랍니다. 잘 모르면 나중에 레위기를 배울 때 다 배울 요량을 하시고 좌우간 그런 것들이 여기에 나타난 사실과 그 사실이 가르치는 교훈을 돌아가셔서 생각해 보시기 바랍니다.

기도

거룩하신 아버지시여, 아버님께서 고넬료를 군대 생활이라는 권위의 생활, 곧 일철한 질서와 법과 로마의 큰 군권을 대표하는 매일의 생활 가운데에 있는 그런 속에서도 건져 내시되, 그가 참으로 경건하고 하나님께 간절히 기도하고 또한 신령한 일들과 나라를 사모하게 하심으로 그런 이에게 거룩한 계시를 베풀어 주셔서 그를 건져 내시고, 이로 인하여 복음이 다만 예루살렘뿐 아니라 또한 유대나 사마리아뿐 아니라 땅 끝까지 천하를 통치하는 백성에게도 들어가서 주님의 나라, 곧 거룩하고 신령한 나라를 땅 위에서 능력 있게 진행하실 큰 뜻을 벌써 보이심으로써 이 사건이 그 효시가 된다는 사실을 여기에서 오늘날 배웠사옵나이다. 진실로 그런 일들이 없었다면 오늘날 저희들은 참으로 암매하고 암담한 가운데 불쌍하게 될 수밖에 없었겠나이다. 이와 같이 주님을 간절히 사모하고 자기

뿐 아니라 동족이나 자기의 인아족척(姻婭族戚)이나 친구들에게도 할 수 있는 대로 감화를 끼치고 주의 말씀을 전달해서, 이로 인하여 아버님이 거룩한 나라를 진행시키시는 데에 좋은 발판이 되고자 하는 간절한 심정들을 주신 사람들을 통하여서 이 복음은 세상에 늘 퍼져 나가고 있사옵니다. 이와 같이 간절히 사모하는 심정, 곧 의에 주리고 목마른 심정이 결국 배부름을 얻게 하신 것이로소이다. 로마 제국에 복음이 들어갈 때에 고넬료가 그 문 앞에 서 있어서 효시로서 은혜를 받은 자가 된 것처럼, 저희들에게 주님의 거룩한 능력을 주시고 하나님의 은혜가 저희 위에 충만히 임하사 거룩한 영광을 더욱 퍼뜨려 나가고 더욱 능력 있게 깊은 경지로 이끌어 나가는 문 앞에 또한 저희들을 세우시고 저희들에게 은혜를 주셔서 하나님의 오묘하고 신령한 나라의 참뜻이 저희들로 인하여 더욱 사방에 퍼질 수 있게 하여 주시고 더욱 거룩히 전달되게 하시옵소서. 성신님, 저희를 주장(主掌)하시고 이 복음의 능력의 말씀이 하나님의 거룩한 경영 가운데에서 저희 안에 확실히 역사하게 하여 주옵소서. 저희의 생활이 경건할 뿐만 아니라 또한 복음의 능력이 저희를 친히 지배하게 하여 주시기를 기도하옵나이다.

  이 모든 말씀을 주 예수님의 이름으로 기도드렸사옵나이다. 아멘.

1966년 1월 16일 주일 공부

제10강

고넬료 이야기 (2)

- 더 큰 빛을 추구한 고넬료와 베드로 -

사도행전 10:17-23
베드로가 본 바 환상이 무슨 뜻인지 속으로 의심하더니 마침 고넬료의 보낸 사람들이 시몬의 집을 찾아 문 밖에 서서 불러 묻되 베드로라 하는 시몬이 여기 우거하느냐 하거늘 베드로가 그 환상에 대하여 생각할 때에 성신께서 저더러 말씀하시되 두 사람이 너를 찾으니 일어나 내려가 의심치 말고 함께 가라 내가 저희를 보내었느니라 하시니 베드로가 내려가 그 사람들을 보고 가로되 내가 곧 너희의 찾는 사람이니 너희가 무슨 일로 왔느냐 저희가 대답하되 백부장 고넬료는 의인이요 하나님을 경외하는 자라 유대 온 족속이 칭찬하더니 저가 거룩한 천사의 지시를 받아 너를 그 집으로 청하여 말을 들으려 하느니라 한대 베드로가 불러 들여 유숙하게 하니라 이튿날 일어나 저희와 함께 갈새 욥바 두어 형제도 함께 가니라

제10강

고넬료 이야기 (2)
- 더 큰 빛을 추구한 고넬료와 베드로 -

사도행전 10:17-23

더 큰 빛을 사모한 고넬료

이달리야라는 대(隊)의 백부장 가운데 이름이 고넬료라는 사람이 있었는데, 그는 경건하고 하나님을 두려워하고 백성들에게 항상 선을 행한 사람이라고 했습니다. 우리가 지난번에 배운 대로 로마의 유명한 귀족 집안에 코르넬리우스라는 이름이 있는데 그가 그 귀족의 족속인지도 모릅니다. 그러나 로마의 평민 가운데에도 코르넬리라는 사람이 있습니다. 그는 원래 노예 계급이어서 로마의 시민권은 받지 못했습니다. 어디서 붙들려 왔든지 여하튼 노예 계급이었는데, 로마의 황제가 노예들을 석방한 후에 전에 가지고 있던 자기네의 본래의 이름으로 다시 칭호할 수 있게 한 까닭에 코르넬리라는 이름을 가질 수 있었습니다. 그 어느 편이 되었든지 역사에 아직 희미하게라도 남아 있는 인물이 코르넬리우스인데, 그 사람은 물론 유대교의 교인은 아닐지라도 적어도 유대교적인 종교 방식에 의해서 한 하나님을 믿고 가까이한 사람입니다. 로마 사람들이 가지고 있는 다신교에서 떠나서 참하나님 한 분을 자기가 알고 깨달은 만큼 섬기고 거기에 의해서 빛을 구해서 찾아 나아왔습니다. 그런고로 이 코르넬리우스의 생활의 특장(特長)은 다른 사람보다 더 도덕적이라는 점에 있다기보다도 – 아마 코르넬리우스보다 더 도덕적인 사람도 있을 수 있을 것입니다 – 자기에게 비친 빛의 정도 안에서 자기가 찾을 만큼 힘을 다해서 하나님을 찾아 나아간 점에 있습니다. 이것이 그의 중요한 특장입니다.

예수를 믿지 않는 사람들도 자기에게 비치는 빛에 대해서 각각 책임을 져야 합니다. 하나님의 빛을 찾았는데도 오히려 그것을 흐려 버리는 데에 이방 사람의 큰 죄악이 있습니다. "하나님의 진노가 불의로 진리를 막는 사람들의 모든 경건치 않음과 불의에 대하여 하늘로 좇아 나타나나니 이는 하나님을 알 만한 것이 저희 속에 보임이라. 하나님께서 이를 저희에게 보이셨느니라. 창세로부터 그의 보이지 아니하는 것들, 곧 그의 영원하신 능력과 신성이 그 만드신 만물에 분명히 보여 알게 되나니 그러므로 저희가 핑계치 못할지니라. 하나님을 알되 하나님으로 영화롭게도 아니하며 감사치도 아니하고 오히려 그 생각이 허망하여지며 미련한 마음이 어두워졌나니 스스로 지혜 있다 하나 우준(愚蠢)하게 되어 썩어지지 아니하는 하나님의 영광을 썩어질 사람과 금수(禽獸)와 버러지 형상의 우상으로 바꾸었느니라"(롬 1:18-23). 여기에서 이방 사람의 죄를 논합니다. 로마서에서 논죄하는 이방 사람의 죄는 아무것도 모르고 당하는 죄라기보다는 그보다 더 적극적인 죄악입니다. 하나님을 알 만한 것이 저희 속에 보였는데도, 즉 하나님께서 그것을 저희에게 보이셨는데도 불의를 가지고 진리를 막는 것입니다. 진리가 진리인 줄 모르고 막는 것이 아니라 자기에게 비친 빛만큼은 늘 승인해야 할 의무가 있는데 자기에게 있는 빛을 승인하지 않고 막는다는 데에 이방인의 죄악과 로마 사람들의 죄악과 헬라 사람들의 죄악이 있습니다.

그런데 이 코르넬리우스는 그러한 사람이 아닙니다. 그는 자기 스스로 도덕적으로 선행을 하고 산 사람이라기보다는 하나님께서 그에게 보여 주신 만큼의 빛을 자꾸 따라 나아온 사람입니다. 거기에 이 사람의 특장이 있습니다. 그는 이달리야 대라는 부대의 백부장이고 로마 사람입니다. 말하자면 유대 사람과 아무런 상관이 없고 로마의 식민 통치를 위한 강한 경찰자(警察者)였습니다. 소위 유엔군을 국제 경찰대라고 말하듯이 이때의 로마 군대는 강하게 기찰을 하고 만일의 경우에 무슨 일이 나면 진압할 준비로 갖다 놓은 군대일 것입니다. 그런 군대의 백부장이요 장교로서 어디로 보든지 로마적인 이교주의와 로마적인 권력을 강하게 의존할 수밖에 없는 환경과 그러한 전통 가운데서 자랐는데도 자기 마음 가운데에 비추어진 하나님을 알 만한 것 혹은 하나님께서 보이신 그것을 따라갔다는 데에 이 고넬료의 특장이 있습니다.

이번에는 하나님께서 그러한 고넬료를 불쌍히 여기시고 건져 내신 것입니다. 사람이 자기 마음 가운데 비치는 빛을 한껏 따라간다 할지라도 하나님께서 그에게 참으로 생명의 도리를 주입시켜 주시지 않으면 사람이 스스로 그것을 터득할 수 없다는 것을 여기에서 다시 생각하는 것입니다. 또한 그 사람이 그 빛을 따라갔다는 사실은 그 사람이 아는 만큼은 하나님을 경외하고 또 하나님을 경외하는 까닭에 그가 가지고 있는 신관에 의해서 백성에게 선행을 했다는 데에서 첫째로 나타납니다.

그뿐 아니라 그가 하나님을 경외했다는 사실은 그가 늘 하나님과 교통하기 위해서 기도했다는 사실에서도 나타납니다. 제9시쯤 되어서 기도했다고 했습니다. 그 시간은 유대 사람들이 기도하는 시간인데 아마 유대 사람이 기도하는 시간을 모방해서 기도한 듯합니다. 분명히 그는 유대교인은 아닙니다. 유대교인이라고 할 만한 증거가 없습니다. 그렇다고 해서 그 사람은 완전히 이교적인 행동을 한 사람이 아니고 어찌하든지 자기가 본 대로 들은 대로 하나님을 공경하는 좋은 도리가 있으면 그것을 따라서 공경하고 나아온 것입니다. 그런데 그가 하루는 제9시쯤에 기도를 하는데 환상 중에 밝히 보니 하나님의 사자가 들어와서 '고넬료야' 하고 불렀다고 하는 것을 보면 그가 간곡히 기도해서 하나님의 무슨 특별한 계시를 요구했던 것을 우리가 짐작할 수 있습니다. 고넬료가 그냥 기도한다면 무엇을 기도했겠습니까? '하나님, 감사합니다. 우리를 먹고살게 해 주시고 호생지덕(好生之德)이 많으시니 감사합니다. 또 앞으로도 복을 많이 주시고 잘살게 합소서' 하는 정도로 끝냈겠습니까? 그 정도가 아니고 무엇인가 간절히 요구하는 것이 하나 있었을 것입니다.

여기 10:4을 보면 "고넬료가 주목하여 보고 두려워 가로되 주여, 무슨 일이니이까? 천사가 가로되 네 기도와 구제가 하나님 앞에 상달하여 기억하신 바가 되었으니"라고 해서 하나님 앞에 상달하는 기도를 했다고 했습니다. 무슨 기도를 했는가 할 때 무엇이든지 분명히 원하는 바가 있어서 구한 것입니다. 그런고로 하나님께서는 그 사람이 원하는 바를 들으시고 거기에 대해서 응낙하신 것입니다. 거룩한 응답이 어떻게 나타났느냐 할 때 사람을 욥바에 보내서 베드로라고 하는 시몬을 청하면 그가 와서 어떻게 할 바를 가르쳐 줄 것이니까 시몬을 청하라고 했습니다. 그는 지금까지 자기가 아는 범위 안에서 한껏 간절하고 경건하게 종교를 행하고 살아가는데 '좌우간 이렇게 하는 것이 정당할 것인가? 이것이 끝일까? 지금 내가 알고 있는 이것이 전부는 아닐 터인데 이 이상 다른 길이 없는가?' 하고 물었습니다. 빛을 찾는 사람은 당연히 이렇게 묻는 것입니다. 빛을 찾지 않고 자기의 도덕적인 생활에 만족하는 사람은 그런 생각이 특별히 있을 까닭이 없습니다.

그런고로 여기에서 고넬료의 특성을 우리가 분석해 볼 때에 사람이 참으로 경건하다는 것은 도덕적인 선행을 행함으로써 끝나는 것이 아니라는 것입니다. 도덕적인 선행보다도 더 중요한 것은 무엇이든지 하나님 앞에서 더 큰 빛을 추구해 나가는 생활 태도입니다. 코르넬리우스는 하나님 앞에서 무엇을 보기를 바랐는데 무엇을 보기를 바랐습니까? '지금 내가 알고 있는 것이 전부가 아닐 것이다. 지금 깨닫고 있는 것이 이것이 전부가 아니다. 하나님 앞에 좀 더 큰 빛이 있을 것이다' 하고 생각한 것입니다. 이것이 중요한 문제입니다. 고넬료가 도덕적인 생활을 했다는 것이 그 사람의 가장 큰 특장이 아닙니다. 그는 하나님 앞에 경건해서 늘 기도한 사람이었습니다. 무엇을 기도했겠습니까? 하나님 앞에 늘 고사(叩謝)를 한 사람이라는 말은 아닙니다. 늘 기도했다는 말은 무엇을 구했다는 말입니다. 그는 무엇을 구한 사람입니다.

그러면 전능하신 하나님, 지극히 높으신 하나님 앞에 무엇을 구했겠습니까? 그에 대한 대답이 시몬을 청해 오게 한 데서 완곡하게 나타났습니다. 시몬을 청해 왔을 때 고넬료에게 분명히 무엇을 가르쳐 준 것입니다. 그것이 고넬료가 지금까지 알기를 원했던 사실입니다. 그것을 시몬이 와서 가르쳐 준 것입니다. 여기를 보면 고넬료가 무엇이라고 말했는가 할 때 "나흘 전 이맘때까지 내 집에서 제구 시 기도를 하는데 홀연히 한 사람이 빛난 옷을 입고 내 앞에 서서 말하되 고넬료야, 하나님이 네 기도를 들으시고 네 구제를 기억하셨으니 사람을 욥바에 보내어 베드로라 하는 시몬을 청하라. 저가 바닷가 피장 시몬의 집에 우거하느니라 하시기로 내가 곧 당신에게 사람을 보내었더니 오셨으니 잘하였나이다. 이제 우리는 주께서 당신에게 명하신 모든 것을 듣고자 하여 다 하나님 앞에 있나이다" (10:30-33) 하고 말했습니다.

33절의 말을 보면 고넬료의 마음에 있는 것을 드러낸 것입니다. 무엇을 기도했는가 하는 기도의 내용을 쓰지는 않았지만 그의 기도가 상달된 결과로 베드로라는 시몬을 청해 오도록 하나님의 천사가 지시하니까 그대로 청해 온 다음에 고넬료는 자기 마음에 있는 대로 '자, 이제 우리는 다 하나님 앞에 있어서 하나님께서 당신에게 무엇이든지 말씀하신 그것을 듣고자 지금 여기에 있습니다. 하나님께서 당신에게 뭐라고 명령하셨는지 그것을 가르쳐 주십시오' 하고 말했습니다. 고넬료는 그동안 하나님 앞에서 '자, 어떻게 하리이까' 하고 요컨대 어떻게 하면 좋을지 막막하고 수수께끼 같은 일종의 난국(perplexity)에 내려갔습니다. 그것이 고넬료의 난국의 성격이라는 것을 우리가 알 수 있습니다. 더 큰 빛을 사모하고 나아왔다는 이 점을 우리가 강조해서 보아야 할 것입니다.

그다음에 고넬료는 천사가 떠난 후에 자기 집에서 쓰는 하인 두 사람과 자기의 군인 혹은 종졸 가운데 경건한 신자 한 사람을 불렀습니다. '경건한 사람'이라고 할 때 그리스도의 신자라기보다는 하나님을 믿는 사람을 말합니다. 경건히 하나님을 믿고 사는 사람, 즉 자기와 비슷한 사람 하나를 불렀습니다. 이렇게 모두 세 사람을 불러 같이 앉아서 의논하고 이 일을 다 고했습니다. '자, 이만저만하니 욥바에 가서 시몬을 청해 오는 것이 옳지 않겠나' 하고 서로 회의를 했다는 말입니다. 그러니까 그는 경건한 군졸인 까닭에 고넬료의 말뜻을 알아듣고 '예. 그럼 갔다 오겠습니다' 하고 분부를 받아서 하인 둘을 데리고 떠난 것입니다.

더 큰 빛을 추구한 베드로

무대를 옮겨서 이번에는 욥바로 가 보겠습니다. 욥바에 있는 시몬 베드로도 고넬료가 가지고 있던 난국, 즉 아직은 알 수 없는 것이 있었습니다. '무엇인가가 더 있을 것인데 그것이 무엇이겠는가' 하는 난국 가운데 빠져 있던 고넬료와는 별다른 의미로 또 하나의 난국 가운데 빠져 있었습니다. 그런고로 큰 주제를 붙인다면 그 양방이 다 좀 더 큰 빛을 찾았다고 할 것입니다. 고넬료도 좀 더 큰 빛을 찾았고 시몬 베드로도 좀 더 큰 빛을 받기 위해서 의문 가운데 빠져 들어갔습니다. 그것은 무엇이냐 하면 그가 지붕 위에 올라가서 기도하다가 배가 고팠습니다. "기도하려고 지붕에 올라가니 시간이 제육 시더라. 시장하여 먹고자 하매"(10:9하-10

상), 이것도 유대 사람이 기도하는 시간입니다. 제6시는 한낮인 정오입니다. 앞에서 고넬료는 제9시에 기도했으니까 그때는 오후 3시쯤입니다. 이렇게 베드로가 정오에 기도하다가 시장하여 먹고자 하니까 사람들이 '아, 베드로 선생님이 시장하시구나' 하고는 '사도께서 시장하시니 음식을 준비하자' 했습니다. 그런데 베드로를 공궤(供饋)하는 이 집은 누구네 집이냐 하면 베드로와 같은 이름을 가진 시몬의 집입니다. 즉 피장 시몬의 집입니다.

피장이라는 사람은 지난 주일에도 말씀드린 대로 유대 사람들이 더럽게 여겨서 같이 한 지역 사회(community)에 살지 못하게 했습니다. 그래서 성 바깥으로 나가서 집을 짓게 만들었습니다. 일설에는 이 피장의 직업을 가진 사람은 결코 성안에서 유대 사람과 함께 살지 못하고 성밖에 살되 성에 붙어서 살지도 못하고 적어도 성에서 50규빗이라는 거리를 두고 비로소 집을 구해서 살게 만들었다고 합니다. 그것이 옛날 유대 사람들의 한 풍속이었다는 것을 우리가 볼 수 있습니다. 만일 어떤 사람이 피장인 줄 알지 못하고 딸을 주어서 하나님 앞에서 서약하고 혼인했다고 할지라도 피장인 줄 알았을 때는 그 혼인을 무효로 선언해 버리는 것입니다.

그만치 피장을 멀리하는데 그 피장의 집에 시몬 베드로가 유했다는 것은 그가 벌써 좀 더 큰 빛이라는 세계를 향해서 일보 전진했다는 것을 뜻한다고 우리가 지난번에 배웠습니다. 이것은 베드로와 같이 자신이 히브리인인 사실과 유대교 전통에 늘 확호히 서서 그 특권을 포기하지 않고 산 사람으로서는 벌써 상당히 특권에서 떨어져 나간 이야기입니다. '그런들 어떠냐' 하는 태도입니다. 유대교적인 엄격한 율법, 즉 깨끗한 것과 불결한 것을 서로 뒤섞는 것을 절대로 금지하는 그런 법하에서 살다가 이제는 그것을 어느 정도만큼 완화하고 모두들 불결하다고 여기는 피장의 집에 가서 유한 것이고, 이렇게 베드로 사도를 공궤하는 것을 보면 분명히 피장 시몬도 신자였으니까 그를 유하게 한 것입니다. '이제 그리스도 안에서 신자인 이상 결(潔)이 어디 있으며 불결이 어디 있느냐' 하는 사상의 일보 전진이 베드로에게 있었습니다.

그러나 그와 같이 자기에게 비치는 빛만큼은 나갔지만, 베드로도 좀 더 큰 빛을 요구하는 사람이고 좀 더 큰 빛이 있어야 할 사람입니다. 그럴 때 베드로가 이번에는 비몽사몽간에 특별하고 황홀한 경계(境界) 가운데 들어갔습니다. 혼몽한 경계가 아니라 황홀한 경계 혹은 엑스터시(ecstasy) 가운데 썩 들어갔습니다. 황홀경에 탁 들어가서 바라볼 때에 큰 보자기가 보였습니다. 무슨 보자기인지 캔버스인지 알 수 없지만 하여간 큰 보자기의 네 귀퉁이를 달아서 드리워 내리는데 그 안에 모세의 법인 레위기에서 금지한 불결한 짐승과 정(淨)한 짐승이 한꺼번에 뒤섞여 있었습니다. "그 안에는 땅에 있는 각색 네발 달린 짐승과 기는 것과 공중에 나는 것들이 있는데 또 소리가 있으되 베드로야, 일어나 잡아먹으라 하거늘"(10:12-13), '잡아서 먹어라. 그것을 죽여서 먹어라' 한 것입니다. "베드로가 가로되 주여, 그럴 수 없나이다"(10:14상). 이 헬라 말의 어세(語勢)는 '천만의 말씀입니다. 어디 그럴 수가 있습니까' 하는 말입니다. 그것이 베드로에게 당장에 일어난 반응입니다. 예수께서 당신이 십자가를 지실 것을 말씀하셨을 때에 베드로가 붙들고 간하기를 "주여, 그리 마옵소서. 이 일이 결코 주에게 미치지 아니하리이다"(마 16:22) 한 것처럼 여기도 깊이 생각하지 않고 아주 충동적으로 얼른 말하는 그런 어투입니다. "주여, 그럴 수 없나이다" 하는 것은 차곡차곡 이야기하는 것이라기보다는 따지는 이야기입니다. '어찌 그렇게 할 수 있습니까' 하는 식으로 쑥 나온 말입니다. '어이구, 어떻게 그럴 수 있겠어요' 하는 식으로 "주여, 그럴 수 없나이다. 속되고 깨끗지 아니한 물건을 내가 언제든지 먹지 아니하였삽나이다"(10:14) 하고 말했습니다. 얼마나 모세적인 법을 잘 지켰는가 하는 것입니다.

"또 두 번째 소리 있으되 하나님께서 깨끗게 하신 것을 네가 속되다 하지 말라 하더라"(10:15). 이 말을 다시 잘 보면 우리말에 번역상의 문제가 조금 있습니다. 이 말은 '하나님께서 깨끗게 하신 것을 네가 속된 것으로 만들지 말라' 하는 뜻입니다. '네가 속되다고 칭하지 말라' 하는 말이나 '아, 말로 그렇게 속되다고 하지 말라' 하는 뜻이 아니고 '하나님께서 한번 깨끗게 해 놓으신 것을 네가 지금 불결한 것으로 만들지 말아라. 하나님이 한번 깨끗게 해 놓으셨는데 네 스스로 임의로 그것을 불결한 것으로 다루지도 말고 불결한 것으로 치지도 말고 그렇게 이야기하지도 말아라' 하는 말씀입니다. 여기에 그런 어세가 있습니다. "이런 일이 세 번 있은 후 그 그릇이 곧 하늘로 올리워 가니라"(10:16).

여기에 베드로에게도 앞에서 고넬료에게 있었던 난국이 있습니다. '좌우간 이것이 끝일까? 좀 더 큰 빛이 있지 않겠는가? 이것이 전부이겠는가?' 하는 난국입니다. 베드로에게는 이 난국이 현저하게 무엇으로 왔느냐 하면 '이게 무슨 뜻인가? 무엇이 좀 더 있을 텐데 이것만 가지고는 무엇인지 모르겠다' 하는 것으로 왔습니다. 베드로는 새로운 무엇을 알아야만 하게 되어 있었습니다. 왜냐하면 이때 여기의 이 환상 혹은 비몽사몽 간에 나타난 거룩한 계시의 의미가 베드로에게 전해지지 않았기 때문입니다. 그래서 '이게 무엇인가?' 하고 생각하지 않을 수 없었습니다. "베드로가 본 바 환상이 무슨 뜻인지 속으로 의심하더니"(10:17상), 속으로 '참 그것이 무엇인지 모르겠다' 하고 기웃기웃 생각하는 것입니다. '무슨 의미이겠나?' 하면서 여기에서 베드로는 앞으로 무엇을 좀 더 배우고 생각해야 할 위치 가운데로 들어가는 것입니다.

그때 "마침 고넬료의 보낸 사람들이 시몬의 집을 찾아 문 밖에 서서 불러 문되"(10:17하-18상), 고넬료가 보낸 사람은 세 사람입니다. 이때는 고넬료의 집을 떠난 이튿날입니다. 전날 오후 3시에 고넬료가 환상을 보고 자기의 군졸과 종자들을 불러 이야기한 다음에 보냈습니다. 그 사람들이 길을 떠나 밤새 왔으면 아주 일찌감치 아침에 도착했을 텐데 실제로는 한낮일 때 도착했습니다. 거리로 볼 때 하룻밤을 온전히 걸으면 도착할 수 있는 거리입니다. 요새 거리로 보면 140-150리이고 옛날 같으면 130리의 거리입니다. 그렇다면 이것이 어떻게 된 것인가 할 때 결국 도중에 어디에서 잔 것입니다. 아폴로니아(Apollonia)에서 잤든가 어디에서 잤을 것입니다. 오는 도중에 밤이 깊으니까 어디에서 자고 아침에 떠난 것입니다. 그러니까 그날 저녁 늦게까지 걷고 밤에 자고 난 다음에 아침에 일찌감치 일어나서 왔으면 넉넉히 그 시간이 되었을 것입니다. 적어도 10시간 이상 걸었을 것으로 보아야 합니다. 어떻게 왔는지 우리가 다 알 수는 없으니까 혹은 말을 타고 왔는지도 모르지만 대체로 걸어서 온 듯합니다. 걸어서 온 것 같은 이유는 나중에 돌아갈 때 베드로와 그 모든 일행이 전부 걸어서 돌아갔기 때문입니다.

"문 밖에 서서 불러 문되 베드로라 하는 시몬이 여기 우거하느냐 하거늘"(10:17하-18), 베드로가 '저게 무엇일까?' 하고 혼자 환상을 생각하고 있는데 누가 와서 문을 통통통통 두드렸습니다. 그래서 내려가 보니까 '베드로라고 더러 이름하는 시몬이 여기 계십니까?' 하고 물었습니다. 마침 "베드로가 그 환상에 대하여 생각할 때에"(10:19상), 성신께서 무엇이라고 가르치셨는가 할 때 '네가 본 환상은 이것이니라' 하고 해석해 주시기보다는 "두 사람이 너를 찾으니 일어나 내려가 의심치 말고 함께 가라. 내가 저희를 보내었느니라"(10:19하-20) 하는 성신의 지시가 있었습니다. 여기에 초대 교회 때 성신과의 아주 밀접한 관계, 즉 성신께서 친히 지시하시고 가르치시는 관계가 나타납니다.

그렇게 성신의 분명한 말씀을 듣고서 "베드로가 내려가 그 사람들을 보고 가로되 내가 곧 너희의 찾는 사람이니 너희가 무슨 일로 왔느냐? 저희가 대답하되", 그들이 사연을 이야기했습니다. "백부장 고넬료는 의인이요 하나님을 경외하는 자라. 유대 온 족속이 칭찬하더니 저가 거룩한 천사의 지시를 받아 너를 그 집으로 청하여 말을 들으려 하느니라"(10:21-22). '무슨 좋은 강설을 해 주십시오. 강설을 듣기를 원합니다' 하는 말이라기보다는 '고넬료가 구한 바가 있었는데 그 구한 바에 대한 천사의 응답으로 시몬을 청하라 하셨으니 시몬을 청하면 분명히 하나님이 그동안 고넬료가 구한 것에 대해서 해명해 주실 것입니다' 하는 뜻입니다. 그래서 고넬료에게 베드로는 자기가 기도한 바를 하나님이 응낙하시는 표시로서 거룩한 대답을 줄 사람이었습니다.

그러면 '베드로의 환상은 어떻게 풀어야 할 것인가' 하는 문제가 남는데, 하나님의 기이하신 손으로 결국 베드로는 베드로대로 고넬료의 집에 가라는 지시를 받아서 고넬료의 집에 도달해서 거기에서 비로소 자기의 환상의 뜻이 무엇인지 알았고, 고넬료는 자기의 기도에 대해서 응낙하신 하나님의 계시가 무엇인지 알게 되었습니다. 이렇게 해서 양방이 다 풀어졌습니다. 하나는 욥바, 하나는 가이사랴에 있어서 적어도 일백 수십 리 사이가 되고 30마일 이상의 상거(相距) 있는 데에서 서로 별다른 시간에 각각 더 큰 빛을 추구해 나가고 더 큰 빛을 사모해 나갈 때, 더 큰 빛에 대한 거룩하신 하나님의 조명이 이러한 형식으로 각각 임했다는 것이 여기에서 볼 수 있는 중요한 점입니다.

베드로가 고넬료의 집에서 복음의 사실을 증거함

"베드로가 불러들여 유숙하게 하니라"(10:23상). 그래서 참 재미있는 현상이 일어났습니다. 여기가 누구네 집이냐 하면 피장 시몬의 집인데 여기에 히브리 사람인 베드로가 유하고 있습니다. 그는 아직 유대주의에서 완전히 벗어나지 못해서 한쪽은 히브리인적인 사상에 절어 있고 다른 한쪽은 기독교를 받아들여 가지고 있는 상태입니다. 대사도인 베드로도 그랬으니 우리 한국 교회가 과거에 기독교를 받았을 때 '한쪽에는 기독교, 한쪽에는 유교' 하는 식으로 뒤섞인 것도 아마 어쩔 수 없었던 일인가 봅니다. 그러나 중요한 것은 더 큰 빛을 찾았으면 더 큰 빛으로 자꾸자꾸 들어가는 것입니다. 베드로는 '더 큰 빛을' 하고 자꾸 더 큰 빛으로 나아가서 결국 유대주의적인 것을 탈각하고 탈피했고, 이때는 적어도 유대주의적인 것을 탈피하는 중요한 단계를 밟아 갔는데, 우리나라는 그것이 약해서 고생이 더 큽니다.

그래서 이 사람들이 같이 피장 시몬의 집에 유했습니다. 고넬료의 하인과 고넬료가 보냈던 대표 군인과 대사도 베드로와 피장 시몬과 다른 교우들이 한 집에 있었던 것입니다. 그 사람들이 거기에 함께 유했다는 사실은 말하자면 좌우간 재미있는 조합(combination)입니다. 조금 이상한 조합이라고도 할 수 있습니다. 기독교적인 새로운 마련(arrangement)이 아니었으면 그런 일이 발생할 수 없습니다. 본래는 베드로가 피장의 집에 유할 수도 없는 것이고, 기독교가 아니었으면 고넬료가 이렇게 자기 사람을 보내서 피장의 집에 같이 유하면서 사람을 청해 가기도 어려웠을 것입니다. "이튿날 일어나 저희와 함께 갈새 욥바 두어 형제도 함께 가니라"(10:23하). 욥바 내에 있는 두어 형제도 함께 갔습니다. 그럼 사람이 총 몇입니까? 이대로 보면 여섯입니다.

이제 이분들이 고넬료의 집을 향해서 가다가 "이튿날 가이사랴에 들어가니 고넬료가 일가와 가까운 친구들을 모아 기다리더니 마침 베드로가 들어올 때에 고넬료가 맞아 발 앞에 엎드리어 절하니"(10:24-25), 왜 절했을까요? 베드로를 신으로 알고 절한 것은 아닙니다. 경건한 고넬료로서는 자기가 베풀 수 있는 최대의 존경과 경의를 이러한 형식으로 표시한 것입니다. 마치 한국 사람이 옛날에 상대자를 존경할 때에 무릎을 꿇고 절을 하는 식입니다. 무릎을 꿇고 절한다는 것이 예배한다는 말은 아닙니다. '분명히 이분은 훌륭하고 위대한 분이다' 하고 높이 숭상하는 인물로 여긴 것입니다. 베드로를 처음 만났지만 백부장으로서 로마 군인의 긍지나 자존심이 다 없이 하나님의 도리 안에서 비로소 새로운 상하의 의식을 가진 것입니다. 저쪽은 지금 유대 식민지의 미미한 전도자이고 명색 없는 갈릴리의 어부였던 사람이고 현재도 명색이 없는 인물입니다. 한쪽은 로마의 위대한 군대의 백부장이어서 천부장만큼은 못할지라도 그래도 한 부대의 부대장이 되는 사람입니다. 그 사람이 베드로 앞에 엎드려 절을 해서 동양식으로 최대의 경의를 표했습니다. 고넬료는 그렇게 절함으로써 인간다운 성품을 드러냈습니다. 그 인품에 구애(拘礙)가 없고 교오(驕傲)하지 않고 경건하면서 겸손한 것을 드러낸 것입니다. 그래서 베드로는 그러한 그의 인품을 보았을 것입니다.

"베드로가 일으켜 가로되 일어서라. 나도 사람이라 하고"(10:26), '일어나십시오. 저도 별사람이 아닙니다' 하는 말입니다. '제가 특별한 신통력을 가졌다든지 혹시 그렇게 생각하시는 대로 초연한 인물이 못 됩니다. 평등하고 대등한 사람에 불과한 내가 어떻게 최대의 존경을 받을 수 있습니까' 하는 말입니다. 이것은 '당신이 절을 했는데 절하지 말라' 하는 뜻이 아닙니다. '일어납시다' 하는 이 말은 말하자면 답례입니다. 답례하면서 '내가 뭐 이렇게 절을 받을 만한 처지입니까? 절을 받을 수가 없습니다' 하고서는 서로 이야기하는 것입니다. "더불어 말하며 들어가 여러 사람의 모인 것을 보고"(10:27), 사람이 많이 모였던 모양입니다. "이르되 유대인으로서 이방인을 교제하는 것과 가까이하는 것이 위법인 줄은 너희도 알거니와 하나님께서 내게 지시하사 아무도 속되다 하거나 깨끗지 않다 하지 말라 하시기로 부름을 사양치 아니하고 왔노라. 묻노니 무슨 일로 나를 불렀느뇨"(10:28-29).

제일 처음의 발언이 자기가 여기에 온 것을 이야기하는데 '사실 일반적인 규범하에서는 아직도 나는 당신네 집에 올 처지가 아니오. 유대인은 이방 사람을 다 불결하게 여기고 속되다고 여겨서 교제하지 않는 것을 다 아시는 것 아니오? 그렇지만 이제 내가 여기 오게 된 것은 한마디로 말하면 좀 더 큰 빛에 이끌림을 받아서 하나님이 깨끗하게 하신 것을 속되게 할 수 없는 까닭에 온 것이오' 하고 말하니까 "고넬료가 가로되 나흘 전 이 맘때까지 내 집에서 제구 시 기도를 하는데 홀연히 한 사람이 빛난 옷을 입고 내 앞에 서서 말하되"(10:30), 나흘 전에 기도할 때에 이것을 본 다음에 사람을 보내서 베드로가 유하던 집에 이르렀고, 베드로가 환상을 본 시간은 이때로부터 사흘 전의 일입니다. 베드로는 자기를 찾아온 사람들과 함께 하루를 유숙한 뒤에 말하자면 이틀 전인 작일(昨日), 즉 어제 집을 떠나서 아마 도중에 하룻밤 자고 온 모양입니다. 그렇게 도중에 자고 이튿날 일어나서 덮어놓고 아침에 일찌감치 길을 나서서 간 것이 아니고 천천히 간 것 같습니다. 아마 베드로가 노인이 되어서 그랬는지도 모르지만 아직은 굉장한 노인일 턱이 없는데 어찌되었든 아마 천천히 걸어서 간 모양입니다. 그래서 코르넬리우스의 집에 적당한 시간에 들어갔습니다. "욥바 두어 형제도 함께 가니라. 이튿날 가이사랴에 들어가니"(10:23하-24상) 해서 떠난 그 이튿날 들어갔습니다. 하루 걸려서 들어갔다는 말씀입니다.

그래서 "나흘 전 이맘때에 내 집에서 제구 시 기도를 하는데 홀연히 한 사람이 빛난 옷을 입고 내 앞에 서서 말하되 고넬료야, 하나님이 네 기도를 들으시고 네 구제를 기억하셨으니 사람을 욥바에 보내어 베드로라 하는 시몬을 청하라. 저가 바닷가 피장 시몬의 집에 우거하느니라 하시기로 내가 곧 당신에게 사람을 보내었더니 오셨으니 잘하였나이다. 이제 우리는 주께서 당신에게 명하신 모든 것을 듣고자 하여 다 하나님 앞에 있나이다"(10:30-33). 이 말이 아주 참 멋있는 말입니다. '다 하나님 앞에 있습니다. 하나님 앞에 우리가 다 숭엄하고 경건하게 차리고 앉아 있습니다. 하나님께서 친히 여기에 임재하시사 지금 우리는 하나님이 보시는 앞에서 지금 이렇게 앉아 있습니다' 하는 말입니다.

"베드로가 입을 열어 가로되 내가 참으로 하나님은 사람의 외모를 취하지 아니하시고 각 나라 중 하나님을 경외하며 의를 행하는 사람은 하나님이 받으시는 줄 깨달았도다"(10:34-35). 첫째, "만유의 주 되신 예수 그리스도로 말미암아 화평의 복음을 전하사 이스라엘 자손들에게 보내신 말씀, 곧 요한이 그 세례를 반포한 후에 갈릴리에서 시작되어 온 유대에 두루 전파된 그것을 너희도 알거니와"(10:36-37) 해서 여기에 큰 아이디어가 하나씩 나옵니다.

무슨 이야기인가 하면 '하나님께서 깨끗하게 하신 것을 속되게 하면 안 되겠다' 하는 첫째의 사상이 베드로의 이야기 가운데 맨 처음에 나왔고, 둘째는 '하나님은 외모로 사람을 취하지 아니하신다' 하는 것이 둘째의 중요한 대지(大旨)로 여기에 나타났습니다. 셋째는 "곧 요한이 그 세례를 반포한 후에 갈릴리에서 시작되어 온 유대에 두루 전파된 그것을 너희도 알거니와"(10:37) 하고 요한의 세례에서부터 시작해서 "하나님이 나사렛 예수에게"라고 해서 나사렛 예수가 나오셨다는 이야기를 했습니다. 그리고 "예수에게 성신과 능력을 기름 붓듯 하셨으매 저가 두루 다니시며 착한 일을 행하시고 마귀에게 눌린 모든 자를 고치셨으니 이는 하나님이 함께하셨음이라"(10:38). 이처럼 나사렛 예수를 소개하되 요한의 세례에서부터 소개했습니다. '그냥 쓱 오신 것이 아니라 요한의 세례에서 미리 선포된 그분이 나사렛 예수로 나오셨고, 그의 인품과 그의 하신 일은 선하고 아름다운 것뿐이다. 또 성신이 충만히 역사하셨다' 하고 이야기했습니다. "우리는 유대인의 땅과 예루살렘에서 그의 행하신 모든 일에 증인이라"(10:39상) 해서 자기가 증인이라는 이야기를 했습니다. '이 일에 대해서는 증인이 있다. 증거자가 있다. 내가 증인이다' 하는 말입니다.

"그를 저희가 나무에 달아 죽였으나"(10:39하) 해서 이제부터는 둘째 부분을 이야기합니다. 먼저는 예수 그리스도께서 이 세상에 오셨다는 사실과 그의 거룩한 인격에 대해 이야기하되 그 시작은 요한의 세례에서부터 이야기했고, 둘째로 여기에서는 "그를 저희가 나무에 달아 죽였으나"라고 해서 예수 그리스도의 죽음을 이야기했습니다. 그리고 "하나님이 사흘 만에 다시 살리사 나타내시되"(10:40) 했는데 이것은 하나님의 권능으로 그가 죽음 가운데에서 부활하셨다는 이야기입니다. "모든 백성에게 하신 것이 아니요 오직 미리 택하신 증인, 곧 죽은 자 가운데서 일어나신 후 모시고 음식을 먹은 우리에게 하신 것이라"(10:41) 해서 그것을 증거하셨다는 것을 말합니다. "우리를 명하사 백성에게 전도하되 하나님이 산 자와 죽은 자의 재판장으로 정하신 자가 곧 이 사람인 것을 증거하게 하셨고"(10:42) 해서 그가 죽음 가운데서 일어나셔서 받으신 큰 직무 중에서 대표적으로 뚜렷한 것은 죽은 자에 대한 심판자인 동시에 오늘날 현재 살고 있는 사람에 대한 심판자라는 것을 가르치는 것입니다. "저에 대하여 모든 선지자도 증거하되 저를 믿는 사람들이 다 그 이름을 힘입어 죄 사함을 받는다 하였느니라"(10:43). '이분은 모든 선지자가 이미 증거했던 사실과 부합하는 인물이다' 하는 말입니다.

이것은 복음의 사실을 해석하거나 강해한 것이 아닙니다. 복음의 사실(gospel fact 또는 evangelical fact)을 그냥 쭉 서술했습니다. 이렇게 먼저 복음의 사실을 서술한 다음에 둘째로 올 것은 무엇입니까? 필연적으로 부분 부분을 설명했을 것입니다. 그런데 부분 부분을 설명하기 전에 사실만 완전하게 전하는 말이 끝났을 때에 "베드로가 이 말 할 때에 성신이 말씀 듣는 모든 사람에게 내려오시니"(10:44) 해서 성신님이 그때 내려오셨습니다. 이와 같이 베드로가 고넬료의 집에서 먼저 사실을 설명하는 도중에 성신님이 내려오신 것입니다.

그런데 고넬료의 집으로 갈 때에 두어 형제가 갔다고 했는데 두엇이라는 것은 물론 히브리 사람적인 용어로 혹은 헬라 사람들의 용어로 이야기한 것입니다. 실제로는 여섯 형제가 갔습니다. 베드로하고 저쪽 고넬료의 집에서 온 세 사람하고 욥바에 있는 형제 여섯하고 합해서 열 명이 같이 간 것입니다. 11:12을 보면 베드로가 이번에는 예루살렘에서 자기가 가이사랴에 갔던 일을 설명하는 이야기가 나오는데 거기에서 몇 명이 갔는가를 아주 자세히 보고했습니다. 10장에서는 그냥 '두어 사람'이라고 했는데 '두엇'이라는 말이 우리말로는 수개(數個)라는 말입니다. 수개의 형제와 함께 갔다는 말입니다. 그런데 11장에 와서는 "이 여섯 형제도 나와 함께 가서"라고 했습니다. 그 여섯이 다 증인으로 함께 갔습니다. 그런고로 이쪽에서 간 사람이 총 열 명입니다. 이쪽과 저쪽을 모두 합할 때 여섯 형제와 베드로를 합해서 일곱이고 저쪽 고넬료의 집에서 온 사람이 셋이어서 모두 합해서 열 사람이 갔고, 거기에서 또 여러 친구들을 모아 놓고 기다렸기 때문에 많은 사람이 앉아서 이 사실을 당한 것입니다.

또 여기 11장에서 베드로가 가장 큰 사실을 보고할 때에 "내가 말을 시작할 때에 성신이 저희에게 임하시기를 처음 우리에게 하신 것과 같이 하는지라"(11:15) 한 것을 보면 분명히 베드로는 말을 다 한 것이 아니고 시작한 것에 불과합니다. 먼저는 사실을 서술했습니다. 사실만을 서술하고는 이제부터 설명을 시작하려고 하는 참인데 아, 그만 성신이 내려서 그 특수한 현상이 다 드러난 것입니다. 다음 시간에는 베드로가 복음의 사실을 설명한 것을 다시 한번 공부하겠습니다.

기도

　거룩하신 아버지께서 저희에게 은혜를 주셔서 말씀을 저희에게 맡기시고 부탁하시며, 또한 성신의 큰 은혜가 저희를 늘 주장하시려고 이 가장 귀한 말씀에 대한 애착도 있게 하시고 접촉할 수 있는 기회를 늘 주시고 저희로 인하여 교회를 세우시고 주께서 증거하셨사오니, 저희가 항상 이 말씀에 대한 자세한 설명이나 내용을 지적으로 터득하는 것으로 끝나는 것이 아니고 설명이 있든지 없든지 하나님의 말씀과 하나님이 계시하신 그 사실의 터 위에서 성신님이 충만히 역사하셔야만 할 것을 다시 느끼오며, 이제도 저희들의 말이 많든지 적든지 성신께서 저희들 전체 위에 친히 이 모든 것들을 은혜의 방도로 쓰시고 충만히 역사하셔서, 저희들의 속에서 거룩한 그리스도적인 인격을 확립하시고 또한 그리스도적인 사명에 대한 각성을 주시며 그 역사의 열매가 저희의 생활 위에 현저하게 되도록 인도하시옵소서. 주께서 인도하시는 것을 믿고 의지하오니 저희의 부족한 것을 붙들어 주시고 긍휼히 여기시며 거룩하신 은혜가 저희 위에 늘 함께합소서.

　예수 이름으로 기도하옵나이다. 아멘.

1966년 1월 30일 주일 공부

제11강

고넬료 이야기 (3)

- 베드로의 설교 내용 -

사도행전 10:24-48

이튿날 가이사랴에 들어가니 고넬료가 일가와 가까운 친구들을 모아 기다리더니 마침 베드로가 들어올 때에 고넬료가 맞아 발 앞에 엎드리어 절하니 베드로가 일으켜 가로되 일어서라 나도 사람이라 하고 더불어 말하며 들어가 여러 사람의 모인 것을 보고 이르되 유대인으로서 이방인을 교제하는 것과 가까이하는 것이 위법인 줄은 너희도 알거니와 하나님께서 내게 지시하사 아무도 속되다 하거나 깨끗지 않다 하지 말라 하시기로 부름을 사양치 아니하고 왔노라 묻노니 무슨 일로 나를 불렀느뇨 고넬료가 가로되 나흘 전 이맘때까지 내 집에서 제구 시 기도를 하는데 홀연히 한 사람이 빛난 옷을 입고 내 앞에 서서 말하되 고넬료야 하나님이 네 기도를 들으시고 네 구제를 기억하셨으니 사람을 욥바에 보내어 베드로라 하는 시몬을 청하라 저가 바닷가 피장 시몬의 집에 우거하느니라 하시기로 내가 곧 당신에게 사람을 보내었더니 오셨으니 잘하였나이다 이제 우리는 주께서 당신에게 명하신 모든 것을 듣고자 하여 다 하나님 앞에 있나이다 베드로가 입을 열어 가로되 내가 참으로 하나님은 사람의 외모를 취하지 아니하시고 각 나라 중 하나님을 경외하며 의를 행하는 사람은 하나님이 받으시는 줄 깨달았도다 만유의 주 되신 예수 그리스도로 말미암아 화평의 복음을 전하사 이스라엘 자손들에게 보내신 말씀 곧 요한이 그 세례를 반포한 후에 갈릴리에서 시작되어 온 유대에 두루 전파된 그것을 너희도 알거니와 하나님이 나사렛 예수에게 성신과 능력을 기름 붓듯 하셨으매 저가 두루 다니시며 착한 일을 행하시고 마귀에게 눌린 모든 자를 고치셨으니 이는 하나님이 함께하셨음이라 우리는 유대인의 땅과 예루살렘에서 그의 행하신 모든 일에 증인이라 그를 저희가 나무에 달아 죽였으나 하나님이 사흘 만에 다시 살리사 나타내시되 모든 백성에게 하신 것이 아니요 오직 미리 택하신 증인 곧 죽은 자 가운데서 일어나신 후 모시고 음식을 먹은 우리에게 하신 것이라 우리를 명하사 백성에게 전도하되 하나님이 산 자와 죽은 자의 재판장으로 정하신 자가 곧 이 사람인 것을 증거하게 하셨고 저에 대하여 모든 선지자도 증거하되 저를 믿는 사람들이 다 그 이름을 힘입어 죄 사함을 받는다 하였느니라 베드로가 이 말 할 때에 성신이 말씀 듣는 모든 사람에게 내려오시니 베드로와 함께 온 할례 받은 신자들이 이방인들에게도 성신 부어 주심을 인하여 놀라니 이는 방언을 말하며 하나님 높임을 들음이러라 이에 베드로가 가로되 이 사람들이 우리와 같이 성신을 받았으니 누가 능히 물로 세례 줌을 금하리오 하고 명하여 예수 그리스도의 이름으로 세례를 주라 하니 저희가 베드로에게 수일 더 유하기를 청하니라

제11강

고넬료 이야기 (3)

- 베드로의 설교 내용 -

사도행전 10:24-48

베드로가 고넬료의 집에 들어감

10:23부터 보겠습니다. "이튿날 일어나 저희와 함께 갈새 욥바 두어 형제도 함께 가니라." 욥바의 두어 형제가 같이 갔다고 했습니다. 11:12에서는 "성신이 내게 명하사 아무 의심 말고 함께 가라 하시매 이 여섯 형제도 나와 함께 가서 그 사람의 집에 들어가니"라고 했습니다. 그런고로 열 사람이 동행해서 간 것입니다. "이튿날 가이사랴에 들어가니 고넬료가 일가와 가까운 친구들을 모아 기다리더니"(10:24), 고넬료와 가까운 친구들과 일가가 모두 함께 거기에 있었는데 "마침 베드로가 들어올 때에 고넬료가 맞아 발 앞에 엎드리어 절하니"(10:25), 엎드려 절했습니다. 그것은 그만큼 경의를 표했다는 말씀입니다. "베드로가 일으켜 가로되 일어서라. 나도 사람이라 하고"(10:26), 별사람이 아니라는 말입니다. '나도 별사람이 아니고 당신께 이렇게 너무 크고 후한 존경을 받을 만한 사람이 아니다' 하는 겸손과 겸양입니다.

"더불어 말하며 들어가 여러 사람의 모인 것을 보고 이르되 유대인으로서 이방인을 교제하는 것과 가까이하는 것이 위법인 줄은 너희도 알거니와 하나님께서 내게 지시하사 아무도 속되다 하거나 깨끗지 않다 하지 말라 하시기로 부름을 사양치 아니하고 왔노라. 묻노니 무슨 일로 나를 불렀느뇨"(10:27-29). '유대인으로서 이방인과 교제하는 것이 위법이다' 하고 말했습니다. 이렇게 유대인이라는 의식이 강했습니다. 그의 마음 가운데 '나는 유대인이다. 유대인인데 여기에 왔으니 이것은 사실 위법이다' 하는 유대인 의식이 아주 강하게 있다는 것을 표시한 것입니다. 유대적인 선입관(prejudice) 혹은 일종의 유대적인 우월감이라고 할는지 종교적인 우월감이 그들에게 있습니다. '로마 사람은 너무 높고 우리는 낮아서 우리가 감히 가까이하지 못합니다' 하는 것이 아니라 '우리가 너희와 가까이하는 것은 위법이다' 하고 말했습니다. 여기 이 베드로의 말 가운데에는 항상 무엇을 향해서 향상을 하되 아직 구투(舊套)를 탈각하지 못해서 옛것과 새것이 뒤섞인 것이 자꾸 드러납니다. '유대인으로서 너희와 교제하는 것은 위법이다' 해서 유대적인 선입관이 그냥 있고, 또한 '너희는 이방인이다' 해서 유대인과 이방인을 딱 갈랐습니다.

그러나 진짜 중요한 문제는 "하나님께서 내게 지시하사 아무도 속되다 하거나 깨끗지 않다 하지 말라 하시기로 부름을 사양치 아니하고 왔노라" 하는 것이었습니다. '유대인이 되었든지 이방인이 되었든지 세상의 죄인이 되었든지 하나님께서 아무도 속되다 하거나 깨끗지 않다고 하지 말아라 하신 까닭에 이렇게 왔노라' 하고 말했습니다. 이 부분에는 큰 교훈(lesson)이 있는 까닭에 나중에 돌아와서 다시 한번 연구하기로 하고, 우선 그다음 사실의 추이를 보아 나가겠습니다.

"묻노니 무슨 일로 나를 불렀느뇨? 고넬료가 가로되 나흘 전 이맘때까지 내 집에서 제구 시 기도를 하는데 홀연히 한 사람이 빛난 옷을 입고 내 앞에 서서 말하되 고넬료야, 하나님이 네 기도를 들으시고 네 구제를 기억하셨으니 사람을 욥바에 보내어 베드로라 하는 시몬을 청하라. 저가 바닷가 피장 시몬의 집에 우거하느니라 하시기로 내가 곧 당신에게 사람을 보내었더니 오셨으니 잘하였나이다. 이제 우리는 주께서 당신에게 명하신 모든 것을 듣고자 하여 다 하나님 앞에 있나이다"(10:29하-33). 베드로에게는 피장 시몬의 집에 들어갈 수 있는 활달하고 새로운 각성이 있었지만, 아직 유대인의 경계와 이방인의 경계를 마음대로 넘어설 만한 충분한 깨달음을 받지 않았을 때 하나님께서는 비몽사몽간에 크고 특수한 환상을 내리셔서 그로 말미암아 큰 교훈을 가지고 이제 고넬료의 집에 들어와서 고넬료의 이야기를 쭉 들은 것입니다. "베드로가 입을 열어 가로되", 장중하게 이야기했다는 말씀입니다. "내가 참으로 하나님은 사람의 외모를 취하지 아니하시고 각 나라 중 하나님을 경외하여 의를 행하는 사람은 하나님이 받으시는 줄 깨달았도다"(10:34-35).

그다음부터는 가르쳐 나가는 내용인데, 여기까지의 이야기 가운데 우리가 볼 것은 두 사람, 고넬료와 베드로가 하나는 유대인이요 하나는 이방 사람인데 다 같이 특이한 계시를 받았다는 사실입니다. 하나는 욥바의 지붕 위에서 받고, 하나는 가이사랴의 자기가 우거하는 집에서 받았습니다. 베드로에게는 환상이라는 특수한 현상으로 나타내 보이셨고, 고넬료에게는 환상이 아니라 분명히 천사가 나와서 일러 주었습니다. 고넬료와 같은 종교적 상태로 볼 때 아직 하나님과의 깊은 교제 가운데 들어가지 못한 사람에게 하나님이 계시하실 때는 훨씬 구체적이고 즉물적이고 또 그가 알아듣고 믿을 수 있을 만한 상태로 보여 주신 것입니다. 이렇게 고넬료에게는 천사가 나타나 직접 말해 주었지만, 베드로 같은 경우에는 하나님께서 큰 교훈을 어떤 환상 가운데 보이시기만 해도 벌써 그는 충분히 그러한 계시의 내용을 일단 사실로는 받아들이는 것입니다. 그것이 아무것도 아니라고 포기하는 것이 아니라 사실로는 받아들였지만, 베드로는 그 의미를 모르고 '이것이 무엇일까' 하고 생각했고, 고넬료도 '이것이 무슨 일일까' 하고 알지 못했습니다. 그러나 일단 두 사람이 가이사랴에서 만나게 되니까 그 의미를 알게 되었습니다. 베드로도 먼저 본 그 거룩한 환상의 참된 의의가 무엇이었는가를 고넬료의 집에 들어간 이후에 거기서 일어난 사태를 보고 비로소 깨달았습니다. 두 사람이 만남으로 인해 각각 그 두 가지의 큰 사실들의 의미를 다 같이 알게 된 것입니다.

베드로가 예수의 증인으로서 증거한 내용

그다음에 나타난 사실은 무엇이냐 하면 첫째는 베드로가 물어본 것입니다. "묻노니 무슨 일로 나를 불렀느뇨"(10:29하) 하고 물었습니다. '왜 나를 불렀느냐' 하고 자기를 부른 까닭을 묻되 '내가 이러이러해서 사실은 올 수 없는 일이지만 왔다. 대체 무엇 때문에 불렀느냐' 하고 물으니까 고넬료가 나흘 전 이맘때 당한 사실을 그냥 그대로 다 보고했습니다. 그러니까 그다음에 둘째로 베드로의 발언의 중요한 부분은 "입을 열어서 가로되" 하고 장중하게 말했는데, 첫째, 하나님은 사람을 외모로 취하시지 않는다는 것과 어디가 되었든지 각 나라에서 보편적으로 하나님을 경외하고 의를 행하는 사람을 하나님이 받으신다고 해 놓고, 그다음에 "만유의 주 되신 예수 그리스도로 말미암아"라고 했습니다. 여기에 '만유의 주'라는 말이 있습니다. '만유의 주'란 모든 사람의 주라는 말입니다. 여기에서 우리가 베드로의 사상의 새로운 발전을 볼 수 있습니다. 지금까지는 항상 '이스라엘의 주' 혹은 '이스라엘의 메시야'라고 해서 그런 점에서 사상이 저회(低廻)하는 경향을 유대 사람 가운데 보게 되는데 이제 그로부터 특별히 '만유의 주'라는 말이 나온 것입니다. "만유의 주 되신 예수 그리스도로 말미암아", 즉 만유의 주이신 여슈아 하마쉬아흐로 말미암아 "화평의 복음을 전하사 이스라엘 자손들에게 보내신 말씀"(10:36)이라고 했습니다. '이스라엘 자손들에게 보내신 말씀'이라는 말은 이스라엘 자손을 먼저 도구로 쓰셔서 말씀하셨다는 말입니다.

"곧 요한이 그 세례를 반포한 후에 갈릴리에서 시작되어 온 유대에 두루 전파된 그것을 너희도 알거니와"(10:37), '세례 요한이 선도자로 나타나서 갈릴리에서 세례를 반포하면서부터 이 만유의 주 되신 예수 그리스도로 말미암은 화평의 복음이 전달되기 시작했다' 하는 말입니다. 그래서 이제 시기를 긋는데 세례 요한의 그때가 이 화평의 복음의 개시를 위한 전초적인 개문(開門), 즉 문을 여는 일이었고, 그다음에 이스라엘 자손을 향해서 화평의 복음을 전했는데 갈릴리에서 시작되어 온 유대에 두루 전파된 그것이 화평의 복음이라는 것입니다. 이렇게 잠깐 세례 요한에 대해서 이야기했는데 그것은 시기를 긋는 것이고, 화평의 복음을 누가 전하게 했느냐 하면 만유의 주께서 전하게 하셨다고 합니다. 여기에서 특수하고 새로운 사상의 한가운데로 자꾸 들어가는 것입니다.

그다음에는 예수를 소개하는데 첫째로, "하나님이 나사렛 예수에게"라고 해서 그동안 서로 잘 알고 있는 '나사렛 예수'라는 표현 혹은 용어를 썼습니다. 둘째는 "성신과 능력을 기름 붓듯 하셨으매"(10:38상)라고 해서 나사렛 예수는 사람 예수이지만 성신이 충만하고 능력이 충만하신 분이었다고 했습니다. 여기에서 예수 그리스도의 인격 혹은 인간적인 면을 소개하되 그러나 얼마나 숭고하신 분이냐 하는 것을 먼저 소개해 나가는 것입니다. 그다음에는 "저가 두루 다니시며 착한 일을 행하시고"라고 해서 예수 그리스도의 선행과 그의 사역을 자꾸 이야기했습니다. "착한 일을 행하시고 마귀에게 눌린 모든 자를 고치셨으니 이는 하나님이 함께하셨음이라"(10:38하), 그 일에 하나님이 함께하셨는데 그 일은 착한 일이고 권능이 있는 일이었다고 했습니다. 마귀를 누르고 마귀에게 눌린 자를 일으키고 고치신 권능이 있는 일이었습니다.

여기까지 이야기해 나가다가 갑자기 "우리는 유대인의 땅과 예루살렘에서 그의 행하신 모든 일에 증인이라"(10:39상) 하고 말했습니다. 자기네는 그냥 지나가다가 본 이야기를 하는 것이 아니고 '우리는 증인이다' 하고 말했습니다. 자기가 증거자라는 것을 여기에서 먼저 한번 강조하고 넘어가는 것입니다. 예수 이야기를 해 나가다가 '우리는 지금 증인이다' 하고 자기와 예수님과의 관계를 말한 것입니다. 그러면 여기까지 볼 때 무슨 증인이라는 말입니까? 만유의 주께서 화평의 복음을 이스라엘 백성에게 전하시되 갈릴리에서 시작해서 유대에 두루 퍼뜨리셨는데, 예수 그리스도께서 그 화평의 복음을 어떻게 전하셨는가 할 때 세례 요한이 길잡이가 되어서 앞길을 열어 놓았고 나사렛 예수가 전하시되 그분은 나사렛 예수일 뿐 아니라 하나님이 성신과 능력을 기름 붓듯 하신 그 예수이시라는 것입니다. 그것이 예수님에 대한 소개의 둘째 내용입니다. 즉 첫째는 나사렛 예수이고, 둘째는 성신과 능력을 충만히 받으신 예수입니다. 앞에서 말한 만유의 주 예수 그리스도께서 세상에 나오셨을 때는 나사렛 예수이시고, 성신과 능력을 기름 붓듯 하신 예수이시며, 두루 다니시며 선행을 하시는 직무를 가진 예수, 즉 하나님과 늘 같이 행하시던 예수이십니다. 이렇게 예수께 대해서 세 가지로 증명해 나갔습니다.

이렇게 자신을 예수님의 그 거룩한 생애에 대한 증거자라고 하면서 "그를 저희가 나무에 달아 죽였으나"(10:39하) 하는 말을 붙여서 했습니다. 그러니까 자신은 예수님의 생애와 그의 돌연한 죽음, 즉 예수님의 삶과 죽음에 대한 증인이라는 이야기입니다. 그다음에 "하나님이 사흘 만에 다시 살리사 나타내시되"(10:40) 해서 부활에 대해서 이야기하고 있습니다. "모든 백성에게 하신 것이 아니요 오직 미리 택하신 증인, 곧 죽은 자 가운데서 일어나신 후 모시고 음식을 먹은 우리에게 하신 것이라"(10:41) 해서 또 다시 '증인'이라는 말을 썼는데, 이 증인은 예수님의 생애와 죽음에 대한 증인이라는 말이 아니라 '다시 삶'에 대한 증인이라는 것입니다. 그래서 이번에는 '우리가 어떻게 증인이 되느냐' 할 때 '심지어 우리는 그분을 모시고 앉아서 음식도 같이 먹었다. 그렇게 우리는 역력하고 똑똑한 증인이다' 하는 것입니다. 이렇게 증인으로서 베드로의 증거의 내용을 크게 나누면 두 가지인데, 첫째는 예수님의 생애와 사업과 인물, 즉 예수님의 생과 사에 대한 증거자이고, 둘째는 부활하신 예수님에 대한 증거자입니다.

"우리를 명하사 백성에게 전도하되", '이것을 가서 전해라' 하셨다는 말씀입니다. 그 증거의 내용은 무엇인가 하면 "하나님이 산 자와 죽은 자의 재판장으로 정하신 자가 곧 이 사람인 것을 증거하게 하셨고"(10:42), '하나님이 그를 산 자와 죽은 자의 재판장으로 정하셨다' 하는 것입니다. '예수님이 그 초연하신 명령권과 대권으로 우리를 명령하셔서 전도하게 하셨다' 해서 예수님이 주가 되신다는 주권에 대한 것을 여기에서 또 한 번 이야기합니다. '부활하신 그는 우리의 주이시다. 그분이 명령하셔서 우리가 전하는데, 그분은 우리의 주이실 뿐만 아니라 산 자와 죽은 자의 재판장으로 정해지신 분이다. 그 재판장이 바로 이 사람인 것을 증거하게 하셨다' 하는 것이 증거의 내용입니다.

이와 같이 마지막에 '예수 그리스도께서는 산 자와 죽은 자의 재판장이시다' 하고 증거했습니다. 산 자와 죽은 자의 재판장이라는 말은 무슨 뜻입니까? 죽은 자는 장차 심판의 부활로 일어나서 각각 그 행한 대로 심판을 받아서 하나님의 형벌을 받을 것이고, 산 자의 심판주라는 것은 지금 이 세상에 살아서 돌아다니는 사람들에 대한 심판주라는 것입니다. 즉 죽은 사람만 죽은 다음에 심판하는 것이 아니라 세상에 있는 모든 살아 있는 사람을 늘 심판하시고 계시는 분이라는 것입니다. 그런고로 이 말은 '예수님은 산 자의 재판장이시고 심판주이시다. 산 자의 통치자이시니까 따라서 산 자의 심판주이시다. 예수님은 현 역사가 흘러나가는 현실을 심판하시고 현실을 통치하신다' 하는 말입니다. 그런 것을 여기에서도 가르친 것입니다. 장차 죽은 후에 부활할 때 그때 비로소 심판주로 오신다는 이야기가 아닙니다.

우리의 사상 가운데 중요한 것 하나가 그것입니다. 한국에서 과거에 예수님의 심판을 가르칠 때 장차 예수님이 재림하시고 심판주로 오셔서 천하의 모든 열국을 심판하시고 각 개인을 심판하신다고 해서 예수님의 심판을 늘 최후로만 미루어 놓는 나쁜 경향이 있었습니다. 그러나 예수님은 죽은 자의 심판과 똑같이 유효하고 능력 있게 산 자를 늘 심판하고 계신다는 사실이 항상 중요한 사상입니다. 마치 우리가 배우기를 예수님은 장차 올 왕국만이 아니라 오늘날 여기에 신령한 왕국을 세우시고 통치하시는 왕이신 사실을 믿는 것같이 오늘날 매일 매일의 생활에 대해서 예수님은 늘 심판하시는 것입니다. 이렇게 여기에서 예수님이 산 자의 심판주이시라는 것을 이야기했습니다.

그다음에는 "저에 대하여 모든 선지자도 증거하되", '우리가 증거하는데 이 증거는 우리만 하는 것이 아니라 모든 선지자도 증거하고 있는 것이다. 우리는 선지자의 뒤를 이어서 또한 계속적으로 증거한다' 하는 말입니다. 그리고 마지막에 이 메시지의 내용의 큰 효능 혹은 실효에 대해서 증거하기를 "저를 믿는 사람들이 다 그 이름을 힘입어 죄 사함을 받는다 하였느니라"(10:43) 하고 말했습니다. 마지막에 말한 것이 사죄의 큰 사실입니다.

성신의 나타나심과 방언

이것이 베드로가 말한 내용인데 여기까지 이야기하고 끝내려고 한 것은 아닙니다. 왜냐하면 "베드로가 이 말 할 때에 성신이 말씀 듣는 모든 사람에게 내려오시니"(10:44) 하고 기록되어 있기 때문입니다. 베드로가 이 말을 하고 있는데 성신이 내려오셨습니다. 그러니까 베드로는 분명히 이렇게 이야기를 시작해서 먼저 사실만 쭉 늘어놓은 것입니다. 이제 거기에 설명을 더 붙이고 계속해서 강조를 하려고 하는 판인데 이야기가 여기까지 오니까 성신이 그들에게 특수한 현상으로 나타난 것입니다. 그러면 성신이 어떤 현상으로 나타나셨느냐 할 때 아마 오순절 때 나타나신 것같이 나타나신 모양입니다. "베드로와 함께 온 할례 받은 신자들이 이방인들에게도 성신 부어 주심을 인하여 놀라니 이는 방언을 말하며 하나님 높임을 들음이러라"(10:45-46). 방언을 말하는데 뭐라고 말하는지 도무지 알 수 없는 소리로 소란하기만 했다는 이야기가 아닙니다. 방언을 말하는데 하나님 높이는 것을 들었다고 했습니다. '그들이 말하는 것을 들으니 오순절 때에 크신 하나님의 이름을 찬송한 내용이 이 사람들에게도 나타났다' 하는 말입니다. 아마 이 로마 사람들이나 로마 군인들의 혀가 갑자기 풀려서 여기에 같이 갔던 유대인 형제 여섯이나 베드로가 무슨 말인지 다 알아듣게 분명하게 말하되 그러나 그것은 기이한 현상으로서 황홀하고 종교적인 경계에 도달해서 말을 했다는 말씀입니다.

여기에서 주의하고 넘어갈 것은 방언을 말한다는 것은 무엇을 의미하느냐 할 때 하나님을 찬송하는 찬송의 정신이 그 속에 들어가는 것을 뜻합니다. 방언은 시끄럽고 이상한 것을 떠들썩하게 말하는 것이 아닙니다. 방언을 말한다 할 때에는 언제든지 무엇보다도 종교적인 황홀경(ecstasy)에 도달하는 것인데, 이 황홀경은 하나님을 찬송하는 심정으로 충만해서 도달하는 황홀경입니다. 비록 자기가 지금까지 쓰지 않던 말이지만 특수한 용어를 써서 결국 하나님을 찬송하는 데에 주력하는 것입니다. 성경을 보면 하나님을 찬송했다는 확실한 증거를 늘 나타냈습니다. 방언을 말한다고 모여 앉아서 떠들썩하게 무슨 소리를 내는 것이 아닙니다. 우리가 방언을 하지 않고 우리의 찬송 책을 가지고 찬송하면 어떻게 됩니까? 우리가 참으로 깊이 정신을 들여서 찬송을 하면 특수한 마음 가운데 감화를 받는 것입니다. 찬송하는 시간이나 참 좋은 찬송을 들었을 때 얻는 마음의 깊은 감동에는 다른 어떤 것으로 얻는 것과는 다른 특수한 것이 있습니다. 마음에 정서가 새롭게 순화되는 경계를 얻는 것입니다. 방언을 말한다 할 때는 대체로 이러한 경계 가운데 도달해서 하나님을 찬송하는 것입니다.

여러분이 찬송을 할 때나 마음 가운데 찬송이 나올 때 반드시 말을 분명하게 한마디씩 한마디씩 똑똑하게 발음하여(articulate) 찬송을 합니까? 아니면 어느 때는 말보다는 단순히 리듬과 멜로디만을 하는 때도 있습니까? 어느 때는 리듬과 멜로디만을 쓰되 그 멜로디와 리듬이 가장 표시되기 쉬운 방법으로 부지중에 소리를 내는 것입니다. 리듬과 멜로디를 나타내려고 할 때에 '음~ 음~' 하는 소리로만 나타내는 것은 아닙니다. 더군다나 감정이 고조되어 저 윗소리를 내려고 할 때는 가장 발음하기 어려운 '음~'이나 '이~'나 '으~' 같은 소리는 안 내는 것입니다. 그때는 자연적으로 사람이 후두를 열고 큰소리를 내게 됩니다. 목을 열어서 '아~'라든지 '어~'라든지 하는 윗소리를 척 뽑는 것입니다. 여러분이 산에 올라가서 산천이 아름다운 것을 보고 깊이깊이 생각해 가다가 어떤 감흥이 일어날 때에는 소리를 내는데 그때 가장 효과가 있을 소리를 자연히 만들어 내게 됩니다. 그때는 결코 '음~' 하는 발음을 내지 않고 가슴을 펴고는 큰소리로 '아~', '어~' 하면서 노래를 부르는 것입니다.

왜 우리는 이렇게 찬송을 할 때나 예술적인 경계에 도달할 때, 다른 말로 하면 어떤 황홀하고 독특한 심경이나 정서의 경지에 도달할 때 소리를 냅니까? 그것이 사람이 가지고 있는 표현의 본능이기 때문입니다. 이와 같이 방언을 말한다 할 때는 사람이 가지고 있는 독특한 종교적 황홀경에 도달해서 마음 가운데 희열이 넘치고 정서에 감흥이 넘쳐서 소리를 내는 것입니다. 그런 소리를 낼 때는 옆 사람이 그 소리 자체의 의미를 잘 알아들을 수가 없을지라도 그의 전체의 분위기(mood)나 동기나 태도를 보아서 그가 하나님을 찬송한다는 사실을 알 수 있습니다. 항상 하나님을 찬송한다고 해서 반드시 '하나님, 감사하고 감사하오며 감사하옵나이다. 이렇게 하시고 저렇게 하시고' 하는 식으로 문장을 쭉 이어서만 찬송하는 것이 아니라 주로 어떤 마디마디를 반복해서 찬송하기도 하는 것입니다.

예를 들면 '키리에 엘레이손'(Kyrie eleison, 주여, 불쌍히 여기소서)이라고 하거나 '크리스티에 엘레이손'(Christie eleison, 그리스도여, 불쌍히 여기소서)이라고 해서 키리에 엘레이손이나 크리스티에 엘레이손이라는 말만 가지고 10분 이상을 찬송하는 큰 악장을 만들 수 있습니다. 미사곡(Mass) 가운데 그런 것이 나옵니다. '글로리아, 글로리아 인 엑셀시스 데오(Gloria in excelsis Deo, 지극히 높이 계신 주께 영광을), 글로리아 글로리아 글로리아' 하면서 자꾸 부르는 경우도 있습니다. 할렐루야 찬송을 보면 할렐루야라는 말이 제일 많이 나옵니다. 이처럼 리듬과 멜로디와 그 곡이 가지고 있는 전체 하모니와 대위법(polyphony)의 진행이 전부를 둘러싸는 것이지 우리가 할렐루야라는 말을 일일이 분석해서 '아, 저기에서는 꼭 할렐루야라고 해야겠다. 아, 저기도 할렐루야라고 해야겠다. 저기도 할렐루야라고 해야겠다' 하고 일일이 따지지 않는 것입니다. 할렐루야라는 소리를 빌려서 자기의 찬송하는 심정을 드러내는 것뿐입니다. 할렐루야는 물론 여호와 하나님을 찬송한다는 말이 되지만, 그 말을 썼든지 호산나를 썼든지 임마누엘이라는 말을 썼든지 좌우간 모두 찬송하는 것입니다.

이런 관점에서 차츰차츰 생각해 나갈 때 여기에서 방언을 말했다는 것이 무슨 의미이겠습니까? 여기에 이 유대인 신자들과 고넬료와 그의 동료들과 친구들이 쭉 앉아 있는데 그들이 성신의 충만함을 얻어 종교적인 황홀경에 도달해서 무슨 소리를 내는데 분명히 하나님을 찬송하는 소리들을 하고 있었다는 말입니다. 그러니까 어떤 멀리 있는, 자기네도 모르는 다른 외국어로 말했는지의 여부는 알 수 없습니다. 여기에는 각국 방언을 말했다거나 이 나라 말, 저 나라 말을 했다는 이야기가 없습니다. 그냥 다만 방언을 말했다고 했습니다. 방언이라고 할 때 꼭 외국어라고 생각하게 되는데, 독특한 소리를 가지고 분명히 어떤 의사를 표시하는 것입니다. 지금까지 자기가 일반적으로나 평상적으로 쓰지 않던 소리를 가지고 표시하되 그것이 무엇인지 분명히 상대자에게 대체로라도 알려져야 성신이 충만한 결과로서 방언을 하는 효용이 나타나는 것입니다. 그러니까 여기에서 방언이라는 문제를 볼 때에 이방인들에게도 성신을 부어 주신 것을 인하여 놀란 데서 알 수 있듯이 '아, 성신을 받았구나. 성신을 충만히 부어 주시는구나' 하고 알아볼 수 있고 확인할 수 있는 한 중요한 심벌 혹은 증거로서 방언이 의미를 가지는 것입니다. 다른 사람이 방언을 잘못 보고 '그것 참 괴상하다' 하도록 하라는 것이 아니고, 방언을 말할 때에 거기에 있는 사람에게 분명히 객관적인 효용을 드러내는 것입니다. 그런 효용도 없고 아무것도 없는데도 교회에 앉아서 왁작왁작 떠들고 있다는 것은 사실은 의미 없는 이야기입니다.

"이는 방언을 말하며 하나님 높임을 들음이러라"(10:46). 이렇게 한 결과 "이에 베드로가 가로되 이 사람들이 우리와 같이 성신을 받았으니 누가 능히 물로 세례 줌을 금하리오 하고"(10:47) 베드로는 확연히 깨달았습니다. '하나님께서 이미 저들에게 성신으로 세례를 주신 이상 물세례를 금한다는 것은 우스운 이야기이다. 물세례가 먼저냐, 성신이 먼저냐? 무엇이 실체냐? 물세례란 심벌에 불과하지 않으냐' 하고 그 심벌을 행했습니다. 그렇게 심벌을 행함으로써 그들이 함께 교우가 되었다는 것을 이제 자기네들도 확인한 것입니다. 물론 이렇게 성신 세례를 받은 자들에게 비로소 물세례를 준 일도 있지만, 어느 때는 세례를 줄 때에 성신이 임하는 수도 있는 것이고, 어느 때는 세례를 받고 얼마 있다가도 성신의 이 특수한 황홀경의 경계를 받을 수도 있는 것입니다. "바람이 임의로 불매……어디서 오며 어디로 가는지 알지 못하나니"(요 3:8) 하는 말씀대로 성신님의 역사는 임의로 하시는 것이지 꼭 어떤 순서를 밟아야 하는 것이 아닙니다. 그런 것을 따지지 않고 성신이 원하는 사람에게 임의로 은사를 통해 나타나시는 것입니다.

지금까지 본 것은 베드로가 강설한 것과 강설하는 도중에 성신이 나타났다는 이 두 가지의 사실입니다. 증거자로서 베드로는 첫째, 예수님의 생애와 죽음에 대해 증거했습니다. 즉 그분은 기름 부음을 받은 분이라는 것을 증거했고, 그의 은혜롭고 풍부한 은총의 사역을 증거했습니다. 그러나 그가 갑자기 돌아가셨다는 사실을 또한 증거했는데, 그것이 베드로가 첫째로 증거한 사실입니다. 둘째는 그의 부활에 대한 증거인데, 그가 부활하심으로써 미미한 존재가 아니라 명령자가 되어서 위에서 늘 명령하고 가신다는 것, 전도하라는 명령을 주셨다는 것, 그리고 '이 증거는 나뿐 아니라 모든 선지자들이 증거한 것이다' 해서 자기가 선지자들의 증거와 별다른 증거를 하는 것이 아니라 선지자들이 증거한 내용을 실행하고 있다는 것을 이야기했습니다.

기독교 안에서 인종적, 종교적 우월감이 없어짐

그다음에 한두 가지 보고 넘어가고 싶은 것이 있습니다. 즉 이 이야기 가운데 배워야 할 몇 가지 중요한 교훈이 있습니다. 첫째는 베드로가 고넬료의 집에 가서 "묻노니 무슨 일로 나를 불렀느뇨"(10:29하) 하고 물은 물음에 대해서이고, 둘째는 베드로가 전파한 복음의 내용에 대해서 알아야 할 교훈이고, 셋째는 베드로가 말하는 도중에 성신이 이들에게 임하셨다는 사실에서 하나씩 하나씩 중요한 교훈을 볼 것입니다.

첫째, 베드로가 물은 내용에 먼저 이런 말이 있습니다. "하나님께서 내게 지시하사 아무도 속되다 하거나 깨끗지 않다 하지 말라 하시기로 부름을 사양치 아니하고 왔노라"(10:28하-29상). 여기에서 "하나님께서 내게 지시하사 아무도 속되다 하거나 깨끗지 않다 하지 말라" 하신 것이 첫째로 중요한 문제입니다.

둘째, 베드로의 강(講) 가운데 "내가 참으로 하나님은 사람의 외모를 취하지 아니하시고 각 나라 중 하나님을 경외하며 그 의를 행하는 사람은 하나님이 받으시는 줄 깨달았도다"(10:34-35) 하는 말씀입니다.

셋째는 그의 강(講) 도중에, 즉 이 말씀으로 시작해서 복음을 전파해 나가는 도중에 갑자기 성신이 임했다는 사실입니다. 베드로는 지금 거기에 대해서 부연하거나 설명하거나 설교하기 전에 먼저 이야기를 차례차례 해 나가는 것입니다. 그런데 성신님의 거룩하신 척도로는 '네가 설명하지 않더라도 이 이야기로 족하다. 즉 예수님을 이렇게 전달하고 소개했으면 그것으로 족하다' 하신 것입니다. 사실상 예수님을 소개할 것은 다 한 상태였습니다. 예수님이 최후에 하늘에 올라가셔서 전도하고 전하라고 명령하신 그때까지 사실상 다 이야기했습니다. 그러니까 '이제 이야기는 끝났다' 하고 이야기가 끝나자마자 성신께서 오신 것입니다. 그는 계속해서 더 이야기할 것이 있는 것으로 알고 거기에 붙여서 설명하려고 했겠지만, 성신께서는 '네 자신의 설교보다는 내가 친히 한다' 하는 뜻으로 먼저 베드로가 신실하게 예수 그리스도를 증거하되 그분의 이야기를 소개하는 데에서 끝내신 것입니다.

먼저 첫째 문제로 돌아가서 살펴보겠습니다. "유대인으로서 이방인을 교제하는 것과 가까이하는 것이 위법인 줄 너희가 알거니와"(10:28상), 하지만 하나님께서는 베드로를 이방인에게 보내셔서 결국 무엇을 깨닫게 하셨는가 하면 참으로 하나님은 사람을 외모로 취하지 아니하시고 각 나라 어느 백성이든지 하나님을 경외하며 의를 행하는 사람은 하나님이 받으시는 줄을 깨닫게 하셨습니다. 새로운 깨달음을 주셨다는 사실이 있습니다. 여기에서 기독교의 참되고 새로운 원칙(principle)을 확연히 더 보여 주시는 것을 우리가 볼 수 있습니다.

"하나님께서 내게 지시하사 아무도 속되다 하거나 깨끗지 않다 하지 말라"(10:28하) 하신 사실을 말하는 사람이 누구냐 하면 베드로입니다. 베드로가 누구입니까? 게바라고도 하는 이 사람 시몬은 유대 사람입니다. 유대 사람인 동시에 유대적인 전통과 유대의 종교를 자랑으로 알고 지내던 사람입니다. 그런 베드로가 아직도 유대 사람의 일종의 선입관(prejudice)이 늘 있어서 고넬료의 집에 들어가서라도 먼저 자기 마음이 꺼림칙하다는 이야기부터 시작했습니다. '나는 유대 사람이고 당신은 이방 사람인데, 당신 같은 이방 사람과 교제하는 것이 위법인 줄은 알지만, 내가 이 법을 넘어서 들어왔습니다' 하고 말하는 것을 보면 베드로는 아직 기독교의 충분한 사상 전체를 포괄하지는 못했을지라도 위선(爲先) 이방 사람과 유대인의 막힌 담을 넘어 들어오기는 한 사람입니다. 베드로는 아직 바울과 같이 그 담을 헐어서 싹 쓸어 없애 버리고서는 '이제는 여기에 아무 경계도 없다' 하는 식은 아닙니다. 그렇게 새롭게 담을 터서 '여기에서는 오직 하나님의 사람이냐 아니냐 하는 것만을 가지고 따지자' 하는 식으로 아주 철저하게 나간 것이 아니고, '여기에 담이 있어서 담을 넘어 다니면 안 되지만, 하나님께서 나에게 자꾸 그렇게 구별하지 말라고 하신 까닭에 나는 이 담을 넘어 들어왔다' 하는 식으로 지금 이야기하는 것입니다.

여기에서 그는 기독교적인 새로운 계시를 원형(prototype)의 형태로, 아직은 초생적(初生的)인 계시로 혹은 시초의 계시로만 받은 것입니다. 그것은 무엇이냐 하면 '무엇보다도 인종의 구별을 해서는 안 된다' 하는 것입니다. '유대인이 됐든지 이방인이 됐든지 흑인이 됐든지 백인이 됐든지 인종의 구별을 하는 것이 아니다' 하는 중요한 기독교적 사상이 여기에서부터 벌써 배태(胚胎)되어서 그렇게 가르치기 시작한 것입니다. '항상 어떤 민족은 다른 민족보다 더 우월하다고 생각하는 그릇된 관념을 타파해라. 하나님께서 세상에 있는 각 나라 백성을 한 혈맥으로 지으셨다. 어떤 민족은 다른 민족보다 더 특권이 있는 민족이라고 생각해야 할 이유가 어디에 있느냐' 하는 것입니다. 만일 그런 생각이 기독교 안에 있었다면 지금까지 기독교는 굉장히 계급(class)을 조직하고 우월감을 가지고 늘 대했을 것인데 이런 우월감은 반기독교적인 사상일지언정 기독교적인 사상이 아닙니다.

그러니까 반기독교적인 사상을 해탈하지 못하고 완전히 털어 버리지 못하고 다른 민족 속에 들어가서 일을 하려고 할 때에는 거기에 허다한 비기독교적인 요소와 사실들이 겹쳐서 기독교와 함께 들어가는 것이고 그런 데에서 일대 혼란이 생기는 것입니다. 백인종인 선교사가 흑인의 사회든지 황인의 사회에 들어와서 기독교를 전파할 때에 자기가 인종적으로 아무것도 다를 것이 없고 구별할 이유가 없는 해탈된 기독교의 본래의 정신 위에 서서 들어온 것이 아니고, 인종적으로 구별할 것이 있다든지 없다든지 하는 것은 차치해 두고 기독교의 복음만 가지고 들어와서 자꾸 이야기하려고 했습니다. 그러나 일단 기독교라는 것이 단순한 종교가 아니고 생활인 이상, 생활이라는 문제로 들어갈 때에 '우리는 풍속이 다르고 습관이 다르다' 하는 것이 좋은 이유인 동시에 좋은 구실이 되었습니다. 그것을 이유로만 쓰지 않고 구실로까지 썼다는 말씀입니다.

다른 말로 하면, 사실상 자기가 들어가 있는 지역 사람과 공동의 생활을 경영하고 공동의 활동을 해야 할 요청이 있음에도 자기네는 격리되어서 식민지(colony)를 만들고 돌담을 높이 둘러치고 그것을 특별히 무슨 촌이라고 부르고 거기서 자기네끼리 집을 짓고 그렇게 살았는데 그때 시대는 '그런가 보다' 했습니다. 오늘날에 와서는 기독교인이 아닌 미국 사람이나 서양 사람들이 와서 자기네가 사는 데를 특수하게 구획을 정하고 거기를 크게 담으로 둘러막고 문 앞에 수위(guard)를 딱 세우고 함부로 거기에 접촉하지 못하게 하는 사실에서 더 분명하고 현저한 태도를 보는 것입니다. 그 사람들은 안 믿는 사람이니까 그럴지언정, 미국이나 영국을 전파하는 것이 아니라 예수 그리스도의 복음을 가지고 하나님의 나라를 전파하러 왔을 때에는 하나님의 나라는 무엇이라는 것을 생활로 대표해 주어야 하는데, 생활로는 '미국은 무엇이다' 하면서 말로는 '하나님 나라는 무엇이다' 한 데에서 혼란이 생긴 것입니다.

그런 차이를 확실히 구분해 줄 다른 정신적인 교훈이나 지도가 있으면 좋은데 그렇지 못할 때는 공연한 반동과 반발을 하고 공연한 증오심을 가져서 기독교가 가르치는 하나님 나라의 기본적인 정신을 이렇게도 훼파하고 저렇게도 훼파하여 자꾸 훼파하는 것이고 다 같이 손해를 보는 것입니다. 상대방이 그렇게 한다고 해서 내 마음 가운데 하나님 나라의 요소를 배제할 반대의 요소를 가져서는 안 될 것인데 그 반대의 요소까지 가지게 되기가 쉬운 것입니다. 여기에서 우리가 특별히 인종에 대해 기본적인 차별감을 가진다는 것이 얼마나 비기독교적이며 하나님께서 훼파하시고 타파하시려고 하시는 사실인가를 깨닫고 생각하게 됩니다.

베드로는 아직도 막힌 담을 헐 만한 용기와 각성을 가진 자리에 도달하지는 않았으나 적어도 하나님이 보이신 사실에 충실하기는 했습니다. 하나님이 보이신 사실이 무엇인가 할 때 '가거라' 하신 사실인가 하면 그것만이 아닙니다. 왜 가야 하느냐 하면 "하나님께서 내게 지시하사 아무도 속되다 하거나 깨끗지 않다 하지 말라"(10:28 하) 하셨기 때문입니다. '아무도 속되다 하거나 깨끗지 않다 하지 말아라' 하셨습니다. 그 사람이 안 믿는 사람이거나 혹은 흑인종이라고 해서 그런 조건 때문에 그 사람이 깨끗지 않다든지 속되다고 하지 못한다는 이야기입니다.

여기에서 또 한 가지 참 굉장한 사실을 우리가 보는데 그것은 좀 더 진보한 사상으로서 '민족적이고 인종적인 차별을 못하는 것이다' 하는 사상뿐 아니라 '종교적으로 차별을 못하는 것이다' 하는 사상입니다. 베드로에게 보이신 환상 가운데에는 여러 가지 짐승이 다 들어 있어서 속되고 깨끗지 않은 짐승이 속되지 않고 깨끗한 짐승과 함께 그 속에 우글우글했습니다. 그런 것을 자기더러 잡아먹으라고 하니까 '그렇게 할 수 없습니다' 하고 거절을 했습니다. 그러자 "하나님께서 깨끗게 하신 것을 네가 속되다 하지 말라 하더라"(10:15) 하는 음성이 들렸습니다. 그 말은 유대교적인 과거의 계시에 의할 때 그 보자기 속에 있는 허다한 짐승이 속되고 깨끗지 않다고 하겠지만, 이제는 그런 것들을 하나님이 깨끗게 하셨다는 말뜻입니다. '너희가 이 보자기 속에 있는 짐승들을 과거의 그 제한된 계시 안에서는 속된 것, 깨끗지 않은 것으로 배웠지만 이제는 봐라. 하나님께서 이것들을 깨끗게 하셨는데 네가 속되다고 할 수 없는 것이다. 과거의 제한된 계시 안에서 유대 사람들은 이방 사람들을 이교주의자들이라 해서 늘 속되다고 보았지만, 그러나 하나님께서 깨끗게 하신 것을 가리켜 이교주의자라 해서 속되다든지 깨끗지 않다고 보지 못하는 것이다' 하는 뜻입니다.

그러면 무슨 근거하에서 그렇게 되느냐 할 때에 예수 그리스도의 구속의 근거하에서 그렇게 됩니다. 그런 관점으로 예수 그리스도께서 구원하신다는 말 혹은 구속하신다는 말을 볼 때 주의할 것이 하나 있습니다. 구원(salvation)이라는 말과 구속(redemption)이라는 말이 같은 말이냐 할 때 명확하게 따지면 같지 않습니다. 구원은 구속을 포함하고 포괄하는 말이지만, 그러나 구원이라고 할 때에 그것을 엄격하게 따져 가면 '믿음으로 말미암아 하나님이 주시는 은사로써 사람은 구원을 받는다' 하고 말해야 합니다. 거기에는 믿음이라는 관문 혹은 방도가 필요한 것입니다. 그러나 구속이라는 것은 사람이 믿는다든지 안 믿는다든지 하는 말이 있기 전에 하나님이 하시는 것입니다. 하나님이 사람을 구속하십니다. 사람에게 구속을 이루시기 위해서 사람에게 믿음을 주시는 것이지만, 그러나 그 구속은 하나님의 대권하에서 당신이 친히 하시는 것인 까닭에 사람이 믿었다든지 아직 안 믿었다든지 하는 것으로써 구속을 논하지 못합니다. 왜냐하면 지금 안 믿는 사람들도 하나님의 구속 가운데 있는 사람이 얼마든지 있을 것이고 때가 되면 하나님께서 그에게 믿음을 주셔서 구원이라는 확연한 위치 가운데 올라오게 하실 것이기 때문입니다.

하나님께서는 예수님이 위하여 피를 흘리신 그 사람을 구원해 내시고 속죄하시는 것이 사실입니다. 그러나 그 사람이 반드시 오늘날 믿음이라는 방도를 가지고 있는 사람인 것은 아닙니다. 그러한 까닭에 우리는 누가 지금 하나님의 구속의 경영 가운데 들어 있는가를 알 수 없는 것입니다. 하지만 예수 그리스도는 분명히 그 사람을 위해서 피를 흘리셨을 것입니다. 지금 우리에게 분명히 안 믿는 식구가 있을 것입니다. 그러면 그 안 믿는 식구와 예수님이 상관이 없는가 하면 상관없는 것이 아닙니다. 벌써 예수님은 그를 위해서 피를 흘려 놓으신 것일 수도 있기 때문입니다. 그러나 그가 언제 부르심을 받아서 예수님이 피 흘리신 공효를 자기도 인정하게 되는가 하는 것은 하나님께 달린 것입니다. 그런고로 이 구속의 은사는 우리가 알 수 없는 많은 사람에게 다 미치는 것입니다.

이런 점에서 '네가 네 멋대로 이것은 속되다, 깨끗지 않다, 더럽다고 어떻게 말하느냐? 그렇게 말하지 못하는 것이다. 왜냐하면 예수님의 구속의 피는 하나님의 거룩하신 경영 가운데에서는 그 사람에게 벌써 공효를 미치고 있고 전달되고 있기 때문이다. 다만 문제는 네 자신이 아직 그에게서 그 사실을 인정하고 확인할 만한 아무것도 발견하지 못했다는 것뿐이다. 그러므로 네가 아무도 속되다든지 깨끗지 않다든지 해서는 안 되고 예수를 안 믿는다고 해서 이교도는 속되고 깨끗지 않다고 말해서는 안 된다' 하신 것입니다.

　여기에 참 주의할 것이 있습니다. '우리 예수 믿는 사람은 거룩하고 빼내신 백성이고 아주 깨끗한 백성인 반면에 믿지 않는 사람들은 속되고 깨끗지 않다' 하고 그렇게 생각할 수 없다는 것입니다. 이 말을 다른 말로 하면 '네가 종교적으로 함부로 차별해서는 안 된다. 그런 관점에서는 차별할 수 없는 것이다' 하는 것입니다. 그것이 중요한 점으로 여기에 나타나 있습니다. '하나님이 깨끗하게 하신 것을 네가 함부로 속되다거나 깨끗지 않다고 해서는 안 된다' 하는 것입니다. 하나님이 깨끗게 하신 사실은 하늘에 있는 사실인데 하늘에 있는 사실 전부가 땅에 있는 역사적 사실과 꼭 일치되는 것은 아닙니다. 그것은 시간의 추이에 따라 나타납니다. 그러니까 이런 관점에서 우리는 늘 하나님을 온전히 믿는 사람답게 그 거룩한 사상을 확실히 체(體) 받아야 하는 것입니다.

기도

　거룩하신 아버지시여, 오늘도 저희가 하나님 나라의 큰 도리의 몇 가지를 생각했사옵나이다. 저희가 혹시 말을 함부로 하든지 생각을 함부로 해서 믿는 것과 믿지 않는 것을 가장 기본적인 것같이 구분하고 구별하기 쉽지만, 믿는다는 것은 결국 저희 안에서 발생하는 일이고 하나님의 대권과 은총으로 하시는 일은 저희의 지식을 훨씬 넘어서 계획하시고 경영하시는 일인 까닭에 저희 사람이 함부로 그것을 나누거나 구별하는 것이 외람된 일이고 잘못된 것임을 다시 한번 생각하고 늘 주의하게 하시옵소서. 주의 크신 구속이 많은 사람에게 임하여 하나님께서 참으로 크신 사랑을 나타내시는 것을 찬송하고 감사하오니 원하옵는 것은 주께서 건지시려고 하시는 이들을 더욱 주의 영광을 위해서 건져 내시고, 또한 거룩한 교회를 이루게 하시며, 그러므로 항상 하나님의 백성이라는 그 한 가지의 조건만이 저희에게 중요하고 그 나머지 인종적이거나 종교적인 것은 저희에게 가장 기본적인 문제가 아닌 것을 늘 생각하게 하시고, 하나님의 백성답게 하나님의 사상을 늘 포회(包懷)하고 살아가게 하시옵소서. 주께서 저희와 늘 같이하셔서 바른 사상하에서 늘 살아가게 하시옵소서.

예수님의 이름으로 기도하옵나이다. 아멘.

1966년 2월 6일 주일 공부

제12강

고넬료 이야기 (4)

- 교회의 역사적 사명 -

사도행전 10:1-48

가이사랴에 고넬료라 하는 사람이 있으니 이달리야 대(隊)라 하는 군대의 백부장(百夫長)이라 그가 경건하여 온 집으로 더불어 하나님을 경외하며 백성을 많이 구제하고 하나님께 항상 기도하더니 하루는 제구 시쯤 되어 환상 중에 밝히 보매 하나님의 사자가 들어와 가로되 고넬료야 하니 고넬료가 주목하여 보고 두려워 가로되 주여 무슨 일이니이까 천사가 가로되 네 기도와 구제가 하나님 앞에 상달하여 기억하신 바가 되었으니 네가 지금 사람들을 욥바에 보내어 베드로라 하는 시몬을 청하라 저는 피장 시몬의 집에 우거하니 그 집은 해변에 있느니라 하더라 (7-33절 생략) 베드로가 입을 열어 가로되 내가 참으로 하나님은 사람의 외모를 취하지 아니하시고 각 나라 중 하나님을 경외하며 의를 행하는 사람은 하나님이 받으시는 줄 깨달았도다 만유의 주 되신 예수 그리스도로 말미암아 화평의 복음을 전하사 이스라엘 자손들에게 보내신 말씀 곧 요한이 그 세례를 반포한 후에 갈릴리에서 시작되어 온 유대에 두루 전파된 그것을 너희도 알거니와 하나님이 나사렛 예수에게 성신과 능력을 기름 붓듯 하셨으매 저가 두루 다니시며 착한 일을 행하시고 마귀에게 눌린 모든 자를 고치셨으니 이는 하나님이 함께하셨음이라 우리는 유대인의 땅과 예루살렘에서 그의 행하신 모든 일에 증인이라 그를 저희가 나무에 달아 죽였으나 하나님이 사흘 만에 다시 살리사 나타내시되 모든 백성에게 하신 것이 아니요 오직 미리 택하신 증인 곧 죽은 자 가운데서 일어나신 후 모시고 음식을 먹은 우리에게 하신 것이라 우리를 명하사 백성에게 전도하되 하나님이 산 자와 죽은 자의 재판장으로 정하신 자가 곧 이 사람인 것을 증거하게 하셨고 저에 대하여 모든 선지자도 증거하되 저를 믿는 사람들이 다 그 이름을 힘입어 죄 사함을 받는다 하였느니라 베드로가 이 말 할 때에 성신이 말씀 듣는 모든 사람에게 내려오시니 베드로와 함께 온 할례 받은 신자들이 이방인들에게도 성신 부어 주심을 인하여 놀라니 이는 방언을 말하며 하나님 높임을 들음이러라 이에 베드로가 가로되 이 사람들이 우리와 같이 성신을 받았으니 누가 능히 물로 세례 줌을 금하리오 하고 명하여 예수 그리스도의 이름으로 세례를 주라 하니라 저희가 베드로에게 수일 더 유하기를 청하니라

제12강

고넬료 이야기 (4)

- 교회의 역사적 사명 -

사도행전 10:1-48

주께서 베드로를 교육하신 일의 의의

　여기 이 사도행전 10장에 있는 이야기는 잘 아시는 이야기입니다. 요컨대 이방 사람인 고넬료, 즉 가이사랴의 이탈리아 대(隊)라는 영문(營門)의 백부장이 어떻게 초대(初代)의 그리스도 교회의 일원이 되었는가 하는 문제입니다. 이야기 자체는 아무것도 어려울 것이 없이 다 알 수 있는 쉬운 이야기입니다. 순서 있게 죽 이야기를 해 나갔습니다. 그러나 이 이야기를 읽을 때에 주의해서 보아야 할 장면은 '베드로가 고넬료를 만나기 전에 먼저 주께서 어떻게 베드로를 교육하셨는가' 하는 문제입니다. '결국 무엇을 목표로 하고 무엇을 겨누어서 그런 교육을 하셨을까' 하는 것을 생각할 필요가 있습니다.

　왜 그런 생각을 할 필요가 있느냐 하면 베드로에게 신약의 교회를 수립할 일대 사명을 맡기셨기 때문입니다. 요컨대 "내가 천국 열쇠를 네게 주리니 네가 땅에서 무엇이든지 매면 하늘에서도 매일 것이요 네가 땅에서 무엇이든지 풀면 하늘에서도 풀리리라"(마 16:19) 하고 주님께서 베드로에게 말씀하셨습니다. 가톨릭은 베드로의 후계자인 교황이 그 위대한 선언과 약속에 의해서 땅 위에서 큰 권위를 가지고 있는 것같이 오해하고 이 말씀을 그릇되게 해석합니다. 하지만 실질상 그때부터 시작해서 지금까지 2천 년을 흘러 내려온 신약의 교회, 즉 구약의 교회인 카할(קהל)이 아니고 소위 신약의 교회인 에클레시아(ἐκκλησία)가 어떠한 기본적인 속성을 가지고 있는가를 생각할 때, 그 기본적인 속성을 확실히 선양하고 명확히 해서 그 후에 발생한 큰 역사적인 사실들이 있습니다. 한마디로 말하면 하나님의 은혜를 천하의 만민에게 원하시는 대로 정하신 대로 베푸시기 위한 큰 경륜이 가장 명료하고 구체적으로 드러났다는 점이 교회의 가장 기본적이고 위대한 속성의 하나입니다.

그러한 속성을 가진 교회에 초석 혹은 주춧돌을 놓고 앞으로 역사의 방향을 결정해야 할 이 역사 시기에서 하나의 큰 주도적 인물인 베드로가 이런 큰일을 맡은 그릇으로서 어떠한 사상과 목표와 정신을 가지고 활동해야 할 것인가를 생각할 때, 베드로에 대한 이 교육은 임시로 고넬료의 집에 보내기 위한 당면의 목적으로 끝나는 것이 아닙니다. 또 이번 한 차례로 모든 교육이 끝난 것도 아닙니다. 베드로는 그 후의 자기 생애를 통해서 이때에 시작한 위대한 사상적인 내용을 주제 삼아 생활 가운데에서 배워 나아가야 할 터입니다. 그런 것이 지금 이제부터 시작된다는 것이 중요한 것입니다.

요컨대 신약의 교회가 가지고 있는 한 가지 위대하고 중요한 속성을 예상하면서 그것을 전제로 하고, 신약의 교회의 수립에 크게 관계되어 있는 베드로를 하나님께서 효과 있고 정당하게 목적을 이루도록 쓰시려고 교육해 나가시는 중요한 일의 시작이 이것인 것입니다. 그뿐더러 이것은 교회가 가지고 있는 위대한 속성을 만세에 늘 비추고 가르쳐 주시기 위한 위대한 교훈으로서 단순히 베드로에 대한 교육으로 끝나는 것이 아닙니다. 이것 자체가 우리들 자신의 교육을 위한 중요한 실물의 교훈입니다. '베드로라는 사람을 취택(取擇)해서 이런 일을 보여 주었다는 것을 너희에게 가르친다. 왜 이 일을 가르치느냐? 이 사화(史話)에서 너희들은 이 교훈을 배워라' 하시는 것입니다. 그래서 이것이 중요하다는 것입니다.

공동의 문제에 대해 공동의 답안을 요구하심

둘째로 여기에서 우리가 또 중요히 보고 넘어가야 할 문제는 고넬료라는 사람입니다. 고넬료라는 사람이 하나님을 전연 모르고 또 그리스도교와 상관이 없는 오늘날의 이른바 불신자의 상태에서 복음에 탁 접촉해서 그리스도의 복음에 의해 홀연히 중생의 은혜를 맛본 것으로 여기에 나타나 있지 않습니다. 그렇다면 이것이 무엇인가를 올바로 파악해야 할 것입니다. 고넬료는 벌써 선을 행하고 하나님 앞에 당위라고 느낀 것을 하고 있었고 또 경건한 생활을 하고 하나님 앞에 늘 기도하고 지내던 사람입니다. 그러한 고넬료를 취택해서 무엇을 하시려고 하시며 대체 이제부터 어떠한 역사를 전개시키려고 그러한 고넬료에게 베드로를 보내시는가 하는 문제가 여기에서 또한 중요한 사실입니다. 크게 말하면 이 두 가지가 거기에 있습니다.

또한 예수님께서 부활하신 이후에 부활하신 사실을 만민에게 공동으로 증시하신 일이 없고, 여기 10:41 을 보면 "모든 백성에게 하신 것이 아니요 미리 택하신 증인, 곧 죽은 자 가운데서 일어나신 후 모시고 음식을 먹은 우리에게 하신 것이라" 했습니다. 그것은 '다시 살리신 예수님을 나타내시되 그렇게 하신 것이다' 하는 이야기입니다. 이런 구절 가운데에서도 우리가 볼 수 있는 중요한 것이 또 하나 있습니다. 예수님은 부활하신 후에 모든 백성 누구에게든지 자유롭게 다 보고 알고 하게 하신 것이 아니고, 차서 있게 차례차례 보이셔서 고린도전서 15장에는 그 차서를 이야기했습니다. "오백여 형제에게 일시에 보이셨나니……맨 나중에 만삭되지 못하여 난 자 같은 내게도 보이셨느니라"(고전 15:6상, 8). 그런데 베드로는 '그렇게 아무에게라도 쇼하듯이 다 보이신 것은 아니다. 봐라, 내가 영광으로 부활하지 않았느냐, 그렇게 하시지 않고 택하신 사람들에게만 보이신 것이다' 하고 말했습니다. 지금까지 보통 얼른 생각지 않고 넘어가던 문제를 생각하게 하는 말을 쓴 것입니다.

그런데 이런 문제와 더불어 '고넬료는 무엇이냐' 하는 문제를 생각할 때 동시에 무엇이 중요한 문제로 오느냐 하면 하나님께서 어떤 시대에 어떤 사람을 건지실 때는 그 사람을 건지셔서 이루려고 하시는 어떠한 목적이 있을 것이라는 사실입니다. 그 목적이 개개인에게 무엇이겠는가를 우리가 주의 깊게 연구하고 고찰해 나가면 거기에서 한 가지 사실을 발견할 수 있는데 그것은 어떤 보편적인 사실이 여러 사람 안에 있다는 것입니다. 그 보편적인 사실이 무엇이냐 하면 어떠한 역사 시기에 구원받은 사람에게 공동의 목표를 제시하는 자태를 우리가 볼 수 있습니다. 여기에서 하나님이 구원하시는 크신 목적의 역사적인 성격이 무엇인가 하는 것을 하나 배울 수 있습니다. 이것이 고넬료가 신약 교회로 편입된 데에서 볼 수 있는 또 하나의 위대한 사실입니다.

이 사도행전이 전체로 하나님의 구원의 크신 경륜이 어떠한 일정한 역사적 발전에 의해서 어떠한 형태를 취하며 무엇을 이루어 나가시는가를 가르쳐 주시므로 우리가 여기에서 이 신국(神國)의 사관(史觀)을 당연히 간취해야 하는데, 특별히 이 고넬료의 문제는 이방 사람인 로마 사람이 신약의 교회에 들어오는 이야기입니다. 이방 사람인 고넬료가 들어오는 것과 동시에 그동안 우리가 여러 사람이 구원받은 이야기를 쭉 보는 데에서 어떠한 보편적인 공통분모(common denominator)라고 할 만한 것을 찾아볼 수가 있습니다. 그것은 앞에서 제가 말씀드린 것과 같이 우리의 사관의 중요한 테마의 하나인 것입니다. 그것이 무엇인가 하면 하나님이 어떠한 역사 시기에 사람을 건져 내실 때에는 그 역사 시기의 공동의 문제에 부딪히고 있는 하나님의 자녀들에게 그 공동의 문제에 대한 공동의 답안을 요구하신다는 것입니다. 왜 역사 시기에서 동일한 시기에 동일한 보편성을 가지느냐 하면 동일한 시기가 안고 있는 역사적인 문제가 하나님의 나라인 교회를 향하여 동일한 문제로 제출되는 까닭에 그런 것입니다.

가령 20세기라는 세기는 여러 가지 문제가 착잡하게 얽혀서 역사적인 시기로 볼 때 과거의 몇 세기에 해당하는 것이 한꺼번에 일어나는 시기이니까 우리가 그 역사 성격을 분석할 때에도 몇 토막으로 나누어 생각할 수 있습니다. 제1차 세계 대전을 하나의 분기점으로 하고, 제2차 세계 대전을 또 하나의 분기점으로 얼른 쉽게 생각할 수 있습니다. 제1차 세계 대전이 1914년에 일어나서 1918년에 끝났는데 대개 1차 대전의 종국까지를 한 시기로 생각하고, 1차 대전이 끝난 1918년대부터 이후 1940년을 조금 넘을 때까지 또 하나의 시대 성격에 공통적인 어떤 것들이 있고, 1945년 제2차 세계 대전이 종료되면서부터 오늘날까지 공통적으로 가지고 있는 어떤 특색 있는 것들이 있습니다. 여기에서 말하는 특색이라는 것은 단순히 문화사적인 의미의 특색만을 이야기하는 것이 아니고, 하나님의 나라의 거룩한 형태가 역사 위에 있으면서 부딪히는 문제가 공동으로 나타난다는 것입니다.

이처럼 1차 대전 이전의 문제, 1차 대전과 2차 대전 사이의 문제, 2차 대전 이후의 문제가 있습니다. 그런고로 1차 대전이나 그 중간 시기나 제2차 대전 이후에 있는 역사 가운데 나타나는 기독교를 생각할 때, 특별히 하나님 나라에 부딪히는 것들은 정치 문제가 중요한 것이 아닙니다. 하나님 나라에 부딪히는 중요한 문제로서 하나님의 대권에 대한 도전도 없는 것은 아니지만, 그것이 반드시 정치 형태로만 나타나는 것은 아닙니다. 하나님의 대권에 대한 도전을 얼른 생각한다면 중간 시기에 일어났던 반동 정치 태세와 절대주의 체제를 구축해 나가던 사실일 것입니다. 대표적인 것이 소위 추축국(樞軸國)의 지도자라고 하는 자들입니다. 히틀러(1889-1945)나 무솔리니(1883-1945)나 일본의 도조 히데키(1884-1948) 같은 사람들입니다. 그것이 또 하나의 중요한 특색이 아닌 것은 아닙니다. 왜냐하면 그 전체주의적인 체제가 다만 전체주의(totalitarianism)로만 끝난 것이 아니고 절대주의로 변모해 나갔기 때문입니다. 그것은 절대주의였던 까닭에 참되고 유일한 역사상의 절대자이신 하나님께 대한 감연한 도전으로 나타나서 신앙의 내용까지 변질시켜 보겠다는 운동을 했습니다. 다른 말로 하면 사람이 가지고 있는 기본적인 신국적 사상을 강제적으로 변혁시키려는 강렬한 정치 작용이 거기에 있었던 것입니다. 독일이나 이태리에 가서 우리가 그 문제를 상세히 연구하지 않더라도 당장 일본에서 어떻게 기독교적인 사상을 고치려고 했던가를 생각해 보면 알 수 있습니다. 그러므로 하나님 나라에 대한 그런 공통의 도전(challenge)은 필연적으로 거기에 대해 공동의 대답을 해야 할 의무를 그 문제에 맞닥뜨린 동시대인들에게 요구하는 것입니다.

그런 점으로 볼 때 제1세기 모두(冒頭) 혹은 초반기에 초대 교회라고 우리가 말하는 교회가 그때 맞부딪히고 있던 역사적인 큰 도전이 있었을 것입니다. 거기에 대해서 하나님은 누구든지 그때 그 시기에 구원하신 사람에게 공동으로 요구하시는 것이 있는 것입니다. 그 사람이 구원을 단순히 공리적(功利的)으로 생각하고 행복주의적이고 이기주의적인 관점에서 반(半) 정도의 복음만 받고 복음의 충만한 것을 못 받았다면 그러한 자의식 가운데까지 들어가지 못하겠지만, 참으로 복음을 반듯이 받았다면 올바른 의식을 가지게 되는 것입니다. 물론 그 시대에 복음을 반거충이같이 전하는 일이 전혀 없었던 것은 아닙니다. 그래서 여러 이설들이 생겨났습니다. 그러나 아직은 초창(草創)할 때입니다. 이설이 이설이라는 것을 알게 되려면 정설이 먼저 상당히 자태를 드러내야 하니까 그때는 아직 이설이라고 판단할 만한 무슨 운동이 일어나기 전에 먼저 그것을 판단할 판단의 기준(criteria)으로서의 정설이 아직 공급되고 있을 때입니다. 그러니까 이때가 어느 때냐 하면 사도들이 직접 활동하면서 복음을 가장 맹렬하게 전하던 그 시기입니다.

그런 시기에 그들이 다 안고 있던 공동의 문제가 무엇입니까? 그 시기에 사도들의 전도에 의해서 복음을 제대로 잘 받았으면 그들이 그 당시에 가지고 있어야 할 강렬한 의식이 무엇이겠습니까? '아, 예수님, 나사렛 예수님, 우리 죄를 위해 돌아가신 그분을 믿고 우리는 천당 가자' 하는 것입니까? 한국 교회가 초대 때부터 너무나도 불쌍하게, 너무나도 반(半)복음적으로, 상당한 부분을 소실당하고 어떤 한 부분만 가지고 이야기하던 피안의 도피적인 이야기입니까? 그것이 아닙니다. '믿고 천당 갑시다' 하는 이야기는 우리가 지금까지 사도행전을 읽어 보았지만 찾아볼 수 없습니다. 사도행전에서 전한 복음은 천당이라는 말을 강조해서 지금 당장에 믿고 그다음에 어떻게 사는 이야기는 없고 그냥 천당으로 연결하는 그런 메시지가 아니었습니다.

처음으로 믿는 사람이든지 구약의 이코노미(economy) 가운데 흘러나온 사람이었든지 간에 그들이 믿자마자 다 같이 받은 큰 징표가 하나 있었습니다. 제일 처음 교회의 초석을 놓을 때 다 같이 받은 징표가 무엇인가 하면 성신의 충만한 강림이라는 사실입니다. 성신의 능력이 위대하고 충만하게 나타났습니다. 고넬료의 경우에도 그 사람이 처음 복음을 받을 때 그전에 전혀 안 믿던 사람이 '아, 믿는 도리가 그렇구나. 주여, 믿습니다' 하는 형태로 설명한 것이 아닙니다. 그들이 베드로의 당당한 말을 듣고 베드로가 이야기하는 동안에 성신이 똑같이 임하시기를 오순절에 자기네들에게 임하신 것과 같이 임하셔서 더 의심할 여지가 없는 까닭에

'내가 누구관대 뒤에 쳐져서 하나님이 하시는 일을 나는 하지 않겠다고 하겠는가? 일어나 세례를 받으라' 하고서 세례를 주었습니다. 그렇게 세례를 줄 용기가 베드로에게 생겼던 것입니다.

베드로가 처음부터 이방 사람들에 대해서 그렇게 생각할 만큼 사도 바울과 같은 담대한 사상가가 아닌 것을 여러분도 잘 아실 것입니다. 이후로도 다시 쭈그러든 때가 있습니다. 이방 사람과 밥을 먹다가 유대 사람들이 오니까 자기는 안 먹은 체하고 휙 피하니까 바울 선생이 와서 '어떻게 그럴 수 있습니까? 형님, 그럴 수가 없지 않습니까?' 하고 책망한 일은 여러분이 다 잘 아시는 것입니다. 그만큼 유대주의적인 전통에서 얼른 탈각하지 못한 베드로였습니다. 그렇지만 자기가 본 숭엄한 목전의 사실(fact) 앞에서는 '이론이 필요 없다. 세례를 받아야겠다' 해서 그리스도의 이름으로 세례를 주었습니다. 다른 말로 하면 그리스도의 신약 교회에 접붙여 준 것입니다. 원래 세례 준다는 말이 '이름 안으로(into) 들어오게 한다'는 뜻이라고 전에 말씀드렸습니다. 그래서 우리 교회에서 세례를 베풀 때는 항상 '성부의 이름과 성자의 이름과 성신의 이름 안으로 누구에게 세례를 베푼다'(baptizing someone into the name of the Father, and of the Son, and of the Holy Ghost) 하고 말합니다. 이렇게 그들을 신약의 교회에 접붙여서 거기에 넣어 주었습니다. 적어도 그러한 확증을 주었습니다. 그러면 그것은 무엇을 의미하는 것입니까?

고넬료의 경우도 오순절의 120명의 문도들의 경우와 마찬가지입니다. 모두 다 공동의 문제가 발생합니다. 공동의 문제 혹은 공동의 현실은 공동의 답안을 요구합니다. 공동의 답안이라기보다는 '동일한 답안을 내라' 하는 것과 마찬가지인 것입니다. 이러한 분석 가운데서 볼 수 있는 역사적으로 중요한 사실이 있습니다. 물론 이것은 볼 수 있는 것이지 전부 증명할 수 있는 것은 아닙니다만, 만일 우리가 증명을 하겠다면 기독교 역사를 자꾸 훑어보면서 자꾸 증거를 빼 보면 결국 증명되는 사실입니다. 그것이 무엇이냐 하면 어떠한 성격이 있는 역사 시기 동안에 – 여기에서 '역사 시기'라고 하는 것은 몇 년부터 몇 년까지의 연대를 가리킨다기보다는 대개 어느 기점부터 어떤 역사의 성격이 크게 덮고 있는 기간(span)을 말합니다 – 구원을 받았을 때 그들에게는 그 공동의 역사 시기의 도전(challenge)에 대해 동일한 대답을 하기를 요구하시는 하나님의 중요한 부하(負荷) 혹은 짐이 지워진다는 것입니다. 구원하시는 그 자리에서 반드시 그리스도의 멍에와 짐을 메게 하시는 것입니다. 그런고로 '내 멍에를 메고 내 짐을 지고 나에게 배워라'(마 11:29 참조) 하고 가르치셨습니다. 오늘도 우리는 그 찬송을 불렀습니다.5) 그냥 '예수 믿은 너에게 이제 이 표를 한 장 주니까 이 표를 가지고 천당 가거라' 하는 것이 아니라 '너는 이 짐을 지고 이 역사 위에서 역사의 도전에 대해 대답을 하고 가거라' 하는 것입니다.

'교회의 사명'이라는 말을 쓸 때는 그것을 가리키는 것입니다. 어떤 역사 시기에 그 교회가 존재할 때는 동시대 사람으로 존재하는 것인데, 동시대 사람이 공동으로 결속되어 하나의 거룩한 가족을 이루고 있다면 거기에 공동으로 풀어야 할 동일한 문제가 있는 것입니다. 이렇게 해서 그 시대에 나서 그 시대에 구원받고 부르심을 받은 사람은 교회의 사명 가운데 개인의 사명을 수행하는 것입니다.

성신께서 베드로와 고넬료를 인도하시고 깨우치심

그러면 제1세기의 사명은 무엇입니까? 너무나도 엄청나게 내용이 많습니다. 매우 위대한 사명이고 매우 심오한 사명입니다. 무엇보다도 당면

---

5) 참조. 김홍전 작사·작곡, '주께로 오라', 『찬송』 185-187쪽, 성약출판사, 1982년.

의 큰 문제는 과거에 가지고 있던 구약의 오이코노미아(οἰκονομία), 즉 하나님의 구약적인 경륜이 하나님의 충만한 계시를 통과하면서 이미 예수님의 생애와 갈보리와 부활에서 나타난 하나님의 충만한 계시와 더불어 분명히 새로운 경륜의 형태와 자태를 취하고 나온다는 것을 그들은 알고 깨닫고 증시해야 하는 것이고, 거기에 첫째의 사명이 있었던 것입니다. 이것이 신약의 교회의 형태요 본질인데, 신약 교회가 가지고 있는 속성들과 형태를 그들은 반드시 드러내야 했던 것입니다.

이런 위대한 속성의 하나는 천하 만민을 한 혈맥으로 지으신 것같이 각 나라, 각 족속, 각 방언에서 택하신 족속을 뽑아내어 거룩한 한 백성 혹은 거룩한 한 집안을 이루시고 그들에게 공동의 사명과 영광을 주시고 공동의 통치 대권하의 생활을 주셨다는 것입니다. 그러한 사실이 교회라는 관점에서 볼 때는 교회의 보편성(catholicity)으로 나타납니다. 이러한 보편성을 올바로 체현하기 위해서 "너희는 사도들과 선지자들의 터 위에 세우심을 입은 자라"(엡 2:20)는 말씀과 같이 교회의 중요한 초석이 되어야 할 베드로이기 때문에 고루한 종래의 오이코노미아의 사상에서 못 벗어나는 그의 암매를 벗겨야만 했던 것입니다.

그래서 그는 우선 개인적으로 먼저 피장 시몬의 집에서 하늘에서 네 귀를 달아 내린 보자(褓子)의 교훈을 받은 것입니다. 그러나 그다음에 고넬료의 집에 가서 비로소 그 의미를 알았습니다. 의미를 안 것으로만 그친 것이 아니고 그것은 필연적으로 그다음의 논리적인 귀결 혹은 결론을 요구하는 것입니다. 그런데 그 논리적 결론이라는 것이 그에게는 좀 약했는지도 모르겠습니다. 그러나 아무리 약했다고 해도 우리가 베드로의 편지들을 읽어 보면 베드로는 위대하고 정정당당하게 그 결론에 도달했던 위대한 사도입니다. 그러나 그의 활동이 일생을 통해서 겨우 그 결론에 도달하고 말아서는 안 됩니다. 그 결론 위에서 신약의 교회의 역사를 전개하는 활약을 해야 했던 것입니다. 그러기 위해서 베드로에게 강력한 교훈을 하신 것입니다. 그 교훈이 실물이 되고 하나의 새로운 역사가 되기 위해서 고넬료의 집에 다른 사람이 아니고 베드로가 보내심을 입었다는 것도 하나님의 계획 가운데 들어 있었던 것입니다.

베드로는 고넬료의 집에 가서 이방인인 로마 사람 고넬료를 만났습니다. 그는 그냥 헬라 사람이 아니고 로마 사람입니다. 로마는 자기네를 통치하고 지배하고 있는 종주국 혹은 침략국입니다. 그런고로 고넬료는 이스라엘 사람들의 마음 가운데 적개심을 심는 로마 제국이라는 찬란한 세력의 가장 강력한 대표요 강력한 심벌인 군인이고, 군인 중에서도 하나의 중요한 부대를 이끌고 나가는 부대장인 백부장이었습니다. 더군다나 주로 군정 총독이었던 로마의 총독이 직접 가이사랴에 와 있었는데 그 군정 총독 휘하에서 부대 명(名)에 가장 명예로운 '이탈리아'라는 이름을 붙인 이탈리아 부대의 부대장이요 백부장이었습니다. 그는 유대 사람도 아니고 헬라 사람도 아닙니다. 코르넬리우스라는 이름도 명백히 라틴 이름입니다.

베드로는 민족적인 적개심이나 울분을 넘어서 또 고넬료의 현직과 그가 차고 있는 휘장이나 군복이나 들고 있는 무기나 그런 것들이 상징하고 있는 모든 것을 넘어서 그러한 사람도 거룩한 하나님의 나라인 신약의 교회에 편입(incorporate)된다는 사실과 그래서 그러한 사람도 이제는 격의 없이 하나의 새로운 분자로서 조금도 다름이 없고 조금도 차별이 없으며 조금도 간격이 없는 거룩한 한 혈맥으로 선다는 것을 자기 자신의 지각에 의해서 깨달은 것이 아니라 성신의 맹렬한 힘으로 몰려 들어가면서 깨닫지 않을 수 없는 자리로 들어갔던 것입니다. 이것이 그때 고넬료와 베드로의 관계에서 우리가 보아야 할 역사 상황의 하나입니다.

고넬료가 어떤 사람이었는가 할 때 고넬료는 자신의 의 때문에 구원받은 것은 물론 아니지만, 하나님께서 그를 구원하시기 위해서 준비하셔서 그 준비의 계단에 분명히 서 있던 사람입니다. 베드로가 옴으로써 고넬료가 받은 것이 무엇인가를 말할 때 간단히 '그는 그때 비로소 중생했다'고 이야기하기는 어렵습니다. 그러나 그때 그는 참으로 신약의 교회 안에 정정당당히 들어와서 교회가 그때 그 역사 시기에 안고 있는 공동의 사명을 감당할 한 분자로 확호히 섰습니다. 그 사명을 수행할 수 있게 하기 위해서 하나님의 성신께서 그에게 충만한 능력을 베푸셨습니다. 성신의 충만한 능력을 베푸신 것은 첫째로 유대주의자들의 편협한 정신을 타파하기 위해 한 형태를 취하게 하신 것입니다. 즉 황홀의 현상(ecstasy)을 마치 오순절 때에 나타내듯이 나타내서 하나님께 대한 할렐(Hallel)을 불러서 크신 하나님을 찬송했습니다. 성신이 오순절 때와 똑같은 형태로 임하신 것입니다. 그것은 오순절이 그 사람들에게 부여한 사명을 고넬료에게도 동일하게 부여했다는 것을 아주 명백하게 상징하는 것입니다. 동시에 고넬료 자신에게는 힘을 주신 것입니다.

그리고 그 정경(scene) 자체는 베드로 때문에 발생한 것도 아니고 고넬료 자신 때문에 발생한 것도 아닙니다. 하나님이 그렇게 하시려고 베드로도 데려다 놓으시고 고넬료와 그의 일가와 친구들까지 모아 놓게 하시고 그 자리에서 그 일이 발생하게 하셨다는 것을 고넬료 자신도 충분히 알 수 있게 가르치신 것입니다. 이 정경에 대한 묘사를 보았을 때 베드로가 거기에 갔기에 그렇게 되었다고 생각할 수 있겠습니까? 즉 베드로의 재주로 그런 일이 발생했습니까? 고넬료의 의로 그런 일이 발생했습니까? 그것이 아닙니다. 오직 하나님이 그렇게 그때에 하시고자 해서 고넬료를 그렇게 신약의 교회에 편입시키시고 식구로 넣으셔서 그러한 사명을 주시고 그 사명에 해당하는 은사와 그 은사의 상징이요 충분한 표증인 성신의 충만한 능력을 부어 넣어 주신 것입니다.

그런 까닭에 고넬료는 구약의 이코노미 가운데에서 받을 수 있는 가장 좋은 것을 받은 인물로 볼 수 있습니다. 그가 유대교인이라고 생각할 여지는 별로 없습니다. 어떤 사람은 그가 아마 유대교 개종자(proselyte)였을 것으로 생각하지만, 여기에 그런 증거는 없습니다. 그러나 그는 로마 사람이 가지고 있는 규율에 의해서 '이스라엘 사람이 공경하는 그 하나님을 공경하려면 어떻게 하는 것이 옳을까? 어떠한 규율을 지키는 게 옳을까?' 할 때 '하나님 앞에 내 죄를 자복하고 은혜를 구할 때 언제든지 일정하게 간절히 늘 간구하는 것이 좋겠다' 하는 경건한 심정과 경건한 마음의 사려가 있어서 필연적으로 경건한 일과와 프로그램을 만들어서 살았던 것입니다. 그리고 그 프로그램은 자기가 멋대로 만든 것이 아니고 이스라엘 사람들 가운데 경건한 사람들이 지키는 대로 제3시, 제6시, 제9시에, 말하자면 오전 9시, 12시, 오후 3시의 기도하는 시간에 기도했습니다. 그래서 그가 당한 모든 일이 그 기도하는 시간에, 즉 경건히 하나님과 교통하는 시간에 다 일어났습니다. 그리고 또 하나, 그는 하나님께서 요구하시는 대로 가난한 자를 불쌍히 여기고 의와 선을 베푼 사람입니다. 자기가 알 수 있는 한, 자기가 받은 계시의 어떤 희미한 빛이 있으면 그 빛에 비추어서 알 수 있었던 한도 내에서 당위를 행한 것입니다.

계시 발전의 역사에서는 자기 시대에 상응하는 지식이 있어야 함

그런데 여기에 문제가 하나 있는 것을 생각하시기 바랍니다. 이스라엘의 이코노미가 과거에 어떤 역사의 문제나 역사의 도전에 부딪혀서 거기에 대답할 의무를 다 가지고 있었듯이 교회도 그러한 의무를 가지고 있습니다. 그러나 교회가 반드시 그것을 각성해서 의무를 행한 것은 아닙니다. 어느 시기는 차츰차츰 태만해서 그 의무를 망실해 버리는 것입니다. 망실하고 남아 있는 것은 종교의 몇 가지 골격뿐이고 해골과 같은 몇 부분뿐입니다. 남는 것이 무엇이냐 할 때 종교적인 심정하에서의 정신적 이기주의만이 남습니다. 복음을 충분히 넉넉히 전달하지 못하면 그로 말미암아서 남는 것은 항상 말하자면 반(半)복음이라고 말씀드렸습니다. 기쁜 소식은 기쁜 소식이지만 그 충분하고 넉넉한 자태를 못 보이는 것입니다. 불행하게도 우리나라에는 과거에 그런 혐의가 많이 있습니다. 넉넉한 자태를 보이기보다는 희미하게 어떤 부분만 보이고 말았습니다. 복음이 우리에게 당연히 불러일으키는 영광스러운 사명이나 땅 위에서의 의무감이나 하나님 나라의 아름다운 자태에 대한 사모 같은 것이 없이 '하나님 나라' 하면 꼭 죽어서 가는 천당만을 하나님 나라로 생각하든지 그렇지 않으면 우리와는 별로 큰 상관이 없고 아무리 기다려도 하나님께서는 상관을 안 해 주시다가 나중에 예수님이 내려오셔서 지상에 천년 왕국을 건설하신다는 그런 정도에서 끝나는 것입니다. 그리고 그렇게 지상에 천년 왕국을 건설한다는 사람들의 프로그램대로 보면 이 몸을 가지고 이대로 들어가는 것도 아닙니다. 믿는 사람은 일단 공중에 휴거(携擧)되어서 공중 재림을 만난 후에 지상으로 같이 오니까 그것은 사실상 이 육신을 가지고 예수 믿은 사람과는 상관없는 나라인데, 그런 것만 생각하는 것입니다.

　이렇게 하는 것이 본의인가 하면 사도행전에서 우리에게 보이는 것은 그런 이야기가 아닙니다. 오히려 그 반대의 다른 부분인 것입니다. 그 시대에 자기들이 가지고 있는 영광스럽고 위대한 사명을 망각했을 때의 상태는 앞에서 말씀드린 것과 같이 해골과 같은 부분만 남는 것이고, 그렇지 않으면 답답하고 은폐된 계시의 사실 안에 있어서 희미한 문틈으로 새어 나오는 빛 같은 것을 붙들고 앉아서 거기에서 하나님의 은혜를 기대하고 살아가는 생활 태도인 것입니다. 우리가 이스라엘 역사 가운데 특별히 구약이 끝난 이후의 역사를 열심히 보아 나가노라면 거기에서 아주 현저하고 절실히 느끼는 것이 그런 것입니다. 참으로 희미한 빛 가운데에서 살았습니다. 그리고 위대한 헤브라이즘(Hebraism)의 계시의 큰 종교가 나중에는 형해적(形骸的)이고 인본적인 해석만을 금과옥조로 삼는 유대교로 전락해 버렸습니다.

유대교로 전락해 있던 그 시대의 위대한 당위나 신성한 하나님 나라의 거룩한 의무의 내용이 무엇인가 하면 하나는 앞으로 올 지상에서 번영할 인도주의적 메시야 왕국에 대한 기대이고, 다른 하나는 땅 위에서 잠정적으로라도 인도주의의 위대한 교훈들을 열심히 지켜 간다는 주장입니다. 이것이 다 힐렐(Hillel, B.C. 60?-A.D. 20?)이나 샤마이(Shammai)가 가르친 중요한 내용들입니다. 힐렐이나 샤마이는 그 중간 시대에 있던 가장 위대한 스승들로서 유대교의 관점으로 보면 모세 이래 가장 위대한 스승이라고 했습니다. 모세 이래 가장 위대한 스승이라는 사람의 교훈을 보면 어떤 것은 특별히 마치 유교의 공자의 교훈과 비슷한 것이 있습니다. 예를 들면 '내가 싫거든 남에게도 그 싫은 것을 베풀지 말아라' 하는데, 유교에서도 '기소불욕(己所不欲)이거든 물시어인(勿施於人)이라' 하는 말이 있습니다. '내가 그렇게 하기를 원치 않는가? 그러면 다른 사람에게도 베풀어서는 안 된다' 하는 말입니다. 금기를 써 놓은 것이 어떻게 그렇게 같은지 모르겠습니다. 또한 가령 '어떤 사람이 부요로운 자냐? 자기의 분깃을 만족히 여기는 사람이 부요로운 자다' 하는 것이 힐렐의 유명한 교훈인데, 동양에서도 '현재(賢哉)라, 안자(顔子)여' 하고 안자를 말할 때 '일단사(一簞食) 일표음(一瓢飮)'[6]이라고 하고 또 '곡굉이침지(曲肱而枕之)라도 낙역재기중의(樂亦在其中矣)'[7]라고 했습니다. 도시락 밥

---

6) 참조.『논어(論語)·옹야편(雍也篇)』"子曰 賢哉 回也 一簞食 一瓢飮 在陋巷 人不堪其憂 回也不改其樂 賢哉 回也." (공자 왈 어질도다, 안회여. 한 그릇의 밥과 한 표주박의 물을 마시고 누추한 곳에 살면 사람들은 그 근심을 이겨내지 못하거늘, 안회는 그 즐거움에 변함이 없으니 어질도다, 안회여.)

하나 먹고 그다음에는 한 표주박의 물을 먹고서는 팔을 꼬부려 가지고 자면서 이렇게 청빈하게 살지라도 거기에 또한 즐거움이 있는 것이라고 해서 부를 탐하지 않은 것입니다. 모두 비슷한 사상입니다. 힐렐의 교훈들을 읽어 갈 때면 '어찌 이렇게 동양의 유교의 공자가 말한 여러 가지 것과 같을까' 하는 생각들이 많이 납니다. 그 사람은 위대한 종입니다.

그리고 오늘날 히브리 사상가는 그것을 분석해서 결국 유대주의의 위대한 정점은 그런 위대한 인도주의의 이상을 세운 데 있다고 했습니다. 유대주의는 내세에 대해서는 큰 이야기를 안 했습니다. 원래 구약에 내세에 어떻게 된다는 것을 자세히 기록한 데가 별로 없습니다. 이상 세계를 말할 때에 위대한 선지자들이 본 이상 세계라는 것도 내세의 이야기가 아니고 현세에 나타난 메시야 왕국의 이야기입니다. 이렇게 해서 유대주의가 그러한 상태로 전락해 갔습니다. 계시의 정상적인 발전이나 계시의 역사적이고 유기적인 발전보다는 윤리적인 면에 치중하고 선악을 드리워서 도덕적인 면을 강조하는 데로 내려갔습니다. 우리가 유교를 볼 때에도 유교에서 항상 중요한 것은 사관 자체보다는 윤리관입니다. 그러나 성경은 윤리관 자체보다도 항상 위대한 역사적 진행, 즉 하나님의 경륜의 역사적인 진행 가운데에서 당위를 발견하도록 자꾸 가르치는 것입니다. 성경의 윤리는 맹목적인 것이 아니고 어떤 역사적인 하나님의 경륜에 부합하는 것이 최고의 윤리로서 옵니다. 그리고 거기에 부합하기 위해서 첫째로 인간관 자체를 고치기를 요구하는 것이 위대한 윤리인 것입니다. 그런데 그런 것을 생각할 여지가 없이 된 것이고 거기에서 필연적으로 사상적인 빈곤이 왔던 것입니다.

---

7) 참조. 『논어(論語)·술이편(述而篇)』 "子曰 飯疏食飮水 曲肱而枕之 樂亦在其中矣 不義而富且貴 於我 如浮雲." (공자 왈 거친 밥을 먹고 맹물을 마시며 팔꿈치를 구부려 베고 누울지라도 즐거움이 또한 그 가운데 있으니, 불의하면서 부귀를 누리는 것은 내게는 뜬구름과 같다.)

고넬료 같은 사람은 희미한 문틈에서 나오는 빛을 가지고 이러한 데에서 기다리고 있던 사람입니다. 그 사람이 중생을 했느냐 안 했느냐 하는 문제에 대해서는 우리가 논할 재료가 없습니다. 우리가 분명히 아는 것은 가령 아담이나 노아나 아브라함이나 모세나 이런 분들이 분명히 중생한 것을 다 믿는 것입니다. 그런 의미에서는 고넬료도 중생의 은혜를 이미 받은 사람입니다. 그래서 하나님이 그 중생한 사람과의 교통 때문에 천사를 보내고 이제는 예수 그리스도의 이름을 알려서 이미 나타난 충만한 계시를 그에게 전달하신 것입니다. 그가 그 충만한 계시 안에서 확신과 확호한 위치를 가지고 하나님 나라의 위치에서 전진하기 위해서 그것이 필요했기 때문입니다.

그러면 신구약 중간기에, 즉 말라기 선지자 이후 예수님 당시까지 많은 사람이 일어났다가 사라져 갔을 텐데 그 사람들이 하나도 중생하지 않았다고 말할 수 없을 것입니다. 그들에게는 중생을 할 만한 충분한 하나님의 말씀이 있었던 것입니다. 어느 시대나 하나님의 말씀의 부족으로 중생하지 못하는 수는 없습니다. 왜냐하면 가령 계시가 역사적으로 발전할 때 맨 처음에는 배아(胚芽) 혹은 종자(種子)의 형태로 나타났다고 할지라도 종자 그 자체로 완전한 것이어서 종자의 시대에 종자의 임무를 다하면 하나님이 중생의 사실을 그에게 전달하기에 족한 것이기 때문입니다.

그러나 계시가 증가했을 때는, 즉 계시가 증가되어 우리가 알아야 할 것을 아는 터 위에서 하나님의 중생의 사실이 이루어져 나가는 때에도 빈곤한 계시만을 가지고 있다면 그것은 부적당한 것입니다. 오늘날도 옛날 아브라함의 시대나 노아의 시대와 같은 정도의 계시 내용에 앉아 있으면서 그것으로 넉넉하고 넉넉히 중생한다고 그렇게 말할 수는 없습니다. 오늘날 우리는 그리스도의 복음의 충만한 자태를 가지고 있기 때문에 그것을 충만히 전달해 주어야 합니다. 얼마만큼 알아야 우리가 참으로 구원받는 믿음을 갖는가 하는 문제를 전에 이 교회에서 강설한 일이 있습니다. 복음의 내용을 얼마만큼 알아야 참으로 구원을 받을 수 있다고 우리가 안심하고 말할 수가 있느냐 하는 문제입니다. 그것은 하나님께서 역사를 통해서 베푸신 계시의 내용의 분량에 의해서, 그 발전의 단계에 의해서 판단하는 것입니다.

계시가 아직 배아 시대에 있을 때에는 배아로서 족한 것이고 중생하는 데에서도 그것으로 족합니다. 계시가 아직 줄기 시대에 있을 때에는 줄기로 족한 것입니다. 그러나 계시가 충만한 열매를 맺을 때는 열매 없이 그냥 줄기만 가져도 중생한다고 하는 것이 아닙니다. 원래 중생은 하나님의 절대의 대권으로써 시키시는 일이니까 중생 자체나 새 생명을 심어 주시는 그 자체에 대해서는 우리의 요건이 없습니다. 그러나 새 생명이 나오게 하실 때 하나님은 말씀으로 낳으신다고 했으니까 말씀의 역사가 필요한데, 말씀이 조금만 들어가도 되는 것이 아니라 항상 계시 발전의 역사에서 발전한 만큼의 계시, 곧 복음의 내용에 대한 계시가 있어야 하는 것입니다. 고넬료 시대는 오늘날 우리가 가지고 있는 만큼 그렇게 계시가 충분히 있었던 것은 아니었는데, 이제 고넬료가 믿고 나아올 수 있는 새로운 시대에 들어갔을 때에는 그를 그냥 방치하지 않으시고 '지금은 네가 가지고 있는 빈곤한 계시를 그냥 가지고 있을 시기가 아니다. 이미 나사렛 예수에게서 계시가 충만히 다 나타났다. 하나님의 계시가 다 나타났으니까 그것을 받아라' 하신 것입니다. 여러분이 이 10장에서 중요히 생각하고 읽어야 할 것은 그 부분입니다. 베드로가 고넬료에게 무엇이라고 연설했는가 하는 것입니다. 돌아가셔서 그 부분을 잘 읽어 보시기 바랍니다.

중요한 문제는 예수를 믿는다고 할 때 넉넉하고 정당하고 이지러지지 않은 복음을 늘 전달함으로써 그가 예수를 믿으면서부터는 하나님의 구원의 크신 목적과 그 시대 혹은 그 역사 시기에, 즉 하나님 나라 진행의 역사에서 그가 살고 있는 시기에 그에게 요구하시는 바 교회 전반의 위대한 사명을 반드시 각성하고 그것을 이루기 위해 그 목표를 향해서 매일매일 전진하는 것이 믿은 사람으로서의 생활이라는 것입니다. 예수 믿고 사는 생활이라는 것이 무엇입니까? 착하고 거짓말하지 않고 남에게 잘하고 하는 그런 윤리적인 생활입니까, 아니면 생의 목적의식이 확실하고 분명해서 목표를 향해 전진하는 생활입니까? 그렇게 목표를 향해서 전진하는 것이 최고의 도덕이요 그것이 도(道)입니다. 그것이야말로 단순한 윤리(ethics)가 아니고 하나님 앞에 최고의 도덕(moral)입니다. 더 중요한 것은 도덕이지 단순히 사람 대(對) 사람 관계의 윤리가 아닙니다.

그러한 까닭에 그런 사관(史觀), 즉 하나님 나라의 관(觀)이 먼저 명백히 서야 합니다. 더 구체적으로 줄여서 한마디로 '나는 어떠한 교회에 있느냐? 이 교회는 어떠한 역사적 사명을 가지고 있느냐?' 하는 것을 각성하게 되어야 하는 것입니다. 그러기 위해서 하나님은 충만한 복음을 늘 전달하게 하시고 복음의 바른 자태를 알도록 하시는 것입니다. 바르고 충만한 계시의 내용은 필연적으로 구원이라는 사실을 해석할 때 개인이 예수 믿고 천당 가는 일로 해석하지 않습니다. '너 혼자 예수 믿고 천당 가라고 천당 가는 비행기 표를 주는 것이 아니다. 이미 구원하셨고 이미 네게 새 생명을 주셨고 새사람을 지어 주셨으니 이제는 목적을 향해서 걸어가거라' 하는 것입니다. 이것이 더 중요한 것입니다.

고넬료에게 그것이 온 것입니다. 과거에 선을 행하고 기도하고 기다리고만 있던 그에게 그때에 비로소 생의 목표라는 것을 알게 하셔서 거룩한 교회로서 그리스도의 거룩한 지체로서 나아가야 할 길을 깨닫게 하신 것입니다. 물론 그가 사상적으로 그리스도와 혼연히 신령한 일체를 이룬다는 개념을 충만히 다 받았다고 우리가 지금 단언하는 것은 아니지만, 현실 생활에서는 조금도 손색이 없이 그런 생활을 하도록 사명감을 주신 것입니다. 그런 것들이 여기서 보아야 할 중요한 문제들입니다.

마지막으로 여기 10:41 에 '선택하신 어떤 사람들에게 예수님이 부활하신 형태 혹은 자태를 나타나 보이셨다' 할 때 그것을 보는 사람은 구경만 하고 있으라는 것이 아닙니다. 본 사실에 대한 의무가 발생하는 것입니다. '보았다는 것은 권리이지만 이 권리를 너희에게 주는 것은 거기에 상당하고 해당한 의무를 행하라고 함이다' 하는 것입니다. 하나님이 우리에게 계시의 풍요한 것을 보이실 때는 그 권리를 우리에게 부여하시면서 거기에 해당(match)하는 의무를 행하라고 하시는 것입니다. 많이 배웠으면 많은 의무가 등허리에 짊어지워져 있는 것입니다. 성경은 열심히 탐하듯이 자꾸 배우면서 의무는 행치 않는다면 그것은 탐심입니다. 여기에서 이런 것을 또한 주의하시기 바랍니다.

기도

거룩하신 주님, 베드로를 시켜서 고넬료를 만나게 하시되 베드로나 고넬료로 말미암지 않고 오직 하시고자 하시는 아버지께서 친히 성신의 큰 역사를 그들에게 내려 주셔서 베드로나 고넬료가 같은 차원에 서 있고 별다른 위치나 혹은 어떤 다른 계단에 서 있지 않다는 것을 명시하시사 베드로가 행하고 살고 나아가고 있는 그 교회의 전진의 자태에 고넬료도 도무지 뒤질 것이 없는 중요한 분자로서 활동해야 할 것을 그 자리에서 증시하셨사옵나이다. 그러므로 이제 한 사람을 구원하실 때 구원하신 그 사람을 거룩한 교회의 행보에 가담시키시는 것이요, 거룩한 교회의 행보는 역사적인 도전 앞에서 목적을 향해서 방향을 정하고 감연히 가는 것이온데, 복음을 전달할 때 이러한 복음적인 사실이 충분히 나타나지 아니할 때에는 복음을 왜곡하는 위험이 있는 것도 이제 생각했사오니, 주님이 많은 권리를 주시고 특별한 여러 계시와 영광의 사실을 알게 하셨으면 거기에 상당한 의무를 항상 짊어져야 할 것을 명심하게 하시고, 배우기만 하고 실제로 주께서 문제를 내시고 사명을 보이시며 일을 이루라고 하실 때에는 그 짐을 지지 못하는 위치에서 방황하는 일이 없게 하시고, 저희들 모두를 불쌍히 여기시며 저희 교회를 특별히 불쌍히 보시고 세우시옵소서.

우리 주 예수 이름으로 기도하옵나이다. 아멘.

1974년 9월 4일 수요일

제13강

할례당의 힐난(詰難)과 베드로의 답변

사도행전 11:1-18
유대에 있는 사도들과 형제들이 이방인들도 하나님 말씀을 받았다 함을 들었더니 베드로가 예루살렘에 올라갔을 때에 할례자들이 힐난(詰難)하여 가로되 네가 무할례자의 집에 들어가 함께 먹었다 하니 베드로가 저희에게 이 일을 차례로 설명하여 가로되 내가 욥바 성에서 기도할 때에 비몽사몽간에 환상을 보니 큰 보자기 같은 그릇을 네 귀를 매어 하늘로부터 내리워 내 앞에까지 드리우거늘 이것을 주목하여 보니 땅에 네발 가진 것과 들짐승과 기는 것과 공중에 나는 것들이 보이더라 또 들으니 소리 있어 내게 이르되 베드로야 일어나 잡아먹으라 하거늘 내가 가로되 주여 그럴 수 없나이다 속되거나 깨끗지 아니한 물건은 언제든지 내 입에 들어간 일이 없나이다 하니 또 하늘로부터 두 번째 소리 있어 내게 대답하되 하나님이 깨끗하게 하신 것을 네가 속되다 말라 하더라 이런 일이 세 번 있은 후에 모든 것이 다시 하늘로 끌려 올라가더라 마침 세 사람이 내 우거한 집 앞에 섰으니 가이사랴에서 내게로 보낸 사람이라 성신이 내게 명하사 아무 의심 말고 함께 가라 하시매 이 여섯 형제도 나와 함께 가서 그 사람의 집에 들어가니 그가 우리에게 말하기를 천사가 내 집에 서서 말하되 네가 사람을 욥바에 보내어 베드로라 하는 시몬을 청하라 그가 너와 네 온 집의 구원 얻을 말씀을 네게 이르리라 함을 보았다 하거늘 내가 말을 시작할 때에 성신이 저희에게 임하시기를 처음 우리에게 하신 것과 같이 하는지라 내가 주의 말씀에 요한은 물로 세례를 주었으나 너희는 성신으로 세례 받으리라 하신 것이 생각났노라 그런즉 하나님이 우리가 주 예수 그리스도를 믿을 때에 주신 것과 같은 선물을 저희에게도 주셨으니 내가 누구관대 하나님을 능히 막겠느냐 하더라 저희가 이 말을 듣고 잠잠하여 하나님께 영광을 돌려 가로되 그러면 하나님께서 이방인에게도 생명 얻는 회개를 주셨도다 하니라

제13강

할례당의 힐난(詰難)과 베드로의 답변

사도행전 11:1-18

할례자들의 힐난

　지난번에는 베드로가 고넬료의 집에 가서 그리스도에 대한 말씀을 전하자 성신이 충만한 은혜로 강림하시는 현상이 마치 자기네가 처음으로 오순절 때 보았던 것과 같은 양태로 나타나는 것을 보고 '아, 아무것도 차별할 것이 없으니까 이제는 이 사람들도 그리스도의 백성으로 분명히 접붙여진다는 것을 증거해야겠구나' 하고 그리스도께서 말씀하신 대로 아버지의 이름 안으로, 아들의 이름 안으로, 성신의 이름 안으로 그들에게 세례를 주었다는 것을 우리가 보았습니다.
　그렇게 한 후에 11장에 나오는 문제가 일어났습니다. 유대 땅에 있는 가이사랴에서 샤론 들로 도로 내려오면 거기에 욥바가 있고, 욥바를 포함해서 그 일대에 있는 사마리아 남쪽은 다 유대 땅입니다. 말하자면 정통 유대교인들도 살고 있고, 또 맨 처음의 그리스도 교회가 서 있을지라도 역시 정통 유대교와의 관계에서 어떻게 해야 할지 알지 못하는 많은 사람들이 살고 있고, 또 예수를 믿기는 믿을지라도 큰 비판과 자기반성이 없이 '유대교의 큰 강령들을 그대로 확호히 가지고 살아야 한다' 하는 생각을 하거나 그저 그렇게 얼른 결정한 사람들이 많이 살고 있는 데입니다.

거기 "유대에 있는 사도들과 형제들이 이방인들도 하나님 말씀을 받았다 함을 들었더니"(11:1), 베드로가 가이사랴에서 다시 내려와서 욥바에서 "예루살렘에 올라갔을 때에 할례자들이 힐난하여 가로되"(11:2), 힐책을 했다는 말입니다. 비판하고 힐문(詰問)하기를 "네가 무할례자의 집에 들어가 함께 먹었다 하니"(11:3), '어떻게 그럴 수가 있느냐' 하는 것입니다. '할례의 특권을 무시하고 할례의 특전을 아무렇지도 않게 생각하고 어떤 무할례자의 집에 들어가서 같이 형제라고 하고 마음의 교통을 하고 교통의 징표로 음식을 함께 먹고 한단 말이냐' 하는 것입니다.

이 할례자들이야말로 음식을 먹을 때도 그냥 먹는 것이 아니고 엄숙한 기분으로 반드시 정결한 손으로 먹어야 합니다. 옛날에 '정결한 손'이라고 할 때 특별히 율법주의 때문에 그런 말을 쓰는 것은 아닌 것을 잘 아실 것입니다. 유대 사람들은 우리같이 숟가락과 젓가락을 가지고 먹는 것이 아니고 손을 씻고 손가락으로 먹습니다. '더러운 손'이라 할 때 별것 다 만졌을 테니까 위생상 더럽다고 하는 것이라기보다는 결례(潔禮)의 규칙에 의해서 더러운 손으로 먹을 수 없다는 것입니다. 혹은 죽은 짐승의 시체를 잡았을 수도 있고 그것이 묻었던 자리에 손을 댔을 수도 있고 불결한 사람이 앉았던 자리에 손이 닿았을 수도 있고 그럴 기회야 많습니다. 아무리 옛날이라 할지라도, 즉 반드시 오늘날과 같이 수많은 사람이 탔다 내렸다 하는 버스를 타지 않더라도 그럴 기회는 많습니다. 그 손으로 그냥 먹을 수가 없다 해서 손을 씻되 팔꿈치까지 다 깨끗이 씻고 입도 씻고 양치도 한 다음에 하나님 앞에 찬송을 드리고 할렐 찬양을 올리고 감사를 드린 다음에야 음식을 먹고 손가락으로 다른 반찬을 집어서 먹습니다. 그렇게 한 다음에야 '자, 이제 이야기도 하자' 하는 것입니다.

손 다 씻고 양치한 다음에 음식을 입에 넣기 전이나 양치를 하고 할렐을 올리기 전에 친구가 무슨 말을 하면 그 이야기를 계속하다가 같이 기도하고 먹고 그렇게 하지 않습니다. 그렇게 엄격하게 자기를 단속하는 것입니다. 깨끗이 양치도 하고 손도 씻었으면 그다음에는 말을 하지 않고 먼저 하나님 앞에 찬양의 기도를 올리는 것입니다. 찬양하는 것은 엎드려서 기도할 수도 있고 빵 조각 같은 먹을 것을 위로 들고서 히브리 말로 하나님 앞에 올리는 찬송을 하기도 합니다.

제가 만나서 가까이 지내던 유대인 랍비 친구들이 하는 것을 보니까 아주 친해서 서로 무슨 이야기나 다 하지만, 점심때가 되어서 샌드위치를 먹게 되니까 가서 양치를 하는데 저도 손을 씻으면서 말을 걸었더니 저를 보고 빙긋이 웃으면서 손으로 이것을 보라고 가리킵니다. '내가 방금 양치를 했다. 지금 너에게 말할 수가 없으니 이걸 보라' 하는 뜻입니다. '미안하다. 내가 몰랐구나' 했더니 이렇게 샌드위치를 들고 찬송을 부릅니다. 부르고 나서 한 입을 물어뜯더니 '이젠 너하고 이야기할 수 있다' (Now I can talk.)고 합니다.

베드로가 이방 사람의 집에 가서 이방 사람들과 같이 음식에 손을 넣었습니다. 베드로도 거기에 손을 넣고 같이 그것을 나누어 먹을 수밖에 없었습니다. 그렇게 내 것 따로 놓고 네 것 따로 놓지 않고 한데 손을 넣는 일이 많이 있습니다. 그 점은 한국과 비슷합니다. 그래서 예수님의 성만찬 때도 '나와 함께 그릇에 손을 넣는 자가 곧 그다' (막 14:20; 마 26:23 참조) 하는 말씀을 하신 것처럼 그렇게 그릇에 손을 함께 넣는 일이 있습니다. 그것이 정답기도 합니다. 우리 한국 사람만 그런 것이 아니라 유대 사람도 그런 일이 있는데, 그렇게 하면 이방 사람이 먹었던 음식이나 음식을 집어간 자리를 가릴 수가 없습니다. '그러면 대단히 불결한 것이 다 네 몸 속으로 들어가서 배지 않느냐? 그러니까 할례를 받지 않은 사람, 즉 음식을 먹을 때에도 법을 따라서 먹지 않는 그런 사람과 사귀면서 함께 음식을 먹으면 절대 안 된다' 하는 것이 철저한 유대 랍비들의 교훈이었던 것입니다.

베드로나 다른 사도들과 유대주의자들, 그리고 특별히 바리새인들은 아무리 기독교로 개종을 했을지라도 그것을 바리새인들의 미덕과 좋은 풍속이라고 해서 안 버리는 것이고 버릴 까닭이 없습니다. 그러니까 그들은 베드로가 가서 그렇게 하고 왔다고 하니까 '베드로는 보통 사람이 아니고 주님 앞에서 특별한 분부를 받은 사람이고 하늘의 문을 열었다 닫았다 할 수 있다고도 생각되는 사람이고(마 16:19 참조) 나중에 예수님이 부활하신 후에는 '내 양을 먹이라. 내 양을 치라' (요 21:15-17) 하는 특별한 부탁까지 받은 사도인데 어떻게 그럴 수가 있느냐' 하고 생각했습니다. '오순절 때는 대표적으로 일어나 연설한 그가 가서 그렇게 했으니 어떻게 질서를 유지한단 말인가. 안 될 일이다. 교회의 숙연한 질서를 올바로 유지하고 나가기 위해서라도 베드로가 그렇게 했다는 것은 작은 문제가 아니다. 이 문제는 분명히 판단을 해서 시비를 가려 놓아야겠다' 하는 그런 생각들입니다. 그래서 예루살렘에 베드로가 오니까 베드로를 청했든지 어찌되었든지 모두 같이 앉아서 이야기하는 자리에서 '아, 그런데 베드로 사도께서는 대사도이시고 우리 주님의 고유(告諭)와 부탁을 친히 받은 사도로서 주님의 순결하고 거룩한 일을 맡아서 발전시켜야 하실 분이 어떻게 그렇게 지금까지 지켜 오던 바 정결과 불결을 나눈 하나님의 말씀을 하루아침에 갑자기 무시하고 이방인하고 같이 먹었단 말씀이오' 하는 것입니다.

할례당이 문제를 제기한 근거

이렇게 힐난하니까 이 힐난에 대한 대답으로 자기 이론을 베푼 것이 아니고, 그동안 자기가 본 욥바에서의 환상 이야기와 그다음에 고넬료의 집에서 자기를 부른 이야기와 그래서 갔던 이야기를 했습니다. 그리고 자기를 부른 내역은 그저 그 사람이 자기 의사로 부른 것이 아니고 하나님의 주장(主掌)으로 된 것으로서 하나님이 보내신 사자인 천사가 고넬료에게 시몬을 부르라고 해서 불렀다는 사실을 이야기해서 자기가 부르심을 받은 것은 하나님 당신의 의사에 의한 신비한 사실인 것을 이야기했습니다. '그래서 거기서 그리스도 예수를 전파했더니 그 일에 대한 하나님의 대답으로서 우리가 성신의 충만한 능력을 받던 그 시간과 똑같은 상태와 똑같은 모양으로 그들에게도 성신이 임하더라. 그렇다면 거기에 사람 이상의 하나님의 개입이 친히 역사한 것이 아닌가. 그렇게 되었는데도 나는 모른다 하고 앉아 있겠는가' 하고 말했습니다. '내가 누구관대' 하는 말이 있습니다. "내가 누구관대 하나님을 능히 막겠느냐"(11:17하). '그래서 나는 세례를 주었다. 세례를 주었은즉 이제는 우리와 같은 형제인 고로 형제와 더불어 형제애를 나누고 사랑을 나누는 뜻으로 애찬(愛餐)을 같이 하는 것이 당연한 일이 아니냐' 하고 자기변호를 했고, 결론으로 보아서는 변호입니다만 단순한 변호에 불과한 것이 아니고 그와 동시에 그동안의 경위로 '어떻게 하나님께서 이방 사람을 우리와 같은 열(列)에 두셔서 이제는 동일한 차원에서 무엇을 할 수 있도록 하셨는가' 하는 문제를 이야기한 것입니다.

 지난번에 우리가 생각할 때에 베드로가 고넬료의 집에 간 이야기에서 먼저 베드로 자신이 받아야 할 교육의 문제도 이야기했고, 또 고넬료에게 내리신 하나님의 특별한 은사와 그를 부르신 것은 초대 교회가 가지고 있는 고귀한 부르심의 수준(level)으로 올려서 부르신 것이지 복음의 초보만 믿고 거기에서 주저앉게 하고 팽개친 것이 아니라는 것을 배웠습니다. 잘 기억하고 계시리라 믿습니다. 그런 터 위에서 이제 '교회의 본질'이라는 문제와 '베드로를 시키셔서 고넬료를 불러내신 하나님의 크신 일의 성격'에 대해서 사람들은 어떠한 반응을 일으키는가를 여기에서 보는 것입니다. 여기에서 할례자들이 힐난하는 정신과 이론의 근거와 그들이 가지고 있는 사상의 차원을 주의해서 보아야 할 것입니다.

지금 그냥 평탄하게 읽어 갈 때에는 '그 사람들은 참 어리석은 사람들이다. 그리고 오늘날에 와서 그것이 무슨 문제가 되겠는가' 하고 간단하게 생각할 수 있습니다. 할례라는 제목 하나를 놓고 해석하면 그것이 간단한 문제입니다. 왜냐하면 오늘날은 할례라는 것이 문제가 안 되기 때문입니다. 옛날에 다소 문제가 되었다고 하더라도 그것이 얼마나 심각한 문제가 되었겠는가를 추정하기가 어려운 오늘에는 그냥 앉아서 간단히 말하고 간단히 생각하는 혐의가 있습니다. 그럴 수밖에 없습니다. 첫째로 그것의 문제성, 즉 그것이 가지고 있는 문제의 성격이 얼마나 심각한가 하는 것을 먼저 깨달아야 '좌우간 이것이 대단히 큰 문제인데' 하고 생각할 것입니다. 그렇지 않으면 '할례? 할례자들이 그랬다더라. 옛날에 그랬다더라. 지금이야 뭐 어디 그런 것이 문제가 되는가' 하고 아주 옛날 옛적에 지나가 버리고 만 이야기 정도로나 생각하는 그런 혐의가 있습니다.

그것은 그렇다고 하더라도 우리가 오늘날 일어나는 여러 가지 일을 보면 이와 유사한 일이 많은 것을 곧 보게 됩니다. 가령 할례의 심각성이나 할례자들이 물은 질문의 타당성이나 개연성 혹은 '과연 그렇겠다' 하는 것이 얼마나 명확한 것이며 어떠한 것이냐 하는 것을 우리가 지금 다 잘 모른다고 할지라도 여기서 한 가지 쉽게 알 수 있는 것도 있습니다. 그것이 뭐냐 하면 할례자들은 종래에 가지고 있던 유대주의적인 사상과 유대주의의 전통을 존귀하게 여기고 그대로 유지하는 사람들이라는 것입니다. 할례자들이 그런 사람들인 것은 분명합니다. 그래서 '기독교가 앞에 있을지라도 존귀한 유대주의의 전통을 그대로 충분히 살려서 고차원적인 세계를 형성하고 사회를 형성해야겠다' 하는 생각을 하는 것입니다. 그래서 '비록 예수 그리스도를 믿고 나아온다고 할지라도 모세를 통해서 하나님이 명령하신 말씀은 그냥 살아 있는 까닭에 모세가 명한 대로 할례를 받아야 하는 것이다' 하는 것입니다.

오늘 저녁에 제1세기 초대 교회에 할례 때문에 일어난 여러 가지 심각한 문제나 할례의 비중이 어떠한 것인가 하는 문제에 대해서 짧은 시간에 다 말할 수도 없고 생각하기가 어렵습니다만, 지금 우리들이 보통 생각하는 것보다는 훨씬 크고 심각한 문제였던 것을 기억해 두시기 바랍니다. 심지어 사도 바울 선생이 갈라디아나 루가오니아 지방에 갔을 때 거기에까지 가서도 할례의 문제가 큰 문제로 남아 있어서 교회에 강한 영향을 주는 까닭에 할례자들을 향해서 강력하게 변론을 했습니다. 그런데 바울 선생이 할례를 전연 아무것도 아닌 것으로 생각하고 '그것은 아무것도 상관할 것이 없다' 하고 생각하고 완전히 타매(唾罵)하고 포기하고 묵은 시대의 찌꺼기라고 쳐내 버린 것은 아닌 것을 우리는 잘 알고 있습니다. 바울 선생은 디모데를 데리고 와서 할례를 했던 사람입니다(행 16:3). 그렇다고 해서 모든 사람에게 다 할례를 행한 것은 아닙니다. 디도에게는 안 했습니다(갈 2:3). 그런 점으로 볼 때 할례가 가지고 있는 의미에 대한 바른 해석이 꼭 필요한 것입니다.

계약(covenant)의 표시로서의 할례는 하나님께서 맨 처음 아브라함에게 그 제도를 가르치시고 그것을 행하라고 하셨을 때는 '그것을 행하는 것이 하나님 앞에 무엇을 상징하는 것이냐' 하는 것이 중요한 것이지 단순히 의식(儀式) 자체로 무슨 실리를 주는 것도 아니고 의식 자체가 전부가 되는 것은 아닌 줄을 아실 것입니다. 할례를 받았다는 사실은 하나님의 계약의 백성에 편입되었다는 확실한 증거가 됩니다. 하나님과의 계약 관계 혹은 특수한 관계 혹은 선택의 관계에 들어가는 입구라는 점에서 할례가 심히 중요한 것입니다. 그런데 예수를 믿었다 해서 그것을 폐해 버리면 무엇이 하나님과의 계약 관계에 확실히 서 있다는 증표가 되며 혹은 하나님과의 계약 관계에 들어간다는 입문이 되느냐 할 때 초대 교회의 사람들이 그러한 명확한 문제에 대해 명확한 대답을 했는지 여기의 이 기록에서는 잘 볼 수가 없습니다. 그러한 까닭에 오히려 많은 사람은 그때 '우리가 예수를 구주로 혹은 메시야로 받아들이고 사죄와 속죄에 대해서 믿을지라도 그것은 그것이고, 하나님께서 허락하시고 그 계획을 이루시겠다고 하는 대상으로 우리를 불러내시고 특수한 계약 관계 가운데 우리를 높이 올리신 사실의 징표는 있어야 할 것이 아니냐' 하고 생각한 것입니다. 그 점이 할례와 관련해서 진지하고 심각한 신자들이 깊이 생각할 수밖에 없었던 문제입니다.

이런 것은 요컨대 하나님과의 계약이라는 관계에서 할례의 중요성을 생각한 것인데, 그렇게 하나님과의 계약이라는 관계에 깊이 생각을 기울일 만한 사람들은 그때 무할례당에게 있었던 것이 아니라 할례당에게 있었습니다. 초대 교회의 이 역사 시기에 '무할례당도 하나님과의 계약 관계에 분명히 서 있는 것이고, 그래서 과거에 할례당이 계약 위에 서 있을 때 받았던 모든 은총과 특수한 은전들을 하나님과의 이러한 별다른 관계 위에 서 있을 때에도, 즉 예수를 믿는다는 관계 위에 서 있을 때에도 다 같이 받는다' 하는 명확한 신학적 서술은 조금 더 기다려서 사도 바울에게서 풍부하게 쏟아져 나옵니다. 그러나 바울에게서 그것이 쏟아지기 전에는 무엇이든지 하나님과의 계약 관계에 이르는 확실한 보장 하나가 진지하고 심각한 고도의 신자에게는 필요했던 것입니다. 그런 까닭에 종래에 전통적으로 있어 오던 할례를 그에 대한 심벌 혹은 봉인(seal)으로 보았습니다. 그래서 할례는 필요하다고 했던 것입니다.

그러니까 할례당이 베드로를 힐문한 것을 가리켜 단순하게 '자라 콧구멍 같은 사람들, 꽉 막힌 청맹과니 같은 사람들, 무엇 때문에 힐난한단 말이냐' 하고 그렇게 간단하게 생각하는 것은 좋은 것이 아닙니다. 문제가 훨씬 심각했던 까닭에 그들이 일어난 것입니다. 만일 할례를 유효하게 생각하고 그것이 하나님과의 계약 관계의 징표요 봉인이라고 한다면 그것을 엄격하게 잘 지키고 할례를 받은 사람답게 항상 자기를 늘 개결(介潔)하게 지키고 살아가야 할 것입니다. 거룩하게 구별되고 순결하게 살아간다는 관점에서 볼 때 그렇게 하는 것은 '내가 거룩하니 너희도 거룩하라'고 하나님이 이스라엘 백성에게 명하신 명령을 순종하는 의미에서 절대로 필요하다고 생각할 수밖에 없었던 것입니다.

사도 베드로도 항상 그 거룩함을 중요한 점으로 이야기합니다. 그러므로 베드로 사도는 레위기 11:45에 있는 "내가 거룩하니 너희도 거룩할지어다" 하는 말씀을 인용해서 분명하게 '거룩해라' 하고 이야기했습니다(벧전 1:15-16). 베드로 사도만 그런 말을 한 것이 아닙니다. "거룩함을 좇으라. 이것이 없이는 아무도 주를 보지 못하리라"(히 12:14) 하는 말이 다른 서신에도 있는 것을 다 아실 것입니다. 그런 까닭에 거룩하다든지 구별된다는 위치에서 볼 때 그렇게 구별해야 할 이론의 근거나 원칙적인 근저는 하나님과 계약의 관계 가운데 있는 징표를 가진 백성인 까닭에 그렇다는 것입니다. 이래서 할례당의 힐난은 그때 당연히 있음 직한 문제인 것입니다. 왜냐하면 할례 이상의 더 고도하고 확실한 새로운 계약의 은혜 가운데 들어간다는 것을 명백하게 서술해 나가는 사고의 진전이 아직 확연하게 나타나지 않았기 때문입니다.

물론 예수 그리스도의 십자가로 말미암아 속죄의 은혜 가운데 들어갔다는 사실이 있고 그 새 언약의 피는 알고 보면 하나님과의 계약의 새로운 징표입니다. 그것은 또한 새로운 계약의 조건으로 내놓은 것입니다. 다른 말로 하면 그리스도의 피 때문에 계약이 되는 것입니다. 그리고 따지고 보면 과거의 할례도 그리스도의 피라는 사실의 공효 때문에 하나님과의 계약이 거기에 설 수 있다는 것은 구약 때도 마찬가지입니다. 그런고로 할례를 생각할 때 단순히 하나님께서 '내가 내려와서 너희와 계약을 맺는다. 그 증표로 할례를 행해라' 하신 공식(formula)으로만 생각을 끝내면 안 됩니다. '구약 시대에도 절대로 공의로우신 하나님이 어떻게 해서 당신이 어떤 사람을 원한다고 해서 죄가 있는데도 그냥 계약의 관계를 맺겠는가. 계약을 맺을 수 있는 차원이라는 것이 하나님이 그냥 명령하시면 되는 것인가. 하나님의 공의의 속성으로 볼 때 그렇게는 안 된다' 하는 것이 자명한 일인 것입니다. 그런고로 하나님께서 예수 그리스도의 피로 말미암아 죗값을 속전으로 다 내놓으신 터 위에서만 비로소 하나님과의 계약의 관계도 맺어질 수 있는 여지가 생기는 것입니다. 그런고로 예수 그리스도의 피는 하나님과의 화목의 관계, 곧 하나님이 그 백성과 계약을 하시는 관계, 접근된 관계를 이루어 놓는 것입니다.

그러나 그리스도의 피는 우리를 하나님과 거룩한 관계를 맺을 수 있는 터 위에만 올려놓는 것이 아니라 그것 자체가 계약의 새로운 심벌로서 사용됩니다. 하나님 나라의 거룩한 약속과 하나님의 거룩한 나라에 우리를 편입시켜서 그 나라에서 주시는 모든 은혜와 하나님의 모든 특전들이 우리의 것이 된다는 접붙임의 중요한 심벌이 피의 효과에서 발생할 뿐 아니라 그 흘린 피의 공효를 내가 입은 그 자리에서 그냥 성립하는 것입니다. 이것은 오늘날 신약에 와서 성례라는 형태로 더 분명히 드러납니다.[8]

베드로의 답변과 깨달음

이렇게 아주 중요한 신학상의 논리와 성경이 가르치는 깊은 도리가 그 근저에 있습니다. 그런 근저 위에서 볼 때 할례당이 베드로 사도를 힐난한 것은 가장 그럴듯한 일인 것입니다. 그런데 베드로는 그 문제에 대해

---

[8] 참조. 김홍전, 『성례란 무엇인가』, 성약출판사, 1998년

서 대답하기를 '이제 할례당의 할례는 소용이 없는 것이다. 이제는 별다른 터 위에서 할례가 가지고 있던 공효 이상의 명백한 공효의 관계, 곧 하나님과의 계약의 관계가 성립한다' 하고 할례를 대치(代置)하는 다른 것에 충분히 강조점을 두고 논리를 하지는 않았습니다. 이 점은 아마 사도 바울 선생이 나와서 논리할 때까지 기다려야 했던 모양입니다. 베드로는 다만 사실만을 제시했습니다.

그런데 베드로 선생이 논리를 안 했더라도 계시된 사실에서 우리가 충분히 그런 논리를 추출해 낼 수가 있게 되어 있습니다. 베드로는 신학적으로 서술하지 않았습니다. 그의 서술의 형식은 지내 온 역사를 이야기한 것입니다. 며칠 동안이라도 지내 온 역사는 역사입니다. 욥바에서부터 시작된 일입니다. '욥바에 있을 때 하늘에서 보자(褓子)의 네 귀를 매서 내렸는데 거기에 이러저러한 각색 불결한 짐승들이 있어서 레위기의 법대로 보아서는 도저히 접촉할 수가 없는 짐승의 환상을 보았다' 하면서 거기에서부터 하나님의 거룩한 교훈을 이야기했습니다. 그러나 그 교훈을 해석하고 설명하고 논리를 해서 결론을 내는 그런 설교를 한 것이 아니고 그런 역사만을 소급해서 반성하고 회상하면서 이야기해 나가는 것입니다. 그다음에 베드로를 찾아온 이야기, 고넬료의 집에 간 이야기, 거기서 고넬료가 베드로를 부른 내력을 들은 일, 그 내력을 듣고 자기가 이야기한 것, 고넬료의 집에 갈 때에도 그냥 간 것이 아니고 미리 하나님께서 성신으로 그 사람들이 왜 왔다는 것을 다 일러주셨다는 것을 이야기했습니다. 요컨대 거기에서 하나님의 성신이 어떻게 역력하게 대폭적으로 친히 모든 것을 주장하셨느냐 하는 문제를 이야기함으로써 답변을 삼았던 것입니다. 사실이 무엇보다도 강한 변호가 되었고 강한 이론이 되었습니다.

그러나 베드로는 이론의 체계를 세우고 거기서 추출해서 논문을 쓰듯이 논리를 하지 않았습니다. 그것은 베드로의 특장이 아닙니다. 교리적인 것을 추출해서 논술을 하고 논리를 진행시켜서 논법에 의해 상당한 결론을 내리는 것은 바울 선생의 특장입니다. 바울 선생이 이 일을 당했다면 말을 이렇게 했겠습니까? 이렇게 사실 자체를 쭉 서술만 했을 수도 있겠지만, 사실을 쭉 서술한 다음에 거기에 나타난 중요한 어떤 점을 좀 더 강조했을 듯합니다. 이다음에 바울 선생의 역사를 보게 되지만, 그가 다메섹 노상에서 예수님을 만난 이야기가 이 사도행전에 세 번 나옵니다. 자기가 그것을 회상하면서 이야기할 때마다 매번 강조하는 점에 가서 이론을 전개해 가면서 이야기해 나가는 것을 우리가 봅니다. 이것은 바울 선생이 하는 방식입니다. 어떤 역사적 사실을 사실만의 제시로 끝내지 않고 그것이 의미하는 바, 그것이 자신의 행동을 정당화하는 바, 그것이 하나님의 계시로서 그에게는 무엇을 의미했는가를 명백히 하고 넘어가는 것입니다.

베드로 선생은 어떻습니까? 베드로 선생도 사실을 이야기했지만 '사실이 객관적으로 이러했다' 하는 것만 이야기한 것이 아니고, 그것과 그의 관계, 그런고로 그것이 그에게 무엇을 의미했는가를 자꾸 이야기했습니다. '나에게는 이것을 의미했다' 하고 그렇게 이야기한 것입니다. 돌아가셔서 다시 한번 읽어 보시기 바랍니다. 읽어 보시면 베드로 선생이 말하는 법이 겸손하고 진실되고 또 '하나님이 하시는 신성한 일 앞에는 언제든지 복종한다. 순종할 수밖에 없다. 전통이 다 뭐냐' 하는 기개도 거기에 있는 것을 볼 수 있을 것입니다. '내가 누구관대 하나님이 하시는 일을 막겠느냐? 내가 누구관대 우리가 알고 있고 이해하고 있는 전통을 가지고 하나님이 그보다 우선적으로 강력하게 밀고 나가시는 이 현실을 막겠느냐' 한 것입니다.

할례는 위대한 전통입니다. 하나님과의 계약 관계의 위대한 징표가 되는 까닭에 위대한 전통으로 있습니다. 그리고 할례당이 가지고 있는 바

자기를 구별하는 거룩한 생활의 요체와 규범이라는 것도 그들에게는 위대한 한 전통으로 있었던 것입니다. '그러나 하나님께서 하시는 일 앞에서는 그런 규범을 절대화하지도 말아야 하고 그것은 지키고 살아야만 할 것도 아니었다는 사실을 나는 체험했노라. 그런 까닭에 내가 누구관대 내가 알고 있고 전통적으로 물려받은 그 방식과 규례를 그대로 지키고 살아가야 하느냐' 하는 말을 했습니다. 할례를 무시한 것도 아닙니다. 여기에는 할례의 의미나 의의(significance)를 절대로 무시한 말이 없습니다. 그리고 할례의 의의는 오늘날도 우리가 무시하지 않습니다. 그러나 그것이 가지고 있는 역사성이라는 것, 어떤 역사상의 효과라는 것, 어떤 일정한 역사 위에서만의 의미라는 것을 우리는 생각하는 것입니다.

그런데 베드로 선생에게는 '그것만이' 하는 태도는 아니더라도 할례당이 자기를 거룩히 구별하기 위하여 지켜야 할 규례들이 있었습니다. 그 규례에는 더러운 것을 안 먹는다는 것이 있습니다. 그런데 하나님께서는 '네가 가지고 있는 규범이라는 것은 반드시 거룩함을 유지하는 방법도 아닐뿐더러 그것의 실내용을 형성하는 것도 아니다. 참으로 하나님께서 거룩하게 하시려고 고넬료의 집안을 뽑아내시는 이런 일을 하시고 네가 가서 그것을 전해야 할 텐데, 네 거룩함 때문에 그것을 못한다면 네 거룩함이라는 것은 하나님의 거룩한 일을 저해하는 것이지 하나님의 거룩한 일에 동조되고 조화된 거룩함은 아니다' 하신 것이고, 베드로는 이것을 배웠습니다. 그것은 아마 심각하게 베드로 선생의 마음에 남아서 나중에라도 울렸을 것입니다. '글쎄, 나는 더러운 음식을 안 먹는 것을 거룩한 것으로 알았다. 나는 무할례당과는 밥을 안 먹는 것이 거룩한 것이라고 전통적으로 알고 지켜 왔다. 그런데 그것을 지키고 끝까지 고집했다면 고넬료의 집에 가서 주의 말씀을 못 전했을 것이 아니냐? 하나님께서는 고넬료의 집안을 거룩히 구별하시려고 하는데 하나님이 거룩히 구별하시려는 일에 대해 나는 못합니다 하고 막았을 것 아니냐? 나는 못합니다 하고 하나님께 불복종했을 것 아니냐? 그렇게 내가 가지고 있는 규례와 하나님께서 그 거룩하신 속성을 발휘하셔서 진행하시는 일이 서로 상반되는 경우가 있구나' 하는 것이 그의 선명한 경험인 것입니다.

'그런 때는 어떻게 해야 하느냐? 하나님을 먼저 따라가야 한다. 그렇다면 무엇이냐? 내가 가지고 있던 규례는 무엇이냐? 아, 그것은 심히 불완전한 것이었다. 그것은 이렇게 하나님을 저해하는 일도 되는구나. 계속 이렇게 하나님을 저해하는 일이 된다면 이것이 과연 계시에 의한 가장 영감에 차고 가장 만전(萬全)한 하나님의 규례일까?' 하고 생각했을 것 아닙니까? 아무리 베드로 선생이 이론을 하지 않는다 하더라도 자기의 경험에 비추어 그런 생각은 충분히 했을 것입니다. '아, 이것이 만전한 규례가 못 되는구나. 만전한 규례가 못 된다면 이것은 결국 하나님의 계시와 영감에 의해 제정된 것은 아니구나' 하는 것을 깨달았을 것입니다. 곧바로 깨달았는지는 알 수 없습니다. 그러나 결국은 깨달았을 것입니다. 그리고 오늘날 우리가 보는 것은 그런 것입니다.

종족의 우상과 교회의 개혁

교회의 전통도 중요한 것이고 사람들이 '이것이 경건한 생활의 길이다' 하고 생활 경험에 의해 예시하는 것이 때때로 많은 사람에게 표준도 되고 혹은 표준까지는 안 되더라도 하나의 전형이 되고 모범이 될 수가 있습니다. 그러나 그것이 때로 하나님이 하시려고 하시는 참일을 완고하게 저해하는 일이 생길 때에는 그것이 사람에게서 나온 것인 줄로 우리가 인정하는 까닭에 하나님의 일을 우선시하고 그것은 파기할 수밖에 없다고 생각하는 것입니다. 이렇게 해야 개혁을 하는 것입니다. 개혁자들은 그것을 용기 있게 해 나간 사람들이고 그렇지 못하면 고식적인 보수주의

자가 됩니다. 혹은 더 나쁘게 말하면 화석화한 보수주의자가 되는 것입니다. 이런 화석화한 보수주의자나 고식적인 전통은 무서운 완고입니다. 그리고 그것은 하나님의 일에 올바로 승복하고 그것을 발전시키는 것이 아니라 사람의 규례를 가지고 하나님의 일을 저해하는 것입니다.

할례당들이 가지고 있는 거룩한 생활과 경건한 생활의 규례뿐만 아니라 하나님이 가장 받으실 만한 생활이라고 생각하는 여타의 것들이 랍비들에 의해서 제정되고 전통적으로 이스라엘 백성의 교사들이 가르침을 받아서 내려온 것들입니다. 이것이 바리새인들이 가지고 있는 여러 가지 규례라는 것입니다. 그럴 때 예수님은 '너희 장로의 유전 혹은 너희 원로 원 원로들이 전해 준 사람의 유전을 가지고 하나님의 일을 무너뜨리느냐' 하고 그런 것을 맹렬하게 파괴해야 할 것을 말씀하신 것입니다(마 15:3, 6하; 막 7:8-9, 13 참조).

여기 초대 교회에도 그런 문제가 있었습니다. 할례당의 힐난이라는 문제입니다. 할례당이 힐난한 것이 가장 그럴듯하고 무리한 이야기가 아니라고 할 수도 있지만, 무리한 이야기만 해서 파괴하는 것이 아닙니다. 그것이 무리한 이야기가 아닐지라도 하나님의 계시에 의한 새로운 길(course)을 옛날 길이 와서 방해할 때에는 배제해 가면서 가는 것입니다. 이런 것을 잘 볼 줄 아는 것이 참되고 좋은 지도자입니다. 그것을 모르면 항상 타협을 하는 것입니다. 옛것과 새것을 타협해 가는 것입니다. 그 타협을 예수님이 무엇으로 비유했는지 잘 아시지요? '새 베를 한 조각 떼어서 헌옷을 기워 놓으면 새 베 조각이 헌옷을 잡아당겨서 헌옷이 다 찢어져서 헌옷으로도 못 쓰게 되는 것이다. 새 술은 새 부대에 넣어야 한다. 생베 조각을 찢어서 헌옷을 꾸미면 헌옷을 찢어서 못쓰게 만드는 것이다. 그런고로 새 감으로는 새 옷을 만들어야 한다. 새 감을 가지고 헌옷을 깁는 것이 아니다' 하는 말씀입니다(마 9:16-17; 막 2:21-22; 눅 5:36-

38 참조). 그러한 비유를 가지고 예수님은 항상 신선하고 창조적인 하나님 나라의 거룩한 진행을 묵은 것, 전통, 고식적인 것, 잘못된 것, 때 묻은 것이 방해할 수 있다는 사실을 말씀하신 것입니다.

그리고 그런 것은 한 사회가 가질 수도 있지만, 크게 말하면 전 인류가 다 같이 가질 수도 있는 것이고, 가령 기독교면 기독교계가 일반적으로 가질 수도 있는 것입니다. 늘 말씀드리듯이 그런 것이 프란시스 베이컨(Francis Bacon, 1561-1626)이 말하는 '종족의 우상'(Idola tribus)입니다. 즉 하나님의 백성이라고 자칭하는 기독교인이라는 종족도 그런 우상을 가지고 있다는 말입니다. '그것은 당연하다' 하고서는 비판 없이 맹목적으로 그냥 썩 받아들이고 '당연히 그래야 할 것이다' 하고 다 생각하는데, 명료하게 따져 보면 그것이 아닌 것입니다. 그것이 논리학상 오류론에서 말하는 종족의 우상이라는 것입니다. 그러니까 여기에서도 우리가 보는 것은 이러한 무서운 사실입니다.

그러면 무엇이 필요한가 할 때 하나님 나라의 사실이 거기에 있어야겠는데 사람들이 저해한다고 해서 그것이 진행하지 못할 것은 아닌 까닭에 이런 때 성신의 비상한 활동이 나타났던 것입니다. 그러나 사람들의 사회에 널리 바른 인식을 일으키기 위해서는 그러한 인식론이 발생해야 하는 것입니다. 항상 성신님께서 이렇게 비상한 방법으로 늘 하나님 나라의 진리를 변호하시고 전진시키시는 것이 아닙니다. 그 당시에는 사람들의 무리하고 완고한 오해와 인식론이 변화하기를 기다려서 고넬료의 집을 건져 낸다는 프로그램으로써는 일이 되지 않습니다. 그런 까닭에 성신께서 친히 능력을 나타내셔서 일을 다 처리해 버리신 것입니다. 그러니까 이론보다도 먼저 사실이 밀고 나갔던 것입니다. 그러나 늘 이러는 것이 아닙니다. 나중에는 하나님의 성신님으로 사도 바울 선생 같은 영민하고 아주 큰 은사를 받은 인물을 들어서 그것을 이론화하게 시키고 그것을 명확하게 가르치게 해서 수많은 사람들이 그 가르침을 받고 깨닫고 해서 자연히 그것을 탈피하게 하신 것입니다. 이것이 하나님이 하시는 일입니다.

중요한 것은 그런 바른 도리를 잘 가르치는 것입니다. 그런 바른 도리를 가르치려면 창조적인 지혜가 있어야 합니다. 다른 사람은 다 안 그러고 모두 다 종족의 우상 가운데 빠져 있는데 '아니다. 이것은 우상이다' 하고 지적하는 위대한 식견과 예지와 혜통(慧通) 혹은 혜견(慧見)이라는 것, 즉 아주 지혜 있는 관찰이 있어야 하는 것입니다. 하나님은 그런 사람을 쓰셔서 시대를 이끌고 나가시는 것입니다. 그리고 현대의 선지자 혹은 예언자라고 할 때는 그런 사람을 가리키는 것입니다. 마땅히 볼 것을 아주 눈매 있게 투시해서 보는 사람들입니다. 모두 다 그냥 따라갈 때 '아니, 그런 것이 아니다' 하고서는 이미 주신 계시의 터 위에서 명확하게 그것을 지적할 수 있는 사람이라야 합니다. 그런 것은 위대한 바울 선생에게 차츰차츰 나타나서 갈라디아서에서는 특별히 할례 문제와 할례당에 대한 문제, 율법을 지키려고 하는 율법주의자의 문제를 잘 논해 나가는 것입니다.

여기에서는 하나님의 성신이 사실을 가지고 먼저 역사를 형성하면서 밀고 나가시는 사실을 봅니다. 물론 이 사실의 서술이 하나의 중요한 근거가 되어서 그런 논리를 전개할 수가 있는 것입니다. 이러한 사실의 서술만 가지고라도 그런 논리를 전개할 수 있습니다. '이런 것을 봐라. 이것은 하나님의 어떤 의사를 표시하는 것이냐? 보자를 내리셨다는 것은 궁극적으로 하나님의 어떤 의사를 표시하는 것이냐? 성신께서 자, 가거라 하고 베드로를 밀어내 보내셨다는 것은 무엇을 의미하느냐? 고넬료의 집에서 그가 말할 때 성신님이 큰 은혜로 강림하셨다는 사실은 성신님의 의사는 어디에 있고 하나님의 뜻은 어디에 있다는 것을 표시하는 것이냐? 그러면 무엇이 진리냐?' 하는 것입니다. 그런 것들이 여기에서 추리할 것들입니다. 돌아가셔서 다시금 잘 읽어 보시기 바랍니다.

기도

거룩하신 주님이시여, 크신 은혜로 저희에게도 빛을 비추어 주셔서 주님의 진리의 깊이를 올바로 깨달아 알게 하시고, 사람들이 흔히 빠지기 쉬운 대중의 오류 혹은 종족의 우상이라고 하는 오류 가운데 그냥 탐닉하고 침륜되어서 거기에서 벗어나지 못하고 사는 이런 일이 없도록 하여 주시고, 항상 신선하고 거룩한 도리에 귀를 기울이고 감연히 포기할 것을 포기하고 개조할 것을 개조해 가면서 전진할 수 있도록 저희들에게 아주 신선하고 큰 은혜를 베풀어 주시옵소서. 그러나 주께 모든 것을 바치고 어떤 길이든지 감연히 나아가겠다고 작정하지 않는 사람에게나 단순히 알고 싶다는 지적인 유희 정도에 그치는 사람에게는 그런 은혜를 주시지 않는 것을 아옵나이다. 주여, 저희에게 먼저 주님이 무엇을 명령하시면 모든 사람의 반대와 욕설과 능욕(凌辱)이 있을지라도 만난(萬難)을 배제해 가면서 보이신 진리의 길로 전진하려는 확호한 신앙과 확신을 가질 수 있는 지혜와 예지를 허락하시고, 하나님의 진리의 깊이를 더 깨달아 알 수 있도록 성신님으로 지시하시고 가르쳐 주옵소서. 그러할 때에 교회가 정상적이고 정당하며 또한 사명을 잘 수행하는 길 위에 서서 전진하게 될 것으로 믿사옵나이다. 저희 교우들의 마음을 감화하셔서 그 거룩한 길 위에 확실히 서 있고자 하는 간절한 마음을 주시며, 그 길 위에 서 있는 생활이 무엇인가를 올바로 깨닫고 에누리 없이 주님 앞에서 그 생활로 들어갈 수 있도록 격려하시고 깨달아 알게 하시옵소서.

우리 주 예수 이름으로 기도하옵나이다. 아멘.

1974년 9월 11일 수요일

제14강

무명의 신자들이 이방인에게도 복음을 전함

사도행전 11:19-30

때에 스데반의 일로 일어난 환난을 인하여 흩어진 자들이 베니게와 구브로와 안디옥까지 이르러 도를 유대인에게만 전하는데 그중에 구브로와 구레네 몇 사람이 안디옥에 이르러 헬라인에게도 말하여 주 예수를 전파하니 주의 손이 그들과 함께하시매 수다한 사람이 믿고 주께 돌아오더라 예루살렘 교회가 이 사람들의 소문을 듣고 바나바를 안디옥까지 보내니 저가 이르러 하나님의 은혜를 보고 기뻐하여 모든 사람에게 굳은 마음으로 주께 붙어 있으라 권하니 바나바는 착한 사람이요 성신과 믿음이 충만한 자라 이에 큰 무리가 주께 더하더라 바나바가 사울을 찾으러 다소에 가서 만나매 안디옥에 데리고 와서 둘이 교회에 일 년간 모여 있어 큰 무리를 가르쳤고 제자들이 안디옥에서 비로소 그리스도인이라 일컬음을 받게 되었더라 그때에 선지자들이 예루살렘에서 안디옥에 이르니 그중에 아가보라 하는 한 사람이 일어나 성신으로 말하되 천하가 크게 흉년 들리라 하더니 글라우디오 때에 그렇게 되니라 제자들이 각각 그 힘대로 유대에 사는 형제들에게 부조를 보내기로 작정하고 이를 실행하여 바나바와 사울의 손으로 장로들에게 보내니라

제14강

무명의 신자들이 이방인에게도 복음을 전함

사도행전 11:19-30

　오늘도 계속해서 사도행전을 생각하겠습니다. 먼젓번에는 베드로가 이방 사람의 집에 가서 같이 먹고 이방 사람과 교제하고 전도한 것에 대해서 할례당들이 힐난한 것과 그에 대한 베드로의 대답을 생각했습니다. 베드로의 대답에서는 요컨대 '하나님께서 하시는 일을 내가 누구관대 막느냐' 하는 것이 제일 중요합니다. '고넬료에게 지시하신 분도 하나님이시고, 나에게 가라고 지시하신 분도 하나님이시고, 지시하시는 대로 가서 복음을 전했더니 과연 그렇다 하고 거기에 성신님을 충만하게 내리신 까닭에 어디로 보든지 하나님이 하신 것인데, 그것을 내가 어떻게 막느냐' 하는 것이 베드로의 중요한 대답이었습니다.

처음에는 유대인에게만 전도함

　오늘은 11:19부터 생각하겠습니다. "때에 스데반의 일로 일어난 환난을 인하여 흩어진 자들이 베니게와 구브로와 안디옥까지 이르러 도를 유대인에게만 전하는데 그중에 구브로와 구레네 몇 사람이 안디옥에 이르러 헬라인에게도 말하여 주 예수를 전파하니 주의 손이 그들과 함께하시매 수다한 사람이 믿고 주께 돌아오더라. 예루살렘 교회가 이 사람들의 소문을 듣고 바나바를 안디옥까지 보내니 저가 이르러 하나님의 은혜를 보고 기뻐하여 모든 사람에게 굳은 마음으로 주께 붙어 있으라 권하니 바나바는 착한 사람이요 성신과 믿음이 충만한 자라. 이에 큰 무리가 주께 더하더라. 바나바가 사울을 찾으러 다소에 가서 만나매 안디옥에 데리고 와서 둘이 교회에 일 년간 모여 있어 큰 무리를 가르쳤고 제자들이 안디옥에서 비로소 그리스도인이라 일컬음을 받게 되었더라. 그때에 선지자들이 예루살렘에서 안디옥에 이르니 그중에 아가보라 하는 한 사람이 일어나 성신으로 말하되 천하가 크게 흉년 들리라 하더니 글라우디오 때에 그렇게 되니라. 제자들이 각각 그 힘대로 유대에 사는 형제들에게 부조를 보내기로 작정하고 이를 실행하여 바나바와 사울의 손으로 장로들에게 보내니라"(11:19-30).

이제부터는 안디옥 교회의 이야기입니다. 안디옥은 수리아와 팔레스타인 일대의 로마의 통치를 주장(主掌)하는 총독이 있는 곳이고, 그러니까 아주 화려하고 아름다운 도시이고, 로마 제국에서 당시에 세 번째로 큰 도시입니다. 첫째가 로마, 둘째가 저 애굽에 있는 알렉산드리아, 셋째가 이 수리아에 있는 안디옥입니다. 안디옥은 지중해 동북안에서부터 한 16마일쯤, 이수(里數)로 한 60리쯤 들어가 있습니다. 또 동쪽에 있는 여러 도시로 가는 길이 거기에서 뻗어 나가서 동쪽에 있는 것들이 일단 안디옥으로 와서 집적되고 그것을 로마로 실어 내가기도 하는 중요한 곳입니다. 그렇게 무역이나 운수나 교통에도 요충지이고 거기 수리아 땅에서 북서쪽으로 조금만 가면 소아시아 지방입니다. 가령 바울의 고향인 다소 같은 곳은 수리아에서 북쪽으로 좀 올라가서 다시 서쪽으로 갑니다. 우리 이수로 한 4백 리 혹은 1백 마일쯤 됩니다. 여기 서울에서 대전까지의 거리밖에 안 되거나 그보다 조금 더 가까운 정도입니다. 그렇게 소아시아 일대로 가는 길이 그리로 많이 지나가고, 또한 남쪽으로는 예루살렘이 거기서 한 3백 마일 가량 되는데 3백 마일이라고 하면 우리나라 이수로는 1,200리 가량 됩니다. 그렇게 멀리 떨어진 아주 크고 훌륭한 도시입니다.

그런데 스데반의 일로 핍박을 받아 유대 사람들이 흩어져 갔습니다. 스데반의 핍박이 대체로 주후 32년경에 일어났으리라고 보면 그때 흩어져 간 사람들이 북쪽으로 가서 안디옥에서 유대 사람들에게만 도를 전했을 것입니다. 이 고넬료의 일이 발생하기 전에는 모든 사람들이 교회의 큰 이상(理想)에 대해서 잘 알지 못하고 그것이 어떠한 절차를 밟아서 그렇게 될 것인가에 대해서 아직 명확하게 알지 못한 까닭에 주로 하나님이 선택하신 계약 관계에 있는 유대 사람에게 '그리스도가 곧 메시야이시며 속죄주이시다. 그분이 죄 사함을 주신다' 하고 과거에 가지고 있던 '통치자로서의 메시야'라는 단순한 관념에 수정을 가해서 새로운 그리스도와 복음적인 사실을 가르치고 깨닫게 했습니다.

'사람들이 메시야의 거룩한 언약과 은혜 가운데 들어오려면 어떻게 해야 하느냐' 할 때 '일단 하나님이 선택하신 백성을 그분의 진리로 깨우치는 것이 중요하고, 선택하신 백성이 아닌 사람들은 아마 생각건대 일단 유대 사람의 계약 관계에 들어와서 메시야의 은혜와 은총 가운데 들어갈 것이다' 하고 생각했습니다. 다른 말로 하면 유대인이 되어야 한다는 말입니다. '유대교로 개종한 다음에 예수를 믿는 세례를 받아서 그리스도인이 되겠다' 하는 정도의 생각과 그런 정도의 이론하에서 전도를 한 것입니다. 물론 그 사람들이 유대인에게만 도를 전한다고 할 때 이방인으로 이미 유대인에 입교한 사람에게도 전한 것입니다. 모든 점에서 종교적인 복리를 함께하는 것이 입교한 사람에 대한 처우인 까닭에 그렇습니다. 그런고로 '그리스도의 새로운 도리를 이방인에게 조건 없이 전하는 것은 아니다' 하는 초기 단계의 사상에 의해서는 결국 유대 사람이 되었다는 터 위에서 전도를 했다는 말씀입니다. 이렇게 해서 아직은 도를 유대인들에게만 전하고 '만일 이방인이 이 도를 받아들여서 이 도에 함께 참여하려면 유대인이 되어야 하는 것이다' 하는 생각이 모두에게 당연한 생각으로 도사리고 있는 것입니다. 그것이 파쇄되어야 한다는 것이 문제입니다.

　이상하게도 사람들은 누가 가르쳐 주지 않아도 전통적으로 어떠한 논리의 근거만 있으면 다 그렇게 논리하는 것입니다. 즉 '유대의 하나님이 과거에 주신 모든 은혜와 언약의 축복을 이방인이 나눌 수 있느냐? 나눌 수 있다. 어떻게 나누느냐? 유대교에 들어오면 나눈다' 하는 것이 과거에 가지고 있는 전통이었습니다. 그런 전통적 신앙하에서 보면 예수 믿는 것도 이미 유대교에 있는 사람, 즉 유대인이 된 사람에게 주는 은혜인 까닭에 이방인의 위치를 벗어나지 않고도 그냥 그 은혜를 받는다는 사실은 고넬료의 일에서 비로소 알 수 있게 되었지만 그러기 전에는 아직 모르는 것입니다. 이 고넬료의 일은 적어도 10년 후에나 발생한 일입니다. 안디옥에 가서 전도한 것이 스데반이 순교한 그해였다면 고넬료의 일이 발생하기 한 10년 전에 벌써 안디옥에 가서 전도를 한 것입니다. 여기는 그 10년 세월에 대한 것을 자세히 묘사하지 않고 "때에 스데반의 일로 일어난 환난을 인하여 흩어진 자들이 베니게와 구브로와 안디옥까지 이르러 도를 유대인에게만 전하는데"(11:19) 하고 말했습니다. 그 사이에 10년의 세월이 흐른 것입니다. 그러고서는 "그중에 구브로와 구레네 몇 사람이 안디옥에 이르러 헬라인에게도 말하여"(11:20)라고 했습니다. 이것이 중요한 이야기인데 대체로 그렇게 되었습니다.

　그러면 거기에서 우리가 대개 추리하고 추상할 수 있는 문제는 처음에는 유대인들에게만 전하고 있었는데 얼마 안 되어서 구브로 사람과 아프리카 북안에 있는 구레네 사람들이 와서는 '우리, 저 이방 사람에게도 한 번 전도해 볼까' 하고 찝쩍거리듯이 그렇게 한 것이냐 하면 그것은 아닙니다. 여기에 확실히 언제 그렇게 했다는 이야기는 없을지라도, 여기를 보면 모든 경위가 그렇게 유대인에게만 전하는 사이에 대체로 거의 10년의 세월이 흘렀으리라는 것을 짐작할 수 있게 되어 있습니다.

우선 여기에 있는 평문(平文) 그대로 이야기를 생각해 나가겠습니다. 도를 안디옥까지 가서 전하게 된 이유는 유대인들이 흩어져 북쪽으로 올라갔는데 그 사람들이 베니게, 즉 두로와 시돈 지방에 있는 페니키아(Phoenicia)와 구브로에 이르렀습니다. 구브로는 바나바의 고향인 섬인데 요새 문제가 일어난 사이프러스(Cyprus)입니다. 요새 터키와 그리스 양쪽에서 야단이 나고 문제가 일어나서 전쟁이 나고 미국 대사도 살해하고 했는데 그곳이 구브로 섬입니다. 그 구브로 섬으로 건너가서 전도하고 그다음에는 북쪽으로 "안디옥까지 이르러 도를 유대인에게만 전하는데" 하고 기록되어 있습니다.

무명의 신자들이 안디옥에서 이방인에게도 전도함

아마 생각건대 고넬료의 일이 차츰차츰 전파되었을 듯합니다. 고넬료를 불러내신 것은 하나님이신데, 고넬료를 불러내실 때 유대인의 완고한 유대 중심 사상을 파쇄하고 '이방인이든지 유대인이든지 그리스도의 복음 앞에 평등하고 똑같이 문호가 개방되어 있는 것이다' 하는 것을 실물로 실지로 또 분명한 한 역사를 만들어서 알게 하시려고 결국 교회에서 제일 기둥같이 여기는 시몬 베드로 사도를 끌어다가 '네가 먼저 해야겠다' 하는 식으로 욥바에서부터 가이사랴에까지 이르러 거기에서 그 일을 하게 하셨습니다. 그래서 고넬료는 유대교에 입교하는 일이 없이 결국 복음을 받아서, 유대교에 입교했던 사람이나 혹은 유대 사람이 그리스도인이 되어서 받던 모든 은혜와 증거에 그냥 직접 들어갔습니다. 이것이 기독교의 큰 자태인데 지금까지 베드로나 유대의 신자들이 잘 알지 못했던 이 큰 사실을 가르쳐 주심으로 깨닫게 된 것입니다.

그리고 베드로는 자기가 가서 그렇게 한 사람인 까닭에 그 일에 대해서 불평하는 할례당들에게 분명히 변명을 하고 왜 그랬는가 하는 이유를 확실히 말해야 하게 되었습니다. 그래서 베드로가 죽 경과를 설명하고 그렇게 하지 않을 수 없었던 이유를 이야기했습니다. 그것은 할례당들에게 이야기한 것으로만 끝난 것이 아니고 생각과 깨달음이 있는 사람들에게는 동일한 이유와 이론 위에서 '그렇다면 누구나 이방 사람이 받으려고 할 때에는 이방 사람에게도 복음을 전하는 것이 옳지 않으냐' 하는 생각이 일어났습니다. 그래서 결국은 그것을 깨달은 사람들이 나섰는데, 유대교에 이미 있는 사람들 가운데에서도 팔레스타인 안에서 완전히 정수(精髓)의 유대주의 속에 꽉 갇혀 있는 사람 말고, 그래도 이 세계를 널리 돌아다니면서 이방 세계라는 것을 눈으로 보고 평화로이 호흡하던 사람들 혹은 이방 세계의 사상에 접촉되어 있는 사람들이 먼저 시작했습니다.

그 후로 "그중에 구브로와 구레네 몇 사람이 안디옥에 이르러"(11:20 상), 예루살렘에 있던 사람들이 아니고 아프리카 땅 구레네입니다. 또 구레네 다음에는 구브로인데, 구브로는 잘 아시는 대로 소아시아 남쪽의 지중해 안에 있는 섬입니다. 그런데 거기에 있는 사람들에게 '이렇게만 할 것이 아니라 하나님께서 고넬료의 집에 그와 같은 일을 이루셨다면 다른 이방인에게도 같은 일을 또 하시는 것이 가장 그럴 듯한 일 아니냐. 그러니까 우리도 다른 이방인에게 전도를 하자' 하는 생각이 든 것입니다.

베드로가 고넬료의 집에 전도하러 갈 때는 하나님의 비상하고 특별한 주장과 인도로 가서 전도를 했고 전도를 받게 되었지만, 이 안디옥에 있는 이방인들, 즉 헬라인들이 전도를 받을 때에는 하나님이 고넬료에게 지시하시듯 그 헬라인들에게 지시하신 기록이 없습니다. 전도하는 이 구브로 유대인 혹은 구레네에 있던 유대인은 결국 예루살렘에서 도를 받고 퍼져 나간 사람들인데, 이 사람들이 꼭 하나님이 베드로에게 지시하신 것과 같은 지시를 받고 갔다는 기록은 없습니다. 완고한 유대주의를 타파하는 그런 희한한 일이나 환상이나 아주 특수한 하나님의 간섭이 거기에 발생했다는 기록이 없을지라도 여기에서 우리가 참 주의할 것은 조용한 가운데 도달한 그들의 각성은 베드로가 환상을 보고 도달한 것에 뒤지지 않았고 그에 못지않은 똑같은 성취(achievement)가 여기에서 발생했다는 사실입니다.

꼭 환상을 보고 야단을 내고 종교적으로 희한한 일이 발생해야만 어떤 고도적인 종교적 각성의 위치에 도달하느냐 하면 그것이 아닙니다. 여기에 나오는 구브로와 구레네의 몇 사람은 그게 어떤 사람들인지 이름조차 없지만, 기독교의 가장 본질적인 보편성을 역사 위에 드러내는 데 중요한 초석 노릇을 했습니다. 베드로는 하나님이 몰아서 밀고 나가셨고 그렇게 몰아서 밀고 나가는 소리가 크게 났습니다. 환상이 나타나야 했고 사람이 와서 데려가야 했고 또 하나님이 베드로에게 '가거라. 걱정 말고 따라가거라' 하셔서 이렇게 다 명백하게 큰 능력으로 둘러싸서 밀고 나갔지만, 이 구레네와 구브로 사람들은 어떻게 했느냐 할 때 그렇게 바람이 불듯이 불어서 몰려갔다기보다는 자연스럽게 자기의 일상생활의 과정 가운데에서 안디옥에 도달한 것입니다. 그들이 안디옥에 도달한 것은 특이한 지시와 인도와 주장 가운데에서 희한하게 남에게 이야기할 만한 사실로 간 것이 아니고 조용한 가운데 이른 것입니다. 조용한 가운데 이르지 않았다고 주장할 만한 조건이 없습니다. 그런 조건이 있었더라도 꼭 기록을 해야만 하는 것은 아니겠지만, 누가같이 치밀한 사람으로서는 한마디라도 무슨 언급이 있었을 것입니다. 가령 거기에서도 똑같이 성신의 감동으로 무엇이 어떻게 되었다는 한마디라도 있었을 텐데, 좌우간 비상한 종교적 현상으로 그들의 마음을 주장하시고 역사하셔서 이들도 베드로가 이방인에게 갔을 때 도달했던 보편성의 관념에 도달했다는 언급이 전혀 없습니다.

기적적인 경험보다 논리적인 확신이 더 중요함

그러나 '그들은 베드로가 도달한 지경보다도 오히려 더 훌륭한 자리에 도달한 것이 아닌가' 하고 우리가 생각할 수밖에 없습니다. 왜냐하면 베드로는 그렇게 논리적인 과정을 겪어서 사상이 성숙해져서 자연히 그러한 결론에 도달한 것이 아니기 때문입니다. 베드로는 무엇인지 모르고 아직 그것을 이해할 수 없고 자기의 논리가 장성해서 새로운 결론을 얻어낼 만한 그런 사색의 과정이 없을 때 오직 하나님께서 환상 가운데 네 귀를 맨 보자를 내리셔서 환상으로 친히 교훈을 하시고 다음에는 부르셔서 '가거라' 하셔서 그 부름을 받아서 간 것입니다. 가서 거기에서 이야기할 때 성신님이 강림하시는 특수한 현상이 거기에 나타나니까 그때에야 비로소 '아, 이것은 꼭 오순절 때 우리에게 나타나시던 것과 같은 현상인데 그러면 내가 누구관대 세례를 주는 것을 금한단 말이냐. 하나님께서 그리스도인으로서 세우셨다는 확증이 여기에 있는 이상 내가 누구관대 주께서 명하신 대로 그 예식을 행해서 확증하지 않고 가겠단 말이냐' 하고 생각하게 된 것입니다.

이와 같이 베드로는 자기가 사상적으로 거기에 도달한 것이 아니라 계시에 의해 끌려서 거기까지 올려놓아진 것이고, 그다음에는 필연적으로 자기가 올라갔던 그 자리에 대해 변증해야 할 환경에 몰렸습니다. 그것이 할례당의 힐난입니다. 할례당이 힐난하니까 그때는 자기도 좌우간 이론 정연하게 이야기하려고 했지만, 자기의 사색의 결정이나 사색의 결과에 의한 결론을 이야기한 것이 아니고 자기가 지나온 경험과 경과만을 이야기했습니다. 여기를 보면 그렇게 되어 있습니다.

그런데 이 구브로와 구레네에 있는 유대인들은 안디옥에 이르러 조용한 가운데 그들의 생각이 '헬라 사람이나 이방 사람에게도 복음을 전한다고 해서 틀릴 것이 무엇이란 말이냐' 하는 데에 도달한 것입니다. 물론 기본적으로 하나님의 성신의 내주(內住)와 조명과 인도가 이 사람들에게 있었던 것이 분명합니다. 왜냐하면 하나님께서 이것을 승인하신 기록이 거기에 있기 때문입니다. 그들이 한 일에 대해서 외부적으로 "주의 손이 그들과 함께하시매"(11:21 상) 하는 말로써 '하나님이 이것을 승인한다. 이것은 하나님이 기쁘게 받으시는 일이다' 하는 이야기를 한 것입니다. 하나님이 기쁘게 받으실 만한 일을 그들이 자기들 스스로의 발상으로만 한 것은 아닙니다. 그러나 사람의 눈으로 볼 때는 성신님의 유기적인 역사가 그들의 발상으로 나타난 것입니다.

　이것은 베드로가 자기의 발상이 아니라 완전히 계시에 붙들려서 이끌려 간 것과는 전연 다른 상태입니다. 그렇게 자기의 발상으로 도달한 경지는 베드로처럼 피동적으로 끌려간 사실보다 훨씬 우수한 상태입니다. 외부에 나타난 환상을 통해서 불가부득 밀려 나가는 계시의 상태, 즉 자기 마음에 논리적인 준비가 없이 얻어 나가는 경우보다는 항상 논리의 풍성한 준비가 있어서 깨달아 그 안으로 들어가는 것이 훨씬 우수한 상태인 것입니다. 여기에서 그런 것을 주의하시기 바랍니다.

　우리에게 논리적인 준비가 있은 후에 섬광과 같이 빛이 비쳐서 '아, 그렇구나' 하고 포착해서 깨닫는다면 그것은 언제든지 제 것입니다. 왜냐하면 거기까지 논리의 기초 혹은 좌대를 쌓아올린 것이기 때문입니다. 거기까지 쌓아올린 데에서 '이것이구나' 하고 잡은 것입니다. 그러니까 잡은 것을 그 위에 딱 안치할 수 있는 것입니다. 다시 말해서 자기가 쌓아올린 논리의 좌대 혹은 사색의 계단 위에, 즉 피라미드와 같이 쌓아올린 정상에 딱 올려놓는 것입니다. 그래서 정당한 논리의 결론은 항상 자기 사상 체계 가운데 양약(良藥)이나 영양이 되어서 활동할 수 있는 것입니다.

그러나 베드로와 같은 경우는 계시가 그냥 공중에서 내려왔습니다. 그래서 아직도 자기가 거기에 부응(match)하지 못하면 또 딴소리를 하게 되는 것이고 '과연 그럴까' 하고 다시 의심도 하는 것입니다. 자기가 경험을 하고도 그러는 것입니다. 이것이 우리의 신앙생활 가운데 다 나타나는 중요한 일입니다. 우리가 희한한 일을 그냥 경험하기만 하면 그 경험이 있을 동안에는 감격합니다. 얼마 동안은 꿈과 같은 생각과 감격 가운데 지내지만 10년이 지난 후에 그것이 살아서 자기에게 강력한 신앙의 터전으로 움직이느냐 하면 10년이 지난 후에는 반드시 그렇게 움직이지는 않는다는 것을 우리가 생활 경험으로도 알고 또 실지로 성경의 가르침을 묵상을 해 보면 '그게 그럴 수밖에 없겠다' 하고 생각하게 됩니다.

왜냐하면 하나님이 사람을 만드실 때 이성의 피조물로 만드셨기 때문입니다. 이성이 작용할 때 논리 혹은 논식이라는 것이 있습니다. 논식 혹은 논리의 방식(logical form)이라는 것이 소위 사고의 형식 혹은 사고의 방식인 것입니다. 이 논식이 피가 순환하듯이 회전하면서 사람은 발상도 하고 추리도 하고 추리한 결과로 결론을 얻어내고 그래서 자기가 '그것이 늘 당연한 일이다' 하고 확인했을 때 그것이 언제든지 확신의 재료로 존재하는 것입니다. 그리고 그것이 사상을 형성하는 것입니다. 그런데 그렇지 않고 그냥 기적적인 일을 본다면, 그 기적적인 일에 대해서 '그때는 하나님이 그렇게 하셨지만 또 그렇게 하실는지는 모르겠다' 하고 생각하는 것입니다. '그때는 그렇게 하셨지만 또 어쩌시려는가' 하고 생각합니다. 왜냐하면 자기 자신의 사상적인 성숙성이 멀리 '그것은 당연한 것으로서 언제든지 하나의 법칙으로 발생할 수 있다' 하고 생각할 만한 경지에 도달하지 못한 까닭에 그것이 또 발생할는지의 여부에 대해서 추리할 능력이 없기 때문입니다. 그래서 희한한 기적을 받으면 그때는 좋지만 그것이 얼른 자양이 안 되는 것입니다.

이것은 우리가 하나님 앞에 감사해야 할 일입니다. 왜냐하면 하나님이 말씀을 우리에게 주셔서 그것을 진실하게 공부해서 그로 인하여 우리의 사상이 성숙하고 우리의 논리가 더 밝아지고 그것이 심오해져서 자꾸 쌓아 올라가는 사색의 결정 위에서 결론을 얻고 또 얻고 해서 체계를 세우면 언제든지 제 것이 되게 하시기 때문입니다. 그래서 동일한 내용을 가지고 대처해 가야 할 어떤 문제에 이르면 의심할 것 없이 '이것이 하나님의 법칙이니까, 이것이 하나님 나라의 그 신비한 세계의 거룩한 법칙이니까 당연히 붙든다' 하고 믿고 의심치 않고 확신하고 갈 수 있지만, 그것이 그렇게 당연한 자기의 살과 피와 같은 사상이나 논리 체계 가운데 서 있거나 자기의 이성의 작용에 의해서 터득한 것이 아니고, 자기의 준비가 충분치 못할 때 기적적인 사실로 위에서 왔던 은혜의 사실이라면, 그 후에 얼마 지나서 다시 동일한 은혜가 필요는 한데 그런 은혜가 또 발생할는지의 여부에 대해서 확신이 없으면 공허한 심정에서 '다시 그런 것이 발생할까? 안 주실는지도 모른다' 하고 방황하는 것입니다.

그런고로 신앙에 경험이 중요하다 하지만, 단순히 '그런 일이 내게 발생했다' 하는 단순한 경험은 그렇게 중요한 것이 아닙니다. 그 경험이 자기의 이성의 작용의 한 테두리 안에 혹은 자기의 전체의 추리 과정의 논리적인 범위(circle) 안에 들어앉아 있어야 의미가 있는 것입니다. 그러므로 조용한 가운데 깨달음을 갖고 깨달음에 의해서 확신을 갖고 그 확신을 가지고 믿고 나가는 것같이 튼튼한 일은 없습니다. 그리고 그것이 하나님께서 우리에게 주신 가장 좋은 계시의 방법인 것입니다. 하나님의 계시를 깨달음이 없이 항상 환상을 보거나 꿈꾸는 것으로 계시를 얻는다고 하면 그것이 참으로 문제입니다. 성경의 압도적인 부분은 깨달음에 의한 것, 다른 말로 하면 성신님의 유기적 사역 가운데서 발생한 것이지 나와 분리된 초자연적 사실에서 성신님이 나에게 내리시는 일만은 아닙니다. 물론 그런 부분이 없는 것은 아니지만 많은 부분은 그렇지 않습니다. 그런 까닭에 우리들도 그렇게 깨달아야 하는 것입니다.

여기의 구브로와 구레네 사람들은 자기들의 생각 가운데 '자, 고넬료에게 그와 같은 일을 하신 것으로 미루어 보면, 하나님은 꼭 유대 사람에게만 전도하라고 하시는 것도 아니고 꼭 유대교에 들어와야만 하는 것이 아니라 유대교와 상관없는 사람도 마음 가운데 받기만 한다면 은혜를 주시려고 한다는 뜻이 아니겠느냐. 그러면 우리가 나가서 전도해 주는 것이 옳겠다' 하고 생각한 것입니다. 이것은 그들이 가지고 있는 하나의 논리이지만 이 논리는 자기 혼자만 생각한 것이 아닙니다. 성신님의 내주와 성신님의 유기적인 사역으로 그런 논리가 그 안에 발생하도록 하신 것입니다. 그러나 그것은 기적과 같이 막 홀연히 임한 생각이 아니라 그런 생각이 발생할 수 있고 발상이 될 수 있도록 해 주신 것입니다. 즉 그것은 자다가 꿈꾸는 중에 '너는 가서 이방 사람에게 전도해라' 하는 소리를 들은 것도 아니고, 가만히 앉아 있다가 '전도해야겠구나' 하고 나간 것이 아니고, 생각 가운데서 그런 결론을 얻어낸 것입니다.

그래서 그 사람들 가운데 "몇 사람이 안디옥에 이르러서 헬라인에게도 말하여 주 예수를 전파하니 주의 손이 그들과 함께하시매 수다한 사람이 믿고 주께 돌아오더라"(11:20-21) 했습니다. 얼마나 시의(時宜)에 적절했던지 마치 준비되었던 일과 같이 많은 열매를 얻었습니다. 얼마나 많은 열매를 얻었는가 할 때 "수다한 사람이 믿고 주께 돌아오더라" 하고 기록했습니다.

유대교의 분파가 아닌 신약의 교회

이렇게 해서 참으로 기독교가 유대교의 한 분파(branch)이거나 혹은 유대교 안에 있는 독특한 당파(sect)라는 인상이 거기에서 깨끗이 씻겨지고 '이것이야말로 유대교라는 말로 표현하지 못할 그리스도인들이다' 해서 여기에서부터 그리스도인, 즉 크리스티아노스(Χριστιανούς)라는 말이 호칭된 것입니다. 이렇게 '여기에는 전연 새로운 이름을 붙여야겠다' 해서 아주 새로운 이름까지 붙었습니다. 할례라는 것을 전제로 해서 그 터 위에서 좀 더 고도적이고 신비하고 위대한 어떤 사실로 들어가는 것같이 해석하던 그러한 것이 아닙니다. 물론 그런 것은 있을 수도 없는 일이지만 만일 기독교가 그랬다면 유대교의 한 종파가 될 뻔했습니다. 유대인의 종파가 그 후에도 더러 이것도 나오고 저것도 나오고 했습니다. 예를 들면 카발루트라는 것이 있고 카발라하단이라는 것도 유대인의 종파입니다. 그러나 기독교는 그런 종파가 아닙니다. 유대 사람들은 기독교를 말할 때 노쯔리라고 합니다. 노쯔리란 나사렛 당이라는 말입니다. 유대교나 유대인들 가운데서 삐져나와서 나사렛 당을 하나 만든 사람이라는 것입니다. '예수가 나사렛에서 났으니까 나사렛 당이다' 하는 것입니다. 생각은 그렇게 해도 '예수는 유대 사람이다' 하는 소리를 합니다. 그렇게 반대하면서도 '그래도 예수는 유대 사람이다' 하는 소리를 하면서 '결국 크게 말해서 범유대적인 관점에서는 이 예수도 유대 사람이고 예수교는 노쯔리 당이다' 하는 것입니다. 제가 예루살렘에서 그런 소리를 들어 보고 '그 사람들 참 배짱도 좋다' 하는 생각을 했습니다.

그러나 여기에서 유대교와는 양립할 수 없는 명백한 선이 하나 그어지게 되었습니다. 유대교인은 지금까지 이방인을 개라고 하고 천시하고 멸시하거나 접촉하지 않으려고 했는데 그런 이방인들을 유대교에 가까이 오게 한 것이 아니라 그냥 거기에서 직접 기독교로 들어가게 한 것입니다. 유대교적인 조건이 거기에 붙어 다니지 않습니다. 유대교인이 되려면 무엇보다도 할례를 받아야 하고 유월절을 지켜야 합니다. 우리 기독교에 세례와 성찬이 있듯이 유대교에 있는 두 개의 큰 성례전(sacrament)이 할례와 유월절입니다. 그러니까 할례당들이나 베드로까지라도 '할례라는 큰 사실의 터 위에 유대 사람의 특권이 있는 것이고, 하나님의 부르심을 받은 특권 혹은 하나님과의 계약 관계 가운데 있는 이런 특권을 모두 받아야 하는 것이 아니냐' 하는 생각을 못 버린 것입니다.

그러니까 하나님이 과거에 인류와 맺은 계약은 오직 할례라는 상징과 증표로만 나타나는 것인데 이제부터는 그런 것을 다 무시해 버리고 새로 한다는 것입니다. 그래서 여기에서 필연적으로 이론적으로 도달하는 결론은 하나님이 사람과 맺으신 가장 위대한 은혜의 계약은 할례로써 대표되는 내용이 전부가 아니고 그것으로 끝나는 것이 아니라는 것입니다. 그것으로 끝난다면 분명히 기독교도 할례를 도입했어야 했습니다. 그렇게 되면 유대교가 항상 우선권을 가지고 있었을 것입니다. 그러나 사실은 유대교가 할례를 했을지언정 우선권은 없는 것입니다.

그런 것을 보면 이제 여기에 신비한 것이 있는데, 요컨대 기독교로 들어온다는 것은 하나님과의 새로운 계약 가운데 들어오는 것을 뜻한다는 것입니다. 이 새로운 계약 혹은 새 계약(new covenant) 혹은 새 언약(new testament)을 쉽게 한마디로 말하면 신약(新約)입니다. 그래서 '교회'라고 할 때는 유대 교회나 옛날의 약속과 제도하에 있는 교회를 말하는 것이 아닙니다. '구약의 교회'라는 말도 쓰지만 그것을 가리키는 것이 아니고 '새 언약하의 교회' 혹은 '신약의 교회'라는 말을 하는데, 그것은 말하자면 유대교를 그냥 알과(戛過)한 것입니다. 요새 말로 바이패스(bypass)한 것입니다. 헐수할수없이 '그냥 간다' 하고 가 버린 것입니다.

그렇다고 해서 '유대교와는 아무 상관도 없다' 하고 논리하느냐 하면 알과했을지언정 내용에서는 유대교의 핵심이라는 옛날의 계약의 내용을 다 포함하면서 그 옛날의 계약의 부족과 결핍을 보충해 놓은 것입니다. 때가 이르니까 혹은 때가 차니까 역사를 통해서 역사 위에서 역사적인 발전과 함께 계시하시던 하나님의 계시가 더 충만하고 충족한 계시로써 그 전에 가지고 있던 옛날의 계약을 완전케 하신 것입니다. 그러니까 알과하기는 했지만 도리어 완전케 하신 것입니다. 예수님은 "내가 율법이나 선지자나 폐하러 온 줄로 생각지 말라"(마 5:17상) 하고 말씀하셨습니다. 율법이나 계약이라는 것을 폐하러 온 것이 아니라는 것입니다. 율법에 유월절의 법칙이 있고 할례의 법칙이 있습니다. '내가 그것을 폐하러 온 것이 아니다. 그러면 그것을 지키지 않고 지나가면 어떻게 하려는 것이냐 할 때 완전하게 하려고 온 것이다' 해서 성찬은 사라질 유월절보다 더 완전한 형태로 계약의 내용을 상징하는 것이고, 교회의 세례는 할례보다 더 완전하게 계약의 내용을 표증하는 것입니다.

그런데 잘 아시는 대로 신약 성경에서는 할례라는 말과 세례라는 말을 섞어서 썼고, 또 유월절 양이라는 말과 우리의 신령한 음료와 신령한 떡인 성찬, 이 둘을 섞어서 썼습니다. 기독교에서도 할례라는 말을 썼습니다. '할례는 의문(儀文)에 있지 않고 마음에 있다'(롬 2:29 참조) 해서 할례라는 말을 승인하고 써 놓은 것입니다. 또 기독교에서도 유월절을 그냥 인용해서 '우리의 유월절 양이신 그리스도'(고전 5:7 참조)라는 말을 썼습니다. 이렇게 해서 우리의 유월절 양이신 그리스도는 무엇으로 상징되느냐 할 때 성찬으로 상징되는 것입니다. 그리고 하나님과의 계약의 징표인 우리의 할례는 무엇으로써 상징되느냐 할 때 세례로써 표시되는 것입니다. 세례는 가장 충분하게 계약의 내용을 대표적으로 상징합니다. 이 두 가지가 교회에 확실히 주신 가장 거룩한 예식입니다. 그리고 이 두 가지 이외의 다른 것은 예수 그리스도의 거룩한 구속의 은혜의 사실과 관련된 징표로서의 성례가 아니라는 것을 우리가 그전에 배웠습니다.

가톨릭은 성례를 일곱 개나 쭉 들고 있습니다. 혼인도 성례의 하나이고 교직자의 안수도 성례의 하나이고 종유식(終油式)이라는 것도 성례이고 고해 성사라는 것도 성례이고 또 입교하는 것(confirmation)도 성례의 하나입니다. 그래서 둘에다가 다섯 개가 더 들러붙었습니다. 일곱 개나 성례라고 부르지만 그런 것이 아니고 둘만이 성례입니다. 그리고 구약에서도 누구는 이것이다, 누구는 저것이다 하지만 명확하게 말하면 할례가 세례로 바뀌어 확실히 그 큰 계약의 내용을 대표하게 된 것이고, 또 유월절 양이 성만찬으로 바뀌어 오히려 더 충만한 것을 나타내는 것입니다. 그런데 그 당시 사람들은 이런 거룩한 도리를 그렇게 얼른 바꿔서 생각할 만큼 아직 사상적으로나 논리적으로 진전하기 이전인 까닭에 총체적으로 하나님과의 가장 위대한 계약 내용에서 그냥 벗어나서 무엇을 한다는 것은 말이 안 된다고 생각한 것입니다.

조용히 말씀의 도리를 깨달아 가는 신자들이 중요함

그렇다면 베드로가 하루에 수천 명에게 세례를 줄 때 세례의 의미를 십분 다 알고 준 것이 아니라는 것을 알아야 합니다. 세례의 의미를 십분 다 알았다면 꼭 그렇게 유대주의적인 생각 가운데 젖어 있을 이유가 없기 때문입니다. '이것이야말로 유대주의가 지금까지 바라고 포함하고 상징하고 터득하려고 했던 것의 참된 실체로구나. 세례는 실체적인 것을 가장 구체적으로 표시하는 주님의 명령에 의한 방식이다' 하고 생각했어야 했지만, 거기까지는 생각이 못 미쳤습니다. 그러니까 벌써 오순절 때 수많은 사람에게 세례를 주었다는 그 사실의 터 위에서 세례가 가지고 있는 독자적인 의미를 깨닫고 있었어야 했는데 그것을 모르니까 고넬료의 집에 가서 세례를 줄 때 '유대 사람이 아닌 사람에게 세례를 주어야 하나' 하는 생각이 있었을 것입니다.

그러나 마치 '세례를 주어라' 하는 것과 같이 하나님의 성신의 큰 역사가 확인을 하는 도장을 찍고 봉인을 하니까 - 세례야말로 참으로 봉인입

니다 – '하나님이 저들을 그리스도에게 접붙이셨는데 내가 누구관대 접
붙이셨다는 큰 사실을 상징하는 예식을 하지 않는단 말인가' 한 것입니
다. 그러나 앞에서도 말씀드렸지만 그것은 사색이라는 어떤 정당한 과정
가운데 들어가지 못한 상태에서 미처 생각이 미치지 못했던 너무나 큰 사
실에 압도당하니까 그 사실을 자기가 부인할 수 없어서 순종하고 나간 것
뿐입니다. 그 사실을 어떻게 받아들이고 해석하고 깨달아야 하는가 하는
것은 이후의 문제입니다. 물론 사도 베드로는 후에 그것을 다 깨닫고 참
위대하게 해 나갔습니다.

그러니까 '이 구레네 사람이나 구브로 사람들은 참 훌륭한 사람들이
다' 하는 생각을 하게 됩니다. 무명씨들인데 이렇게 훌륭하게 신약의 교
회의 큰 사실과 속성을 처음에 표시하는 데 큰 도구 노릇을 했고 그릇으
로서 쓰임을 받은 것입니다. 그러니까 여기에서 오늘 우리가 배우는 것
은 조용한 가운데 하나님의 말씀의 도리를 터득해서 새로운 사실들에 도
달하고 또 진수에 도달하고 진리에 자꾸 도달해 나가는 것이 참 위대한
것이라는 사실입니다. 그것이 희한하게 기적을 행하고 환상을 보는 것보
다 항상 더 튼튼하고 좋은 것입니다. 하나님께서 어떤 사람들의 일을 처
음 돌진(dash)하는 큰 신호로 해서 참된 교회의 거룩한 자태를 나타내셨
느냐 하면, 그렇게 고요한 가운데 자기의 이성이 성신의 유기적인 내주
의 역사 가운데서 인도하심을 받은 대로 자기의 당연한 사상과 당연한
결론으로 '해 보자. 헬라 사람에게 전도하자' 했던 이 구브로나 구레네의
어떤 신자들을 신약의 교회의 참된 자태를 형성하는 전위요 맨 앞에 있
는 전초자요 선두로 세우신 것입니다. 베드로를 선두로 세우신 것이 아
닙니다.

물론 베드로가 고넬료의 집에 가서 전도했으니까 역사(歷史)로는 처음
으로 한 것이지만, 베드로가 스스로 봇물을 트듯이 트고 이론의 근거를

세우고 웅혼하게 지시하고 나아간 것이 아닙니다. 그는 밀려서 일을 하고 그 일에 대해서 멍하게 있을 때 '그렇게 하고만 말 것이 아니라 그 일의 자초지종이 분명히 나타나도록 너는 전파하고 선언해야겠다' 하신 것입니다. 그가 어떻게 선언을 했습니까? 할례당이 질문하니까 대답을 했습니다. 질문하니까 '이제 불가부득 대답을 해야겠다' 해서 변해(辨解)를 했습니다. 그러나 그 변해는 어디에서 열매를 맺었는가 할 때 베드로 자신이 그 후의 행동으로 그것을 계승해 나갔다기보다는 구레네와 구브로의 어떠한 신자들이 거기에 의해서 자기네의 발상을 새로 얻었던 것입니다. 자기의 이성의 작용에 의한 정당한 발상을 새로 얻어 거기에서 '자, 헬라 사람에게 전하자' 한 것이 얼마나 훌륭한 일인지 모릅니다. 하나님은 그 사람들이 복음을 전한 안디옥 교회에 최초의 크리스천 교회라는 이름도 붙여 주시고 또한 그 형태를 취하게 하셨습니다. 이것으로써 크리스천 교회의 전형적인 큰 특성을 나타낼 뿐만 아니라 그다음에 또 한 가지의 사실로 나타냅니다. 무엇으로 나타내는가 할 때 잘 아시는 대로 '보편의 교회로서 우리의 임무는 세계 선교이다' 해서 거기에 있던 바울과 바나바를 내보낸 것입니다. 여기에서 바울과 바나바가 나갔습니다. 얼마나 훌륭한 일인지 알 수 없습니다.

그런데 이와 같은 것을 이루는 초석이 누구로 말미암아 놓여졌느냐 하면 베드로가 아니라 이 두 군데에서 온 어떤 그리스도인들로 말미암아 놓여졌습니다. 베드로는 그 일을 아주 열렬하게 격려했느냐 하면 그렇게 하지 않았습니다. 나중에 베드로가 거기에서 이방인들과 음식을 먹다가 유대교의 골수분자들인 할례당이 오니까 그냥 물러가고 대담하게 처신하지 못했습니다(갈 2:11-13 참조). 베드로와 같이 대담한 이가 대담하게 처신하지 못한 것은 마음에 대담하게 처신할 만한 요소가 아직도 빈곤해서 그렇게 한 것입니다. 그때에 바울 선생이 그것을 보고서 '그럴 수가 있는가 하고 책망했다고 했습니다. 그런 일이 발생했습니다. 그러나 그때쯤은 벌써 안디옥 교회가 튼튼하게 한 보편의 교회로서의 자태를 잘 발휘하고 있던 때입니다. 이것이 오늘 우리가 배운 중요한 것입니다. 훌륭한 교회는 이렇게 각성 있는 사람들로 말미암아 이루어지는 것이라는 사실입니다.

기도

거룩하신 아버지시여, 진실로 아버님께서 성신님으로 그 말씀을 저희에게 주셔서 저희 안에서 조명하시며 또한 인도하여 주심으로, 저희들 자신의 사상이나 사색이 점점 더 성숙해 가고 또 좀 더 명료하게 바른 체계가 서 가는 데에서 자연히 확신의 터를 가지고 주님의 나라의 일에 대해서 확신 있게 주를 의지하고 나가게 하시는 것을 생각할 때, 꿈이나 갑자기 받는 환상이 아니라 오히려 자기에게서 자연스럽게 나오는 발상에 의한 안(案)이라든지 혹은 자기의 추리의 결과로 자연스럽게 얻는 결론에 의해 받는 확신도 저희 자신의 피와 살과 같이 되고 양식과 같이 되어서, 말씀이 그와 같은 방식으로 저희 안에서 역사하여 열매를 내어놓게 하시는 것을 참으로 주님이 주시는 거룩한 방식으로 알고 감사하오며, 그러므로 저희들은 항상 그와 같은 거룩한 주의 계시의 은혜 가운데서 충실하고 자연스럽고 튼튼하게 자라며, 환상을 받은 사람이 일절 해석하지 못하고 의미를 알지 못해서 오히려 방황하는 것처럼 방황하지 않고 착실한 사상과 착실한 논리의 터 위에서 장성해 가도록 붙들어 주시고 거룩한 은혜를 충만히 내려 주시옵소서. 주여, 이리하여 참으로 위대한 교회를 이루실 때 주께서는 그와 같이 고요한 가운데 착실하게 장성해 가는 사람들로 말미암아, 곧 게으르지 않고 사실들에 대해서 늘 주의해서 관찰하고 그 의미를 해석한 사람들로 말미암아 안디옥 교회라는 위대한 교회를 세우신 것을 믿사옵니다. 이 교회도 이와 같이 착실하게 장성하는 자녀들로 인하여 거룩한 열매를 맺도록 은혜로 인도합소서.

   주 예수 이름으로 기도하옵나이다. 아멘.

1974년 9월 18일 수요일

제15강

주께서 평신도들을 흩으셔서
하나님 나라의 새 역사를 여심

사도행전 11:19-26

때에 스데반의 일로 일어난 환난을 인하여 흩어진 자들이 베니게와 구브로와 안디옥까지 이르러 도를 유대인에게만 전하는데 그중에 구브로와 구레네 몇 사람이 안디옥에 이르러 헬라인에게도 말하여 주 예수를 전파하니 주의 손이 그들과 함께하시매 수다한 사람이 믿고 주께 돌아오더라 예루살렘 교회가 이 사람들의 소문을 듣고 바나바를 안디옥까지 보내니 저가 이르러 하나님의 은혜를 보고 기뻐하여 모든 사람에게 굳은 마음으로 주께 붙어 있으라 권하니 바나바는 착한 사람이요 성신과 믿음이 충만한 자라 이에 큰 무리가 주께 더하더라 바나바가 사울을 찾으러 다소에 가서 만나매 안디옥에 데리고 와서 둘이 교회에 일 년간 모여 있어 큰 무리를 가르쳤고 제자들이 안디옥에서 비로소 그리스도인이라 일컬음을 받게 되었더라

제15강

주께서 평신도들을 흩으셔서
하나님 나라의 새 역사를 여심

사도행전 11:19-26

유대 중심주의를 탈피한 새로운 운동이 시작됨

　그동안 주일 아침에 사도행전에 있는 말씀을 공부하다가 구원의 도리를 공부하는 것 때문에 지난주부터는 수요일 저녁 시간으로 옮겨서 배워 나가고 있습니다. 지난 수요일 저녁에는 베드로가 예루살렘에서 자기의 이방인 전도의 경험과 이유 등에 대한 이야기를 함으로써 그 묵은 전통 혹은 그릇된 전통을 벗어 버리게 한 것을 이야기했습니다.9) 베드로 사도가 이방인들이 복음을 받은 일, 즉 고넬료의 집에 갔던 일을 예루살렘에 있는 교회에게 이야기했습니다. 이방인들이 그리스도의 복음을 받아서 이제 새로 하나님 나라의 성격이 더 현저해지고, 하나님께서 옛날에 이미 경영하셨던 세계적인 새로운 일을 이제부터 적극적으로 현저하게 나타내시려고 하신다는 것을 거기에 앉아 있는 사람들이 베드로의 설명을 들음으로 인해서 차츰차츰 알게 되어 나아가는 모두(冒頭)에 혹은 맨 처음에 서 있는 것입니다. 아직 이 사람들이 하나님의 크신 경영의 성격이나 역사 위에 나타난 하나님 나라의 성격의 내용을 다 잘 아는 것은 아닐지라

---

9) 이 언급은 1966. 2. 16. 수요일에 사도행전 11:1-18을 본문으로 하여 전한 강설을 가리키는데, 이 강설은 현재 녹음 자료가 남아 있지 않음.

도, 적어도 유대주의적이고 배타적이며 유대 사람들 중심적인 생각에서 일보 전진하는 큰 계기가 시작되었습니다. 그렇다고 해서 이 사람들이 유대 중심적인 생각을 없앴다고 하기에는 아직은 조금 이릅니다. 어디까지든지 항상 도를 유대인들에게만 전한다 하는 것만 하더라도 아직도 유대 중심적인 것입니다. 그러나 유대 독점주의라는 것이 이때부터 차츰 허물어지는 것입니다.

 이와 병행해서 무슨 사실이 발생했는가를 오늘 우리가 배울 것입니다. "때에 스데반의 일로 일어난 환난을 인하여 흩어진 자들이 베니게와 구브로와 안디옥까지 이르러 도를 유대인에게만 전하는데"(11:19), 이것은 스데반의 일로 박해를 받아서 예루살렘에서 흩어진 사람들이 먼저 유대인들에게 도를 전했다는 이야기입니다. "그중에 구브로와 구레네 몇 사람이 안디옥에 이르러 헬라인에게도 말하여 주 예수를 전파하니"(11:20), 이것은 헬레니스트(Hellenist) 유대인들이 이번에는 완전히 헬라 사람에게 도를 전파하는 이야기입니다. "주의 손이 그들과 함께하시매 수다한 사람이 믿고 주께 돌아오더라"(11:21). 이것이 무엇이냐 하면 새로운 사실 혹은 하나님 나라의 새로운 일면이 이제 분명하게 드러나서 일종의 새로운 움직임의 형태로 나타나는 것을 보이는 것입니다. 방금 11:19-21을 읽었는데, 하나님 나라를 유대인 중심으로 생각하고 그 나라를 유대인이 독점하고 있다는 생각만을 가진 사람들이 처음에는 기독교도 유대교적인 테두리와 유대교적인 조건하에서 세워 나가려고 하다가 차츰차츰 하나님 나라의 성격이 그렇지 않은 것을 깨닫게 되어서 이제 이방 사람을 포함하는 하나님 나라의 새로운 일면을 보게 되는 것입니다. 또한 그것은 유대인이나 이방인이나 차별이 없이 그 둘 사이에 막혔던 담을 헐어내 버리는 일이기도 한데, 이 사실을 비로소 차츰차츰 맛보기 시작하는 것입니다. 이 새로운 운동 혹은 새로운 움직임이 시작되는 것이 11:19-21에 나타난 이야기입니다.

그다음을 읽어 보면 "예루살렘 교회가 이 사람들의 소문을 듣고 바나바를 안디옥까지 보내니 저가 이르러 하나님의 은혜를 보고 기뻐하여 모든 사람에게 굳은 마음으로 주께 붙어 있으라 권하니 바나바는 착한 사람이요 성신과 믿음이 충만한 자라. 이에 큰 무리가 주께 더하더라"(11:22-24). 이것은 예루살렘의 교회가 이 운동을 확인하고 그 일에 가담하게 된 경위를 이야기하는 것입니다. 또 그다음에는 "바나바는 착한 사람이요" 하고 바나바의 이야기를 한 다음에 "바나바가 사울을 찾으러 다소에 가서 만나매 안디옥에 데리고 와서 둘이 교회에 일 년간 모여 있어 큰 무리를 가르쳤고 제자들이 안디옥에서 비로소 그리스도인이라 일컬음을 받게 되었더라"(11:25-26) 했습니다. 이것은 이 새로운 운동이 공고하게 되어 가는 이야기입니다. 즉 단순히 시작만 해 놓은 것이 아니고 이제는 일정한 트랙 혹은 레일 위에 서서 쭉 전진해 나아가는 안정된 형태를 취하는 것입니다. 그리고 11:27-30은 이 운동에서 새로운 세력과 묵은 세력이 모두 협력해서 전진해 나가고 점점 발전해 나가는 이야기입니다.

흩어진 평신도들이 안디옥에 이르러 복음을 전함

대체로 이상과 같이 구분해 놓고 다시 돌아가서 첫째로 11:19-21에서 하나님 나라의 새로운 면이 나타나기 시작한 새 운동을 보겠습니다. 첫째로, 11:19을 보면 "때에 스데반의 일로 일어난 환난을 인하여 흩어진 자들이 베니게와 구브로와 안디옥까지 이르러 도를 유대인에게만 전하는데" 하고 이야기했습니다. 스데반의 일로 환난이 일어났다는 것은 여러분도 잘 아시는 이야기입니다. 스데반을 돌로 친 다음에 그 일로 인해서 교회가 크게 핍박을 받으니까 신도들이 이리저리 흩어져 나갔습니다. 그런데 이렇게 흩어져 나간 사람들은 사도들이 아니라 일반 평신도였습니다.

이 성도들이 그리스도의 복음을 자기 마음 가운데 지니고 사방으로 흩어져서 어디로 갔느냐 하면 북방의 베니게로 갔는데 그곳은 요즘의 레바논 땅입니다. 그다음에는 지중해 가운데 있는 섬인 구브로로 갔고 또 그다음에는 수리아로 올라가서 거기의 안디옥으로 갔습니다. 안디옥은 나중에 큰 교회의 중심이 될 곳입니다.

그렇게 "안디옥까지 이르러 도를 유대인에게만 전하는데", 도를 전한다는 말은 전도했다는 말입니다. 그러면 그 사람들이 전도하는 운동을 해서 일정한 장소에 사람들을 모아 놓고 설교하고 그랬느냐 하면 헬라어 원문을 보면 '말씀을 이야기했다' 하는 말입니다. '도를 전하니라' 할 때 보통 이 '전한다' 하는 말에 유앙겔리조($\varepsilon\dot{v}\alpha\gamma\gamma\varepsilon\lambda\acute{\iota}\zeta\omega$)라는 말을 많이 쓰지만, 여기에서는 그런 말이 아니고 만일 영어로 번역한다면 스픽(speak) 혹은 스피킹(speaking)입니다. 그냥 말한다는 뜻입니다. 그러니까 영어로 말하면 프리칭(preaching)이 아니라 스피킹(speaking) 혹은 토킹(talking)입니다. 어떤 의미로 보든지 그 말은 어떤 특수하고 고정적인 의미의 설교나 강설을 가리키는 것이 아니라, 그냥 일상생활에서 서로 만나면 만나는 대로 앉아서 서로 이야기하는 것입니다. 그렇게 이야기하되 그리스도의 말씀을 이야기한 것이고 구원의 말씀에 대한 이야기를 한 것입니다. 그렇게 해서 말씀을 그냥 이야기하는 데에서 말씀이 차츰차츰 퍼져 간 것입니다. 성신의 충만함을 가진 성도들이 흩어지면 그들이 가지고 있는 거룩한 하나님 나라의 씨를 사방에 흩어서 심고 돌아다니는 것입니다. 이렇게 해서 그리스도교가 퍼져 나갔습니다.

기독교가 이방을 포함해서 세계적인 형태와 정상적인 형태를 취하게 될 때 오히려 그 당시 예루살렘 교회의 지도자들은 유대주의적인 구투(舊套)를 쉽게 벗어 버리지 못하고 그런 문제가 있을 때 베드로를 힐난할 정도로 퍽 고식적이었습니다. 기독교를 퍼뜨려서 사방에 나타낸 일은 유대에 있는 직업적으로 특별한 계층, 즉 특별한 직위와 특별한 사명과 임무를 가진 사람들의 손으로 된 것이 아닙니다. 그냥 보통의 생활을 해서 장사도 하고 무엇이든지 하던 사람들이 퍼뜨린 것입니다. 그들은 그때에는 주로 장사를 했습니다. 농사를 지으면서 어디 한곳에 정착하지 않고 자꾸 흩어져서 장사를 하고 다녔습니다. 사람이 핍박을 만나서 살 수가 없어서 다른 데로 가면 거기에 앉아서 농사지으려고 하지 않고 대개 장사를 하는 것입니다. 그래서 사방으로 흩어진 이 사람들이 일을 한다면 주로 장사나 공장(工匠)의 일을 합니다. 구두나 샌들을 고치는 일이나 이발을 하는 일 같은 것, 그렇지 않으면 무슨 은장색(銀匠色) 노릇을 하는 것, 손으로 수공업이나 세공업을 하는 이런 일을 많이 하는 것입니다. 영어로 말할 때는 아티즌(artisan), 즉 공장(工匠)의 일을 해서 생활을 유지해 가면서 서로 접촉하고 만나는 사람에게 말씀을 전하되 외국 사람들에게는 전하지 않고 유대 사람인 줄 알면 비로소 메시야 이야기를 한 것입니다. 왜냐하면 유대 사람들은 메시야에 관심이 있을 것이기 때문입니다. 그러니까 유대 사람들에게 '아, 사실은 메시야께서 오셨는데 그 메시야가 누구냐 하면 나사렛 예수라' 하는 이야기를 하고, 자기가 들은 대로 '그런데 그분이 어떻게 메시야가 되느냐 하면 십자가에 달려 돌아가시고 돌아가신 다음에 다시 살아나셨다' 하는 이야기를 한 것입니다.

그런데 예루살렘에서 핍박을 받아서 확 퍼져 나간 사람들이 사방에서 유대 사람들만 만나서 전했지만, "그중에 구브로와 구레네 몇 사람이 안디옥에 이르러"(11:20상)라고 했습니다. 구브로는 지중해 안에 있는 요새 항상 문제가 많이 일어나는 사이프러스(Cyprus) 섬입니다. 요새 사이프러스에서 때때로 문제가 많이 일어나서 잘 알려져 있습니다. 이 구브로에 있는 유대 사람들을 언급했습니다. 구브로는 길리기아 현(縣) 혹은 길리기아 도(道) 혹은 길리기아 성(城)에서 다스리게 되어 있었습니다. 다소가 그 도의 서울입니다. 그다음에는 구레네인데 이곳은 지중해에서 저쪽으로 쑥 내려간 곳입니다. 이 키레나이카(Cyrenaica)에 있는 몇 사람이 배를 타고 지중해를 건너서 대륙으로 들어와 수리아 안디옥 땅에 온 것입니다. 그 사람들이 왜 안디옥에 왔겠습니까? 안디옥은 거대한 도시입니다. 그때 로마 제국에서 제일 큰 도시는 로마이고, 둘째로 큰 도시는 애굽의 알렉산드리아이고, 셋째가 이 안디옥이었습니다. 그만큼 안디옥은 로마 대제국의 판도 안에서 굉장한 대도시였습니다. 옛날의 고사를 보면 그 번화가가 얼마나 굉장히 찬란하게 융성했는지 모릅니다. 일설에는 물산(物産)과 물화(物貨)가 집산되는 번화가의 간선 도로(main street)가 집과 집을 연결해서 우리나라 이수(里數)로 적어도 시오리 이상을 찬란하게 뻗어 있었다고 합니다. 그러니 그때의 인구로 보아서도 굉장히 대도시인 것을 알 수 있을 것입니다. 시오리나 되는 상당한 거리를 번화한 상점으로 쭉 연결했던 대도시였던 것입니다.

안디옥은 그런 도시였고 죄도 많고 특별히 문화상으로는 로마가 지지하고 있는 헬레니스틱(Hellenistic)한 문화의 강렬한 중심의 하나였습니다. 헬레니즘이라고 할 때 협의(狹義)로는 특별히 알렉산더 대왕이 퍼뜨리려고 했던 바 동방과 서쪽을 융합하려고 하는 헬라적인 새 운동을 말합니다. 헬레니즘이 가지고 있는 바, 동쪽과 서쪽을 서로 상환해서 새로운 세계 문화를 건설하려고 하던 운동이 알렉산더 대제부터 시작해서 로마로 전승되어 로마의 시저 때까지 왔고 시저의 왕조에 그냥 그대로 큰 뿌리를 가지고 맹렬하게 나타나기 시작했습니다. 그리고 이 로마 제국에 이르러서는 헬레니즘의 큰 운동의 중심들이 동방에도 수립되었습니다. 헬레니즘이라고 할 때는 물론 그 본고장인 헬라는 말할 것도 없거니와 동방적인 요소를 가지고 있습니다. 헬레니즘은 단순히 헬라 문화를 의미하기보다는 헬라적인 문화를 동쪽의 문화와 섞어서 종교적인 것과 예술적인 것과 그 여타의 물질적인 문명 자체를 다 뒤섞어서 새로운 세계 문명을 건설하려는 일대 운동이었던 까닭에 자연히 동방 수리아의 안디옥은 그런 점에서 중요한 요지였던 것입니다. 소아시아 일대가 항상 요지였습니다.

이와 같이 소아시아 일대에 헬레니즘이 찬연히 꽃피어 나가는 자리의 하나가 안디옥인데, 키레나이카나 사이프러스에 있는 유대 사람들인 헬라 파 유대인들(Hellenist Jews)이 안디옥에 이르렀습니다. 그들은 말도 헬라 말을 쓰고 또 일상생활에서 헬라 사람 비슷하게 하고 헬라 식 생각도 많이 하는 사람들입니다. 그러면서도 변치 않는 유대인입니다. 그중에 두드러진 사람으로는 사울도 그런 사람이고 바나바도 그런 사람입니다. 다 아시는 대로 바나바라는 사람은 구브로, 즉 사이프러스 섬 사람입니다.

이 사람들이 차츰차츰 안디옥으로 들어와서 사람을 접촉하는데 거기에서 유대 사람만 골라내지 않고 거기에 많이 있는 외국 사람들, 특별히 헬라 사람들에게 도를 말하여 주 예수를 전파했습니다. 여기에서 전도를 한 것입니다. 유대인에게만 이야기하지 않고 유대인 이외의 사람들에게도 전도했습니다. 그때 여기는 알렉산더 이후에 셀레우코스(Seleucos) 왕조가 한동안 지배하던 땅이었습니다. 이 왕조가 전승해서 헬라 문화를 건설했던 이 땅에 헬라 사람들이 많이 와서 살고 있으니까 거기에 있는 헬라 사람에게 전도한 것입니다. 그러니까 "주의 손이 그들과 함께하시니 수다한 사람이 믿고 주께 돌아오더라"(11:21) 했습니다. 주께서 그 사람들을 붙들어 주셔서 수다한 사람이 믿고 나아온 것입니다.

이 이야기가 간단한 이야기이지만 쉽지 않은 이야기입니다. 묵은 전통을 깨뜨린 것이 단순한 사도 베드로나 몇 사람이 먼저 시작해서 그 사람들만 한 것이 아닙니다. 평신도들이 일어나서 일을 시작했다는 것이 이 새로운 운동의 강한 성격의 하나입니다. 기독교가 역사적으로 위대하게 발전해 나갈 때 교직자가 항상 앞서서 움직였다기보다는 하나님의 성신의 충만함을 받아 일상생활을 해 나가는 평신도들이 때때로 일어나서 활동한 것입니다. 왜냐하면 이것이 기독교의 특성이기 때문입니다. 하나님의 나라는 어떤 사람으로 구성되느냐 하면 교직자로 구성되는 것이 아니라 압도적인 평신도로 구성됩니다. 이것을 후세의 가톨릭은 뒤집어서 교직자를 중심으로 하나님 나라를 건설한다고 억지를 써서 제도를 고쳤습니다. 그러나 처음에 성신께서 역사하셔서 자연 발생적으로 발생한 이 사실을 볼 때 평신도에게서 이 큰 사실이 일어났다는 것이 중요한 점입니다. 적극적인 교직자, 즉 친히 교직자로서 임명을 받고 친히 나아가서 활동한 사람들이 주동이 되어서 한 것이 아닙니다. 장사하고 또드락장이 하고 혹은 조그마한 무슨 공장(工匠) 노릇 하고 직공 노릇 한 이런 사람들이 처음에 이렇게 큰 운동을 일으킨 것입니다. 이것이 이 운동의 아주 중요한 문제입니다.

하나님께서 핍박을 통해 신자들을 흩으심

여기를 보면 11:19에 "안디옥까지 이르러"에서 '이르러' 라는 말을 영어 성경에는 '여행을 했다'(traveled) 하는 말로 번역해 놓았는데, 헬라말을 그대로 보면 '통과했다' 는 말입니다. 통과해서 간 것입니다. 그러니까 그 사람들은 그냥 직선으로 한곳으로만 쑥 가지 않고 이리로 갔다 저리로 갔다 해서 큰 도시에서 도시로 행한 것입니다. 이들은 일종의 방랑하는 것 비슷하게 자기의 생활 혹은 생계를 따라서 이리로도 갔다 저리로도 갔다 하면서 그냥 가만히 가는 것이 아니라 어디로 가든지 그 도를 자꾸 흩어 놓고 갔습니다.

이것이 무슨 일인가 할 때 하나님이 하시는 방식은 기이하시다는 것을 알 수 있습니다. 하나님이 하시는 방식은 사람을 조직해서 조직한 사람이 어떤 목적의식을 가지고 구령하에서 행군하게만 하시는 것이 아닙니다. 그런 일도 있지만, 여기에서는 오히려 그 사람들이 자기네가 원치 않았던 일, 즉 핍박을 당하고 환난을 당한 것입니다. 그런 일을 당하니까 헐수할수없어서 거기에서 흩어져 나갔습니다. 그렇게 헐수할수없어서 흩어져 나간 사실이 하나님 나라의 거룩한 진행에는 크고 중요한 의미를 가지는 일이 되었습니다. 사명이 있어서 자기네가 계획하고 경영해서 구역을 정하고 '너는 어디로 가고, 너는 어떤 도시로 가고, 너는 어디로 가서 활동해라' 하지 않았겠지만, 하나님은 위에서 명령하시기를 '너희는 거기 예루살렘에서 그렇게 오붓하게 그 교회 안에서 너희들끼리만 즐겁고 신령하게 살려고 하지 말고 이제는 저리로 나가야겠다' 하신 것입니다. 어떻게 명령하셨는가 할 때 거기서 살 수 없게 만드신 것입니다. 거기서 스데반의 일로 막 핍박이 일어나니까 '아이고, 뜨거워라' 하고서는 살 수 없어서 도망했습니다. 핍박이 일어난 데서 저항하는 사람도 있을 수 있었겠지만 저항하지 않고 도망해 버린 것입니다. 그렇게 도망해서 이리저리 퍼져서 무엇을 했느냐 할 때 어디를 가든지 자기의 본색을 잊어버리지 않고 자기가 가지고 있는 바 참되고 복된 것을 잊어버리지 않고 그 씨를 심고 돌아다녔습니다.

그들은 이 도시에 갔다 그다음에는 저 도시에 갔다 하며 굉장히 옮겨 다녔습니다. 저 구레네에서부터 지중해를 거의 횡단해 오다시피 해서 전하기도 하고, 또 도중에 있는 사이프러스 섬에서 이쪽으로 와서 전하기도 했습니다. 그 사람들은 이런 장거리를 배를 타고 혹은 육로로 혹은 대상(隊商, caravan)과 함께 이 도시에서 저 도시로 다니면서 무슨 생각을 했겠습니까? 그 사람들 자신이 그때 스스로 생각할 때 그렇게 하는 데에 재미를 느꼈다든지 하는 이야기는 없습니다. 환난을 맞아서 어찌할 수 없으니 그리로 간 것뿐입니다. 그러니까 그 사람들은 '어디든지 가서 집이라도 반듯이 가지고 안정하고 살면서 무엇을 해야지 이렇게 해서야 되겠느냐' 하는 생각을 했을는지도 모릅니다.

    이것은 무엇을 방불케 합니까? 광야를 지나가는 이스라엘 사람들과 같은 것입니다. 광야에서 쉐키나(שְׁכִינָה) 구름이 일어나면 '가자!' 하고 장막을 탁 걷어서 가고, 구름이 앉으면 거기에 주저앉고 하던 것과 같습니다. 그때는 그 구름이 이스라엘 백성의 눈에 보였고 지도자 모세가 구름을 본 다음에 '멈추라' 혹은 '출발하자' 해서 훈련을 했지만, 여기의 이 사람들은 새로운 하나님 나라가 역사 위에서 나아가는 거대한 진행과 역사의 노정을 알 턱이 없었습니다. 그런 점이 마치 광야와 같은 것입니다. 장차 발전할 그 후의 2천 년 역사의 노정을 알 턱이 없습니다. 그리고 앞으로 얼마나 더 계속 가야 하는지도 알 수 없고 이 큰 광야와 같은 길에서 어디로 갈까 할 때에 어디를 가든지 물이 없으면 거기에 앉아서 야영을 하지 못합니다. 가령 물 있는 데 가서는 그 사람들이 텐트를 치고 종려나무가 있고 샘이 있으면 거기서 야영을 하지만, 오아시스가 아닌 그냥 황막한 데서는 야영을 하고 오래 있을 수 없으니까 떠나가야 하는 것입니다. 그래서 그런 현실적인 사정이 그들을 이끄는 것입니다.

    이렇게 세계를 하나님의 나라의 무대로 하고 이루어 나가던 이 큰 사실은 오늘날로 보아서는 '그것 참 다행한 일이다. 그렇게 되지 않았다면 얼마나 고식적이고 색박(塞迫)한 일이었겠는가' 하는 생각을 하겠지만, 그러나 그때로 보아서는 그 일을 당한 사람들은 영문을 몰랐을 것입니다. 살 수가 없어서 이리저리 방랑하는 것이 좋은 일입니까? 그러나 살 수 없어서 그렇게 방랑했을지라도 하나님의 사람들이 방랑할 때는 무의미한 방랑이 아니었습니다. 하나님의 경영하에서 성신 충만한 사람들이 방랑한 것이기 때문입니다. 그 사람들로서는 원치 않는 일이었겠지만 살 수가 없어서 다른 데로 옮겨 가면 가는 데마다 하나님의 나라의 씨를 심어 가면서 하나님의 영광을 나타내면서 간 것입니다. 그러기 위해서는 하나님께서 그 사람들을 보내실 수밖에 없었던 것입니다. 이런 것이 참 귀한 일이고 하나님의 오묘하신 섭리입니다.

그런고로 하나님께 참으로 쓰일 그릇들은 어느 한 귀퉁이에서 안정하고 살 수도 있지만, 때를 따라서 하나님이 그들을 이리저리 옮기기도 하시는 것입니다. 종교개혁의 역사를 볼 때에도 역시 수많은 사람이 박해를 받아서 자기가 있는 데서 살 수가 없으니까 이리 가고 저리 가면서 그 개혁 사상을 자꾸 전파했습니다. 그래서 그 사상에 감염이 됐다고 할는지 전파를 받은 사람들은 올바로 생각하고, 또 성신의 특별한 은혜를 받은 사람들이 일어나서 또 활동을 하고, 그 사람들이 이렇게 해 놓으면 마치 릴레이를 하는 것같이 다른 데로 또 피해서 가고 이렇게 해서 유럽에서 자꾸 퍼져 나간 것입니다. 종교개혁이라는 불이 한쪽에서 탈 때 그것을 가만히 놔두었으면 자기네끼리 거기에서 웅성웅성하다가 말 수 있었겠지만, 그것을 자꾸 뚜들기니까 이리 가고 저리 가고 자꾸 흩어져 나간 것입니다. 그것이 새로운 세력으로 일어나니까 그 세력을 누르지 않을 수 없어서 누르면 퍼져 나갔습니다. 이렇게 하나님이 하시는 일은 사람이 저항하지 못하는 것입니다. 여기에서 이러한 사실이 일어났다는 것이 중요합니다.

평신도였던 권위자(勸慰子) 바나바

그다음에 우리가 볼 것은 "예루살렘 교회가 이 사람들의 소문을 듣고" 어떻게 했느냐 할 때 "바나바를 안디옥까지 보내니 저가 이르러 하나님의 은혜를 보고 기뻐하여"(11:22-23상)라고 했습니다. 바울이 에베소에 이르러 "너희가 믿을 때에 성신을 받았느냐?"(행 19:2) 하는 말을 했습니다. 냉랭하고 하나님의 은혜가 거기에 없는 것을 볼 때 그런 말로 물어본 것입니다. 그러나 여기를 보니까 여기에서는 벌써 성신께서 역사하신 것을 본 것입니다. 누가 전도했기에 성신이 역사하셨습니까? 앞에서 말씀드린 대로 환난을 당한 평신도들이 다니면서 자기 생활을 해 가면서 전도했습니다. 크게 강단을 만들어서 크게 전도 운동을 한 것이 아니고 그리스도의 복음 혹은 예수의 복음을 자꾸 전해 준 것입니다. 그렇게 전해 놓으니까 성신께서도 역사하셨고 많은 사람이 믿었습니다. 즉 "수다한 사람이 믿고 주께 돌아오더라"(11:21 하) 했습니다. 그러니까 이번에는 예루살렘 교회가 이 사실을 듣고 가만히 있지 않고 이 운동을 확인하기 위해서 바나바를 보내 보았더니 과연 거기에서 하나님의 은혜를 보았습니다. "하나님의 은혜를 보고 기뻐하여 모든 사람에게 굳은 마음으로 주께 붙어 있으라 권하니"(11:23), 간곡하게 권했다는 말씀입니다. '굳은 마음으로 끝까지 변치 말고 항상 도에 충실하라' 해서 충성을 가르쳤습니다. 바나바는 그것을 권한 사람입니다. 이 바나바라는 이름이 원래 권위자(勸慰子)입니다.

그러면 바나바는 누구냐 할 때 바나바는 사도라고 했습니다(행 13:43, 14:14 참조). 그러나 바나바는 일생 특정적인 임무와 사명을 띠고 사는 사람이라는 말로는 아직 표시되지 않았습니다. 이때 바나바는 일개의 평신도였습니다. 이 사람 바나바가 누구라는 것은 사도행전 4:36-37에 나옵니다. "구브로에서 난 레위 족속 사람이 있으니 이름은 요셉이라. 사도들이 일컬어 바나바(번역하면 권위자)라 하니"(4:36), 즉 '권위하는 아들', '권위의 아들'이라는 뜻입니다. 권위(勸慰)라는 것은 권하고 위로한다는 말 아닙니까? 어떻게 말하면 보혜사(保惠師), 즉 파라클레토스(παράκλητος)라는 말과 비슷한 말입니다. "그가 밭이 있으매 팔아 값을 가지고 사도들의 발 앞에 두니라"(4:37). 바나바는 예루살렘 교회에 와서 그때 유무(有無)를 상통하는 사실을 보고 밭을 팔아 사도들의 발 앞에 두었던 그러한 인물입니다.

또 바나바에 대한 둘째의 기록은 사도행전 9:27에 나타납니다. "사울이 예루살렘에 가서 제자들을 사귀고자 하나", 사울이 회개한 다음에 예루살렘에 내려가서 제자들을 사귀고자 하나 "다 두려워하여 그의 제자 된 것을 믿지 아니하니 바나바가 데리고 사도들에게 가서 그가 길에서 어떻게 주를 본 것과 주께서 그에게 말씀하신 일과 다메섹에서 그가 어떻게 예수의 이름으로 담대히 말하던 것을 말하니라"(9:26-27). 다른 사람들이 바울을 믿지 않고 두려워하고 '전에 핍박하던 사람이 그렇게 되었다는 것이 어떤 영문인지 모르겠다' 하고 만나기를 주저하고 꺼리고 그럴 때에 바나바는 담대하게 바울을 데리고 왔습니다. 두 사람은 한 도(道) 사람입니다. 같은 길리기아 도 사람들입니다. 바나바는 구브로 섬에 살지만 그 섬에서 조금 가면 소아시아 땅인 길리기아 도에 다소가 있습니다. 그러니까 한 도 사람이고 같은 헬레니스트로서 아마 전부터 친근하게 알았던 모양입니다. 그러한 까닭에 바나바는 이 사울을 데리고 예루살렘에 와서 자기가 누구라고 소개도 하고 또 사울이 당한 일을 다 이야기한 것입니다.

그때 "사울이 제자들과 함께 있어 예루살렘에 출입하며 또 주 예수의 이름으로 담대히 말하고 헬라 파 유대인들과 함께 말하며 변론하니", 사울 자신이 헬레니스트였기 때문입니다. "그 사람들이 죽이려고 힘쓰거늘"(9:28-29), 헬레니스트들이 죽이려고 했습니다. 그러니까 "형제들이 알고 가이사랴로 데리고 내려가서 다소로 보내니라"(9:30). 아마 그 형제들 가운데 바나바도 끼어 있었을 것입니다. 자신이 사울을 소개한 만큼 그 사람들이 사울을 죽이려고 할 때에는 바나바도 적극적으로 사울을 옹호해 가면서 그를 숨기기 위해서 저 북쪽 가이사랴로 데리고 갔습니다. 앞에서 말한 이탈리아 대(隊)가 있는 가이사랴로 데리고 내려가서 거기에서 아마 배로 갔든지 육로로 갔든지 해서 다소로 보냈습니다. 이렇게 바나바는 자기의 친구인 사울을 위해서 참 적극적으로 그를 소개하는 수고를 아끼지 않았던 인물입니다. 그런데 그의 원래 이름은 요셉이지만 사도들이 그의 성격이나 그가 하는 일을 보아서 '참 남을 권하고 위로하는 데 특징 있는 인물이라' 생각하고서는 '권위자' 라는 이름을 붙여 주었습니다. 바나바는 그런 사람입니다.

그러면 이 바나바는 어떤 사람이냐 할 때 착한 사람이고 성신과 믿음이 충만한 사람입니다. 성신이 늘 충만해 있는 사람이고 또 믿음이 충만한 사람이라고 했습니다. "이에 큰 무리가 주께 더하더라"(11:24하) 하고 말씀했습니다. 이렇게 바나바는 거기에서 권하고 다녔습니다. 이것만 보더라도 예루살렘의 소위 관료주의라고 할는지 공식주의라는 것, 즉 교직자가 친히 나타나거나 일어나서 일을 한다는 그것만이 아닌 것을 알 수 있습니다. 바나바와 같은 평신도가 가서 역시 권유한 것입니다. 바나바는 나가서 설교했다기보다는 권유를 했습니다. 그렇게 권하고 위로해 주고 기쁘게 할 때에 사람들이 많이 돌아와서 "큰 무리가 주께 더하더라" 하고 기록했습니다.

이와 같이 기독교에 일어난 이 특수한 운동, 말하자면 세계적으로 발전하는 기독교의 본질적인 운동, 즉 유대 사람을 중심으로 하지 않고 하나님께서 택하신 백성은 어느 나라 사람이나 어떤 방언을 쓰는 사람이든지 다 취하셔서 한 하나님의 거룩한 기업을 만드시는 이 신국(神國) 혹은 하나님 나라의 본질적인 형태가 나타날 때 누가 주동이 되었느냐 하면 여기를 보면 사도들이 앞장서서 그 일을 막 적극적으로 밀고 나갔다기보다는 환난을 맞아 이리저리 피한 평신도들이 자기 생활을 해 가면서 그 일을 한 것입니다. 여기에서 오늘 우리가 볼 것은 이렇게 자기의 생활을 해 가면서 하나님의 나라를 섬길 때에 하나님 나라의 큰 것을 언제든지 이룰

수 있고 나타낼 수 있다는 것입니다. 바나바라 하는 사람도 이렇게 하나의 평신도로서 활동했습니다. 나중에 바나바가 안수를 받아 선교사가 되어서 바울과 같이 나간 이야기는 이다음에 나오지만, 아직까지는 무슨 공직에 임명을 받지 않는 사람으로서 나아간 것입니다.

바나바와 바울이 안디옥에서 가르침

그다음에 셋째 부분인 11:25-26을 보면 이 일의 본격화 혹은 이 일이 본궤도에 올라간 이야기인데, 이것은 바나바가 사울을 찾으러 간 이야기입니다. "바나바가 사울을 찾으러 다소에 가서"(11:25), 사울을 찾으러 갔다고 했습니다. 사울이 어디에 있다는 것을 알고 거기를 간 것이 아니고 사울을 찾으러 갔다고 했습니다. 이 '찾는다'는 말은 원문을 보아도 어디에 있는지 몰라서 이리저리 돌아다니며 찾는다는 말입니다. 사울을 방문하러 간다는 의미의 찾는다는 말이 아니고 어디에 있는지 찾아내려고 간 것이라는 말씀입니다.

그러니까 바나바가 거기서 가만히 보니까 이 안디옥에서 이제 무엇이 필요한가 할 때 많은 무리가 오는데 이제는 이 사람들을 올바로 교육해서 올바로 세워야 할 필요가 생긴 것입니다. 여기에서 바나바의 큰 지혜와 또한 이 운동이 정상적으로 전개되는 중요한 단계를 보는 것입니다. 운동이 정상적으로 전개되려면 첫째는 전도를 해야 하고, 그래서 믿는 무리가 주님 앞으로 모이면 이제는 그 모인 사람들을 가르쳐야 합니다. 그러한 까닭에 가르치려고 하는데 아무래도 힘이 부족하고 손이 부족한 것을 본 것입니다. 그러니까 '에이, 이건 안 되겠구나. 사울이 지금 무엇을 하고 있는지 모르겠지만 그를 불러와야겠다' 한 것입니다. 모르기는 해도 사울은 아마 다소로 가서 그 근방을 돌아다니면서 전도했을 것입니다. 사울이 가만히 있지는 않았을 것입니다. 그러니까 '사울처럼 훌륭한 친구를 오라고 해서 이 안디옥 같은 대도시(metropolis)에서 이제는 건실한 교회를 조직해서 가르치도록 해야겠다' 한 것입니다. 말하자면 이제 여기에서 비로소 목사 노릇 하는 것입니다. 그냥 덮어놓고 전도만 해서 믿은 사람을 내버려 두거나 자꾸 교회만 세운 것이 아니라 '여기 이 큰 중심지(center)인 대도시에 교회가 섰으니 이제는 먹이고 길러야겠다' 한 것입니다.

이러기 위해서 "사울을 찾으러 다소에 가서 만나매", 찾으러 돌아다니다가 만났습니다. '사울을 방문하매'가 아니고 찾으러 가서 어디에 있는지를 수소문해서 찾은 끝에 만난 것입니다. "안디옥에 데리고 와서", 거기서부터, 즉 길리기아의 다소에서부터 수리아까지 또 데리고 왔습니다. "둘이 교회에 일 년간 모여 있어 큰 무리를 가르쳤고"(11:26상), 여기를 보면 '가르쳤고'입니다. 이제부터는 '전도했고'가 아닙니다. 가르쳤다고 했습니다. 교사 노릇을 한 것입니다. 거기에 착실히 앉아서 하나님 나라의 도를 차곡차곡 자꾸 가르쳐서 먹이기 시작한 것입니다.

그렇게 1년을 가르치니까 "제자들이 안디옥에서 비로소 그리스도인이라 일컬음을 받게 되었더라"(11:26하), 아마 처음으로 제자들을 그리스도인이라고 이야기했다는 말입니다. 물론 유대 사람들이 그리스도인이라고 하지는 않았을 것입니다. 유대 사람들은 그리스도인을 히브리 말로 노쯔리(נָצְרִי), 즉 나사렛 당이라는 말로 부릅니다. '그리스도인'의 그리스도라는 말은 메시야라는 말이니까 그리스도인이라고 하면 메시야에게 붙은 사람이라는 말이 되어서 유대 사람의 심정으로는 그런 소리를 하지 않을 것입니다. 그러니까 결국 이것은 거기에 있던 이방 사람에게서 나온 이야기입니다. 이방 교회의 중심지인 안디옥에서 그런 말이 나옴 직합니다. 그러면 그 말이 신자들에게서 나왔는가 할 때 신자들은 그때에 '우리가 그리스도인이다' 하는 말은 하지 않았습니다. 신자들은 '형제' 혹은

'성도'라는 말을 썼고 혹은 '제자'라는 말을 썼습니다. 가장 많이 쓰던 말이 '형제' 혹은 '제자'라는 말입니다. 그때 그리스도인들이 자신들을 가리켜 '신자'라고 한 것도 아니겠고, 유대 사람이 신자를 가리켜 그리스도인 혹은 그리스도에게 붙은 자라는 말로 부른 것도 아니겠고, 그러니까 필시 이것은 유대 사람이 아닌 비신자인 바깥 사람들이 그냥 '그리스도 당인가 보다' 하고 불러 본 말입니다. 유대 사람들은 지금도 항상 그리스도인들을 나사렛 당이라는 뜻으로 노쯔리라고 합니다.

여기에서 우리가 하나님 나라의 발전의 상태에 대해서 이만큼 내용을 보았는데, 하나님 나라가 발전할 때에 여기에서 우리가 역점을 두고 중점적으로 생각해야 할 것은 항상 하나님의 나라는 하나님의 기이하신 손으로 운전하시되 사람은 그 역사의 과정을 모르고 황막한 광야에 선 것 같아서 어디로 갈지 모르지만, 하나님께서 그 사람들을 인도하시며 어느 때는 그 사람들이 원치 않을지라도 불가부득 떠날 수밖에 없게 하시고 불가부득 여행할 수밖에 없게 만드셔서 자꾸 옮겨 주시는 것입니다. 그러면 신실한 증인은 가는 데마다 늘 증거자 노릇을 하는 것이고 거기에서 하나님 나라를 건설해 나가는 것입니다. 또 바나바와 같이 성의가 있는 평신도는 또 무엇이 필요한가 하는 것들을 잘 보아서 그에 대해 지혜로운 판단을 해서 열심히 사울과 같은 훌륭한 친구를 찾아서 데려다 놓고 같이 가르쳤습니다. 사울 역시 바나바가 청하니까 바나바를 따라 안디옥에 가서 거기에서 바나바와 같이 협동해서 일을 했습니다. 모르긴 해도 그때는 바나바가 주인 혹은 주장자(主掌者) 노릇을 하고 사울은 조수 노릇을 하거나 혹은 그에 버금가는 자리에서 항상 바나바를 보조하는 일을 집중해서 했을 것입니다. 바나바가 주로 거기에서 권유해서 사람들을 많이 모아 놓았으니까 바나바의 일을 적극적으로 도왔을 것입니다. 이런 것이 여기에 나타난 중요한 사실들입니다. 이렇게 해서 서로 협력해서 하나님의 나라의 큰 성격을 확연히 드러낸 사실을 우리가 오늘 본 것입니다.

기도

거룩하신 아버지시여, 오늘은 교회가 유대주의적인 구투에서 아직 완전히 해탈하지 못하고 그냥 예루살렘에만 머물러 있어서 많은 장애를 지닌 채 있었다가 스데반의 문제로 일단 핍박이 일어난 후에 많은 신자들이 북방으로 멀리 수리아 땅으로 혹은 베니게 땅으로 가고, 또 그 밖에 저 멀리 가 있던 사람들, 즉 구레네 사람들이나 구브로 사람들이 배를 타고 건너와서 안디옥에 이르러서 유대 사람뿐 아니라 헬라 사람에게도 도를 전함으로 거기에서 하나님 나라의 진면모가 더 확연히 드러나는 일을 주께서 기뻐하시고 성신님으로 저들을 붙드심으로써 이 일을 주님께서 기뻐하신다는 확증을 저들에게 내리셨고, 이 확증에 대해 예루살렘에 있는 교회도 인정하지 않을 수 없이 확실히 깨닫고 이에 권위자인 바나바를 보내서 그 일을 돕게 함으로써 권위자 바나바가 가서 거기에서 자기의 은사대로 간곡한 말로 권하고 위로하여 많은 사람이 주께 돌아오는 사실을 보았는데, 그 많은 이방 사람이 돌아오는 것을 볼 때에 그들을 가르쳐야 하나님 나라가 바른 궤도에 올라서게 될 것과 그들이 올바로 먹고 올바로 커야 할 것을 발견하고 친구인 사울을 그리로 청해서 거기서 1년 동안을 가르치고 있었다는 이 사실을 보았사옵나이다. 이렇게 해서 참된 하나님의 나라가 여기에서 확실한 형태를 취하고 장차 온 세계에 발전할 모든 요소를 가지고 여기에서 커 나가고 있었고, 그러므로 여기가 중심이 되어서 장차 이방의 여러 군데에 복음을 전파하는 선교의 운동이 일어난 것을 보나이다.

주께서 기이하신 손으로 사람들을 흩으사 예루살렘에서 고식적인 생각 가운데 젖어 있던 신자들을 흩으셨는데, 그 사람들로서는 생활이 불안정하게 되고 생활의 근거지를 떠난다는 것이 괴로운 일이었겠지만, 저들이 하나님의 역사적인 큰 사역의 방향을 스스로 깨닫지 못하였으나 스스로 정하지 못하는 역사의 진행의 노선에 확연히 서서 움직이게 하신 것을 볼 때에, 저희가 어떤 환경을 당하더라도 하나님께 충실하고 하나님의 자식으로서 거룩한 하나님 나라의 씨앗을 늘 가지고 다니면서 어디로 가든지 충성스럽게 그것을 전하기만 한다면 그것을 어디에서든지 쓰시고, 주께서 저희의 환경을 통하여서나 혹은 마음을 감동시키심으로써 여러 가지 방법을 써서 저희를 인도하시는 것을 이제 배웠사옵니다.

주님, 그런고로 오늘날 저희들이 이 한국에 처하여 한국 교회의 형태 앞에서 저희 스스로 조작하지 아니했을지라도 불가부득하여 또한 필연적으로 이렇게 하지 아니할 수 없는 여러 가지 심정하에서 아버님께서 여기에 교회를 세우신 것을 아버님의 그 기이하신 손으로 인도하신 일로 생각하고, 이 교회를 세우신 아버지께서 여기를 통해서 이제 하시려고 하시는 거룩하신 뜻이 있고 이루시려고 하시는 일이 있는 까닭에, 바나바나 사울처럼 지혜롭게 무엇이 필요한지를 저희가 잘 보아서 아버님이 원하시는 바 그 거룩한 나라의 열매를 저희가 확실히 맺게 하시옵소서. 또한 이와 같이 신자가 자기의 생활에 충실한 한편으로 자기가 가지고 있는 하나님 나라의 씨가 생활 가운데에서도 항상 확연히 나타나고 생활 가운데서 접촉하는 사람들에게 또한 전달됨으로 해서 하나님 나라가 더욱더욱 흥왕해 가고 그렇게 진행해 나갔다는 큰 사실을 저희가 더욱 깨닫고 더욱 명심하며, 저희가 어디서든지 하나님 나라의 종자(從者)요 하나님 나라의 자식으로서 마땅히 열매를 맺어야 할 것을 또한 명심하게 하시고, 또한 그와 같은 생활의 확실한 결과가 있게 되기를 원하옵나이다. 아버님, 저희들을 그 영광을 위해서 쓰시고 기뻐하시는 뜻대로 이끄시고 인도하시옵소서.

366 깨끗게 하신 것을 속되다 하지 말라

우리 주 예수 이름으로 기도하옵나이다. 아멘.

1966년 2월 23일 수요일

제16강

베드로를 옥중에서 건져 내심

사도행전 11:19-12:25

(12:1 부터) 그때에 헤롯 왕이 손을 들어 교회 중 몇 사람을 해하려 하여 요한의 형제 야고보를 칼로 죽이니 유대인들이 이 일을 기뻐하는 것을 보고 베드로도 잡으려 할새 때는 무교절일이라 잡으매 옥에 가두어 군사 넷씩인 네 패에게 맡겨 지키고 유월절 후에 백성 앞에 끌어내고자 하더라 이에 베드로는 옥에 갇혔고 교회는 그를 위하여 간절히 하나님께 빌더라 헤롯이 잡아 내리고 하는 그 전날 밤에 베드로가 두 군사 틈에서 두 쇠사슬에 매여 누워 자는데 파수꾼들이 문밖에서 옥을 지키더니 홀연히 주의 사자가 곁에 서매 옥중에 광채가 조요(照耀)하며 또 베드로의 옆구리를 쳐 깨워 가로되 급히 일어나라 하니 쇠사슬이 그 손에서 벗어지더라 천사가 가로되 띠를 띠고 신을 들메라 하거늘 베드로가 그대로 하니 천사가 또 가로되 겉옷을 입고 따라오라 한대 베드로가 나와서 따라갈새 천사의 하는 것이 참인 줄 알지 못하고 환상을 보는가 하니라 이에 첫째와 둘째 파수를 지나 성으로 통한 쇠문에 이르니 문이 절로 열리는지라 나와 한 거리를 지나매 천사가 곧 떠나더라 이에 베드로가 정신이 나서 가로되 내가 이제야 참으로 주께서 그의 천사를 보내어 나를 헤롯의 손과 유대 백성의 모든 기대에서 벗어나게 하신 줄 알겠노라 하여 깨닫고 마가라 하는 요한의 어머니 마리아의 집에 가니 여러 사람이 모여 기도하더라 베드로가 대문을 두드린대 로데라 하는 계집아이가 영접하러 나왔다가 베드로의 음성인 줄 알고 기뻐하여 문을 미처 열지 못하고 달려 들어가 말하되 베드로가 대문 밖에 섰더라 하니 저희가 말하되 네가 미쳤다 하나 계집아이는 힘써 말하되 참말이라 하니 저희가 말하되 그러면 그의 천사라 하더라 베드로가 문 두드리기를 그치지 아니하니 저희가 문을 열어 베드로를 보고 놀라는지라 베드로가 저희에게 손짓하여 종용(從容)하게 하고 주께서 자기를 이끌어 옥에서 나오게 하던 일을 말하고 또 야고보와 형제들에게 이 말을 전하라 하고 떠나 다른 곳으로 가니라 날이 새매 군사들은 베드로가 어떻게 되었는지 알지 못하여 적지 않게 소동하니 헤롯이 그를 찾아도 보지 못하매 파수꾼들을 심문하고 죽이라 명하니라 헤롯이 유대를 떠나 가이사랴로 내려가서 거하니라 헤롯이 두로와 시돈 사람들을 대단히 노여워하나 저희 지방이 왕국에서 나는 양식을 쓰는 고로 일심으로 그에게 나아와 왕의 침소 맡은 신하 블라스도를 친하여 화목하기를 청한지라 헤롯이 날을 택하여 왕복을 입고 위에 앉아 백성을 효유(曉喩)한대 백성들이 크게 부르되 이것은 신의 소리요 사람의 소리는 아니라 하거늘 헤롯이 영광을 하나님께로 돌리지 아니하는 고로 주의 사자가 곧 치니 충(蟲)이 먹어 죽으니라 하나님의 말씀은 흥왕하여 더하더라 바나바와 사울이 부조(扶助)의 일을 마치고 마가라 하는 요한을 데리고 예루살렘에서 돌아오니라

제16강

베드로를 옥중에서 건져 내심

사도행전 11:19-12:25

바나바와 사울이 안디옥에서 예루살렘을 방문함

오늘도 계속해서 사도행전을 보겠습니다. 지난번까지 우리가 안디옥에 비로소 보편의 성격을 가진 현상을 확실히 드러내는 교회가 선 것을 보았습니다. 그래서 그 소식이 예루살렘 교회에 들리니까 "예루살렘 교회가 이 사람들의 소문을 듣고" 예루살렘에 있던 "바나바를 안디옥까지 보내니 저가 이르러 하나님의 은혜를 보고 기뻐하여 모든 사람에게 굳은 마음으로 주께 붙어 있으라 권하니 바나바는 착한 사람이요 성신과 믿음이 충만한 자라. 이에 큰 무리가 주께 더하더라. 바나바가 사울을 찾으러 다소에 가서 만나매 안디옥에 데리고 와서 둘이 교회에 일 년간 모여 있어 큰 무리를 가르쳤고 제자들이 안디옥에서 비로소 그리스도인이라 일컬음을 받게 되었더라"(11:22-26).

바나바가 사울을 데리러 간 때는 대체로 주후 42년경이라고 봅니다. 그때는 사울이 그리스도를 믿는 사람이 된 이후 한 10년 뒤의 일입니다. 그렇다면 그동안에는 어디에 있었는가 할 때 맨 처음에 다메섹 노상에서 주님을 뵙고 그다음에는 다메섹에 갔다가 아라비아로 갔습니다. 그리고 아라비아에서 돌아와서 잠깐 예루살렘을 방문한 일이 있습니다. 즉 아라비아에서 다메섹으로 돌아왔다가 3년 만에 예루살렘을 방문해서 15일을 유할 때 거기에서 게바를 만났던 것입니다. 그것이 갈라디아서 1:17-21에 기록되어 있습니다. 그다음에는 다시 다소로 돌아갔습니다. 그러니까 다소에 가서 적어도 7년은 있었다는 이야기입니다. 고향인 다소에서 아마 성경 연구도 하고 또 거기에서 힘닿는 대로 주위 사람들에게 복음을 전하기도 했을 것입니다.

이제 바나바가 이때에 안디옥에 교사가 필요한 것을 알고 다소까지 가서 사울을 만나서 '가서 같이 이 수리아 안디옥에 와서 일을 하자' 하고 말을 하고서 다소에 있는 사울을 데리고 멀고 먼 길을 왔습니다. 길리기아 다소에서 수리아 안디옥까지 얼마나 되는가 하면 길이 꼬부라져서 한 400리쯤 되는 길입니다. 그렇게 돌아와서는 안디옥에 같이 있었습니다. 예루살렘에서 안디옥까지는 1,200리나 되는 먼 거리이고, 100마일이 400리이니까 예루살렘에서 다메섹까지는 540리나 550리쯤 됩니다. 사울의 행적은 그렇습니다.

"그때에 선지자들이 예루살렘에서 안디옥에 이르니 그중에 아가보라 하는 한 사람이 일어나 성신으로 말하되 천하가 크게 흉년 들리라 하더니 글라우디오 때에 그렇게 되니라"(11:27-28). 글라우디오라고 하면 가이사(Caesar) 계통에 있는 로마의 황제인데, 율리우스 시저(Julius Caesar, 주전 100-44년)부터 시작해서 그다음에는 아우구스투스(Augustus)라고 하는 옥타비아누스(Octavianus, 주전 27-주후 14년 재위)가 있고, 그다음에는 세 번째로 티베리우스(Tiberius, 주후 14-37년 재위)가 있고, 그다음에 네 번째로 칼리굴라(Caligula, 주후 37-41년 재위)가 있고, 그리고 다섯 번째가 이 클라우디우스(Claudius, 주후 41-54년 재위)입니다. 이렇게 글라우디오라는 로마의 황제는 시저, 즉 가이사 계통으로 로마의 정권 혹은 전권을 잡은 사람 가운데 다섯 번째 사람입니다. 이 글라우디오 때에 흉년이 들었습니다.

그래서 그때에 "제자들이 각각 그 힘대로 유대에 사는 형제들에게 부조(扶助)를 보내기로 작정하고 이를 실행하여 바나바와 사울의 손으로 장로들에게 보내니라"(11:29-30) 했습니다. 안디옥에 바나바와 사울이 있었는데 거기에서부터 바나바와 사울이 함께 구제를 위해서 예루살렘을 방문하게 된 것입니다. 그러니까 사울이 안디옥에 온 것이 대체로 42년경이라고 하면 43년을 지나서 글라우디오 때에 흉년이 들어서 예루살렘을 방문한 것이 아마 44년경이나 되었을 것입니다. 그래서 한 2년 만에 바나바와 사울이 예루살렘을 방문한 것입니다.

헤롯이 사도 야고보를 죽이고 베드로를 옥에 가둠

이것이 44년경의 일인데, 그다음에 12장을 보면 "그때에 헤롯 왕이 손을 들어 교회 중 몇 사람을 해하려 하여 요한의 형제 야고보를 칼로 죽이니"(12:1-2) 해서 야고보가 죽었습니다. "유대인들이 이 일을 기뻐하는 것을 보고 베드로도 잡으려 할새 때는 무교절일이라"(12:3). 주후 44년에 바울과 바나바가 구제품을 가지고 예루살렘을 간 후에 이 문제가 일어났습니다. 아마 시간적으로 보면 그렇게 되었을 듯합니다. 그러니까 아직 야고보를 죽이기 전에, 즉 사도 야고보가 순교하기 전에 바울과 바나바는 구제품을 가지고 예루살렘에 이르렀습니다. 그다음에 예루살렘을 떠난 것은 이 야고보가 죽고 베드로가 옥에 갇혔다가 나온 이야기가 있고 그다음에 충이 먹어 헤롯이 죽은 이야기가 있은 후에 "바나바와 사울이 부조의 일을 마치고 마가라 하는 요한을 데리고 예루살렘에서 돌아오니라"(12:25) 했습니다. 그 이야기가 중간에 있었으면 중간에 썼음 직하지만, 누가가 이것을 쓸 때에 차례차례 순서대로 정리해 놓은 것을 생각하고 감(勘)하여 보면 결국 야고보의 순교와 베드로의 옥사(獄事)와 같은 일들이 다 발생하고 헤롯이 죽은 후에 비로소 사울과 바나바는 예루살렘을 떠나서 다시 안디옥으로 돌아간 것같이 생각됩니다. 그런고로 이 모든 것이 전부 다 주후 44년에 일어난 이야기입니다.

여기를 보면 '헤롯 왕이 손을 들어서 죽였다'고 했는데 열두 사도 가운데에서도 예수님을 가장 가까이 모시고 있던 세 사도인 베드로와 요한과 야고보 가운데 요한의 형제 야고보가 여기에서 맨 먼저 순교한 것입니다. 사도 중에 순교한 이가 이분입니다. 이 야고보는 이때 죽었고, 이후에 예루살렘 공회로 모일 때 의장으로 있었고 그 교회의 감독으로 있던 이는 생각건대 예수님의 형제 야고보일 것입니다. 그는 장로 야고보라고도 합니다. 요새는 여러 자유주의 신학자가 다른 설을 많이 주장하기 때문에 우리가 적확(的確)하게 무엇이라고 말할 수가 없습니다. 그러나 어찌되었든지 여기의 명백한 기록대로는 지금 열두 사도 중의 하나요 예수님을 가장 가까이 모셨던 사도의 하나인 야고보가 헤롯 왕의 손에 순교한 것입니다.

이 헤롯이라는 자는 여러분이 잘 아시는 대로 세례 요한을 죽인 헤롯 안디바스의 아들입니다. 갈릴리의 분봉왕으로 있던 안디바스는 예수님도 '저 여우'(눅 13:32)라고 하셔서 그 교활하고 잔인한 성격을 말씀하셨습니다. 그는 예수님께 대해서도 조롱을 한 자인데(눅 23:11) 그의 아들이 헤롯 아그립바 1세입니다. 헤롯 안디바스가 세례 요한을 죽이고 그리스도를 조롱한 후에 14년 뒤에 그의 아들인 이 헤롯 아그립바 1세가 사도 야고보를 죽인 것입니다.

이후에 사도행전 25장을 보면 사도 바울 선생이 다니다가 주후 60년에 헤롯과 버니게 앞에 섰던 일이 있습니다. 그때는 총독 베스도도 있었는데 바울 선생이 헤롯 아그립바와 베스도 앞에서 자기의 일을 변백(辨白)했던 것입니다. 전임 총독 "벨릭스가 유대 사람의 마음을 얻고자 하여 바울을 구류하여"(24:27) 둔 후에 벨릭스를 이어서 베스도가 왔습니다. "베스도가 도임(到任)한 지 삼 일 후에 가이사랴에서 예루살렘으로 올라가니 대제사장들과 유대인 중 높은 사람들이 바울을 고소할새 베스도의 호의로 바울을 예루살렘으로 옮겨 보내기를 청하니 이는 길에 매복하였다가 그를 죽이고자 함이러라. 베스도가 대답하여 바울이 가이사랴에 구류된 것과 자기도 미구(未久)에 떠나갈 것을 말하고"(25:1-4), 이것은 유대 사람들에게 고하는 이야기입니다. 그런 다음에는 바울이 가이사에게 호소를 했습니다. 상소를 한 것입니다. 가이사의 재판 자리 앞에 서서 거기에서 심판을 받아야겠다고 하니까 '그러냐?' 하고는 베스도가 배석자들과 상의하고 '네가 가이사에게 호소했으니 가이사에게 가야 하겠다', 즉 이제 대법원으로 가야겠다고 했습니다. 그래서 아직 가이사랴에 있는데 며칠 후에 "아그립바 왕과 버니게가 베스도에게 문안하러 가이사랴에 와서 여러 날을 있더니"(25:13) 해서 결국 아그립바 왕이 바울의 말을 듣기를 원하니까 그 앞에서 이야기했습니다. 여기에 아그립바라는 사람이 또 있습니다. 이 사람은 야고보를 죽인 사람의 아들입니다. 16년 후의 이야기입니다. 야고보가 죽은 주후 44년 이후에 16년이 지난 주후 60년에 바울 선생이 아그립바 왕 앞에 불려온 것입니다.

그러고 보면 이 헤롯 가(家)는 초대의 교회의 발전과 항상 대조적인 한 상(像)을 보여 줍니다. 역사적인 사건에 큰 힘을 미친 것은 아닐지라도 적어도 대조적인 상을 보여 줍니다. 이미 예수님이 나실 때부터 그러했고 그 이후에도 헤롯 일가는 자식으로, 손자로, 증손자까지 쭉 내려가면서 항상 하나님의 나라의 일에 크게 반대되는 암흑의 면에 부각되어 나타나고 있습니다.

"그때에 헤롯 왕이 손을 들어 교회 중 몇 사람을 해하려 하여" 먼저 "요한의 형제 야고보를 칼로 죽이니", 즉 사도 야고보를 칼로 죽이니까 "유대인들이 이 일을 기뻐하는 것을 보고 베드로도 잡으려 할새 때는 무교절일이라"(12:1-3). 양력으로 봄입니다. 4월쯤 되었을 때입니다. "잡으매 옥에 가두어 군사 넷씩인 네 패에게 맡겨 지키고 유월절 후에 백성 앞에 끌어내고자 하더라"(12:4). 이렇게 해서 옥에 갇혔는데 밤에 천사가 와서 베드로를 끌어낸 이야기입니다. 이 이야기는 이미 읽은 대로 여러분들도 다 잘 아시는 이야기입니다.

이것을 보면 하나님께서 베드로를 옥에서 끌어내실 때 이런 기이한 방법으로, 즉 천사를 보내서 건져 내셨습니다. 베드로는 그를 가장 엄중하게 쇠사슬로 묶어 둔 두 군사 틈에서 쇠사슬로 군사들과 함께 묶여서 자는 것입니다. 꿈지럭거리기만 하더라도 군사가 깨니까 도저히 쇠사슬을 벗고 도망할 길이 없습니다. 그런데 천사가 나타나니까 "옥중에 광채가 조요(照耀)하며 또 베드로의 옆구리를 쳐 깨워 가로되 급히 일어나라 하니"(12:7) 쇠사슬이 그 손에서 그냥 벗어졌습니다. "천사가 가로되 띠를 띠고 신을 들메라 하거늘 베드로가 그대로 하니 천사가 또 가로되 겉옷을 입고 따라오라 한대 베드로가 나와서 따라갈새 천사의 하는 것이 참인 줄을 알지 못하고 환상을 보는가 하니라"(12:8-9). 첫째 파수꾼과 둘째 파수꾼이 있는 데를 지나서 "성으로 통한 쇠문에 이르니 문이 저절로 열리는지라. 나와 한 거리를 지나매"(12:10), 그렇게 안전한 자리까지 데려다 준 다음에 천사는 사라졌습니다. 떠났다는 말씀입니다. 그때에야 베드로가 정신이 들어서 "내가 이제야 참으로 주께서 그의 천사를 보내어 나를 헤롯의 손과 유대 백성의 모든 기대에서 벗어나게 하신 줄 알겠노라"(12:11) 하고서 곧 마가 요한의 집을 찾아갔습니다.

그곳은 지금 세나쿨룸(Cenaculum)이라고도 하는 자리인데, 시온 산의 산등성이에 있는 집입니다. 그 집 자리라고 해서 저도 가 보기는 했습니다. 지금 있는 집은 바로 그 집은 아니지만 꼭 그 자리에 그대로 비잔틴

때 세운 집인데 그 위가 성만찬을 하던 다락방이라고 해서 올라가 보고 그 근방을 편답(遍踏)해 보았습니다. 베드로가 "마가라 하는 요한의 어머니 마리아의 집에 가니 여러 사람이 모여서 기도하더라"(12:12). 베드로가 그 문을 두드리니까 로데라 하는 계집종 아이가 영접하러 나와서 누군가 했더니 베드로의 음성이 들리니까 마음으로 의아해 한 것이 아니라 기뻐서 미처 문은 안 열고 안에 들어가서는 '밖에 베드로가 서 있습니다' 하니까 기도하던 그 사람들이 하는 말이 '너, 미쳤다'고 했습니다. 기도는 했어도 베드로가 그렇게 살아서 문을 두드리라고는 기대하지 않았으니까 하는 이야기인 것입니다.

믿음이 없어서 그렇게 했습니까? 믿음이 없어서 그렇게 한 것은 아닙니다. 그러나 적확하게 베드로가 주의 건지심을 받아서 살아서 돌아오리라는 확신을 가진 것은 아닙니다. 왜냐하면 베드로가 돌아와야 할 어떠한 절대적인 사실이나 필연성을 알 만한 아무런 것이 없는 까닭에 그 사실을 믿을 길이 없는 것입니다. 그러므로 "무엇이든지 기도하고 구하는 것은 받은 줄로 믿으라. 그리하면 너희에게 그대로 되리라"(막 11:24) 하셨을 때 그것을 이미 내가 다 받은 줄로 믿으려면 믿을 만한 필연성, 즉 그렇게 되어야 할 필연성이 거기에 있어야 합니다. 그것이 없으면 그렇게 될 수도 있고 안 될 수도 있으니까 믿을 수가 없고 다만 '하나님이여, 불쌍히 여기소서' 하는 것이 첫째로 중요한 기도일 것입니다. 그런 기도는 무효하냐 하면 무효한 것이 아닙니다. 사실상 그런 기도도 여기에서는 자기네가 구하는 내용 이상의 대답을 얻은 것입니다.

베드로는 옥중에서 우리말로 하면 항쇄족쇄(項鎖足鎖)를 해서 도저히 벗어날 수가 없는 상태였습니다. 실은 항쇄족쇄의 정도가 아닙니다. 항쇄는 칼을 씌우는 나무틀이니까 그것을 빼갤 수도 있겠지만, 베드로는 군사들 틈에 같이 묶어서 재우는 판이니까 몸뚱이만 움직이면 옆에 있는 군사가 양쪽에서 다 깨어서 일어나는 처지입니다. 발도 그렇게 양쪽 군사의 발에 묶여 있으니까 당최 움직일 길이 없습니다. 그러니까 이것은 우리나라 말로 소위 항쇄족쇄라 하여 목과 발을 칼로 꼭 묶어 놓는 것보다 훨씬 더 엄중하고 엄격하게 지키는 것입니다. 그러니까 거기에서 벗어났다는 이 큰 사실을 이들은 믿을 수가 없었습니다. 그래도 로데가 분명히 베드로라고 했습니다. "계집아이는 힘써 말하되 참말이라 하니 저희가 말하되 그러면 그의 천사라 하더라"(12:15). '어찌되었든 본인은 아니다' 하는 말입니다. 본인이 왔다고 하니까 '그의 천사가 왔나 보다. 네가 본 것은 천사이다' 한 것입니다.

결국은 베드로가 그들을 다 만났습니다. "베드로가 문 두드리기를 그치지 아니하니 저희가 문을 열어 베드로를 보고 놀라는지라. 베드로가 저희에게 손짓하여 종용(從容)하게 하고 주께서 자기를 이끌어 옥에서 나오게 하던 일을 말하고 또 야고보와 형제들에게 이 말을 전하라 하고", 여기에서 '야고보와 형제들'이라고 할 때의 야고보는 죽은 야고보가 아니라 예수님의 형제라고 하는 장로 야고보입니다. 여기 예루살렘 교회의 감독 노릇을 하던 사람입니다. "야고보와 형제들에게 이 말을 전하라 하고 떠나 다른 곳으로 가니라"(12:16-17).

기적에 대해 잘못 생각하면 안 됨

여기에서는 기도하는 자세도 볼 수 있지만, 오늘 저녁에는 기도하는 자세 문제보다도 베드로를 건져 내신 우리 주님의 기이하신 방법이나 사랑의 도(道)에서 우리가 깊이 명상하고 생각할 것들이 많이 있습니다. 베드로는 이런 거의 절망적인 상태에서 기적으로 의연하게 아무 탈 없이 구원을 잘 받았습니다. 몇 겹으로 둘러싸여 있어서 도저히 나갈 길이 없는 곳이었고 두 군사 틈에 매여 있어서 도저히 어떻게 움직일 수 없는 상태였는데 주께서 하고자 하시니까 다 해결이 되었습니다. 자기를 둘러싼 가장 엄중하고 가혹한 환경을 다 벗어 버리고 자유로운 데로 나와서 계속적으로 자기의 일을 하게 된 것입니다. 이와 같이 주님의 사랑과 기이하신 손이 하고자 하시면 언제든지 이런 것을 하실 수가 있는 것입니다.

그러나 여러분이 다 아시는 대로 수많은 사람이 성경에 있는 특이하고 기적적인 사실들에 대한 생각을 하나의 희망과 기대로 가지고 있는 경향이 있습니다. 예를 들면 다니엘의 세 친구인 사드락, 메삭, 아벳느고라는 이름을 가진 하나냐, 미사엘, 아사랴는 풀무에 던져졌는데도 주께서 저들을 지키셔서 그 풀무에서 건지심을 받았습니다. 또 다니엘은 사자 굴에 던져졌어도 주께서 사자의 입을 막으셔서 아무 탈이 없이 거기에서 다시 나오게 하셨습니다. 이런 것들은 많은 신자들에게 주님의 크신 손이 직접 주장(主掌)해서 어떤 위험 속에서라도 자기를 보호하신다는 용기를 주는 이야기가 되지만, 사람들이 그릇되게 해석하거나 잘못 알면 그런 것은 용기를 주는 이야기가 아니고, 결과적으로는 '아직도 나는 그 의미를 모르겠다' 하고 불가해한 그 사실들에 대해서 실망과 암암(黯黯)한 생각 가운데에서 그 목숨이 사라지기도 하고 괴로움으로 그냥 떨어져 버리기도 하는 것입니다. 그러니까 우리가 믿음이라는 미명하(美名下)에서 하나님 말씀에 있는 어떤 특이한 사실들에 대한 해석과 생각을 잘못 가지면 오히려 신앙상 큰 손해를 보는 것이라는 점에 주의해야 합니다.

환난이 있고 핍박이 있고 혹은 순교를 해야 할 만하게 굉장히 가혹한 탄압을 받고 핍박을 받는 시대에는 수많은 사람들이 베드로를 옥중에서 건져 내신 하나님의 손과 뜨거운 풀무에서 세 사람을 건져 내신 하나님의 자비와 권능의 손과 사자 굴에서 건져 내신 하나님의 무한하신 사랑의 손을 생각할 것입니다. 혹은 자기네 심정에 괴로움이 있을 때에는 '치료하시는 여호와', 곧 여호와 로페카(יְהוָה רֹפְאֶךָ)를 생각할 것입니다. 이스라엘 백성이 마라의 건지(乾地)로 가다가 물이 써서 먹을 수 없을 때 '한 나무를 베어서 거기에 던지면 물이 달아진다' 해서 사람들이 그 단물을 먹은 다음에 '여호와는 치료하시는 분이시요 의사이시라' 해서 아도나이 로페카(אֲדֹנָי רֹפְאֶךָ), '너희의 의사 여호와' 라는 말을 썼습니다(출 15:23-26 참조). 의사가 로페(רֹפֵא)인데 '치료하시는 여호와' 혹은 '여호와는 치료하시는 분이라' 해서 여호와 로페카라고 한 것입니다.

그렇지만 하나님 나라의 진행의 역사를 쭉 보면 수많은 사람이 기대했던 로페카이신 여호와를 직접 만나지 못하고 그대로 쓰러지거나 고통이 그대로 계속되어 고통 가운데 죽어 가고, 가혹한 핍박과 환난이 그냥 계속되어서 핍박 가운데 쓰러져 간 사람이 한두 사람이 아닙니다. 그 사람들이 다 믿음이 없어서 그렇게 되었거나 해석을 잘못해서 그렇게 되었는가 하면 그것은 아닙니다. 그들 가운데에는 위대한 믿음의 용사들도 많이 있습니다. 그런고로 하나님은 모든 경우에서 몇 개의 특이한 사실에 나타난 것과 똑같은 양태로 늘 대처해 주신다고 생각한 많은 해석자들이나 그렇게 생각한 사람들에게 문제가 있는 것이지 환난을 당하면서도 하나님 영광을 위해 끝까지 견디면서 영광을 욕되게 하지 않고 간 사람들에게 문제가 있는 것은 아닙니다.

그런고로 항상 무슨 문제가 있을 때 우리가 주의해야 할 것이 있습니다. 첫째는 "네 짐을 여호와께 맡겨 버리라. 저가 너를 붙드시고 의인의 요동함을 영영히 허락지 아니하시리로다"라는 시편 55:22에 있는 말씀과 같은 허락이 있습니다. '여호와께서 때를 따라서 우리를 건지시지 않느냐' 하는 것입니다. 또 "날마다 우리 짐을 지시는 주, 우리의 구원이신 하나님을 찬송하리로다"(시 68:19) 하는 말씀처럼 '날마다 우리 짐을 져 주시는 하나님' 이라는 말이 있습니다. 또 신약에 와서는 "너희 염려를 주께 다 맡겨 버리라. 이는 저가 너희를 권고(眷顧)하심이니라"(벧전 5:7)

하고 말씀했습니다. 이런 말씀들은 적극적으로 우리의 근심과 걱정을 주님께 맡기고 살라는 중요한 권고(勸告)입니다.

동시에 '만일 너희가 너희의 걱정을 주께 맡기지 않고 그냥 이생의 여러 가지 걱정과 살기 위한 걱정과 인생고에 대한 걱정을 그냥 붙들고 가는 동안에는 한 가지가 있다. 그것이 무엇인가 하면 가시떨기에 떨어진 씨와 같은 것이다' 하는 것입니다. 가시떨기에 떨어진 씨는 믿고 살아가는 중에 이생의 염려와 재리의 욕심과 기타의 욕심 혹은 일락(逸樂)에 기운이 막히는 것입니다(마 13:22; 막 4:18-19; 눅 8:14 참조). 거기에 이생의 염려라는 말이 있습니다. '현재 너희가 사는 데서 오는 생활의 염려는 모든 사람에게 용허(容許)된다 하더라도 네 속에 들어가 있는 말씀의 씨는 혹은 그런 염려를 하는 사람들 위에 떨어진 말씀의 씨는 그대로 좋은 열매를 맺을 수가 없는 것이다' 하는 이야기입니다. '네가 마음으로 걱정을 할지라도 염려는 주께 맡겨 버리라. 의탁해 버리라. 저가 너를 권고하시는 까닭에 그렇다. 즉 자기의 식구로, 자기 가정의 친히 돌아보실 대상으로 다 아시고 가장이 되시는 주께서 친히 돌아보시는 까닭에 그러한 것이다' 하는 말을 했습니다.

그런고로 이것은 분명한 사실이지만 그것만을 강조하면 한쪽의 사람들은 오해할 우려가 있는 것을 우리는 때때로 보게 됩니다. 그 오해는 무엇인가 할 때 사람이 어떤 중대한 문제, 인생의 문제, 역사상의 문제, 사회의 문제 앞에서 내 모든 염려를 주께 맡겨 버린다고 하면 주님께서 문제를 선히 해결하시고 고통과 어려움이 없이 광명하게 치리하셔서 편히 가게 하시느냐 하면 반드시 그런 것이 아닌 것을 다 경험하는 것입니다. 그런 데에 문제가 있는 것이고 그런 데에서 오해를 하는 것입니다. 우리의 염려를 주께 맡긴다고 할 때 주님 앞에서 자기가 원하는 방식으로, 자기가 기대하는 양상으로 문제가 해결될 것을 기대하고 있으라는 이야기는 아닙니다. 주님께 맡겨 버리고 마는 것입니다. '어떻게 결정하시고 어떻게 처리하시든지 주님의 처분이시다' 하고 맡겨 버리는 것이지 자기가 '아, 이것이 염려스러워서 내가 이렇게 계산하고 이렇게 해결해 보고자 했어도 안 되니까 주님, 다 맡으시옵소서 하면 주님이 해결해 주신다' 하는 결론을 낸다면 그 해결이라는 것은 자기가 구상한 해결이겠지만, 그렇게 하는 것은 옳지 않다는 것입니다.

늘 기적으로 우리를 악에서 건져 주시는 것은 아님

여러분, 우리가 다 잘 아는 바와 같이 주님은 이 세상의 여러 가지 복잡한 악과 그릇됨과 병폐를 다 해결해 주시지 않습니다. 주님이 그것을 해결해 주시려고 이 세상에 오신 것은 아닙니다. 예수를 믿으라고 전할 때에도 세상의 사회악이나 개인의 여러 가지 악이나 인류의 병폐에 대해서 마음에 진통이 있고 고통이 있는 사람이 그 고통에 대해서 호소할 때 '예수께 나오십시오. 예수님은 거기에 대해 다 대답해 주십니다' 하고 말한다면 틀리는 말입니다. 우리가 주일에도 그 이야기를 했습니다. 예수를 믿고 들어오는 문이 그렇게 여러 개가 아니라고 말씀드렸습니다. 우리의 죄에 대해서만 이야기하는 것이지 세상의 고통이나 진통이나 사회악이나 그런 문제를 가지고 떠드는 것이 아닙니다.

그러면 사회악이나 진통 같은 것들은 없느냐 하면 그런 것들이 다 있습니다. 그리고 사회악이나 사회의 부조리는 나 개인과 상관없는 것이 아니라 나와 직접 늘 상관이 있는 것입니다. 차를 타기가 어려운 사회 환경에 있으면 예수 믿는 사람이라고 해서 차를 편안하게 타는 것이 아니라 다 타기 어려운 것입니다. 물자가 없어서 고통스럽고 탐하느라고 야단 내거나 좀 더 타 내고 매점하려고 애쓸 때에는 예수 믿는 사람도 같이 당합니다. 이런 사회악은 그것이 물질적인 어떤 것이었든지 혹은 사상적인 것이었든지 혹은 좀 더 심오한 정신적인 것이었든지 그렇지 않으면 사회 일반 생활의 세태적인 것이었든지 믿는 사람이든지 안 믿는 사람이든지 다 같이 당하는 것입니다. 물론 똑같은 정도로 똑같은 심정을 일으키고 똑같은 고통을 준다는 말은 아닙니다. 그렇다고 해서 믿는 사람에게는 고통을 훨씬 안 준다는 말도 아닙니다. 그 사람이 하나님과 어떤 관계를 가지고 있으며 하나님 말씀을 얼마나 깨닫고 있느냐 하는 데 따라서 그 사람의 고통의 정도가 달라지는 것은 분명한 것입니다.

그러나 사회의 현상으로 보아서는 흉년이 들면 그 지경에 사는 안 믿는 사람에게만 흉년이 들고 믿는 사람에게는 풍년이 되느냐 하면 그렇지 않습니다. 그러면 그런 때에 '네 모든 염려를 주께 맡겨 버리라' 하셨다고 해서 주께 염려를 맡긴 사람에게는 흉년 든 해에 풍년 든 것같이 모든 것이 금방 해결된다는 말은 아니라는 것입니다. 하나님의 뜻은 이 사회에 있는 병폐와 악과 진통을 일거에 제거해 버리시는 것이 아니고, 또는 안 믿는 사람에게는 그런 것들이 있으나 믿는 사람에게는 그 믿음에 따라 그런 것들을 제거해 주신다는 것도 아닌 까닭에, 그런 확실한 하나님의 뜻 안에서 염려를 주께 맡겨 버렸을 때 주님이 피할 길을 내셔서 가장 지혜롭고 가장 긴요하게 인도해 주신다는 사실을 우리가 경험하는 것이 더 중요한 것입니다. 반드시 베드로와 같이 옥중에 갇혀 있는 사람을 옥에서 이런 식으로 이끌어내시는 것이 아닙니다.

옥중이라고 할 때 반드시 개인의 감옥살이만을 뜻하는 것이 아니라 사회가 용광로처럼 고통스런 옥과 같은 때가 있는 것입니다. 일본 시대의 사실들을 아시는 분들은 다 경험해 보셨을 것입니다. 태평양 전쟁 때 배급 제도를 실시하고 오고가는 것까지 전부 철저하게 검색하던 시대에 얼마나 무서운 전체주의의 독재 세계 가운데서 신음하고 살았던가를 다 아실 것입니다. 그것은 어느 개인이 감옥에 들어앉아 있는 것보다 훨씬 고통스러운 한 거대한 감옥이었습니다. '거기서 피해 나갈 수 있다는 것도 어려운 일이지만, 피해 나갈 수 있다면 얼마나 기쁠 것인가' 하고 생각해 보았습니다.

저는 이 장면의 성경을 그렇게 고통받는 시기에 읽고 '하나님께서 이러한 큰 옥중에서 주의 자녀들을 건져 내시지 않겠는가? 주를 의지하고 구하는 자들을 건져 내시지 않을 것인가?' 하는 문제를 가지고 산에 올라갔습니다. 산에 올라가 앉아서 깊이 명상하고 생각했습니다. '하나님의 말씀은 이렇게 있지만, 그러한 반면에 앞이 트여 있지 않은 수많은 사람은 똑같이 신실할지라도 옥에서 고통하다 죽는다. 그런 사람도 많다. 왜 그럴까? 굶어 죽는 사람도 많다. 히브리서에 믿음의 용사들에 대해서 쭉 쓴 것을 보면 세상이 감당하지 못할 고생을 하고 돌아다니고 산으로 들로 두류(逗留)하고 짐승의 가죽을 입고 먹지 못하고 고통하며 살다가 죽는 사람도 있다. 그 사람들을 건질 힘이 하나님께 없어서 그랬겠는가? 그러면 거기에 무엇이 있는가? 왜 베드로는 이렇게 건지시고 수많은 제2, 제3의 베드로들은 옥에서 그냥 사라지게 하시는가?' 그런 문제에 대한 하나님의 크신 뜻과 계획이 무엇인가를 올바로 아는 데에서만 이런 구절과 아주 희망적인 격려를 할 만한 여타의 말씀들이 참되게 신앙의 광명을 주는 말이 되지 잘못 해석하면 광명이 아니라 환상을 보는 것입니다. '베드로도 옥에서 건지셨으니 이 경우에도 이런 옥과 불 같은 데에서 건지리라'고 하면 환상이 되기 쉽다는 말입니다. '하나냐와 미사엘과 아사랴도 불 가운데서 건지셨으니 우리도 불 가운데서 건지시리라'고 한다면 환상을 보는 것입니다.

그렇게 강단에서 아무리 강조할지라도 정당한 강조가 안 되는 것입니다. 왜냐하면 하나님의 크신 뜻으로 우리에게 이미 나타나 보이신 것은 우리가 있는 까닭에 이 땅이 곧 천당과 같이 이상향으로 화하게 하는 것이 아니기 때문입니다. 오히려 고통과 죄와 병폐와 악이 있는 이 세상으로 우리를 보내신 것입니다. '이 세상'이라고 했을 때에는 '이 세상에 있는 여러 가지 상태를 너도 같이 당할지라도 그것이 소위 네 운명이 아니고 네 분깃이 아니다. 걱정하지 마라. 내가 너에게 일을 시키려고 거기에 보낸 것이다. 그리고 네가 일을 충분히 할 수 있도록 다른 보장은 다 하마. 그러니 어려울지라도 걱정 말고 하거라' 하시는 것입니다. 그런고로 사도 바울 선생은 그런 것을 잘 이해한 까닭에 자기가 다른 사람보다 더 고생을 많이 하고 매도 수없이 맞고 굶기도 많이 하고 또 위험도 많이 당했지만, 그러나 "내게 능력 주시는 자 안에서 내가 모든 것을 할 수 있느니라"(빌 4:13) 하고 말했습니다. 그만큼 튼튼하게 믿었습니다. 하나님의 보장은 자기 식으로 문제를 해결하는 데 있는 것이 아니라 나를 보내신 하나님의 일을 이루어 나가는 데 보장이 있는 것이고 그 일을 이루기 위해서 나를 지지해 주신다는 데 보장이 있는 것입니다. 그런고로 그런 점을 우리가 주의해야 할 것입니다.

우리가 하나님의 여러 가지 약속을 믿는다고 할 때나 사랑하시는 하나님께서 우리의 생활이라든지 안전을 보장해 주시는 것을 믿는다고 할 때, 오늘 우리가 함께 기도한 바와 같이 우리의 믿음이 살아 있는 믿음이 되려면 확실하고 생생한 생활의 경험들이 필요한 것인데, 그 경험이 어떤 경험인가를 오해하면 안 됩니다. 어떤 경험인가 할 때 '내가 믿었더니 하나님께서 과연 홀연히 문제를 해결해 주셨다' 하는 식의 경험을 하라는 것이 아니고, '모든 것을 맡겼더니 순하게 다 문이 열려서 가게 되었다' 하는 것을 경험하라는 것이 아닙니다. 그것을 가지고 '그것이야말로 하나님의 약속의 응함이다' 하고 내댄다면 그런 특이한 예는 대단히 희소한 것이어서 많은 사람에게 신앙의 표준이 안 되는 것입니다.

우리가 그러한 경험을 한다고 해서, 하나님은 생생한 현실의 하나님이라고 해서, 야훼 로페카 혹은 치료하시는 여호와라고 해서 금방금방 일이 그대로 이루어진다고 생각한다면 무엇과 같은가 하면 중병이 들어서 어찌할 길이 없는 이가 기도해서 병이 낫는다는 그러한 식의 신앙과 같은 유(類)가 되는 것입니다. '열심히 기도하면 낫겠습니다. 즉 믿기만 하면 이루신다고 했으니 주여, 믿습니다. 이제는 낫겠습니다' 하는 식입니다. 그것이 사회의 병폐였든지 개인적인 고난이었든지 어떤 결핍이었든지 그런 식으로 어떤 문제를 해결하려고 하고 '주여, 믿습니다' 하고 주님을 이용해서 자기의 행복을 도모하는 그따위 생각을 하고 그런 식으로 문제를 해결하려고 생각하는 것은 망상입니다. 자기 개인뿐 아니라 자기나 자기 사회의 문제를 그렇게 해결하겠다는 것이 오늘날 자유주의 신학이 하는 소리이지만, 주님을 이용하고 기독교를 이용하고 하나님의 권능을 이용해서 인류의 행복을 증진시키겠다고 하는 이런 식의 생각은 망상인 것입니다. 절대로 그렇게 되지 않는 것입니다.

고통이 있는 세상에 우리를 두시는 이유

그런고로 우리가 주님의 약속이나 주님의 능력이나 생생하고 현실적인 손을 경험한다 할 때 그것은 어떤 점에서 그러한가 하면 주님이 친히 우리를 이 세상에 보내신 본의를 나타내시며 그런고로 이 세상의 현실을 통재(統宰)하시는 터 위에서 주님의 손이 나타나는 것입니다. 이 세상의 현실을 통재하는 현실이란 무엇인가 하면 때를 따라서 하나님의 진노와 심판이 세상과 인류 위에 임하고 하나님의 심판의 형벌이 부분적으로 땅 위에 임해서 흉년도 들고 지진도 나고 고통도 받고 어려움도 당하고 사회가 물 끓듯 하고 경기가 갑자기 공황(恐慌)에 빠지는 수도 있는 것이고 전쟁도 나고 그러는 것입니다. 이것은 하나님이 이 세상을 통재하시는 방법입니다. 하나님은 엄연히 계셔서 세인의 죄에 대해 영원한 지옥의 형벌로뿐 아니라 이미 형벌을 선고한 그때부터 당신이 기뻐하시는 대로 때를 따라서 인류 위에 심판을 가하시고 개인에게도 가하시는 것입니다.

이러한 사실이 있는 까닭에 인류 전체 위에 하나님의 형벌이 임할 때에는 형벌이 임한 이 세계에 우리를 보내셨다는 것을 우리가 늘 생각하고 가야 하는 것입니다. 가령 하나님의 형벌이 큰 경제 공황이라는 현실로 임하거나 하나님의 형벌이 전쟁이나 세계의 대전이라는 형태로 임했다 할 때 그 속에 우리를 보내셨으면 그것이 있는 시대에 가서 일을 하는 것이지 나는 그것을 피하고 내게는 아무 문제가 없고 나만 유토피아로 가거나 가장 안전한 곳으로 홀연히 가게 한다는 그런 식의 문제 해결을 바라고 나간다면 세상에 나를 보내신 하나님의 본의라는 것은 모두 어디로 간 것입니다.

왜 우리가 이 세상에 있느냐 할 때 하나님의 신령하고 기이한 능력을 이용해서 이 세상의 여러 가지 어려운 문제를 긴요하게 피하고 살려고 이 세상에 있는 것이 아닙니다. 그렇다면 참으로 어떤 사람들의 생각대로 우리를 구원하셔서 중생한 그 시간에 천당으로 데려가 버리셨어야 할 것입니다. 다시 아무 문제가 없고 다시 눈물이 없는 데로 데려가 버리시면 그만인 것입니다. 그러면 무엇 때문에 땅에 두셨습니까? 그런고로 우리가 땅에서 예수를 믿고 홀연히 평안한 세계를 얻는 것이 우리의 목표가 된다는 그런 식의 생각이나 자기의 행복과 기쁨을 얻는 세계만을 생각하는 그런 생각을 버려야 하는 것입니다. '나를 땅으로 보내셨다. 그 땅은 하나님이 통재하시는 땅이다. 하나님이 엄위와 인자를 가지고 통치하고 계시는 땅이다. 권능의 왕이 그 권능의 왕국을 통치하고 계시는 현실에 나를 보내신 것이다' 하는 것을 믿는 것입니다.

그런데 거기에 또한 개인적인 하나님의 섭리의 은혜와 인도가 반드시 같이하는 것이 있어야 합니다. 그런 까닭에 모두가 다 똑같은 양태로 환난을 받는 것이 아닙니다. 여러분이 다 잘 아시는 바와 같이 같은 전쟁 속에서도 사는 사람이 있고 죽는 사람이 있습니다. 살아도 좀 안전하게 사는 사람이 있고 그냥 고통 속에 사는 사람이 있고 그런 것입니다. 같이 흉년을 겪어도 조금 괜찮은 사람이 있고 더 고통받는 사람이 있습니다. 개인차가 많이 생기는 것입니다. 주를 믿는 사람에게는 또한 주님께서 가장 적절하게 개인적인 모든 은혜와 그의 크신 섭리의 은혜를 내리시는 것이라는 사실을 또한 우리는 믿어야 하는 것입니다. 그런고로 우리가 그 섭리의 은혜 가운데에 있어서 이 세상에 환난이 있을지라도 그 환난 가운데에서도 마음에 요동함이 없이 평안을 늘 얻고 살게 하시는 것입니다.

그러면 이러한 이 큰 사실 앞에서 우리가 무엇을 경험한다고 할 때 그런 조건 위에서 나를 보내신 목적을 향해 하나님의 긴요하신 손으로 항상 전진시켜 주신다는 그것이 중요한 경험인 것입니다. 내가 환상을 가진 대로 홀연히 문제가 해결되어서 평안하게 된다든지 내가 생각하고 우리들이 생각한 대로 홀연히 사회적인 악과 병폐가 제거되어서 여기에 유토피아가 건설될 수 있는 희망이 있다든지 하는 이야기가 아닙니다. 하나님의 목적은 인류의 행복과 인류의 이상향 건설에 있는 것이 아닙니다. 하나님의 나라로 인류를 바꿔 놓는 데 있는 것입니다. 하나님의 목적은 이런 사람들을 다 데리고 땅 위에 이상향을 건설하는 데 있는 것이 아니라 선택하신 사람을 뽑아서 마침내 영광의 완성으로 이끌고 나가시는 데 있습니다. 그렇게 되는 날이면 하늘과 땅이 다 없어져 버리고 새 하늘과 새 땅이 온다고 했습니다. 그것이 하나님의 목적입니다. 그러기 위해서 땅 위에 있는 동안에는 하나님의 거룩한 나라가 인류의 역사(歷史)의 진행과 병행하는 것입니다. 즉 흑암과 고통이 병행하는 이 위에서 하나님 나라의 역사(役事)가 같이 진행하고 있다는 것을 알고 있어야 합니다. 하나님 나라의 역사는 그런 위에서 마음에 평강을 주시는 것입니다.

예를 들면 영하 30도 되는 북극 지대에서 사는 사람은 믿는 사람도 영하 30도이고 안 믿는 사람도 30도입니다. 믿는 사람에게는 영상 30도로 올라가는 것이 아닙니다. 그럴지라도 하나님의 섭리의 손이 필요해서 거기에 보내셨으면 그를 얼어 죽지 않게 하시고 보호하시고 지키시셔 일을 이루게 하십니다. 이와 같이 하나님이 일을 이루신다는 보장이 있는 것이고 그 보장을 경험해 나가는 것입니다. 하나님의 보장은 그런 데에 있습니다. 일을 이루기까지 계속 끝까지 다 보존해 주셔서 내가 달려갈 길을 반쯤 달리다가 죽지 않는다는 말입니다. "내가 선한 싸움을 싸우고 나의 달려갈 길을 마치고 믿음을 지켰으니 이제 후로는 나를 위하여 의의 면류관이 예비되었으므로"(딤후 4:7-8상) 하는 사도 바울 선생의 말과 같이 달려갈 길은 다 가게 하시는 것입니다. 큰 보장을 믿은 그가 한 말입니다. 달려갈 길이 어디까지인가 할 때 해야 할 일이 있고 일을 시키신 분부의 사실이 내게 확신으로 있는 동안에는 가는 것입니다.

　그러기 위해서 하나님께서는 그 기묘한 손으로 때를 따라서 기이한 섭리로 역사하시는데 그것이 특별 섭리라는 것입니다. 기이한 손으로 그와 같은 일을 하시지 않는 것이 아닙니다. 그러나 그것이 항례(恒例)와 같이 늘 있는 것은 아닙니다. 필요한 어느 때 하시는 것입니다. 베드로에게도 항상 이렇게 하신 것은 아닙니다. 이때 한번 그렇게 하신 것입니다. 그 후에는 어떻게 되었는지 알 수 없으나 기록대로 보면 베드로는 결국 거꾸로 십자가에 못 박혀 죽겠노라고 해서 그렇게 순교했다고 합니다. 그러면 베드로가 순교할 때 또 그렇게 건져 내시지 왜 안 건져 내셨습니까? 문제는 하나님께서 그가 달려갈 길을 다 달려가게 하신 것입니다. 그런 것을 믿는 것입니다.

　특별히 이것을 주의하셔야 합니다. 하나님께서 우리에게 '네 염려를 다 주께 맡겨라. 네 짐을 여호와께 맡겨 버리라' 하신 말씀이 다 있어서 우리가 과연 그렇게 합니다. 그 말씀을 믿는 사람은 자기의 염려와 짐을 주께 맡겨 버리면 여호와의 뜻대로, 주의 뜻대로, 주의 계획대로 이루실 것이라고 믿는 것입니다. 그러나 주의 계획이라고 할 때 환난이 있는 이 땅 위에서 하나님 나라는 엄연히 존재하고 진행하지만, 하나님 나라의 통치 대권의 작용은 안 믿는 사람과 불의한 사람과 반역하는 사람들이 있는 세계에서 덮어놓고 이상 세계를 세우지 않는 것입니다. 거기에는 형벌이 있고 진노가 있고 저주가 있습니다. 진노와 저주의 결과로서 형벌이 때때로 땅 위에 임하는 이 세대에서 우리에게 나가서 일하라고 하시고 찬 데로 가서 일하라고 하실 때에는 차다는 그 조건하에서 일을 하는 것입니다. 그와 마찬가지로 그러한 사회의 불안과 사회의 병폐 속에서 일을 하는 것입니다.

    그러한 병폐를 개선하려고 일하는 것이 아니라 하나님이 거룩하신 것과 하나님의 엄위와 능력을 전달하되 거룩한 교회가 거기에 서서 하나님 나라의 진리를 드러내는 데 의미가 있는 것입니다. 유토피아가 아니라 교회인 것입니다. 결국은 하나님께서 유일의 행복을 주십니다. 그러나 그 유일의 행복은 본질의 교회, 보편의 교회, 참된 교회를 이루는 것입니다. 그것을 떠나서 사람의 사회를 별다른 단위로 취해서 축복하시겠다는 것이 아닌 것을 알아야 합니다. 교회가 얼마나 중한 것인지 요즘 우리가 자꾸자꾸 알아 가고 있습니다. 교회란 그렇게 중요한 것입니다.[10] 하나님이 땅 위에서, 즉 환난이 있고 저주받아 하나님이 때때로 형벌을 내리시는 이 세상에서 하나님의 나라를 가장 방불하게 드러내신다면 그것은 교회의 현실입니다. 그것을 떠나서 다른 어디에서 하나님의 나라를 가장 그럴 듯하고 방불하게 나타낼 수 있습니까? 교회가 중요한 것입니다. 그런데

---

10) 참조. 김홍전, 『교회란 무엇인가』(전 4권), 성약출판사, 2000-2001년.

그런 교회를 아무렇게나 생각하든지 교회를 쳐지는 것으로 생각하든지 세상에 있는 다른 어떤 단체보다 못하게 생각한다든지 그보다도 더 우수하고 더 좋은 것이 이 세상에 있는 것으로 생각한다면 아직도 하나님의 나라의 사상은 그에게서 배아를 배태하지 않고 있는 것입니다. 아직도 암매 속에 그냥 있는 것입니다. 이러한 사실들을 잘 생각해 보시기 바랍니다.

물론 우리의 경험은 중요합니다. 염려를 다 주께 맡겨 버리고 주의 권고(眷顧)를 받는 것은 중요합니다. 그러나 내 식으로 받는 것이 아닙니다. 내 욕심대로 받는 것도 아니고 내 계획대로 돌아오는 것도 아닙니다. 하나님의 거룩하신 작정과 하나님의 경영대로 되어 나가는 것입니다. 그러나 그런 경우에 모든 것은 하나의 성격을 가지고 있습니다. 나는 아무 것도 모르고 그것이 어떻게 나타날는지 어떤 경영일는지 어떤 작정일는지 전연 모르게 주시는 것이 아니라 늘 어떤 목표를 향해서 나를 전진시키는 방향으로 주시는 것입니다. 모든 것이 합력해서 목표를 향해서 늘 전진시키는 것입니다. 그리고 나 자신도 의식적으로 항상 '결국은 무엇 때문에 이 땅에 사는가? 목표를 향해 전진하기 위해서이다' 하고 생각하는 것입니다.

그러면 그 목표란 무엇입니까? 여러분에게 목표가 다 분명합니까? '내가 매일 해야 할 일은 무엇인가' 하는 데 대한 목표가 분명합니까? 목표를 향해서 전진할 수 있는 태세를 만드는 것은 기초입니다. 그것이 곧 전진은 아닙니다. 예를 들면 내가 열심히 기도하고 하나님 말씀을 열심히 연구하고 또 근실하게 신자답게 주일에 가서 예배를 드리고 또 교회의 교인다운 생활을 보이는 그것만으로 전부가 아니라는 것입니다. 그것은 존재의 양상일 뿐입니다.

거기에서 무엇을 할 것인가 할 때는 목표에 대한 의식이 있어야 합니다. 목표에 대한 의식이 있으려면 무엇을 해야 하는가 할 때 첫째, 하나님의 교회의 중요성을 먼저 알아야 합니다. 교회에서 나의 지체로서의 위치를 알아야 하고 그다음에 중요한 것은 '나는 무엇을 내 분깃으로 담당하고 나아가는가' 하는 것입니다. 그것이 적어도 목전의 가장 명료한 목표를 향한 자기의 생활 태도인 것입니다. 그것이 건설의 생활이고 전진하는 생활입니다. 나 혼자 예수 믿고, 나 혼자 열심히 기도하고, 나 혼자 예배당 열심히 다니고, 나 혼자 열심히 헌금하는 것으로 끝나는 것이 아닙니다. 그렇게 혼자인 것이 아닙니다. 기독교는 혼자 가지고는 안 되는 것입니다. 반드시 '그리스도와 나', 또한 '그리스도와 형제', 그래서 '그리스도와 우리'가 합쳐야 되는 것입니다. 이렇게 해서 거룩하고 신령한 지체로서 존재할 때 비로소 목표를 향한 전진이 있는 것입니다.

그런데 그런 것은 다른 것보다도 부수적인 것이라고 생각한다면 참 형편없는 생각입니다. 그러면 언제 철들어서 언제 깨닫겠습니까? 결국 종교는 자기의 이익과 자기의 복리와 자기의 평안을 위해서 이용하는 수단에 불과한 것이 되고 마는 것입니다. 이런 것이 세상의 종교에 있는 것들입니다. 기독교도 그렇습니다. 그동안 귀에 못이 박히도록 제가 말씀드린 행복주의나 공리주의(功利主義) 혹은 유디모니즘(eudaemonism)이라는 말을 들으셨을 것입니다. 헬라 사람은 그것을 철학화했습니다. 아주 실리적인 영국 사람들도 굉장하게 철학화했습니다. 벤담(J. Bentham, 1748-1832)이나 스튜어트 밀(J. Stuart Mill, 1806-1873)이 공리주의라는 말로 철학화한 것입니다. 그렇지만 하나님 나라는 그렇게 되어 있는 것이 아닙니다. 나는 항상 그리스도 안에서 한 지체로 존재하는 것입니다. 적극적으로 하나님 나라의 목표를 향해 전진하려면, 다른 말로 다른 면에서 이야기할 때, '나'라는 것이 그리스도와 함께 십자가에 못 박혔다는 사실이 매일 생활에서 현실적으로 나타나야지 그것이 현실화하지 않으면 안 되는 것입니다. 뒤집어 말하면 아상(我相)이라는 것이 없어지지 않으면 안 됩니다. 나 혹은 아상이라는 것이 그냥 살아 있는 동안에는 안 되는 것입니다.

  그런 목표를 향해서 전진하는 생활에서 하나님의 기이하신 섭리는 때를 따라서 필요한 대로 무엇이든지 하시는 것입니다. 이렇게 옥에 있을 때 쇠사슬이 스르르 풀리고 쇠문이 저절로 열려서 바깥으로 나가게 하시지 못하는 것이 아닙니다. 필요에 따라서는 나에게 그런 은혜를 베푸시는 일을 우리의 생활 가운데서 경험하지 못하는 것이 아닙니다. 참, 나 같은 사람에게 어떻게 해서 그런 기이한 은혜를 주셨는가를 생각해 보면 '합리적으로 일반적인 경위를 따라간다면 도저히 내가 그렇게 할 수가 없다' 하는 생각을 하지 않을 수 없는 것입니다. 기이한 손으로 잡아다가 여기에 갖다 놓으시는 때도 있고 기이한 손으로 문을 탁 여시면서 '가거라' 하시는 때도 있습니다. 그런 경험을 안 하십니까? 다 하실 것입니다. 그런 일들은 옥문을 열어서 베드로를 내놓는 것보다 더하면 더했지 덜할 것 아닙니다. 왜 이런 기이한 일이 왜 발생합니까?

  소위 기적이라 할 때 우리가 무엇 때문에 희한하게 생각하느냐 하면 의사가 그 병을 낫게 해 주면 대단치 않거나 당연한 것으로 알고, 그 병이 기도해서 홀연히 나아 버리면 대단한 것으로 아는데, 결과에서는 대단한 것이 없고 똑같이 병이 낫는 것입니다. 그러면 적당한 의사와 약을 주셔서 그 병을 낫게 해 주셨으면 그것은 하나님의 손이 아닙니까? 중요한 것은 그러한 정당한 결과를 자꾸 맺어 나가는 것입니다. 이렇게 하나님께서 미리미리 준비하셔서 합리적으로 어떤 결과를 맺게 하신다면 그것은 하나님의 손이 아닙니까? 꼭 간두(竿頭)에 섰다가 똑 떨어져 죽게 생겼는데 획 하고 이쪽으로 와야만 기이하고 신기해서 좋다고 하지만, 그것은 사람들이 생각이 모두 간사하고 천박해서 그러는 것입니다. 내가 위험에 있다가 그 위험을 용케 모면하면 하나님의 은혜라고 하지만 위험을 당하지도 않게 평안한 곳에 늘 놓아두시면 별로 그렇게 감심(感心)이 없는 괴상한 생각들이 있는 것입니다. 그러나 하나님께서 언제든지 기이한 손으로 위험을 면케 해 주시는 그런 아슬아슬한 장면보다 항상 평안함을 주신다는 것이 더 기이한 사실이고 찬송할 사실이 아닙니까? 어렸을 때 아이들끼리 수수께끼 한다고 하는 말이 있습니다. '야, 죽을 뻔한 것이 좋냐, 살 뻔한 것이 좋냐' 합니다. 그러면 아이들은 '살 뻔한 것이 좋지' 하고, '그러면 너는 죽었다' 합니다. 죽을 뻔한 것이 살 뻔한 것보다는 낫다는 것입니다. 그렇지만 죽을 뻔하지도 않고 살 뻔하지도 않는 것이 제일 좋은 것입니다. 그렇게 하나님께서 아무 일도 없이 늘 보호하시는 것같이 기이하고 감사한 일이 어디에 있습니까.

그런고로 하나님이 은혜 가운데 우리를 보존하셔서 목적을 향해 튼튼하고 안전하게 전진하게 해 주시려고 하는 것입니다. 우리가 기도할 때에 주일 아침에 예배드릴 때 하는 기도에서도 그렇고 늘 기도에서 빠지지 않는 중요한 내용이 그것인 것을 여러분도 잘 아실 것입니다. 첫째는 '건강을 주시옵소서' 하고 구합니다. '병난 것을 홀연히 낫게 해 주십시오' 하는 이야기가 아니라 '미리 건강을 주시기를 바랍니다' 하는 것입니다. 그러니까 기도의 내용이 더 많은 것입니다. 말하자면 욕망이 더 큰 것입니다. '하나님, 병이 난 것을 사랑의 손으로 만지셔서 홀연히 낫게 해 주옵소서' 하는 기적보다는 '평소에 건강을 늘 주시옵소서' 하는 기도를 하자는 것입니다. 또 '우리를 안전하고 평안하게 합소서' 하고 구합니다. 죽을 고에 들어갔다가 간신히 사는 것 말고 죽을 뻔한 것 말고 '평소에 고요하고 안정한 가운데 살게 해 줍소서' 하는 것입니다. 주위의 환경도 고요하고 단정하게 해 달라는 것입니다. 또 공연한 객기를 부려서 자기가 사서 위험 가운데 들어가는 짓을 하지 않게 해 주시기를 구합니다. 주의했으면 괜찮을 텐데 공연히 속에서 객기가 일어나서 부주의해서 위험에 빠져 들어가는 그런 짓도 하지 않게 해 줍소서, 그리고 생활을 건강하게 하게 정신도 건전하게 되게 해 주십사 하는 것이 우리가 늘 기도하는 것이 아닙니까? 그런 기도가 우리에게 중요한 것입니다. 건강을 늘 보존해 주십사 하는 기도가 병이 난 사람을 꼭 신기하게 주의 손으로 만져서 후닥닥 낫게 해 주시기를 위한 기도보다 더 중요한 기도인 것입니다. 우리가 이런 모든 은혜를 구하는 데에는 결국 목표가 있습니다. 그 목표는 하나님께서 우리를 이 세상에 보내셔서 하라고 하시는 일을 적극적으로 늘 해 나가는 것입니다.

기도

거룩하신 주님이여, 이 저녁에도 옛날에 사랑하시는 주님께서 천사를 보내셔서 가장 엄중하게 폐쇄되었던 옥중에서 홀연히 삽시간에 속박을 다 풀어서 사도 베드로를 밖으로 인도해 내 주신 큰 사실과, 그러나 또한 동시에 수많은 사람들이 주의 이름을 믿고 의지하고 살면서도 고통과 괴로움 가운데 사라진다는 사실과, 그 모든 것 가운데에서 사람이 마땅히 확실히 믿고 깨닫고 알아야 할 것들이 무엇인가를 생각했사오니, 저희의 생각을 바르게 잡아 주셔서, 아버지의 권능의 왕으로서의 통치 대권의 작용이 어떠하며, 그런 대권의 작용이 있는 땅 위에서 은혜의 왕국의 시민으로서 자태를 드러내고 산다는 사실이 얼마나 귀중한가 하는 것과 또한 그것이 당연한 저희의 사명인 사실을 다시 한번 생각하게 하시고, 주의 기이하고 능력 있는 섭리의 손은 어떤 양태로든지 저희에게 분부하신 일을 이루시며 보장하신다는 이 큰 사실을 믿고 저희의 모든 염려를 주께 다 맡기며, 주님께서 권고(眷顧)하사 가장 기뻐하시는 뜻대로 한 치 앞을 제대로 바라볼 줄도 모르고 한 달 후의 일도 알지 못하는 이런 저희들을 가장 선한 뜻대로 원하시는 대로 열매 있는 생활을 하도록 인도하시는 이 큰 사실을 믿고 거기에 의지하고 거기에 모든 것을 맡기고 살아가게 풍성한 은혜로 함께하시며, 이러한 사실들을 오해 없이 올바로 깨닫는 은혜를 내려 주시옵소서.

주 예수님 이름으로 기도하옵나이다. 아멘.

1974년 10월 2일 수요일

성구 색인

창세기
18장/ 59

출애굽기
15:23-26/ 378

레위기
11:45/ 313

사사기
6장/ 59
13장/ 59

열왕기상
17:19/ 179

열왕기하
4:33/ 180

시편
55:22/ 378
68:19/ 378
123:2/ 64
137:5/ 54

잠언
15:33/ 141
18:12/ 141

마태복음
5:17상/ 339
9:16-17/ 319

11:28/ 127
11:29/ 289
12:26/ 93
13:22/ 379
13:44/ 228
15:3,6하/ 319
16:19/ 281,308
16:22/ 244
18:20/ 62
21:22/ 174
21:43/ 114
26:23/ 307
28:18/ 222

마가복음
2:11/ 156
2:21-22/ 319
3:26/ 93
4:18-19/ 379
5:35-43/ 131
5:41/ 201
7:8-9,13/ 319
11:24/ 375
14:20/ 307

누가복음
5:36-38/ 319
7:11-15/ 201
8:14/ 379
8:41-55/ 131
8:51-55/ 180
11:18/ 93

13:32/ 372
23:11/ 372

요한복음
1:46/ 153
3:8/ 269
5:8/ 156
10:30/ 52
14:16/ 127
16:7/ 128
21:15-17/ 308

사도행전
1:8/ 120
3:6/ 156
4:36/ 358
4:36-37/ 358
4:37/ 358
8:40/ 114
9:1-31/ 14,42,43,72
9:7/ 18,19
9:17-19상/ 44
9:18하-22/ 24
9:19하-21/ 75
9:19하-22/ 44
9:20/ 51,69
9:22/ 77
9:22-25/ 75
9:23, 26/ 103
9:23/ 77
9:25/ 77
9:26-27/ 359

9:26상/ 77
9:27/ 359
9:28-29/ 104,359
9:28-31/ 25
9:30/ 115,359
9:31/ 102,103,119,125
9:31-43/ 124
9:31상/ 149
9:32/ 128
9:32-35/ 148
9:32-43/ 170,190
9:32상/ 149
9:32하/ 150
9:33/ 151
9:33-35/ 131
9:33상/ 172,193
9:34/ 156,191,193
9:34상/ 151
9:34하-35/ 156
9:35/ 131,163,178,191
9:36/ 142,215
9:36-10:16/ 214
9:36-38/ 178
9:36상/ 178
9:36하/ 144
9:38-39/ 202
9:38-39상/ 179
9:39하/ 144,179,204
9:40/ 181,207
9:40상/ 207
9:41/ 208
9:41-43/ 181
9:42/ 131,207,216
9:43/ 209,216
10:1-16/ 219
10:1-48/ 280
10:2/ 225

10:3/ 226
10:3-4/ 226
10:4/ 240
10:4상/ 227
10:4하/ 227
10:5/ 230
10:6/ 231
10:7/ 231
10:8/ 231
10:9하-10상/ 242
10:12/ 232
10:12-13/ 244
10:13/ 231
10:14/ 231,245
10:14상/ 244
10:15/ 245,274
10:16/ 245
10:17-23/ 236
10:17상/ 245
10:17하-18/ 246
10:17하-18상/ 246
10:19상/ 246
10:19하-20/ 246
10:21-22/ 247
10:23/ 257
10:23상/ 247
10:23하/ 248
10:23하-24상/ 250
10:24/ 225,257
10:24-25/ 248
10:24-48/ 256
10:25/ 226,257
10:26/ 249,257
10:27/ 249
10:27-29/ 258
10:28-29/ 250
10:28상/ 270

10:28하/ 271,273
10:28하-29상/ 270
10:29하/ 260,269
10:29하-33/ 259
10:30/ 250
10:30-33/ 241,251
10:34-35/ 251,259,270
10:36/ 260
10:36-37/ 251
10:37/ 251,261
10:38/ 251
10:38상/ 261
10:38하/ 261
10:39상/ 252,261
10:39하/ 252,262
10:40/ 252,262
10:41/ 252,262,283,300
10:42/ 252,263
10:43/ 252,264
10:44/ 252,264
10:45-46/ 265
10:46/ 268
10:47/ 268
11:1-18/ 304,348
11:1/ 306
11:2/ 306
11:3/ 306
11:12/ 253,257
11:15/ 253
11:17하/ 309
11:19/ 328,348,349,354
11:19-12:25/ 368
11:19-21/ 348,349
11:19-26/ 346
11:19-30/ 324,326
11:20/ 328,348
11:20-21/ 336

11:20상/ 330,351
11:21/ 348,353
11:21상/ 333
11:21하/ 358
11:22-2상/ 357
11:22-24/ 349
11:22-26/ 369
11:22하-26/ 79
11:23/ 358
11:24하/ 360
11:25/ 361
11:25-26/ 118,349,361
11:26상/ 362
11:26하/ 362
11:27-28/ 370
11:27-30/ 74,349
11:29-30/ 371
12:1-2/ 371
12:1-3/ 374
12:3/ 371
12:4/ 374
12:7/ 374
12:8-9/ 374
12:10/ 374
12:11/ 374
12:12/ 375
12:15/ 376
12:16-17/ 376
12:25/ 371
13:43/ 358
14:14/ 358
16:3/ 311
17:30/ 87
19:2/ 357
21:37-40/ 16
21:8/ 114
22:1-3/ 17

22:4-9/ 18
22:9/ 18
22:9하-21/ 19
22:12-16/ 80
22:17-21/ 115
22:22-25/ 20
22:26-29/ 20
23:6/ 16,21
23:11/ 59
23:16/ 119
24:5/ 153
24:27/ 373
25:1-4/ 373
25:13/ 373
26:1/ 21
26:4-5/ 21
26:6-7/ 21
26:8-12/ 22
26:13-15/ 22
26:14-18/ 80
26:16-23/ 23

로마서
1:18-23/ 238
2:29/ 339
3:19/ 85
6:6/ 85
8:28/ 85
16:7,11,21/ 119

고린도전서
1:22-23/ 141
5:7/ 339
9:1/ 59
11:23/ 59
12:4-7/ 182
12:8-10/ 182

12:27-31/ 182
15:1/ 127
15:6상,8/ 283

고린도후서
11:14/ 94
11:29/ 27

갈라디아서
1:11-2:4상/ 74
1:15하-17/ 76
1:16하-17/ 78
1:17-21/ 370
1:18/ 78
1:18상/ 76
1:21-24/ 118
2:1/ 77
2:3/ 311
2:11-13/ 342

에베소서
1:10/ 222
2:20/ 290

빌립보서
3:5-6/ 16,52
3:6/ 30,35
4:13/ 383

디모데후서
1:10-12/ 98
1:12/ 97,98
2장/ 63
4:7-8/ 99
4:7-8상/ 387

히브리서

398 깨끗하게 하신 것을 속되다 하지 말라

12:14/ 313

베드로전서
1:15-16/ 313
5:7/ 378

요한계시록
3:17/ 107